文物研究

第 21 辑

安徽省文物考古研究所
安 徽 省 考 古 学 会 编

科 学 出 版 社
北 京

内 容 简 介

本书共发表了32篇文章，其中调查、发掘资料15篇，特别是集中刊发了一批商代、战国、汉唐、宋、明清各时代的陶瓷窑址考古发现，为陶瓷考古研究提供了一批珍贵资料。

本书可供考古学、历史学专业工作者和其他相关人员阅读与参考。

图书在版编目(CIP)数据

文物研究. 第21辑 / 安徽省文物考古研究所，安徽省考古学会编. —北京：科学出版社，2015. 10

ISBN 978-7-03-046058-5

Ⅰ.①文… Ⅱ.①安…②安… Ⅲ.①文物-研究-中国-文集 Ⅳ.①K87-53

中国版本图书馆CIP数据核字（2015）第249585号

责任编辑：王光明 / 责任校对：邹慧卿

责任印制：肖 兴 / 封面设计：张 放

科学出版社 出版

北京东黄城根北街16号

邮政编码：100717

http://www.sciencep.com

中国科学院印刷厂 印刷

科学出版社发行 各地新华书店经销

*

2015年10月第 一 版 开本：787×1092 1/16

2015年10月第一次印刷 印张：20 插页：12

字数：500 000

定价：128.00元

（如有印装质量问题，我社负责调换）

《文物研究》

主　　办　安徽省文物考古研究所　安徽省考古学会

编辑部门　《文物研究》编辑部

编辑部主任　朔　知

编　　辑　罗　虎　陈　超

编　　务　郑　玲

编辑部地址　安徽省合肥市金寨路469号

编辑部邮箱　wwyjah@163.com

邮政编码　230061

目　录

考古研究

考古发现

古建保护与文物科技

文物研究

学术动态

考古研究

中国的勒瓦娄哇技术

董　哲
（安徽省文物考古研究所）

［摘　要］　勒瓦娄哇技术盛行于欧洲旧石器时代中期的莫斯特工业中，是一种在剥片之前对石核进行细致修理以预先决定石片形制的技术。中国一些旧石器时代遗址或地点中也存在勒瓦娄哇技术石制品。本文从勒瓦娄哇技术石制品的功能分析及分布区域的相关文化生态学背景两个角度，对勒瓦娄哇技术在中国分布和消失的现象进行探讨。勒瓦娄哇技术分布于从西北到东南的生态交错带上，是面对不稳定生态环境的一种适应手段。采用该技术打制石器具有很高的效率。

［关键词］　勒瓦娄哇技术　金斯太遗址　水洞沟遗址　功能分析　文化生态学

一、前　　言

本文所指的“勒瓦娄哇”（Levallois），既是一种石制品的打制技术，也包括使用此技术打制出的石制品。已知勒瓦娄哇技术最早发现于旧石器时代早期法国南部的奥尼亚克3（Orgnac 3）遗址，年代为距今35万～30万年①。

从国外已发表的考古材料上看，勒瓦娄哇技术在欧亚大陆西部、近东地区、非洲大陆、亚洲中心腹地的部分地区包括西伯利亚和蒙古、印度次大陆、东亚的日本均有发现，时代为旧石器时代中晚期。西方学者一般认为该技术是欧洲旧石器时代中期尼安德特人莫斯特工业的组分。因为莫斯特工业包括一系列配套工具类型组合，而勒瓦娄哇技术产品只是其中的一类，所以有必要把勒瓦娄哇技术放在莫斯特工业的框架内进行分析研究，但是研究重心仍是勒瓦娄哇技术。

---

① Monnier G. The Lower/Middle Paleolithic Periodization in Western Europe. Current Anthropology, 2006, 47(5): 709-744.

国内旧石器时代考古学家根据一些遗址或地点已发表的材料，认为中国也存在勒瓦娄哇技术（莫斯特工业）。但这些都是从石制品的形制出发进行的推断，缺乏统一的判断标准；学术界一直在使用“勒瓦娄哇”却从未对它的概念进行严格界定，因而也就不知道每个人所说的到底是不是真正意义上的勒瓦娄哇技术（莫斯特工业）；学者们对“为什么勒瓦娄哇技术（莫斯特工业）会在中国出现”的问题进行解释，认为中国的勒瓦娄哇技术石制品与欧洲的遗址或地点中的勒瓦娄哇技术石制品从形制上具有某种程度的相似性，而欧洲的勒瓦娄哇技术的年代比中国早，所以中国的勒瓦娄哇技术是由欧洲传入的，是中西文化交流的结果①。学者们很少解释为什么勒瓦娄哇技术在中国“昙花一现”，张森水先生提出了“华北地区以小石片做的锐角刮削器为主的传统工业阻碍了富有创新精神的莫斯特工业的发挥”②的说法，可是“保守”之说更近乎主观猜测，是从心理结构上的解释。文化“水波论”无法解答为何勒瓦娄哇技术仅见于某些遗址而不见于同时期的其他遗址。文化的传播有主观的选择？文化传播论无法从根本上令人信服地解释以下几个问题：为什么勒瓦娄哇技术会在中国出现？为什么勒瓦娄哇技术在中国存在的时间如此之短？又为何勒瓦娄哇技术在中国的分布范围如此局限？

以上疑问正是本文着手解决的。不可否认，人群的流动是导致石器工业面貌发生变化的原因之一，但是传统的解释具有其自身的局限性，研究视角的转变迫在眉睫。鉴于国内比较混乱的研究现状，本文首先对勒瓦娄哇技术的概念进行严格界定，进而对中国存在勒瓦娄哇技术的考古材料进行归纳，并从功能分析的角度解答上述尚未解决的问题，指出与其他石器制作技术相比，效率上的差异是导致勒瓦娄哇技术盛行及后来衰落的原因。最后，从文化生态学的角度对“为何勒瓦娄哇技术在中国分布范围如此局限”做出解释。

二、什么是勒瓦娄哇技术

勒瓦娄哇技术是位于法国巴黎郊外的勒瓦娄哇遗址发现的遗物复原的生产石片的方法。考古学家赋予它的概念和意义经历了很多的变革。莫尔蒂耶（G. de Mortillet）将勒瓦娄哇石片定义为“呈卵圆形既长且宽的石片，与其所处同一时代的石制品相比，具有最大的形体、漂亮的片疤和明显的纵脊”③。柯孟特（V. Commont）于1909年首次对勒瓦娄哇技术进行定义，在莫斯特工业的大背景下称之为“对石核进行细微的两面预制并打制出一个小的打击台面进行剥片的技术”④。步日耶（Breuil）于1926年将“勒瓦娄哇”这个术语引用在文章中，表示由手斧工业向石叶工业过渡的特定技术阶段。1950年，博尔德

① 张森水：《中国北方旧石器工业的区域渐进与文化交流》，《人类学学报》1990年第3期。

② 张森水：《莫斯特工业在中国》，《史前研究》，三秦出版社，2005年。

③ De Mortillet G. La Préhistoire：Antiquité de L ' Homme. Paris: Reinwald，1883.

④ Commont V. L’ industrie moustérie dans la région du nord de la France. Compte Rendu de la 5ième Session du Congrès Préhistorique de L' Homme, 1909.

（F. Bordes）通过石器打制实验成功复制了勒瓦娄哇石片的打制过程，并于1961年对该过程进行了经典的描述："为了生产一件典型勒瓦娄哇石片，打制者必须选择一个扁平状或卵圆形、可沿石料边缘剥片的燧石毛坯。在经历一系列成功剥片打制出台面后，对石核的上表面进行向心剥片来除去全部石皮，使之形成一个状似龟背的平面。其后或通过预制出一个小平面，或通过打下一个与剥片面几乎垂直的大石片以完成对台面的预制。接下来剥取勒瓦娄哇石片，该石片的背面保留有对石核预制的向心剥片的痕迹。"①归纳起来说，勒瓦娄哇就是通过在剥片之前对石核进行特别修理以预先决定石片形制的技术。同时博尔德还区分出"典型勒瓦娄哇石片"（typical levallois flakes）、"非典型勒瓦娄哇石片"（atypical levallois flakes）、"勒瓦娄哇尖状器"（levallois points）、"修理过的勒瓦娄哇尖状器"（retouched levallois points）、"假勒瓦娄哇尖状器"（pseudo-levallois points）及"莫斯特尖状器"（mousterian points）多种勒瓦娄哇技术产品②。上述对勒瓦娄哇的定义均是以终极产品的形制为出发点的，近些年考古学家们逐渐认识到此定义在实际研究中存在的诸多问题，于是将关注的焦点转移到勒瓦娄哇的技术类型学研究上，并对勒瓦娄哇技术提出了五种判定标准③（图一）。

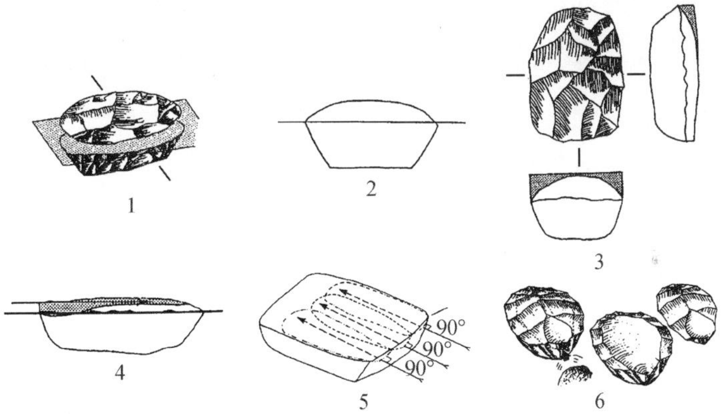

图一　勒瓦娄哇技术的评判标准

1. 将石核要利用的部分构想出两个平面，二者相交于另外的第三个平面上　2. 上述两个平面有等级差别且相互关联，二者之中较凸起的为打击台面，另外一个为剥片面　3. 通过对剥片面预制以预定好石片的形制，石片的形制受制于石核左右两边及远端的弧曲度　4. 石片的劈裂面与石核的剥片面和打击台面相交的那个平面是近似平行的　5. 对打击台面进行预制以生产预先设计好形制的石片，这需要剥片面与打击台面相交的那个平面和剥片轴垂直　6. 以预制台面作为台面，以向心剥片形成的龟背状平面为剥片面，剥取典型勒瓦娄哇石片

① Bordes F. Typologie du Paléolithique Ancien et Moyen. Paris: Presses CNRS, 1961.

② André Debénath, Harold Dibble. Handbook of paleolithic typology. America: Cypher Press，Chapter 4.

③ Boëda E. De la surface au volume: analyse des conceptions des débitages Levallois et laminaire. In (C Farizy, Ed.) Paleolithique Moyen Recent et Paleolithique Superieur Ancien en Europe，Reptures ettransitions: examen critiquedes documents archéologiques. Nemours: CNRS, 1990；Boëda E. Levallois: a volumetric construction, methods, a technique. In (H L Dibble, O Bar-Yosef，Eds) The Definition and Interpretation of Levallois Technology. Madison: Prehistory Press，1995: 41-68.

这里需要指明一个大前提，勒瓦娄哇技术仅仅是一种硬锤直接打击的石器生产技术。目前学术界在判定存在勒瓦娄哇技术的标准上已达成了如下共识：一是对剥片面预制以控制石片形制；二是对台面修理以保证剥片的顺利进行。

典型勒瓦娄哇石片的生产过程可按照以下两个步骤进行：第一步，预制石核。对石核毛坯周身沿边缘进行预制修整，打制出一个缘角锋利的边作为打击台面。第二步，剥取石片。从石核上表面以辐射状剥离中小型石片，形成一个凸起呈圆形的面，从石核的台面向相对的那个面剥取勒瓦娄哇石片，该石片的背面就是形似龟背的石核上表面。再次按照第一步对石核进行修整，采用第二步剥取下一个勒瓦娄哇石片，周而复始直至石核被废弃。这就是"典型勒瓦娄哇技法"（linear method），判定它的主要依据是每次剥片只剥离一个勒瓦娄哇石片。相对而言还存在"复式勒瓦娄哇技法"（recurrent method），它最显著的特征就是对石核每一次预制修理之后至对台面及剥片面进行再修理之前生产一系列的勒瓦娄哇石片。具体还可分为单向（unidirectional）复式勒瓦娄哇技法、两极（bidirectional）复式勒瓦娄哇技法、向心（centralpedal）复式勒瓦娄哇技法和勒瓦娄哇尖状器技法①。相对于其他石片，典型勒瓦娄哇石片形体较大近似圆形，在石片的所有边缘中至少有一个十分锋利的刃，打击台面为一个小平面，石片背面保留有石核预制修理时呈辐射状剥取中小型石片的痕迹。

三、勒瓦娄哇技术在中国的分布情况

关于勒瓦娄哇技术在中国的分布情况，张森水先生已有介绍②。根据现有的考古材料，国内存在勒瓦娄哇技术的遗址（或地点）有：内蒙古金斯太遗址③、清水河县喇嘛湾地点、准格尔旗上榆树湾和阳场地点④，宁夏水洞沟遗址⑤、小口子地点⑥，洛南盆地旷野类型地点群⑦，贵州盘县大洞遗址⑧，云南富源大河村遗址⑨。笔者对上述考古材料进行了归纳（表一）。除此之外还有一些遗址或地点有零星的发现，如云南宜良白石岭发现了一

① 王幼平：《石器研究——旧石器时代考古方法初探》，北京大学出版社，2006年。

② 张森水：《中国北方旧石器工业的区域渐进与文化交流》，《人类学学报》1990年第3期。

③ 王晓琨、魏坚、陈全家、汤卓炜、王春雪：《内蒙古金斯太洞穴遗址发掘简报》，《人类学学报》2010年第1期。

④ 张森水：《内蒙古中南部和山西西北部新发现的旧石器》，《古脊椎动物与古人类》1959年第1期；张森水：《内蒙古中南部旧石器新材料》，《古脊椎动物与古人类》1960第2期。

⑤ 宁夏文物考古研究所：《水洞沟——1980年发掘报告》，科学出版社，2003年。

⑥ 张森水：《小口子史前地点发现的石制品研究》，《人类学学报》1999年第2期。

⑦ 陕西省考古研究所、商洛地区文管会、洛南县博物馆：《花石浪（Ⅰ）——洛南盆地旷野类型旧石器地点群研究》，科学出版社，2007年。

⑧ 黄慰文、侯亚梅、斯信强：《盘县大洞的石器工业》，《人类学学报》1997年第3期。

⑨ 云南省文物考古研究所：《探寻历史足迹 保护文化遗产——纪念云南省文物考古研究所成立五十年》，云南教育出版社，2009年。

表一　中国勒瓦娄哇技术考古材料

遗址或地点	地理位置或经纬度	出土材料	年代
金斯太遗址	45°13′N，115°22′E	薄刃斧、舌形器和带有"Y"字形脊的典型勒瓦娄哇石片	距今2万年
水洞沟遗址	38°21′N，106°29′E	大量勒瓦娄哇石核、莫斯特尖状器、"新月形"边刮器	距今2.5万年
盘县大洞遗址	贵州省盘县珠东乡十里坪村	勒瓦娄哇石核、石片，盘状石核	年代数据不确定，相当于中更新世晚期
河套地区地点群	36°24′~40°20′N，106°05′~114°25′E	勒瓦娄哇石核、石片、石叶，莫斯特尖状器、边刮器和小型手斧	旧石器时代晚期
富源大河遗址	云南省曲靖市富源县大河村	勒瓦娄哇石核、石片和半月形刮削器，盘状石核，三角形尖状器，锯齿刃器，边刮器	距今5万~3万年

件莫斯特技术的边刮器[①]、云南呈贡龙潭山2号洞发现一件端刮器[②]等。但是仅凭一件特征相似的石制品就断定存在某种工业的证据似嫌不足。小口子地点、准格尔旗上榆树湾和阳场地点、清水河县喇嘛湾地点均位于河套地区黄河沿岸，出土的石器组合相似，推断它们的工业面貌和年代也相近，因此笔者将它们归结在一起称之为河套地区地点群；洛南盆地旷野类型地点群因大多为地表采集品，出土层位与时代不详。笔者将金斯太遗址、水洞沟遗址的勒瓦娄哇技术制品与国外已判定为勒瓦娄哇技术的石制品进行对比（图二）。

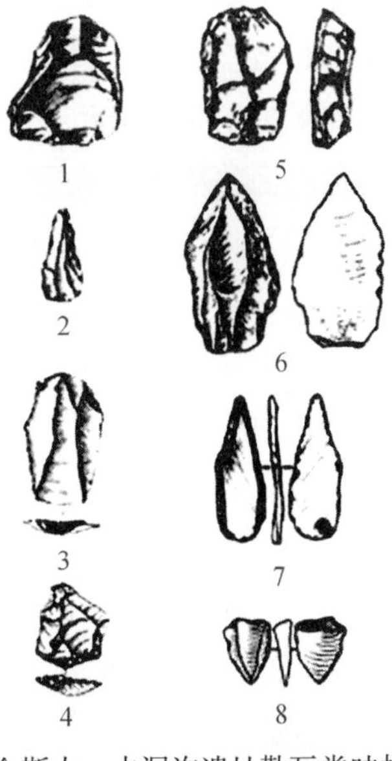

图二　金斯太、水洞沟遗址勒瓦娄哇技术制品与国外的对比

1、5. 勒瓦娄哇石核　2、6. 勒瓦娄哇尖状器　3、4、7、8. 勒瓦娄哇石片

（1~4. 见André Debénath & Harold L. Dibble, figure 3.5、4.5、4.6；5~6见宁夏文物考古研究所，2003，图一六、图二二；7~8见王晓琨、魏坚等，2010，图4，4~6）

以上是笔者对国内已发表的中国旧石器时代存在勒瓦娄哇技术的考古材料进行的总结，选择材料较丰富的金斯太遗址和水洞沟遗址作为重点分析研究的对象，但同时亦参考其他遗址（或地点）的出土情况。

① 裴文中、周明镇：《云南宜良发现之旧石器》，《古脊椎动物与古人类》1961年第2期。

② 邱中郎、张银运、胡绍锦：《昆明呈贡龙潭山第2地点的人化石和旧石器》，《人类学学报》1985年第3期。

四、存在与消失原因的讨论

这一部分旨在解决两个问题：一是为何这些遗址或地点出现了勒瓦娄哇技术；二是为何勒瓦娄哇技术在这些遗址或地点延续的时间并不长。已有诸多中外考古学家对相似的问题做出过回答。笔者拟在前人研究的基础上，从勒瓦娄哇技术石制品的功能分析及勒瓦娄哇技术分布区域的文化生态学背景两个角度对上述两个问题进行探讨研究。

1. 勒瓦娄哇产品的功能分析

分布在不同区域的人群为适应不同的生态环境、利用不同种类的资源而采用不同的生计模式和石器技术，这些差异反过来会进一步加深不同人群之间的差异性。但是勒瓦娄哇技术产品在如此长的时间段里，在如此广泛的分布范围内保持着高度一致的几何形态特征，将勒瓦娄哇技术与特定的人群对应起来的解释是行不通的。因为即便是海德堡人或是任意某个群体扩散至世界各地，那么在经历长时间的分离后，他们为了适应不同的生态环境，生产石器的技术必定会逐渐产生差异。又因为勒瓦娄哇技术分布在世界上生态环境迥异的广大地区，因此从适应不同生态环境的角度也不好回答。鉴于此，有必要回到勒瓦娄哇技术本身的研究上来。Brantingham和Kuhn建立椭圆—直线方程数学模型模拟勒瓦娄哇技术打片过程的研究带给笔者诸多启发[①]。他们从石器功能的分析角度对勒瓦娄哇技术被世界各地广泛采用且长时间延续这个看似难解的现象做出了解释。研究发现，相比其他石器打制技术，使用勒瓦娄哇技术生产石器给狩猎采集者带来了更大的效率优势。它可以同时实现三个目标：①生产最多数量狩猎采集者追求的终极产品；②生产出的石片有效使用边刃总长度最大；③产生的废片和碎屑总量最小。此外，因为石料的天然属性具有不可预见性，这经常使石器打制者在打片过程中很难不出现失误而顺利实现终极目标。勒瓦娄哇技术对石核细致的预制可以使石坯的形制更加规范，有利于石坯各部分受力均匀，从而不容易出现破坏性的断裂，使石器打制者在操作过程中出现重大失误的风险最小化。采取其他技术打制石器时一旦出现重大失误，石器打制者或是对石核进行大的修整以保证剥片的顺利进行，或是丢弃此石核重新打制。这些活动会花费掉狩猎采集者原本打算用来寻找食物的时间[②]。狩猎采集者浪费大量时间在制作工具上，与之俱来的是他们花在寻找食物上的时间就会缩短，导致他们在与其他狩猎采集群体的激烈竞争中处于相当不利的地位。相反采用勒瓦娄哇技术打制石片，由于其高产出、低风险和低消耗，生产单位数量工具所节省下来的时间被狩猎采集者或用于制造更多的工具或用于狩猎采集活动中，从而提高了他

① Brantingham P J, Kuhn S L. Constraints on Levallois Core Technology: A Mathematical Model. Journal of Archaeological Science，1997(28): 747-761.

② Bettinger R L, Baumhoff M A. The Numic Spread: Great Basin Cultures in Competition. American Antiquity 1982，47(3): 485-503.

们的竞争力。而且相比其他石器打制技术，勒瓦娄哇技术产品至少可以保证有一个十分锋利的刃部，这对动物具有更强的杀伤力，因而它提高了狩猎采集者捕猎和处理食物的效率，因而也提高了他们与其他群体的竞争力。

2. 勒瓦娄哇技术分布区域的文化生态学背景

莫斯特工业主要出现于里斯（Riss）冰期与玉木（Würm）冰期之间的间冰期，此时气候剧烈波动，生态环境相对不稳定。根据民族考古学研究可知当狩猎采集者面对环境资源发生剧变的状况时，最有效的适应策略就是提高流动性，提高狩猎采集活动的强度。因此莫斯特工业（勒瓦娄哇技术）的出现很可能是狩猎采集者为应对不稳定的气候和资源环境而采取的一种适应手段，那么真实的情况是这样子吗?

从勒瓦娄哇技术本身来看，西方学者认为，狩猎采集者流动性的级别既与块状毛坯（blank）的形制相关①，又与生产有效使用边刃的能力有关②。因为块状毛坯可以制作成两面器（biface），两面器可以直接使用，可以根据需要有选择地修理边缘，还可以制作成不同类型的工具。具有多种用途的两面器的出现被认为是适应多变环境的需求，而块状毛坯的出现可能就是高流动性需求的先声。笔者认为生产有效使用边刃的评判标准有两个：一是单位数量的石核生产有效使用边刃的总长度；二是生产出有效使用边刃的锋利程度。使用勒瓦娄哇技术打制石器时，对预制好的石核有多种处理方式：一是生产具有锋利边刃的勒瓦娄哇石片；二是生产对动物有高致死性的勒瓦娄哇尖状器。勒瓦娄哇石片既可以直接使用，也可以通过修理加工成刮削器。由此可见勒瓦娄哇技术的适应面很广，可以根据实际需要的变化生产不同类型且十分有效的工具。在单位数量石核的前提下，相比其他石器打制技术，勒瓦娄哇技术可以产出更多异常锋利的有效使用边刃。由此可见，具有高效率和广适用宽度的勒瓦娄哇技术的出现与狩猎采集者高流动性的需求密切相关。

从狩猎采集者的文化生态学背景上看，利用已有知识分析中国境内的勒瓦娄哇技术，发现勒瓦娄哇技术在水洞沟遗址和金斯太遗址出现的时代均为环境剧变气候波动的时期。对于金斯太遗址，勒瓦娄哇技术出现于该遗址中期文化阶段，与下文化阶段相比，这一时期草本植物花粉的数量波动大，为三个文化阶段波动的最高值，反映出该时期气候的剧烈波动，环境不稳定性大大增加。孢粉分析结果表明该地区此时气候出现干旱，人类可获取食物资源量下降③。据此笔者推测活动于金斯太遗址的狩猎采集者在面对生态环境发生剧变时采取提高流动性作为适应策略。使用勒瓦娄哇技术打制石器可以使石器工具的生产更

① Kuhn S L. A formal approach to the design and assembly of mobile toolkits. American Antiquity, 1994(59): 426-442.

② Henry D O. The influence of mobility levels on Levallois point production, late Levantine Mousterian, southern Jordan. In (H L Dibble, O Bar-Yosef, Eds) The Definition and Interpretation of Levallois Technology. Madison: Prehistory Press, 1995: 185-200.

③ 王晓琨：《金斯太洞穴遗址旧石器时代古人类生存对策初步研究》，吉林大学硕士学位论文，2005年。

有效率。节省下的时间可用于狩猎采集活动中，因而提高了狩猎采集的强度。勒瓦娄哇技术制品具有锋利的边刃，勒瓦娄哇尖状器对猎物具有高杀伤力，勒瓦娄哇石片对于屠宰猎物也行之有效，这些又有利于提高狩猎采集者的狩猎能力。该遗址中期文化阶段有异于早期文化阶段的两项发现验证了笔者的推测，一是石球的大量出现，这可能与狩猎采集活动强度的提高有关；二是适于发掘植物块茎的手锛和手镐的出现，可能与此时采集活动的需求有关。对于水洞沟遗址，该地区是一个草原、森林和沙漠的生态交错带，生态系统的生产力相对较低，人类的生计以狩猎为主，植物性食物相对有限，因此勒瓦娄哇技术的出现体现了活动于水洞沟遗址的旧石器时代晚期人类因以狩猎为主的生计方式而对高流动性的强调。这种对高流动性的强调在面对气候波动、环境不稳定性增加的情况下更为突出。

综合来说，相比其他石器打制技术，勒瓦娄哇技术更有效率。它的出现反映了狩猎采集者在面对气候波动、环境资源不稳定性增加的状况时，把提高流动性作为有效的适应手段的需要，是狩猎采集者在与其他群体竞争时提高自身竞争力的一种有效途径。

然而气候波动、环境变化并非仅局限于上述遗址（或地点），那为何只有上述地区的狩猎采集者会采取勒瓦娄哇技术作为一种适应策略呢？通过对生计方式多样性的模拟研究可发现，河套地区和内蒙古地区的生计方式多样性与我国其他地区相比相对较低，基本上以狩猎为主。这也就意味着生计的弹性相对较小，也就是说当气候发生剧烈波动、环境出现剧变时，这些地区的狩猎采集者更容易遇到生计危机的压力①。这就迫使活动于这些地区的狩猎采集者采取相应的适应性策略以应对气候波动和环境变迁。综合对动植物资源的模拟，可以得到完全依赖陆生动植物性食物人口的模型，该模型显示完全依赖狩猎采集生产作为生计方式，在中国土地上、在现有气候条件下，最高的人口密度应该分布在从东北到西南的生态交错带（ecotone）北段地区和西南地区。金斯太遗址和水洞沟遗址均分布于生态交错带的北段，因此当由于气候和环境的变化使“丰富的动植物资源支撑高人口密度”平衡被打破时，提高流动性是狩猎采集者最主要的应对策略，这可以从金斯太遗址、河套地区的水洞沟遗址和周围地点群的石制品组合特征反映出来。

既然勒瓦娄哇技术与以前的石器打制技术相比具有如此大的优势，那么为何勒瓦娄哇技术在这些遗址里持续存在的时间又如此之短？不难发现在水洞沟遗址和金斯太遗址，都呈现出勒瓦娄哇技术逐渐被细石叶工艺取代的趋势，特别是水洞沟遗址，细石叶工艺与勒瓦娄哇技术是并存的。细石叶工艺的起源时间在距今23000～20000年，是末次盛冰期来临的产物。高度标准化的细石叶工艺产品显示出良好的流动性（mobility），即便于携带；致死性（lethality）高（或者说效率高）；非常好的可维护性（maintainability），随时可以更换刃口；可用作多种工具，适应的宽度（adaptability）非常大②。这些都与狩猎采集者提高流动性的需要密切相关。虽然细石叶工艺产品的高效率是以耐用程度较低作为成本的，可是因为它具有高便携性、高致死性和高可维护性，即使牺牲掉耐用性这一部分，与

① 陈胜前：《中国狩猎采集者的模拟研究》，《人类学学报》2006年第1期。

② 陈胜前：《中国北方晚更新世人类的适应变迁与辐射》，《第四纪研究》2006年第4期。

勒瓦娄哇技术产品相比，它也更能满足狩猎采集者高流动性的迫切需求。因此勒瓦娄哇技术产品被细石叶工业产品取代可能反映出狩猎采集者对提高流动性的突出强调，在这个过程中勒瓦娄哇技术逐渐丧失了它的效率优势。细石叶工艺的种种优点使得旧石器时代晚期古人类可以利用更加边缘的环境，因此它拓宽了旧石器时代晚期人类的生态位。这也和他们对高流动性的强调有关。

五、讨　　论

以上是笔者从勒瓦娄哇制品的功能分析和文化生态学背景两个角度对本文提出的问题进行的解答。从勒瓦娄哇制品的功能上说，勒瓦娄哇技术满足了狩猎采集者提高流动性的需要；而之所以仅仅在上述遗址可见勒瓦娄哇技术可能与这些地区因多样性较低的生计方式导致极易遭受生计压力的特点有关。

此外，从认知考古学的角度来看，勒瓦娄哇是一种操作精密、技术复杂的石器打制策略，古人通过对石核进行烦琐的冗余设计，打制出形制规格高度一致的标准化石片，可能反映出古人认知能力的提高，有了一些原始的数学几何知识①。

从进化心理学上看，古人采用勒瓦娄哇技术可能是特殊社会地位的象征，也可能是使自己（特别是男性）在求偶竞争中处于优势地位的一种有效手段②。

笔者认为这些解释虽然很有启示意义，但是它们大多无法用经验的事实来检验。考古学解释在较低的技术经济层面上往往是可靠的，在高一级的意识形态层面上进行解释就不太可靠了，而在最高的社会结构层面上进行解释是最难的也是最不可靠的③。所以笔者更倾向认为相对于其他的石器打制技术，勒瓦娄哇技术反映了狩猎采集者在当时环境条件下的一种最佳适应策略，因其在经济上的高效益使得狩猎采集者在气候波动、环境不稳定性增加时为提高流动性而被采用，特别是在容易遭受生计压力的从东北到西南的生态过渡带上。这种对气候的敏感性在过渡带的北段地区尤为显著，金斯太遗址、河套地区的水洞沟遗址和一系列地点群均位于这个区域范围内。据此笔者推测在这条生态过渡带的北段地区可能还会发现存在勒瓦娄哇技术的旧石器时代晚期遗存，希望未来的考古发现能对笔者的推测给予检验。

附记：本文是根据笔者本科毕业论文《中国的勒瓦娄哇技术》改写而成。在校期间笔者得到了陈胜前老师的悉心指导，谨以此文表达对陈老师最真挚的谢意！

① Dibble H L, Bar-Yosef. The Definition and Interpretation of Levallois Technology. Madison: Prehistory Press. 1995.

② D. M. 巴斯著，熊哲宏、张勇译：《进化心理学：心理的新科学》（第二版），华东师范大学出版社，2007年。

③ Lewis R. Binford. Archaeology as Anthropology. American Antiquity, 1962, 28(2): 217-225.

中国史前彩绘石钺初步研究

刘文强

（都江堰市文物局）

［摘 要］ 彩绘石钺是钺体表面穿孔两侧描绘彩绘图案的一类史前石器。其从产生、发展、演变到消亡跨越了距今6500～3500年，约3000年的文化历程。整个3000年彩绘石钺的动态发展历程，从一个侧面反映了其背后文化的发展轨迹。而对彩绘石钺从动态分布、发展演变、功用及文化背景等方面的分析梳理，不仅能对这一史前遗物有更进一步的了解，且能对与之相关的史前先民及其族群的发展历史做出一个粗浅的勾勒。

［关键词］ 史前 彩绘石钺分布 发展演变 功用 社会背景

一、彩绘图案与石钺绑缚

（一）彩绘石钺的彩绘类型

彩绘石钺作为钺体表面穿孔两侧描绘有彩绘图案的一类史前石器，其器表的彩绘图案是彩绘石钺的最显眼特征。目前为止，彩绘石钺的发现较为丰富，其彩绘图案可以大致分为二型。

A型 较为复杂的石钺彩绘。以薛家岗①、划城岗②及钱山漾③遗址出土的彩绘石钺为代表，此类彩绘均有较成熟的构图，初视即知是有意描绘，如薛家岗石钺彩绘图案保存较好者均可视由三部分构成，分别为钻孔上部倒“八”字形彩绘，左右两侧翅形带点连勾彩绘，以及钻孔下部的花果形图案，其彩绘整体以其下花果形彩绘为主体（图一，1、2）。划城岗石钺彩绘为孔以上朱绘斜线和卷云纹（图一，3）。钱山漾石钺彩绘为墨绘回纹（图一，4）。此三遗址石钺彩绘图案虽各不相同，却均较复杂成熟且美观，暂统归为A型彩绘。

B型 类似绑缚类彩绘图案，多见于良渚文化遗址及受其影响的遗址。此类彩绘又可分为Ba、Bb二亚型。

Ba型 三叉形彩绘图案，即类似于石钺三孔绑缚的三叉状彩绘图案。其下还可再

---

① 安徽省文物考古研究所：《潜山薛家岗》，文物出版社，2004年。

② 湖南省博物馆：《安乡划城岗新石器时代遗址》，《考古学报》1983年第4期。

③ 浙江省文物管理委员会：《吴兴钱山漾遗址第一、二次发掘报告》，《考古学报》1960年第2期。

细分两类：一类为实心三叉，即直接朱彩描绘类似三孔绑缚状的三叉形图案；一类为空心三叉，即用朱彩勾边，预留出三孔绑缚状的空心三叉形图案，如反山M14：209①（图一，6）。实心三叉形图案由于顶部描绘的不同，又有着冲顶实心三叉及留銎实心三叉的区别。前者以广富林为M8：4②为例，穿孔上部的图案一直描绘至石钺顶部，即三叉形描绘从石钺穿孔始，至钺体边缘方止（图一，5），暂称之冲顶实心三叉彩绘。后者以崧泽M118：1③为例，为首先在钺体顶部朱绘一道直线描绘出钺体纳銎深度或位置，之后由石钺穿孔绘出三叉形彩绘，至纳銎线为止，即钺体纳銎部位留其空白不予施绘，暂称之为留銎实心三叉彩绘（图一，7）。空心三叉形彩绘暂未见不留銎者。

Bb型　倒“八”字形彩绘图案，即类似于石钺两孔绑缚的倒“八”字形彩绘图案。倒“八”字形彩绘亦有留銎与不留銎之区别，如嘉兴曹墩彩绘石钺④显见顶部绘有銎线（图一，8），福泉山M132：18⑤则未绘銎线（图一，10）。倒“八”字形彩绘是否有空心倒“八”暂不肯定，现发现者均如高城墩M13：2⑥朱绘（图一，9），似有留白，又似为中间脱落，因此空心倒“八”彩绘暂不分出。所有倒“八”字形除过有朱绘銎线者称之为留銎倒“八”形，余皆统称为倒“八”彩绘。

上述分类仅限于彩绘图案的主要特点，具体到个体均又各不相同。比如有的彩绘图案于石钺穿孔内亦有彩绘，有的彩绘穿孔外亦有一圈或朱绘或留白圆形彩绘等（图一，6～8）。至于具体差异，下文需要时再详加描述分析。

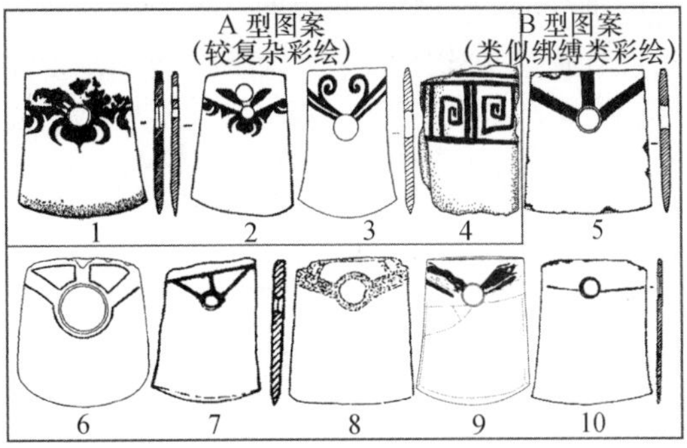

图一　史前彩绘石钺的彩绘图案类型

1～4. A型图案（薛家岗M44：7、薛家岗M58：8、划城岗M63：26、钱山漾）　5～7. Ba型图案（广富林M8：4、反山M14：209、崧泽M118：1）　8～10. Bb型图案（曹墩、高城墩M13：2、福泉山M132：18）

A型彩绘图案由于图案形式较为复杂，学界对于其为彩绘石钺之彩绘，目前没有任何疑义。

B型彩绘图案由于类似于石钺绑缚方式，学界对其性质尚存在一定的争论。

佟柱臣先生20世纪80年代末曾从石钺绑缚的角度，在对有孔石斧的装柄问题的研究上对石钺彩绘有所提及，认为有孔石斧上的

① 浙江省文物考古研究所：《反山》，文物出版社，2005年。

② 上海博物馆考古研究部：《上海松江区广富林遗址1999~2000年发掘简报》，《考古》2002年第10期。

③ 上海市文物管理委员会：《1994—1995年上海青浦崧泽遗址的发掘》，《上海博物馆集刊》第8辑，上海古籍出版社，2000年。

④ 嘉兴市文化局：《崧泽·良渚文化在嘉兴》之《嘉兴市古遗址调查》，浙江摄影出版社，2005年。

⑤ 上海市文物管理委员会：《福泉山——新石器时代遗址发掘报告》，文物出版社，2000年。

⑥ 南京博物院、江阴博物馆：《高城墩》，文物出版社，2009年。

条带痕迹表明了条带的结扎方向，印证了有孔石斧的装柄方法，同时也指出条带印痕边缘多以朱彩线相区别的特点①。日本学者林巳奈夫通过比较分析多个彩绘图案与石钺绑缚的个例后认为石钺彩绘并非绑缚残留以及描绘象征绑缚，应有其特殊的象征，并认为有孔斧的孔周围用朱色描绘并从那里呈放射状地引出三条朱线是为了在斧上反映日月神的象征而加上去的，其三根线结合象征日月神的孔及象征“王”的钺共同构成了一个“皇”字②。牟永抗先生认为，如果说薛家岗的彩绘施于捆绑部位的两侧具有美化捆绑而又不妨碍捆绑的话，那么良渚石钺上的彩绘直线正好涂布在捆绑部位。设若再施捆绑，势必掩盖彩绘从而失去彩绘的本意；假若捆绑之后再施彩绘，那么这些彩绘将随着捆绑物的糟朽脱落而无法保留，所以只能将这些直线彩绘认为是一种安柲捆绑的象征，而象征性安柲正是豪华型安柲的发展和升华③。佟先生文章以石钺绑缚角度出发，虽未完全否定石钺彩绘的存在，但其条带印痕的字眼给人留下了深刻的印象。加之此文发表较早以及先生的学术地位，还是在学界形成了B型绑缚类石钺彩绘为绑缚残留的学术观点，与林巳奈夫、牟永抗先生认为石钺彩绘为有意描绘并象征一定意义的观点共同构筑了现今学界对于彩绘石钺的研究现状。

在这两种观点共存的影响下，相关出土彩绘石钺遗址的发掘报告或简报也对其彩绘石钺的描述展现了不同的用词。认为是绑缚造成者一般会描述成绑缚印痕之类，赞成彩绘者一般会描绘成彩绘图案、朱绘痕迹等，较谨慎者一般称之为朱砂痕迹。

（二）彩绘图案与绑缚方式

1. 石钺绑缚方式

鉴于学界对彩绘图案是否为绑缚造成存在一定的分歧，有必要在石钺彩绘图案特别是B型绑缚类图案与其绑缚方式的关系上再做一番梳理。

有关于石钺安柄的资料至今已出土较多，诸如临汝阎村新石器时代遗址出土的“鹳鸟石斧图”陶缸彩绘④（图二，3）与山东莒县陵阳河遗址出土灰陶缸上的石钺装柄形图案⑤（图二，2），以及海安青墩遗址出土的陶钺⑥（图二，1），均再现了石钺装柄及绑缚的

① 佟柱臣：《中国新石器时代复合工具的研究——为纪念尹达先生诞辰八十周年而作》，《中国原始文化论集》，文物出版社，1989年。

② 林巳奈夫：《有孔玉、石斧的孔之象征》，《良渚文化研究——纪念良渚文化发现六十周年国际学术讨论会文集》，科学出版社，1999年。

③ 牟永抗：《南丫岛“牙璋”探微——关于玉礼兵的若干思考》，《南中国及邻近地区古文化研究》，中文大学出版社，1994年。

④ 临汝县文化馆：《临汝阎村新石器时代遗址调查》，《中原文物》1981年第1期。

⑤ 山东省考古所等：《山东莒县陵阳河大汶口文化墓葬发掘简报》，《史前研究》1987年第3期。

⑥ 南京博物院：《江苏海安青墩遗址》，《考古学报》1983年第2期。

某种方式。现综合各家研究成果[①]，佐之以近年金坛三星村及清凉寺墓地有关石钺及其钺背的出土材料（图二，4～6），主要将石钺绑缚的几种方式综合如图三所示。

依照有无钺背的不同，可将石钺绑缚方式分为无钺背绑缚和有钺背绑缚两种方式。

无钺背绑缚方式又可分为“1”字形绑缚、倒“八”字形绑缚及三叉形绑缚三种，即分为一条、两条或三条绑带的绑缚。每种绑缚方法又因既可在柄上打孔绑缚，又可在柄背刻槽绑缚的不同再分为二（图三，1～6），暂不细述。需要说明的是对于“1”字形绑缚一直少有学者提出，但观之清凉寺墓地较多出土的单孔石钺与单孔钺背，则“1”字形绑缚的存在亦不无可能。

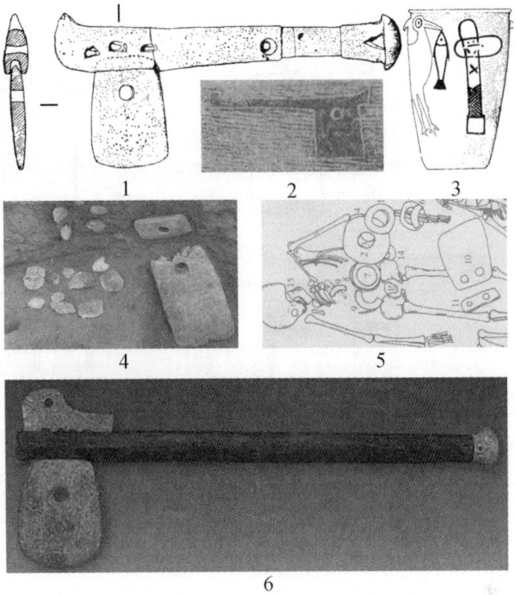

图二　石钺装柄绑缚相关出土资料

1. 海安青墩遗址陶钺　2. 陵阳河遗址陶缸上的石钺装柄形图案　3. 临汝阎村“鹳鸟石斧图”陶缸　4. 清凉寺M54钺及钺背出土状况　5. 清凉寺M79钺及钺背出土状况　6. 三星村M38石钺、钺背及镦复原

有钺背绑缚方式只需在钺柄两面相对位置凿两銎纳入石钺及钺背，用绑绳连接石钺及钺背的穿孔即可。目前出土的实物资料仅见清凉寺墓地出土的一孔对一孔钺背（原文为玉石单孔器）及其石钺[②]、两孔对两孔钺背（原文为长方形石器）及其石钺[③]，以及金坛三星村遗址的四孔对一孔钺背（原文为钺帽饰）及其石钺[④]。一孔对一孔与多孔对一孔的绑缚自不用说（图三，7、9），二孔对二孔则可采取多种方式，图述三种均为钺与钺背之间受力的绑法（图三，8），亦可为了装饰或其他需要在任意两孔之间穿绳绑缚组成任意图案从而引出更多绑法，暂不一一举例。

2. B型彩绘与石钺绑缚

在对石钺绑缚方式梳理完成之后可以发现，在所有绑缚方式中，与石钺彩绘扯得上关系而容易产生彩绘为绑缚印迹观点的只有无钺背类绑缚方式中的倒“八”字形绑缚与三叉

① 傅宪国：《试论中国新石器时代的石钺》，《考古》1985年第9期；张明华：《良渚玉戚研究》，《考古》1989年第7期；沈衣食：《穿孔石斧与良渚文化的钺兵器》，《南方文物》1992年第4期。

② 山西省考古研究所、山西运城市文物局、芮城县文物旅游局：《山西芮城清凉寺史前墓地》，《考古学报》2011年第4期。

③ 山西省考古研究所、山西运城市文物局、芮城县文物旅游局：《山西芮城清凉寺新石器时代墓地》，《文物》2006年第3期。

④ 江苏省三星村联合考古队：《江苏金坛三星村新石器时代遗址》，《文物》2004年第2期。

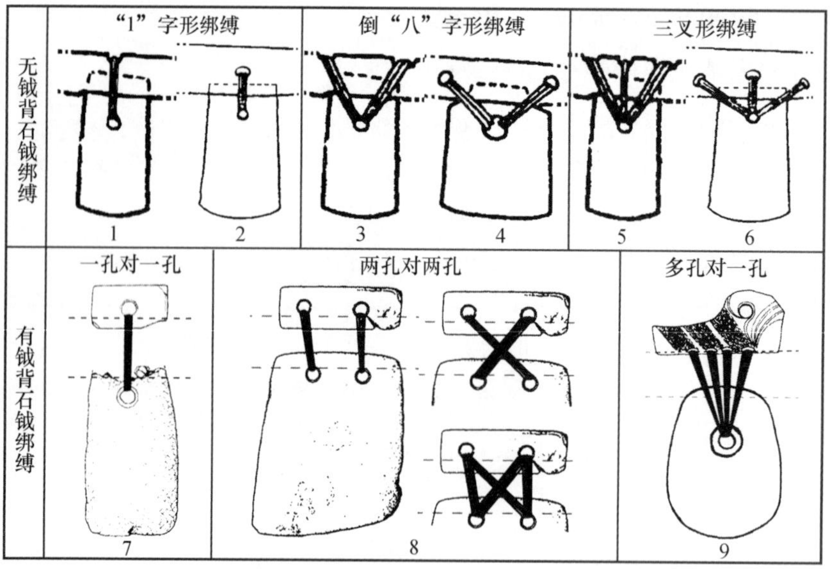

图三 史前石钺绑缚方式示意图

1、3～5. 改自沈衣食文图二 2、6. 改自张明华文图十一（2） 7. 清凉寺M54石钺及其钺背（M54：8、M54：9）绑缚示意 8. 清凉寺M79石钺及其钺背（M79：10、M79：11）绑缚示意 9. 三星村M38石钺及其钺背（M38：1、M38：2）绑缚示意

形绑缚，现就此类绑缚方式与B型绑缚类彩绘图案之关系予以分析。

（1）从彩绘图案本身即可排除大部分B型彩绘图案为绑缚印痕的可能。

第一，图案较为规整复杂者不会是绑缚所能造成，如B型绑缚类彩绘中的空心三叉彩绘图案显见不是绑缚印痕（图四，2）。

第二，石钺顶部纳銎部位依然描绘有彩绘者不会是绑缚印痕，如B型彩绘中的冲顶实心三叉彩绘，其顶端彩绘已达钺顶边缘，位于纳銎部位以内，即使装柄石钺随葬墓中木柄腐烂之后，其木柄腐烂所形成的物质也会造成朱彩（如果是朱彩的话），绑绳与钺体纳入銎部位无法接触从而无法印上朱色（图四，1）。

第三，三叉形彩绘孔两边的彩绘部分及倒"八"字形彩绘角度太大者不可能是绑缚印痕。绑缚印痕反映的是石钺绑缚的情况，即使墓中绑绳腐烂错位所造成的印痕亦不会发生太大的改变，依然能一定程度地反映绑缚原貌。而图四，6所示角度过大的彩绘，显见不会有任何一种绑缚会形成如此几近180度的角度。

第四，石钺穿孔周围有一圈规整描绘的圆形图案者，不会是绑缚所能形成（图四，2～4）。

第五，因石钺绑缚均为向穿孔上部牵拉，彩绘图案与穿孔连接部分在穿孔下半部分者均不符合力学原理，故不可能是绑缚印痕（图四，5、6）。

（2）从立体角度观察，倒"八"字形绑缚与三叉形绑缚其绑绳均不与除钺孔之外的其他钺体接触，正常情况下（随葬之前）无法在钺体表面形成绑缚印痕。

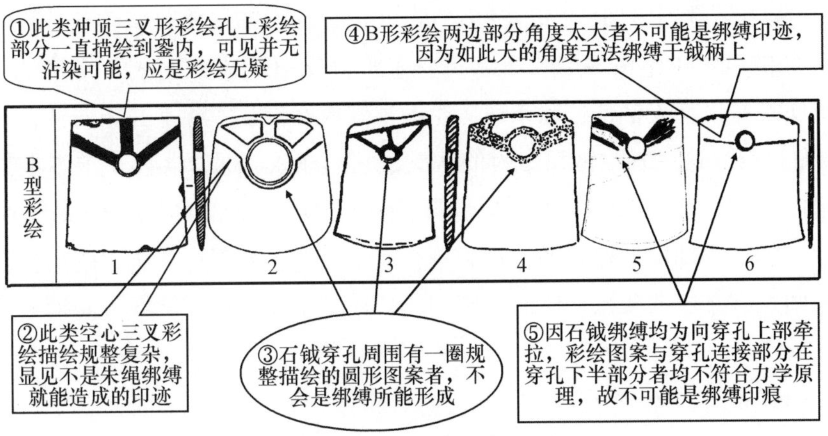

图四　部分B型彩绘与石钺绑缚关系分析图

无论是倒“八”字形绑缚或三叉形绑缚，其绑缚均需在钺柄的一侧掏一个可供石钺顶端插入的銎，这是石钺绑缚的首要条件，这从海安青墩的陶钺模型上得到了证实。石钺要绑缚，必须先插入銎，之后才是绳索绑缚，才会有沾染上绳索颜色的可能。而从立体三维的角度观察，由于石钺钺柄的厚度必然要大于石钺穿孔上方钺体的厚度，才能够开凿出一个可供钺体插入钺柄的銎，而为了确保钺体插入后不至于轻易掰裂，钺柄开銎部位的厚度一般要在所开銎宽度三倍以上为宜。因此实际绑缚之后的绳索除了与穿孔上绑缚受力外，与钺体本身压根是不接触的（图五）。非要使其接触，则需在銎线位置再将绑绳拦腰缚于钺体之上并于柄后或柄孔牵引绑缚，如此一来则对有着权力与地位象征的装柄钺来说，既不美观，也无必要，因此基本不可能。也就是说，平常情况下根本就不存在石钺绑缚之后朱红色绳索造成石钺钺体之上残存朱砂痕迹的可能。

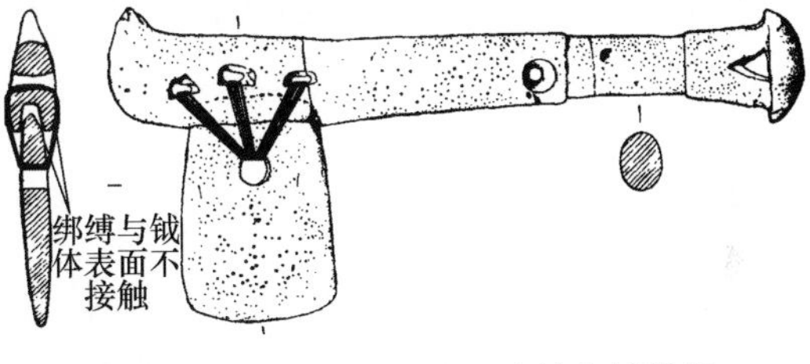

图五　海安青墩遗址出土陶钺绑缚模拟

（3）墓内作用形成朱彩绑绳造成钺体表面残留朱砂的可能性分析。

以上两点似乎完全排除了绑缚印痕的可能，然而还有一个无法回避的情况，即墓内作用形成朱彩绑绳造成钺体表面残留朱砂的可能性问题。虽则绑缚绳索与钺体表面是不接触的，然而随葬之后历经数千年，墓中情况异常复杂，不能武断地做出铁定不接触的判断，只能科学谨慎地分析其各种可能性。

第一，前提之一，是否安柄随葬？

安柄随葬是绑缚沾染的先决条件，若非安柄随葬则无法形成绑缚，更加不可能形成绑缚印迹。是否安柄随葬需要考察每个个体石钺的出土情况，综合分析其随葬位置是否允许放下钺柄，是否有钺柄出土或者钺柄配饰（镦、瑁、钺背等），是否有钺柄痕迹等。在有钺柄实物出土或钺柄痕迹存在的情况下可以肯定为安柄随葬，其他情况均需要结合多方面因素综合分析。考古发现中确实有部分可以肯定为安柄随葬，如反山大墓中的安柄玉钺[①]、福泉山墓葬中的象牙钺柄[②]及小兜里墓葬发现的钺柄朱漆痕迹[③]等。然而没有肯定是否装柄的钺占了绝大多数。牟永抗先生曾言反山墓地有玉钺入葬时卸除把柄的实例，从而证实那些仅在安柄部位涂朱或彩绘的玉钺或石钺，实际上并未安柄，仅以彩绘象征安柄[④]。而且按照这些彩绘钺出土时的状况，它们在入葬时，实际上根本不曾安柲或捆绑[⑤]。牟先生所言虽不能作为彩绘石钺随葬时未曾安柄的铁证，但至少可以证明彩绘石钺入葬时未曾安柄这一现象是存在的，这和一直以来的考古发现也是吻合的。也就是说，安柄与彩绘之间没有必然的联系。然而虽则如此，还是不能完全排除部分安柄形成彩绘沾染的可能。

第二，前提之二，必须为整体朱绘的绑绳。

朱绘绑绳可分为两种：一种为石钺绑缚完毕之后与绑绳上刷染朱砂，这种方式如果刷在钺体的话倒是容易形成空心彩绘，没有刷在钺体，则绑绳与钺体相对一面则一般没有朱彩，也就无法造成墓中作用形成石钺钺体沾染朱砂；另一种为事先用朱砂整体涂染的特制朱绘绑绳。朱砂是一种水溶性染色物[⑥]，干了之后再次潮湿也是会沾染的，东山村遗址石钺表面彩绘沾染到墓土上即是如此[⑦]。也就是说，不排除整体朱绘的绑绳在墓中作用中和钺体接触后形成朱砂沾染，然而沾染之后会是个什么样子，值得思考。

第三，朱绘绑绳在墓中作用中和钺体接触。

如前所述，钺体和绑绳在装柄绑缚之初是不接触的。在带柄石钺随葬墓内过程中，倘若钺体与缚绳之间的空隙被墓内填土或别的东西所填补，则毕竟无法形成接触；石钺在墓中的随葬位置与方式千差万别，倘若墓中作用过程中绳索腐朽成土的受力方向是偏离钺体的，则也无法形成接触。

综上可见，朱绳带柄石钺随葬墓内造成朱砂沾染的条件其实是比较苛刻的，虽然并不能完全排除朱绘绑绳在较小概率下与钺体接触形成沾染，然而每个墓中作用均是一个独特的不可逆过程，如此千篇一律的形成沾染一致彩绘的可能性可以基本排除。

（4）可能性沾染印痕与彩绘图案的区别与判定。

不排除较小的沾染可能性存在，那么沾染之后会是一个什么情况呢？

石钺表面的彩绘可以在与之接触的墓土上留下清晰的三叉形或八字形，因为钺体表面

---

① 浙江省文物考古研究所：《反山》，文物出版社，2005年。

② 上海市文物管理委员会：《福泉山——新石器时代遗址发掘报告》，文物出版社，2000年。

③ 浙江省文物考古研究所、浙江海宁市博物馆：《2009年海宁小兜里遗址良渚文化墓葬的发掘收获》，《南方文物》2010年第2期。

④ 牟永抗、吴汝祚：《试论玉器时代》，《考古学文化论集》，文物出版社，1997年。

⑤ 牟永抗：《南丫岛“牙璋”探微——关于玉礼兵的若干思考》，《南中国及邻近地区古文化研究》，中文大学出版社，1994年。

⑥ 王进玉、王进聪：《中国古代朱砂的应用之调查》，《文物保护与考古科学》1995年第1期。

⑦ 南京博物院等：《江苏张家港市东山村新石器时代遗址》，《考古》2010年第8期。

的彩绘本来就是附在钺体表面的一层朱砂。不同的是，绑绳的结构与钺体不同，目前出土的马家坟[1]和钱山漾[2]遗址麻绳及钱山漾的丝线及绸片实物资料等可以大致呈现出石钺绑绳的状况（图六）。无论是麻绳丝线抑或用丝绸制品做缚绳，其所涂染的朱砂均会与孔隙遍布的绑绳呈紧密结合状，其印染也应该似掉渣饼的掉渣一样，仅为少许的沾染，而非钺体彩绘似的整体翻印。

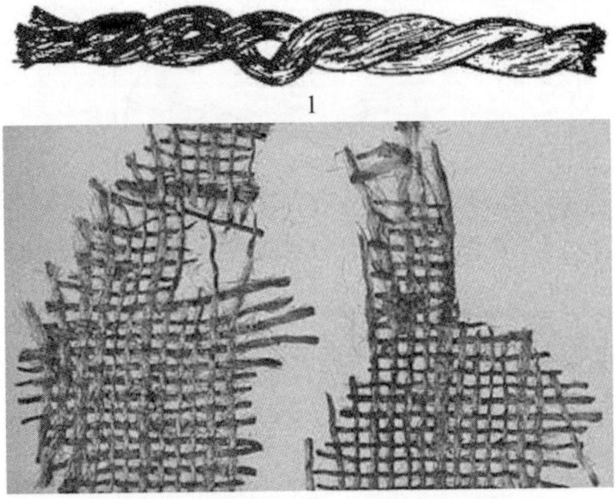
1
2

图六　史前麻绳、丝绸实物资料
1. 马家坟遗址出土良渚时期绳子遗存（G1：74）
2. 钱山漾遗址出土绸片遗存

文字的描述只能呈现出大体区别，具体的判定还需借助考古学方面的判断。而到底是沾染印痕还是彩绘图案的一个重要证据来源就是出土时的观察，诸如东山村石钺对泥土上的朱砂印痕到底是石钺的彩绘所印还是朱绘绑绳腐朽所留。一般而言，石钺彩绘及其所造成的土面沾染仅限于钺体范围之内（图七，1），而朱绘绑绳所形成的彩绘印痕则会超出钺体的范围而在钺体顶端上方土面上亦有残留，即使仅沾染少许，在钺顶上方亦会有相同概率的少许沾染，细心观察当能发现（图七，2、3）。而目前的考古发掘除朱柲钺之外未发现钺顶上方有朱砂之例，或许说明了石钺孔部附近残留的朱砂痕迹亦多为彩绘图案残留。

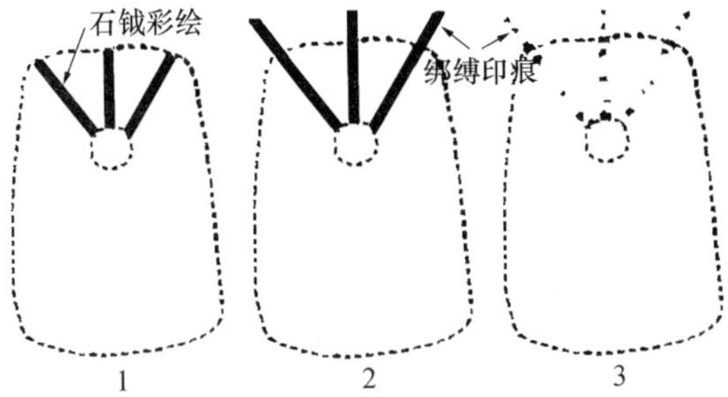

图七　石钺彩绘与绑缚沾染印痕的出土方式判定
（虚线为钺体范围）
1. 彩绘石钺出土理论状态（外无朱砂）
2、3. 石钺及其绑缚印痕出土理论状态（外有朱砂）

（5）彩绘石钺的其他证据。

第一，玉石钺孔旁的“摩擦痕”。

良渚文化玉石钺特别是玉钺的穿孔两侧，常常可以发现从钺孔通向钺背的倒“八”字形“摩擦痕”（图八，1）。如前所述，石钺绑缚过程中，缚绳是和钺体表面不接触的，也就是说，这种摩擦痕并不是玉石钺绑缚的结果。牟永抗先生认为这种摩擦痕是在器表高精度抛光之后，再以极其纤细的阴刻线条破坏局部的抛光面而成。这种极其纤细的阴刻线可能是用以增大捆扎时的摩擦系数，在显微照片下可以明显发现它们是由断续并不连接的线条组成的，可见并不是因为摩擦而形成。但是这样增大摩擦

① 浙江省文物考古研究所：《庙前》，文物出版社，2005年。
② 徐辉、区秋明、李茂孙、张怀珠：《对钱山漾出土丝织品的验证》，《丝绸》1981年第2期。

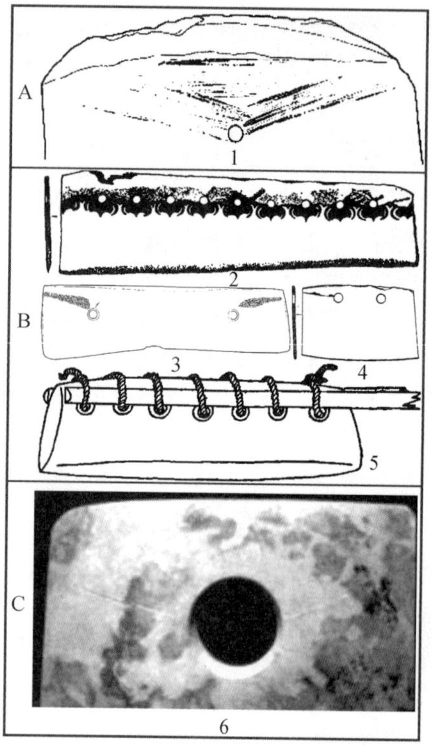

图八　彩绘石钺的其他证据

A. 玉石钺孔旁的摩擦痕　B. 石刀的同类彩绘图案　C. 石钺的同类刻划图案　1. 反山M12：100　2. 薛家岗M58：3　3. 清凉寺M146：4　4. 亭林M22：8　5. 石刀绑缚模拟（依饶惠元，1958）　6. 西长浜M7出土

系数的效果如何，实在也难以确认，所以也可能与有朱痕的石钺具有同样的内涵[①]。

第二，石刀的同类彩绘图案。

石钺上的彩绘图案形状并非彩绘石钺的专有物，考古发现中的一些石刀上亦有类似彩绘图案发现，如薛家岗[②]彩绘石刀上就有同其彩绘石钺一致的彩绘图案（图八，2），清凉寺[③]、亭林[④]等遗址的彩绘石刀便有着和众多彩绘石钺遗址的倒“八”字形彩绘（图八，3、4）。如果说石钺彩绘图案与绑缚方式的一致容易造成其为绑缚残留的印象，那么石刀似乎竖向绑缚更符合受力要求，也更加牢固（图八，5），石刀彩绘也似乎更容易被学界认同。可见此类石刀石钺均有的彩绘确实为先民们一致认同的有意描绘。

第三，石钺孔旁的彩绘状刻划线。

2008年浙江考古所对海盐西长浜遗址进行了抢救性发掘，于良渚文化墓葬M7中出土了一件刻划石钺，此件石钺上部穿孔两侧均刻划有斜向由穿孔引向钺上角的直线[⑤]，其刻划图案与良渚文化典型的倒“八”字形彩绘一模一样（图八，6）。

综上可见，史前先民于石钺孔旁“花心思”并非孤例，而石钺彩绘也似并非朱绳沾染一类的无心插柳，而更应是主观而为的有心栽花。

基于以上分析，本文彩绘石钺的范围主要囊括了以下五种：①图案复杂的A型彩绘图案石钺；②从图案即可判定是彩绘石钺的B型彩绘图案石钺；③从图案虽不可判定，但从出土状态可排除印痕的B型彩绘石钺；④所有简报或报告为涂朱、朱绘描述的彩绘石钺且无明显沾染可能者；⑤少许朱砂仅在钺体孔部上方且钺外上方无朱砂残留石钺附近无朱砂沾染源者。

彩绘石钺的彩绘图案具有十分容易脱落的客观特点，从而很容易形成历史信息的缺

① 牟永抗：《南丫岛“牙璋”探微——关于玉礼兵的若干思考》，《南中国及邻近地区古文化研究》，中文大学出版社，1994年。

② 安徽省文物工作队：《潜山薛家岗新石器时代遗址》，《考古学报》1982年第3期。

③ 山西省考古研究所等：《山西芮城清凉寺史前墓地》，《考古学报》2011年第4期。

④ 上海博物馆考古研究部：《上海金山区亭林遗址1988、1990年良渚文化墓葬的发掘》，《考古》2002年第10期。

⑤ 芮国耀：《海盐西长浜遗址的发掘》，《浙江考古新纪元》，科学出版社，2009年。

失。本文在立足上述分析的基础上，对所有彩绘石钺均经过初步分析后纳入统计研究，虽然仍有可能未完全排除若干沾染的特例，但对于整体研究而言，相信对于研究结果的科学性来说，是大体无碍的。

二、彩绘石钺的时空分布

彩绘石钺的时间分布3000年左右，空间范围包括长江下游地区，长江中游地区，苏北—海岱地区，中原地区等多个区域，且不同的时间段有着不同的地域分布侧重点，各出土遗址所在文化类型各个时段亦有着各自不同的错综复杂的关系。为了更好地展现史前彩绘石钺整个时空分布范围内的动态变化过程，以及分析其所处文化类型之间的复杂联系，参考其所处文化年代及文化背景等因素，现将彩绘石钺初步分为四个发展阶段。分别为初期阶段，距今6500～5500年；早期阶段，距今5500～5000年；中期阶段，距今5000～4300年；晚期阶段，距今4300～3500年（表一）。

表一　彩绘石钺时空分布及文化类型对照表

彩绘石钺发展阶段	彩绘石钺分布地域及文化类型							距今年代（年）
	环太湖地区	皖南—鄂东、赣西	湘北、鄂中	苏北—海岱	粤北	晋南	豫西	
初期	三星村文化类型 崧泽早中期							6500～5500
早期	崧泽晚期至崧泽良渚过渡阶段	薛家岗文化早期	屈家岭早期					5500～5000
中期	良渚扩张期至良渚末期	薛家岗文化晚期 樊城堆早晚之间		大汶口晚期及花厅类型				5000～4300
晚期	钱山漾类型		石家河早期		石峡文化	陶寺文化	二里头文化	4300～3500

（一）初期彩绘石钺分布（距今6500～5500年）

初期为彩绘石钺的起源阶段。初期的彩绘石钺分布仅局限于长江下游的太湖附近地区（图九）。主要发现于宁镇地区东侧的金坛三星村遗址及太湖流域的张家港东山村遗址（表二）。

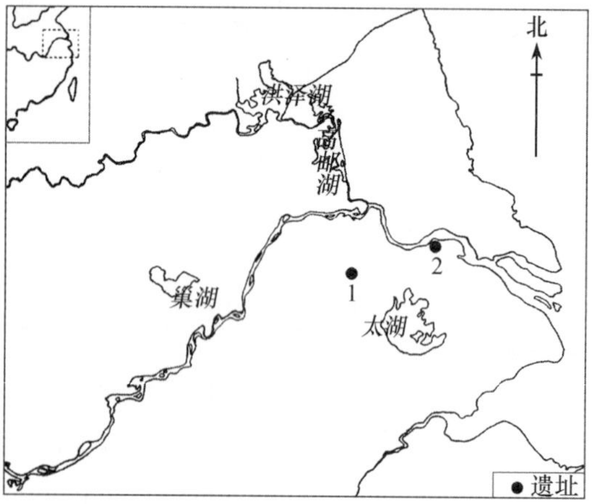

图九　初期彩绘石钺出土遗址分布图
1. 金坛三星村　2. 张家港东山村

金坛三星村遗址出土的一件石钺M730：5（图一〇，1），孔眼边有两道斜直朱砂印痕[①]，应是倒“八”字形彩绘残留。三星村墓地的年代距今6500～5500年[②]。

东山村遗址发现于1989年，1989～1990年曾进行了两次抢救性发掘，发现了一批马家浜文化和崧泽文化时期的文化层堆积及若干房址和墓葬[③]。2008～2010年又先后对其进行了两次抢救性发掘，发现了一批马家浜时期的墓葬及崧泽文化早中期的大墓。并于崧泽早中期大墓M90中发现彩绘石钺（M90：31）一件（图一〇，2）。此件彩绘石钺出土时位于墓主头部左上方，在其下方的土面上印有多道斜向朱砂痕迹，应是石钺圆孔左右两边的彩绘，另观察报告彩图，石钺M15：1孔侧各有一道斜向浅色印记，也应是石钺彩绘脱落所致（图一〇，3）。东山村M90、M15的年代约距今5800年[④]。

表二　初期阶段彩绘石钺出土遗址及其石钺彩绘状况统计表

遗址	时代	绝对年代	彩钺数量	彩绘图案型式	备注
三星村	三星村文化类型	距今6500～5500年	1	倒“八”字形	
东山村	崧泽早中期	约距今5800年	2	倒“八”字形；不清	M15：1从彩图观察，应为彩绘石钺

（二）早期彩绘石钺分布（距今5500～5000年）

早期彩绘石钺分布扩大为长江中下游地区。主要为长江下游太湖流域的崧泽—良渚文化区，鄂东—皖西地区的薛家岗文化区及湘北的划城岗遗址（图一一）。

1. 太湖流域

这一时期的太湖流域为崧泽—良渚文化的分布区，彩绘石钺发现主要有崧泽文化晚期的崧泽遗址，以及崧泽文化向典型良渚文化过渡阶段的福泉山、昆山、庙前、少卿山、赵陵山及罗墩诸遗址（表三）。

---

① 南京师范大学、金坛市博物馆：《金坛三星村——出土文物精华》，南京出版社，2004年。
② 江苏省三星村联合考古队：《江苏金坛三星村新石器时代遗址》，《文物》2004年第2期。
③ 张照根、姚瑶：《张家港东山村遗址发掘的主要收获》，《东南文化》1999年第2期。
④ 南京博物院等：《江苏张家港市东山村新石器时代遗址》，《考古》2010年第8期。

1　　2　　3

图一〇　初期彩绘石钺

1. 金坛三星村M730：5　2. 东山村M90：31

3. 东山村M15：1

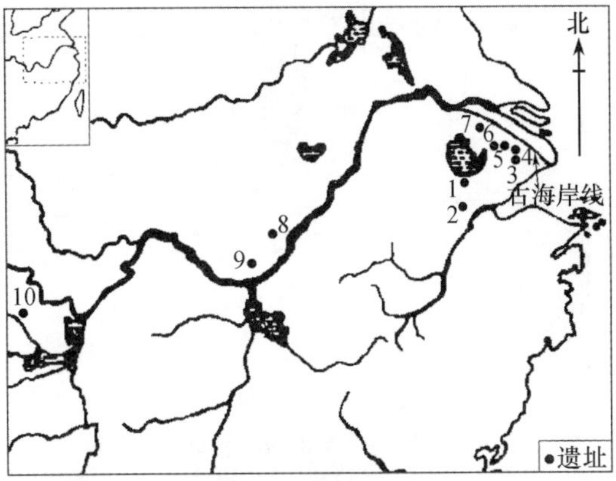

图一一　早期彩绘石钺出土遗址分布图

1. 昆山　2. 庙前　3. 崧泽　4. 福泉山　5. 少卿山

6. 赵陵山　7. 罗墩　8. 薛家岗　9. 塞墩　10. 划城岗

表三　早期阶段彩绘石钺出土遗址及其石钺彩绘状况统计表（太湖流域）

遗址	时代	绝对年代	彩绘石钺数量	彩绘图案型式	备注
崧泽	崧泽晚期	距今5000年前	1	实心三叉	
福泉山	一期为崧泽良渚过渡期	距今5200～5100年	5	倒“八”字形；实心三叉；不清	福泉山一期
昆山	良渚文化早期	距今5300～5000年	2	倒“八”字形；空心三叉	
庙前	良渚文化最早期与早期	距今5000年前	1	空心三叉	庙前一期早段
少卿山	良渚文化早期	距今5000年前	1	倒“八”字形	
赵陵山	良渚文化早期	距今5300～5000年	1	倒“八”字形	
罗墩	良渚文化早期	距今5000年前	1	冲顶实心三叉状	

在崧泽遗址1994～1995年发掘过程中，于崧泽晚期墓葬M118中出土彩绘石钺一件（M118：1），石钺穿孔周围有四道朱红色痕迹，为留銎实心三叉形彩绘（图一二，1）。报告者认为其石斧穿孔处朱红色彩绘描摹的图案演绎着该器物经装柄捆扎绳索后的情形①。该墓葬为崧泽文化晚期，绝对年代当在距今5000年之前。

福泉山遗址一期出土彩绘石钺5件，分别为M151：6、M151：7、M151：8、M139：9及M139：19（图一二，2～5）。其中M151：7及M151：8孔以上涂红褐色彩绘，彩绘形状不明。M139：9及M139：19孔两侧各有一条红褐色彩绘，应为倒“八”字形彩绘。M151：6虽报告未言彩绘，但M151平面图中可见其穿孔孔周有三条条带状彩

① 上海市文物管理委员会：《1994—1995年上海青浦崧泽遗址的发掘》，《上海博物馆集刊》第8辑，上海古籍出版社，2000年。

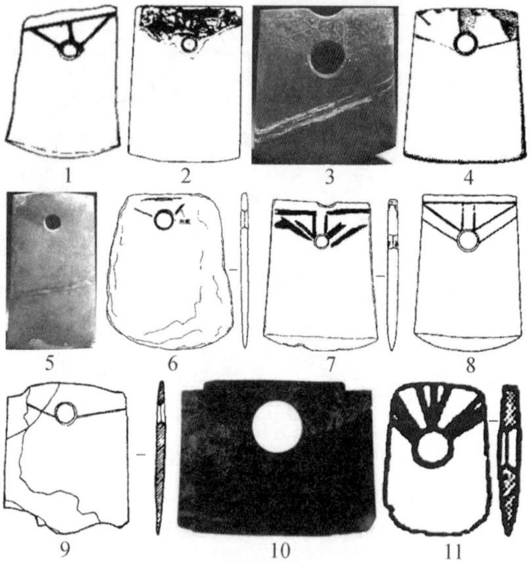

图一二　早期阶段彩绘石钺（太湖流域）

1. 崧泽M118：1　2～5. 福泉山M151：8、M151：7、M139：19、M139：9　6、7. 昆山M10：3、M37：3　8. 庙前M25：5　9. 少卿山M1：5　10. 赵陵山M77：70　11. 罗墩M7：18

绘，即实心三叉形彩绘。福泉山一期的年代为距今5200～5100年①。

昆山遗址出土彩绘石钺两件（图一二，6、7），分别为M10：3和M37：3。其中石钺M10：3一面孔周残留有朱痕，石钺M37：3两面上部及孔周围留有朱痕②。从报告彩图及线图观察，前者或为倒“八”字状彩绘，后者应为空心三叉彩绘。昆山M10及M37均为良渚文化最早期或称崧泽良渚过渡阶段墓葬，其绝对年代当在距今5000年前。

庙前遗址一期早段出土彩绘石钺一件（M25：5），其上部残留有红色几何形捆绑痕③，从线图观察，应为空心三叉状彩绘图案（图一二，8）。庙前M25为良渚文化最早期墓葬，其绝对年代在距今5300～5100年。

少卿山遗址M1出土彩绘石钺一件（M1：5），石钺穿孔周边有辐射状朱砂印痕④，结合线图观察，应为倒“八”字形石钺彩绘（图一二，9）。少卿山M1为良渚文化早期墓葬，绝对年代应为距今5000年前。

赵陵山遗址大墓M77出土彩绘石钺一件（M77：70），石钺彩绘应为倒“八”字形⑤（图一二，10）。

罗墩遗址发掘报告描述部分石钺表面有朱砂捆绑印痕⑥，观察石钺M7：18，其器表朱砂应类为冲顶实心三叉状彩绘（图一二，11）。罗墩遗址墓葬均属于良渚文化早期，其石钺M7：18为早期阶段的彩绘石钺。

2. 皖西南—鄂东及湘北地区

早期阶段这一地区的彩绘石钺主要出土于薛家岗文化圈的黄梅塞墩遗址、潜山薛家岗遗址及湘北地区屈家岭早期的划城岗遗址（表四）。

① 上海市文物管理委员会：《福泉山——新石器时代遗址发掘报告》，文物出版社，2000年。

② 浙江省文物考古研究所、湖州市博物馆：《昆山》，文物出版社，2006年。

③ 浙江省文物考古研究所：《庙前》，文物出版社，2005年。

④ 苏州博物馆等：《江苏昆山市少卿山遗址的发掘》，《考古》2000年第4期。

⑤ 钱锋：《太湖流域的文明之光——赵陵山良渚文化遗址》，《中国十年百大考古新发现（1900—1999）》上册，文物出版社，2002年。

⑥ 苏州博物馆、常熟博物馆：《江苏常熟罗墩遗址发掘报告》，《文物》1997年第7期。

表四　早期阶段彩绘石钺出土遗址及其石钺彩绘状况统计表（皖西南—鄂东、湘北）

遗址	时代	绝对年代	彩绘石钺数量	彩绘图案型式	备注
黄梅塞墩	薛家岗文化期早期	距今5000年前	1	不清	
薛家岗	薛家岗四期	距今5000年前	1	不清	
划城岗	屈家岭早期	距今5200～4800年	1	A型	朱绘斜线和卷云纹

黄梅塞墩遗址薛家岗文化墓葬M151出土彩绘石钺一件（M151：1），钺体背面顶边和孔侧残存极少朱绘（图一三，1）。黄梅塞墩薛家岗文化墓葬的年代为距今5500～4600年①。M151为黄梅塞墩薛家岗文化早期墓葬，绝对年代在距今5500～5000年。

薛家岗四期出土彩绘石钺一件（M57：9），其彩绘图案纹饰不清（图一三，2）。薛家岗遗址四五期的绝对年代为距今5200～4800年②，四期彩绘石钺当属于彩绘石钺的早期阶段。

划城岗遗址M63出土彩绘石钺一件（M63：26），孔以上朱绘斜线和卷云纹，属于A型较复杂彩绘（图一三，3）。M63是划城岗遗址随葬品最多的墓葬，属于划城岗遗址中一期，是较屈家岭文化晚期要早并与晚期相衔接的文化遗存③，其彩绘石钺应归于彩绘石钺的早期阶段。

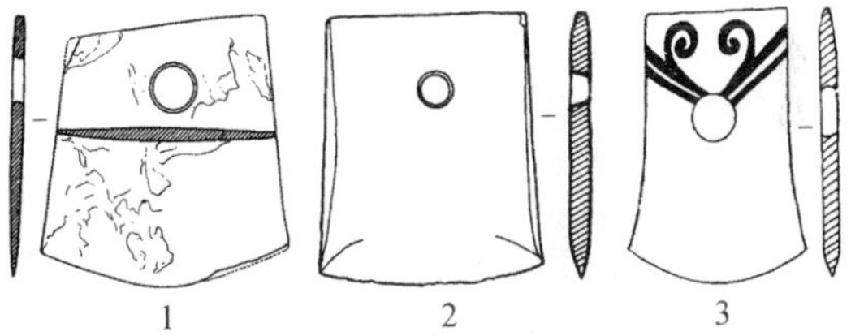

图一三　早期阶段彩绘石钺（皖西南—鄂东、湘北）

1. 塞墩M151：1　2. 薛家岗M57：9　3. 划城岗M63：26

（三）中期彩绘石钺分布（距今5000～4300年）

彩绘石钺的中期阶段主要涵盖了良渚文化开始扩张直至消亡的整个过程，这一时期的彩绘石钺分布地域及图案特点等与良渚文化扩张直至消亡的历史背景有着千丝万缕的联系。目前学界关于良渚文化消亡的年代即良渚文化的下限存在着距今4500年、距今4300年及距今4000年左右三种看法。结合整个彩绘石钺相关的文化背景综合分析，笔者较赞同距今4300年左右的良渚文化下限，并同时将其定为彩绘石钺中期阶段的年代下限。

中期阶段彩绘石钺的分布范围较早期更加扩大，出土彩绘石钺的数量也更多。这一阶段的彩绘石钺主要分布于长江下游的太湖流域、苏北—海岱地区及长江中游的皖南—鄂东及赣西地区（图一四）。

1. 太湖流域

中期阶段太湖流域为典型良渚文化的分布区。这一阶段出土彩绘石钺的遗址主要有

① 中国社会科学院考古研究所：《黄梅塞墩》，文物出版社，2010年。

② 安徽省文物考古研究所：《潜山薛家岗》，文物出版社，2004年。

③ 湖南省博物馆：《安乡划城岗新石器时代遗址》，《考古学报》1983年第4期。

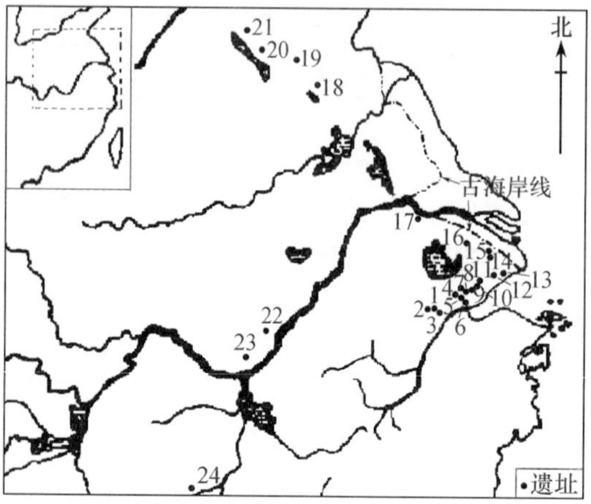

图一四　中期彩绘石钺出土遗址分布图

1. 反山　2. 汇观山　3. 庙前　4. 新地里　5. 荷叶地　6. 盛家埭　7. 普安桥　8. 小兜里　9. 大坟墩　10. 龙潭港　11. 曹墩　12. 庄桥坟　13. 亭林　14. 广福林　15. 福泉山　16. 草鞋山　17. 高城墩　18. 花厅　19. 大墩子　20. 滕县时村　21. 野店　22. 薛家岗　23. 塞墩　24. 拾年山

反山、福泉山、庙前、高城墩、广富林、大坟墩、小兜里、汇观山、新地里、龙潭港、普安桥、草鞋山、荷叶地、庄桥坟、嘉兴曹墩、盛家埭及亭林等遗址（表五）。

反山遗址出土彩绘石钺30余件，其彩绘图案分别为以彩绘石钺M14：209为代表的空心三叉状图案（图一五，1），以及以彩绘石钺M16：44为代表的实心三叉彩绘（图一五，2）。M17：22玉钺彩绘似为倒“八”字形彩绘（图一五，3），但其钻孔上部亦有朱痕残留，不能排除实心三叉彩绘脱落所致。因此反山遗址彩绘石钺可辨彩绘图案主要为空心三叉及实心三叉两种。反山遗址彩绘石钺其年代有前后之别，绝大多数彩绘石钺出土于反山墓地，年代距今5000～4800年①，余2件出土于稍早的地层及第二阶段土台墓葬M19，当属良渚文化晚期。反山遗址的彩绘石钺均属于彩绘石钺中期阶段的范围内。

福泉山遗址二至五期共出土彩绘石钺8件，除四期彩绘玉钺M74：37为实心三叉状彩绘图案（图一五，6）及五期石钺M101：76从墓葬平面图上可见孔两边及上部有三道彩绘外，余均为实心倒“八”字形彩绘图案（图一五，4、5）。福泉山遗址二至五期的年代上限约为距今5000年②，下限即为良渚文化末期，约为距今4300年。

庙前遗址一期晚段出土彩绘石钺一件（M27：1），原报告称其上端残留有红色几何形图案③。结合线图可见为空心三叉状彩绘图案（图一五，7）。庙前遗址一期晚段约距今5000年。

高城墩遗址出土彩绘钺一件（M13：2），为玉质，钺体上部孔部两侧有两道明显的朱砂痕④，为倒“八”字形彩绘（图一五，8）。高城墩M13属于良渚文化中期偏晚阶段。

广富林遗址出土彩绘石钺一件（M8：4），石钺穿孔上部有三道红色彩绘痕迹⑤，为实心三叉彩绘（图一五，9）。广富林M8约为良渚文化中期偏晚。

① 浙江省文物考古研究所：《反山》，文物出版社，2005年。

② 上海市文物管理委员会：《福泉山——新石器时代遗址发掘报告》，文物出版社，2000年。

③ 浙江省文物考古研究所：《庙前》，文物出版社，2005年。

④ 南京博物院：《高城墩》，文物出版社，2009年。

⑤ 上海博物馆考古研究部：《上海松江区广富林遗址1999—2000年发掘简报》，《考古》2002年第10期。

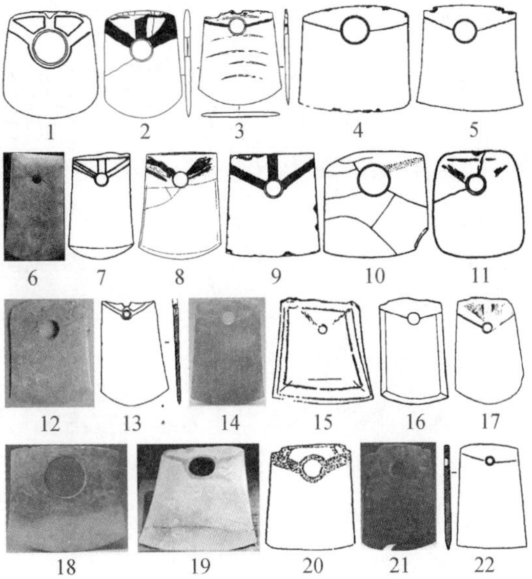

图一五　中期阶段彩绘石钺（太湖流域）

1～3. 反山（M14：209、M16：44、M17：22玉钺）　4～6. 福泉山（M120：6、M144：14、M74：37玉钺）　7. 庙前M27：1　8. 高城墩M13：2（玉钺）　9. 广富林M8：4　10、11. 大坟墩（M2：11、M2：12）　12. 小兜里M7：10　13. 汇观山M4：20（玉钺）　14. 新地里M98：15　15. 龙潭港M12：25　16、17. 草鞋山（WC4：2、WCM100：3）　18. 荷叶地M4：7　19. 庄桥坟M76出土　20. 嘉兴曹墩出土　21. 盛家埭出土　22. 亭林M16：34

大坟墩遗址出土彩绘石钺两件（图一五，10、11），均出土于该遗址墓葬M2，分别为M2：11和M2：12。原报告均描述此两件石钺穿孔旁有朱绘纹道，结合线图观察M2：11图案不辨，M2：12应为实心三叉形彩绘图案。此外石钺M2：16孔旁至背部有三道灰白色的捆扎印痕，亦有可能为石钺彩绘残留印迹。大坟墩M2约当于良渚文化中期偏晚，绝对年代距今4900～4700年①。

小兜里遗址2009年发掘出土彩绘石钺数件。其中彩绘石钺M7：10保存较为理想，石钺孔周的正背面均保留有朱绘（图一五，12）。从保留较好的背面观察，石钺上部近顶端部位未有彩绘，即纳銎部位未有彩绘。报告者认为从M7：10的安柄石钺可以看出朱绘原先应该是涂绘在捆扎物周边从而成为与超越石钺圆孔形态之观念形态上的象征②。小兜里彩绘石钺均属于彩绘石钺的中期阶段。

汇观山遗址出土彩绘钺一件（M4：20），为彩绘玉钺。钺体穿孔上端施有三条带状辐射形朱彩纹饰③，即为实心三叉状彩绘图案（图一五，13）。汇观山M4约当于良渚文化中期或略晚。

新地里遗址出土彩绘石钺数件，除M98：15可见器身一面穿孔两侧有明显的两条斜向朱红痕迹（即实心倒“八”字形彩绘）外（图一五，14），余皆为隐约的涂朱痕迹④。新地里彩绘石钺的年代约当于良渚文化中期偏早至良渚文化晚期。

龙潭港遗址出土彩绘石钺一件（M12：25），孔两侧可见倒“八”字形红色捆扎痕

---

① 浙江省文物考古研究所、海宁市博物馆：《浙江省海宁市大坟墩遗址的发掘》，《浙江省文物考古研究所学刊》第7辑，杭州出版社，2005年。

② 浙江省文物考古研究所、浙江海宁市博物馆：《2009年海宁小兜里遗址良渚墓葬的发掘收获》，《南方文物》2010年第2期。

③ 浙江省文物考古研究所、余杭市文管会：《浙江余杭汇观山良渚文化祭坛与墓地发掘报告》，《浙江省文物考古研究所学刊》，长征出版社，1997年。

④ 浙江省文物考古研究所、桐乡市文物管理委员会：《新地里》，文物出版社，2006年。

迹[①]，实为倒“八”字形石钺彩绘图案（图一五，15）。龙潭港墓地的年代约为良渚文化中期至晚期偏早，属于彩绘石钺的中期阶段。

从小兜里遗址的发掘简报可知朱绘石钺的情况也见于1995～1998年普安桥遗址的发掘[②]。普安桥M1出土石钺1件，其钺的着柄部分就尚存朱红色物质[③]。普安桥M1约为良渚文化中期偏早。

草鞋山遗址出土彩绘石钺两件，均见于佟柱臣先生《中国新石器时代复合工具研究》一文[④]，分别为石钺WC4：2及石钺WCM100：3（图一五，16、17）。其中WC4：2线图见于佟先生《中国新石器研究》一书[⑤]。WCM100：3彩绘石钺钺体两面孔的两边均有两条斜向等宽的条带印痕，孔上方还有一条垂直条带印痕，条带印痕的边缘以朱彩勾画出条带的宽度，即为空心三叉状彩绘。WC4：2仅钺孔两边有两条斜向条带印痕，条带边缘绘朱彩线，可知为倒“八”字形彩绘。草鞋山遗址先后依次叠压有马家浜、崧泽及典型良渚文化的文化层[⑥]，此两件石钺依其一件边缘起脊一件长“风”字形的形制特点，应均出土于典型良渚文化的地层或遗迹，属于中期阶段的彩绘石钺范畴。

荷叶地遗址亦出土彩绘石钺一件（M4：7）[⑦]，其穿孔两端留有明显的条带状朱砂痕（图一五，18），是典型的倒“八”字形彩绘。此件彩绘石钺属于中期阶段。

庄桥坟遗址2003年发掘过程中出土了一件高达31厘米的大型石钺[⑧]，此钺的穿孔边有一圈白色胶结物[⑨]，从网上报道亦可知此钺出土时器身上还留有朱砂痕迹[⑩]，结合网上照片可知为倒“八”字形朱砂彩绘（图一五，19）。此钺出土于M76，年代上属于彩绘石钺的中期阶段。

---

① 浙江省文物考古研究所、海盐县博物馆：《浙江海盐县龙潭港良渚文化墓地》，《考古》2001年第10期。

② 浙江省文物考古研究所、海宁市博物馆：《浙江省海宁市大坟墩遗址的发掘》，《浙江省文物考古研究所学刊》第7辑，杭州出版社，2005年。

③ 北京大学考古学系、浙江省文物考古所、日本上智大学联合考古队：《浙江桐乡普安桥遗址发掘简报》，《文物》1998年第4期。

④ 佟柱臣：《中国新石器时代复合工具的研究——为纪念尹达先生诞辰八十周年而作》，《中国原始文化论集》，文物出版社，1989年。

⑤ 佟柱臣：《中国新石器研究》，巴蜀书社，1998年，第732页。

⑥ 南京博物院：《江苏吴县草鞋山遗址》，《文物资料丛刊》（3），文物出版社，1980年。

⑦ 浙江省文物考古研究所：《浙江考古精华》，文物出版社，1999年，第100页。

⑧ 浙江省文物考古研究所、平湖市博物馆：《浙江平湖市庄桥坟良渚文化遗址及墓地》，《考古》2005年第7期。

⑨ 浙江省文物考古研究所、平湖市博物馆：《平湖庄桥坟遗址发掘的主要收获》，《崧泽、良渚文化在嘉兴》，浙江摄影出版社，2005年。

⑩ http://www.cntour2.com/viewnews/20070517/cul/200751723209828.htm

嘉兴曹墩遗址出土彩绘石钺1件，在圆孔上方两侧，留有朱红色彩绘痕迹①。据线图判断（图一五，20），应为倒“八”字形彩绘。此件彩绘石钺属于彩绘石钺的中期阶段。

盛家埭遗址出土彩绘石钺1件②，彩绘图案不清（图一五，21）。依其彩绘石钺顶部有肩的形制特点判断，应属于彩绘石钺中期阶段。

亭林遗址出土彩绘石钺1件（M16：34），孔两侧有两条红线③，为倒“八”字形彩绘（图一五，22）。此件彩绘石钺出土于亭林遗址M16，属于良渚文化晚期墓葬。

此外，姚家山遗址④、余杭费家埭及余杭石蛤⑤等遗址亦有这一阶段的彩绘石钺出土，由于彩绘图案不清及欠缺详细资料等原因，暂不详述。

表五　中期阶段彩绘石钺出土遗址及其石钺彩绘状况统计表（太湖流域）

遗址	时代	绝对年代	彩绘石钺数量	彩绘图案型式
反山	良渚中期偏早及晚期	距今5000～4800年	30余件	实心三叉状；空心三叉状；不清
福泉山	福泉山二至五期	距今5000～4600年	8	实心三叉状；倒“八”字形
高城墩	良渚文化中期偏晚	距今4800～4600年	1	倒“八”字形
广富林	良渚文化中期偏晚	距今4800～4600年	1	实心三叉状
大坟墩	良渚文化中期偏晚	距今4900～4700年	2	实心三叉状；不清
小兜里	良渚文化早中期	距今5000～4800年	多件	不清
汇观山	良渚中期或略晚	距今4900～4700年	1	实心三叉状
新地里	中期偏早到晚偏早	距今5000～4500年	多件	倒“八”字形；不清
龙潭港	良渚晚期偏早	约距今4600年	1	倒“八”字形
普安桥	良渚中期偏早	距今5000～4800年	1	不清
草鞋山	典型良渚文化	距今4700～4600年	2	空心三叉状；倒“八”字形
荷叶地	良渚文化中期偏晚	距今4800～4500年	1	倒“八”字形
曹墩	良渚文化中期偏晚	距今4800～4500年	1	倒“八”字形
庄桥坟	良渚中晚期	距今5000～4500年	1	不清
盛家埭	良渚文化中期偏晚	距今4800～4500年	1	不清
庙前	庙前一期晚段	距今5000年左右	1	空心三叉状
亭林	良渚末期	距今4300年左右	1	倒“八”字形

① 陆耀华：《嘉兴市古遗址调查》，《崧泽、良渚文化在嘉兴》，浙江摄影出版社，2005年。

② 陆耀华：《嘉兴市古遗址调查》，《崧泽、良渚文化在嘉兴》，浙江摄影出版社，2005年。

③ 上海博物馆考古研究部：《上海金山区亭林遗址1988、1990年良渚文化墓葬的发掘》，《考古》2002年第10期。

④ 王宁远、周伟民、朱宏中：《浙江桐乡姚家山良渚文化贵族墓葬》，《2005年中国重要考古发现》，文物出版社，2006年。

⑤ 牟永抗：《浙江新石器时代文化的初步认识》，《中国考古学会第三次年会论文集》，文物出版社，1984年。

2. 苏北—海岱地区

苏北—海岱地区的彩绘石钺主要发现于苏北的花厅遗址、大墩子遗址，以及山东的邹县野店和滕县时村遗址（表六）。

表六　中期阶段彩绘石钺出土遗址及其石钺彩绘状况统计表（苏北—海岱）

遗址	时代	绝对年代	彩绘石钺数量	彩绘图案型式	备注
野店	大汶口晚期	距今5000～4500年	1	不清	
大墩子	大汶口晚期	距今5000～4500年	4	不清	
花厅	大汶口晚期	距今5000～4300年	1	不清	“花厅”类型
滕县时村	大汶口晚期	距今5000～4500年	1	实心三叉状	

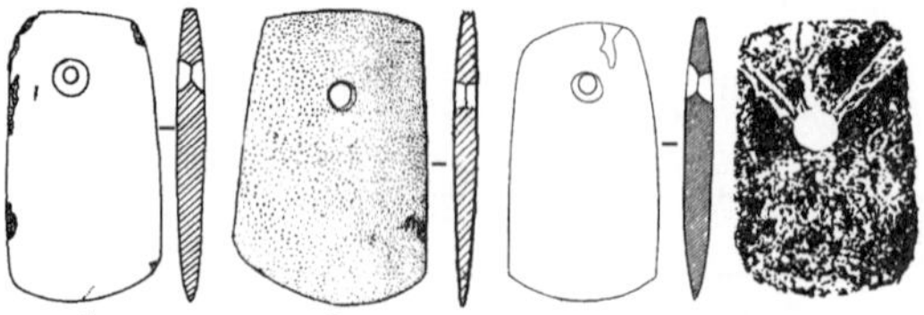

图一六　中期阶段彩绘石钺（苏北—海岱）
1. 花厅M109：8　2. 大墩子M117：4　3. 野店M49：5
4. 滕县时村采集

新沂花厅遗址1953年发掘出土彩绘石钺1件（M109：8），其石钺钺体表面涂有红朱①，推测应为石钺表面的彩绘，具体彩绘图案形状不清（图一六，1）。关于花厅墓地的年代，2003年发掘报告②参考栾丰实先生观点③，认为距今5400～4800年。高广仁④、宋建⑤等先生认为应在距今5000年左右或距今5000年之后。M109属于花厅墓地南区墓地，稍早于北区墓地，综合良渚文化的发展阶段与花厅墓地的文化内涵对照考虑，花厅墓地的年代应起于距今5000年后，止于距今4300年左右。M109：8也属于彩绘石钺发展的中期阶段。

邳县大墩子遗址1966年发掘出土有上端涂朱红色石钺4件⑥（M117：4、M160：3、M221：7、M245：2），结合此4座墓葬均未发现“红色颜料”沾染源及该遗址出土红色赭石颜料⑦综合推测均为彩绘石钺，石钺彩绘图案不清（图一六，2）。大墩子遗址为大汶口文化晚期，属于彩绘石钺发展的中期阶段。

① 南京博物院新沂工作组：《新沂花厅村新石器时代遗址概况》，《文物参考资料》1956年第7期。
② 南京博物院：《花厅——新石器时代墓地发掘报告》，文物出版社，2003年。
③ 栾丰实：《花厅墓地初论》，《海岱地区考古研究》，山东大学出版社，1997年。
④ 高广仁：《花厅墓地“文化两合现象”的分析》，《海岱区先秦考古论集》，科学出版社，2000年。
⑤ 宋建：《论良渚文明的兴衰过程》，《良渚文化研究——纪念良渚文化发现六十周年国际学术讨论会文集》，科学出版社，1999年。
⑥ 南京博物院：《江苏邳县大墩子遗址第二次发掘》，《考古学集刊》（1），中国社会科学出版社，1981年。
⑦ 上海纺织科学院研究文物整理组：《江苏邳县大墩子出土的颜料石分析》，《考古学集刊》（1），中国社会科学出版社，1981年。

邹县野店遗址出土涂有朱红色石钺1件（M49：5），但纹样已不清楚[①]。M49墓内其他地方均无“红色颜料”痕迹，此件石钺很可能亦是彩绘石钺（图一六，3）。M49为野店四期至五期过渡时期，年代在距今5000年前后，如若对比良渚文化的对应年代则当更晚。M49：5属于彩绘石钺发展的中期阶段。

滕县时村遗址1957年调查时发现一件“上部印有联结斧与柄的绳索痕迹”的石钺（图一六，4），观其线图可见此痕迹为三叉形[②]，虽无法判定是否为冲顶三叉，但相较绳索痕迹，彩绘的可能性更大。此件石钺为调查所得，无法判定具体年代，结合其石钺形制及该区域彩绘石钺出现年代综合推测，其应为中期阶段的彩绘石钺。

3. 长江中游地区

中期阶段长江中游地区的彩绘石钺主要发现于皖南—鄂东薛家岗文化圈的潜山薛家岗、黄梅塞墩遗址，以及赣西地区樊城堆文化早晚之间的新余拾年山遗址（表七）。

表七　中期阶段彩绘石钺出土遗址及其石钺彩绘状况统计表（长江中游）

遗址	时代	绝对年代	彩绘石钺数量	彩绘图案型式	备注
薛家岗	薛家岗五期	距今5000～4800年	多件	A型；不清	连勾花果形
塞墩	塞墩薛家岗文化晚期	距今5000～4600年	1	不清	
拾年山	樊城堆早晚之间	距今5000～4500年	1	倒“八”字形	

薛家岗遗址五期发现彩绘石钺多件，除彩绘图案模糊不清者外，余皆为顶端孔周描绘有朱彩连勾花果形图案的A型彩绘，彩绘图案较一致（图一七，1～4）。薛家岗四五期的绝对年代距今5300～4800年[③]，五期的年代基本位于彩绘石钺的中期阶段范围之内。

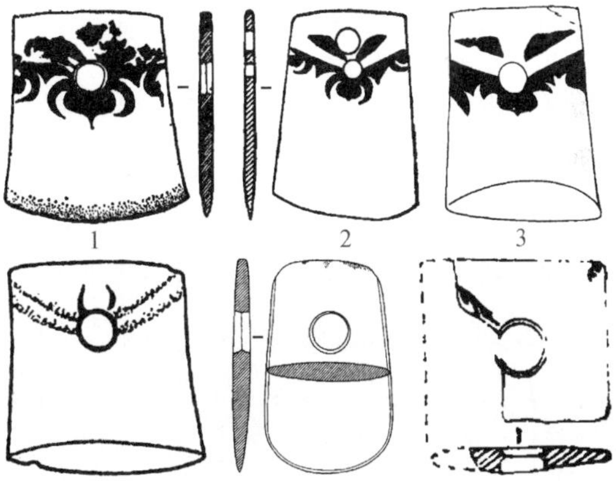

图一七　中期阶段彩绘石钺（皖南—鄂东、赣西）
1～4. 薛家岗（M44：7、M58：8、M47：6、M37：5）
5. 塞墩M123：5　6. 拾年山T32①：5

塞墩遗址薛家岗文化晚期发现彩绘石钺1件（M123：5）（图一七，5），该钺出土于塞墩遗址薛家岗晚期最大的墓葬M123，出土时钺的两面均残存有较少的朱红颜料[④]，推测为石钺彩绘残

① 山东省博物馆、山东省文物考古研究所：《邹县野店》，文物出版社，1985年。
② 山东大学滕县考古调查小组：《滕县新石器时代遗址调查》，《文物参考资料》1958年第1期。
③ 安徽省文物考古研究所：《潜山薛家岗》，文物出版社，2004年。
④ 中国社会科学院考古研究所：《黄梅塞墩》，文物出版社，2010年。

留。塞墩遗址薛家岗晚期年代为距今5000～4600年。

新余拾年山遗址地层出土石钺T32①：5，从线图观察应为描绘倒“八”字形图案的彩绘石钺（图一七，6）。该石钺出土地层年代位于樊城堆文化早晚之间[①]，距今5000～4500年[②]。

（四）晚期彩绘石钺分布（距今4300～3500年）

晚期阶段的彩绘石钺分布较为零散，出土数量也不是很多（表八）。主要分布于长江下游的太湖流域、长江中游的鄂中地区、东南地区的粤北地区，以及中原地区的晋南、豫西地区（图一八）。

表八　晚期阶段彩绘石钺出土遗址及其石钺彩绘状况统计表

遗址	时代	绝对年代	彩绘石钺数量	彩绘图案型式	备注
钱山漾	钱山漾类型	距今4400～3900年	1	A型	墨绘回纹
肖家屋脊	石家河文化早期	距今4200年左右	1	不清	
石峡	石峡文化	距今4220年±110年	1	倒“八”字形	
清凉寺	陶寺文化早期	距今4300～3900年	1	倒“八”字形	
陶寺	陶寺文化	距今4600～4000年	2	不清	
二里头	四期	距今3750～3550年	1	实心三叉形	

1. 太湖流域

晚期阶段的彩绘石钺分布在太湖流域的仅剩钱山漾遗址一处，且其彩绘石钺相比之前一期有着迥异的差别。

钱山漾遗址出土彩绘石钺（原文作斧）的彩绘图案相较同区域前期遗址彩钺图案有着较大的区别。其彩绘石钺两面顶上墨绘回纹[③]，较似于商周青铜器中的同类纹饰（图一九，1），与之前彩绘石钺的倒“八”字形或三叉形彩绘风格迥然不同。钱山漾遗址是太湖地区位于良渚文化与马桥文化之间的遗址类型，基本填补了从良渚文化到马桥文化之间的缺环，其年代距今4400～3900年[④]。

---

① 江西省文物考古研究所、厦门大学人类学系、新余市博物馆：《新余市拾年山遗址第三次发掘》，《东南文化》1991年第5期。

② 李家和、杨巨源、刘诗中：《江西薛家岗类型文化遗存的发现和研究——四谈江西新石器时代晚期文化》，《东南文化》1989年第3期。

③ 浙江省文物管理委员会：《吴兴钱山漾遗址第一、二次发掘报告》，《考古学报》1960年第2期。

④ 浙江省文物考古研究所、湖州市博物馆：《浙江湖州钱山漾遗址第三次发掘简报》，《文物》2010年第7期。

2. 鄂中地区

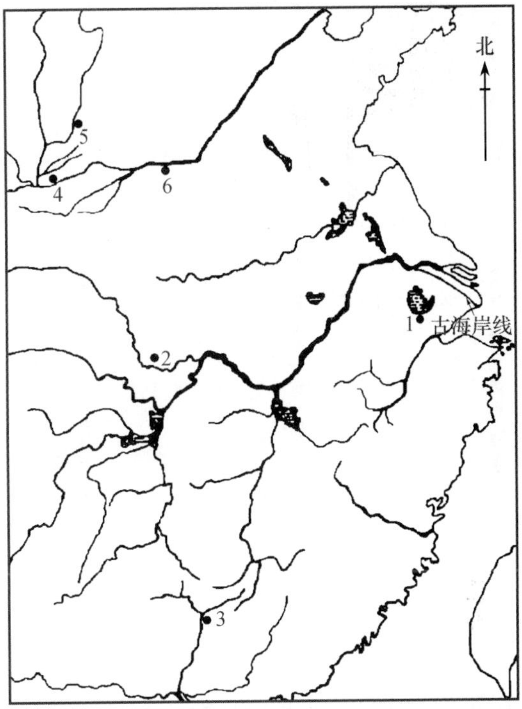

图一八　晚期彩绘石钺出土遗址分布图
1. 钱山漾　2. 肖家屋脊　3. 石峡　4. 清凉寺
5. 陶寺　6. 二里头

鄂中地区这一阶段彩绘石钺的分布仅肖家屋脊遗址一处。

肖家屋脊遗址石钺M7：73背面孔左侧有朱砂痕迹①，初步推测为彩绘石钺，彩绘图案不清（图一九，2），然其石钺边缘起脊的形制特点颇似良渚晚期石钺风格。肖家屋脊M7为石家河早期墓葬，该期^{14}C测年有四个数据：分别为H434的距今4410年±100年②，H98测定的4130年±70年。H42第1层测定的两个数据4285年±100年和4560年±80年。原报告认为后一数据偏高，舍弃不用。而H42开口于4A层下而H434开口于第3层下，因此H434当晚于H42，其年代数据亦不可取，参考较合理的H42第1层4285年±100年及H98测定4130年±70年^{14}C数据，可认为M7的绝对年代约为距今4200年。

3. 粤北地区

粤北地区这一阶段彩绘石钺的分布仅石峡遗址一处。

石峡遗址出土上孔两侧有斜向平行线条痕的梯形束腰石钺1件③，应为彩绘石钺（图一九，3）。此件石钺的出土单位不详故年代不明，石峡遗址M79距今4220年±110年的^{14}C测年数据可暂做参考。

4. 中原地区

这一时期彩绘石钺在中原地区的分布相对丰富一些，主要为晋南地区陶寺文化圈的清凉寺和陶寺遗址，以及数百年之后豫西地区的二里头遗址。

山西芮城清凉寺遗址2003～2004年发掘出土彩绘石钺1件（M79：16），此钺顶端左右

① 湖北省荆州博物馆、湖北省文物考古研究所、北京大学考古学系石家河考古队：《天门石家河考古发掘报告之一——肖家屋脊》，文物出版社，1999年。

② 北京大学考古系碳十四实验室：《碳十四年代测年报告》（一〇），《文物》1996年第6期。

③ 佟柱臣：《中国新石器时代复合工具的研究——为纪念尹达先生诞辰八十周年而作》，《中国原始文化论集》，文物出版社，1989年。

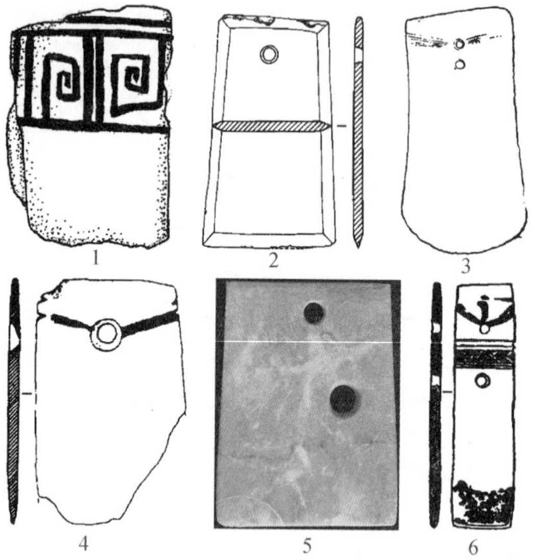

图一九　晚期阶段彩绘石钺
1. 钱山漾出土　2. 肖家屋脊M7：73　3. 石峡出土
4. 清凉寺M79：16　5. 陶寺M3073出土　6. 二里头ⅢM2：5

两侧各有两个磨出来的小豁口，豁口与圆孔之间涂有朱红色[①]，为倒"八"字形彩绘（图一九，4）。M79为清凉寺遗址第二阶段的墓葬，其绝对年代在距今4300～3900年[②]。

陶寺遗址出土彩绘石钺两件，分别出土于M3073及M2035，前者出土时穿孔内及孔周有红彩痕迹（图一九，5），后者与清凉寺M79：16类似，顶端两侧豁口处及孔周有红彩[③]。陶寺M3073及M2035相关资料均暂未发表，具体年代暂不详。

二里头遗址出土彩绘玉"钺"（已演变为圭）1件（ⅢM2：5），其顶端有二穿孔，上面穿孔上端的一面有三条朱条纹[④]，为实心三叉状彩绘（图一九，6）。二里头遗址的最新年代数据为距今3750～3550年[⑤]。

三、彩绘石钺的产生发展及演变

通过上文对彩绘石钺整个分布情况的全盘梳理及彩绘情况的简单描述，可以从地域产生发展，以及彩绘演变两方面对彩绘石钺的产生发展及演变做一简单归纳（图二〇）。

（一）彩绘石钺的产生发展

彩绘石钺于距今6500～5500年这一时间段产生于长江下游的环太湖地区，即金坛三星村遗址和张家港东山村遗址，前者早于后者。

彩绘石钺产生在金坛三星村遗址产生之后，即沿长江流域东西两方向影响。向东扩散至整个环太湖地区东部及太湖南部，这一区域距今5500～5000年的崧泽、福泉山、赵陵

① 山西省考古研究所、运城市文物局、芮城县文物局：《山西芮城清凉寺新石器时代墓地》，《文物》2006年第3期。

② 山西省考古研究所、山西运城市文物局、芮城县文物旅游局：《山西芮城清凉寺史前墓地》，《考古学报》2011年第4期。

③ Apabi艺术博物馆：http://photo.apabi.com/ahdxlib/ArtProduct.aspx?drid=92622&drgroupid=517#

④ 中国社会科学院考古研究所二里头队：《1980年秋河南偃师二里头遗址发掘简报》，《考古》1983年第3期。

⑤ 仇士华、蔡莲珍：《夏商周断代工程中的碳十四年代框架》，《考古》2001年第1期。

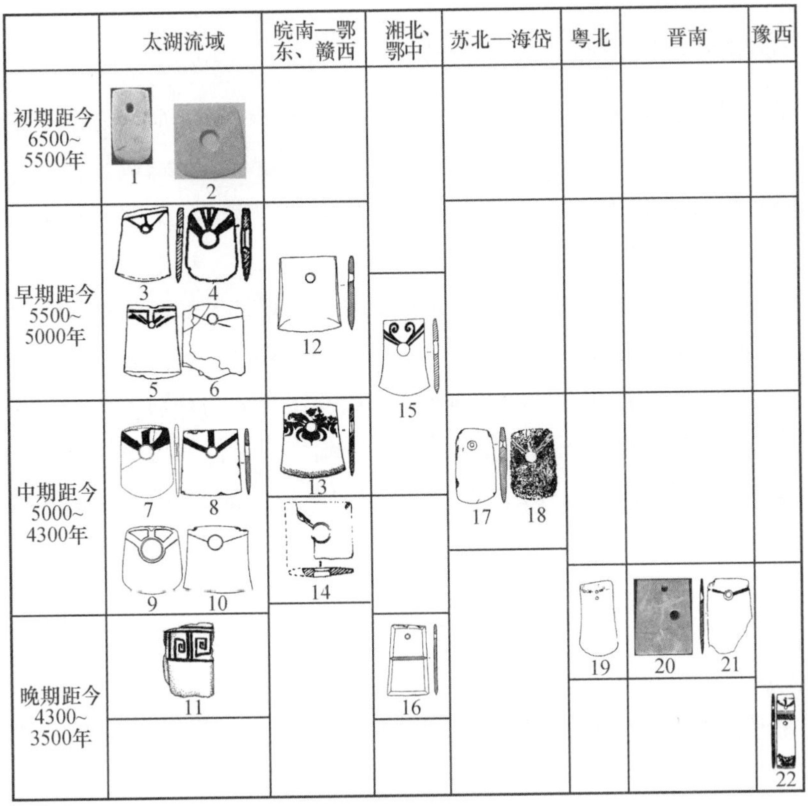

图二〇　彩绘石钺发展演变简图

1. 三星村M730：5　2. 东山村M15：1　3. 崧泽M118：1　4. 罗墩M7：18　5. 昆山M37：3　6. 少卿山M1：5　7. 反山M14：209　8. 广富林M8：4　9. 反山M16：44　10. 福泉山M144：14　11. 钱山漾出土　12. 薛家岗M57：9　13. 薛家岗M44：7　14. 拾年山T32①：5　15. 划城岗M63：26　16. 肖家屋脊M7：73　17. 花厅M109：8　18. 滕县时村采集　19. 石峡出土　20. 陶寺M3073出土　21. 清凉寺M79：16　22. 二里头ⅢM2：5

山、罗墩、庙前等10个遗址均有彩绘石钺出土。向西通过皖江通道传至长江中游地区，距今5500～5000年薛家岗文化圈的薛家岗遗址四期、塞墩遗址薛家岗文化早期及洞庭湖流域屈家岭文化早期的划城岗遗址均出土有彩绘石钺，并在西传过程中形成了有别于太湖地区崧泽—良渚文化圈彩绘石钺的石钺彩绘风格。

距今5000～4300年彩绘石钺在原有分布范围的基础上于苏北—海岱地区及赣西地区亦有发现，且可辨图案者均为良渚彩绘石钺风格，洞庭湖流域这一时期未有彩绘石钺出土。

距今4300年之后彩绘石钺在环太湖地区突然消失，仅剩的钱山漾遗址彩绘石钺也和前期彩钺风格迥异。原太湖流域风格的彩绘石钺却渐次出现于东南的石峡遗址、长江中游的肖家屋脊遗址，以及中原地区陶寺文化圈的清凉寺和陶寺遗址。诸遗址彩绘石钺在短暂出现后即告消失，仅中原地区彩绘石钺在辗转流传后于二里头遗址又回光返照似的短暂出现并终告消逝。

（二）彩绘图案的形制演变

彩绘石钺在其3000年左右的发展过程中，其彩绘图案方面亦存在着或大或小的形制演变。

初期彩绘石钺的彩绘图案主要为模仿石钺绑缚方式的倒“八”字形彩绘，或亦有实心三叉状彩绘，未见对彩绘图案有任何艺术加工。

早期彩绘石钺的彩绘图案在中期基础上有所发展，增加了如“阴刻”或“留白”手法的空心三叉形彩绘图案，以及钺顶处留鋬线的留鋬三叉彩绘。薛家岗遗址这一时期彩绘石钺图案虽然不清，相信亦存在着如薛家岗五期彩绘石钺类似的有别于太湖流域彩钺图案系统的、复杂精美的连勾花果形图案。划城岗遗址亦出现了类似的较为复杂规整的卷云纹图案。总之，这一时期各种彩绘石钺的彩绘图案均已出现，彩绘图案不仅多样化，而且艺术化，且太湖东西两侧各有自己的风格。

中期彩绘石钺继续延续着早期石钺彩绘图案的风格。薛家岗遗址彩绘石钺在这一时期走上了巅峰却又突然消退，彩绘图案精美程度及彩绘石钺数量上均达到了峰值同时又似瞬间消逝。太湖流域依然为模拟绑缚的倒“八”字形、空心三叉、实心三叉等此类风格，并在逐渐扩展其范围的同时在此期末期把全部彩绘石钺均统一为太湖流域模拟绑缚方式的B型彩绘。

晚期阶段彩绘石钺的彩绘图案逐渐单调，除钱山漾遗址突然出现了一件墨绘回纹彩绘石钺外，其他遗址彩绘石钺的图案仅为倒“八”字形或实心三叉两种，其他类型的石钺彩绘图案均已消失。

四、彩绘石钺功用分析

（一）彩绘石钺功用推测

关于石钺的功用，自从林沄先生做出“王”字脱胎于钺①的精彩论断之后就一直停留在权力象征物的功用层面而未有进一步深入，关于彩绘石钺的功用也一直停留在礼器或权力象征物的层次而未有实质进展。而对彩绘石钺功用的进一步推测，则须将其置身于整个各种玉石钺的大背景中综合考量。良渚文化由于玉石钺形制、装饰方式等均较丰富且文化研究较为透彻等，是一个较为理想的切入点。

综合考察良渚文化玉石钺，会发现其个体之间存在较大的差别，而此种差别主要表现在材质形制、钺的装饰两个方面。其中材质形制方面的差别为玉石钺制作过程中一次形成，钺的装饰方面则是后期装饰过程中所形成的差别。

材质形制方面的差别主要表现为石钺选材的不同即玉石质地的差别方面、大小尺寸的

① 林沄：《说王》，《考古》1965年第6期。

不同，以及石钺形制的差异等方面。

后期装饰的差别则主要表现在是否装柲、镦、瑁、钺背等，以及所装柲、镦、瑁、钺背等之间的差别，是否镶嵌玉石颗粒等、是否彩绘及是否有刻画图案等方面。

进一步观察则会发现，在良渚玉石钺内部，无论是材质形制抑或钺的装饰方面，均存在着彼此不同的犹如金字塔状由上而下数量递增的几个级差。

关于玉石钺于材质形制角度存在的级差已有学者做过专门讨论[①]。其中刘斌先生从材质形制角度把良渚玉石钺分了两大类四个级差（图二一，A），分别是第一类玉钺，第二类石钺。石钺可再分为三种：A型为仿制玉钺的石钺，多采用流纹岩或凝灰岩，形制一般为窄“风”字形，刃微呈弧形，刃角明显，穿孔较小，与玉钺形制较为相似；B型为花斑石质的圆角石钺，多花岗斑岩或安山岩，一般形体厚重，以圆弧刃无明显刃角及大穿孔为总体特征；C型多采用粘板岩或页岩，形制一般为较宽的“风”字形，刃微圆弧或较平直，大穿孔，刃角明显，制作规范，形体扁薄[②]。刘斌先生的分级在材质形制差别的基础上一定程度的参考了出土墓葬规模的不同，分级的结果也与墓葬规格进行了对照，如玉钺及A型石钺多出于大墓，B型石钺多出于高等级墓葬，C型石钺多出于小墓。此种分法及结论是否能完全还原良渚先民意识领域对于玉石钺材质形制方面级差的认知暂且不论，但良渚玉石钺于材质形制方面存在着级差的事实却是一定的。

玉石钺后期装饰方面的差别则可以依照是否安柲（特指豪华型有瑁有镦之柲或朱漆柲，普通木柄不在其内）粗分为三个级差（图二一，B）：第一级即装柲钺，如反山[③]M20：144，福泉山[④]M6出土钺、墩、柲，瑶山[⑤]M7出土钺、墩、柲等。此类装柲钺多为玉钺，柲多为普通木质柲、朱漆柲或象牙柲，且多柲、瑁、镦成套使用，部分还于柲上或钺体表面镶嵌玉石颗粒，极尽奢华之能事。此类装柲钺之间应再有等级差别，暂不细分。第二级即彩绘玉石钺，良渚彩绘玉石钺无论彩绘图案如何变化，总是不离绑缚方式的源头形状，不论其彩绘有着何种象征意义，亦还是不能脱离与装柲之间的关系。把良渚彩绘玉石钺的彩绘图案说成象征安柲[⑥]，是有其道理的。第三级即普通玉石钺，既未装柲，亦未彩绘。

---

① 主要有刘斌：《良渚文化的玉钺与石钺》，《玉魂国魄——中国古代玉器与传统文化学术讨论会文集》，北京燕山出版社，2002年；中村慎一：《略论良渚文化石器》，《浙江省文物考古研究所学刊》第8辑，科学出版社，2006年。

② 刘斌：《良渚文化的玉钺与石钺》，《玉魂国魄——中国古代玉器与传统文化学术讨论会文集》，北京燕山出版社，2002年。

③ 浙江省文物考古研究所：《反山》，文物出版社，2005年。

④ 上海市文物管理委员会：《福泉山——新石器时代遗址发掘报告》，文物出版社，2000年。

⑤ 浙江省文物考古研究所：《瑶山》，文物出版社，2003年。

⑥ 牟永抗：《南丫岛“牙璋”探微——关于玉礼兵的若干思考》，《南中国及邻近地区古文化研究》，中文大学出版社，1994年。

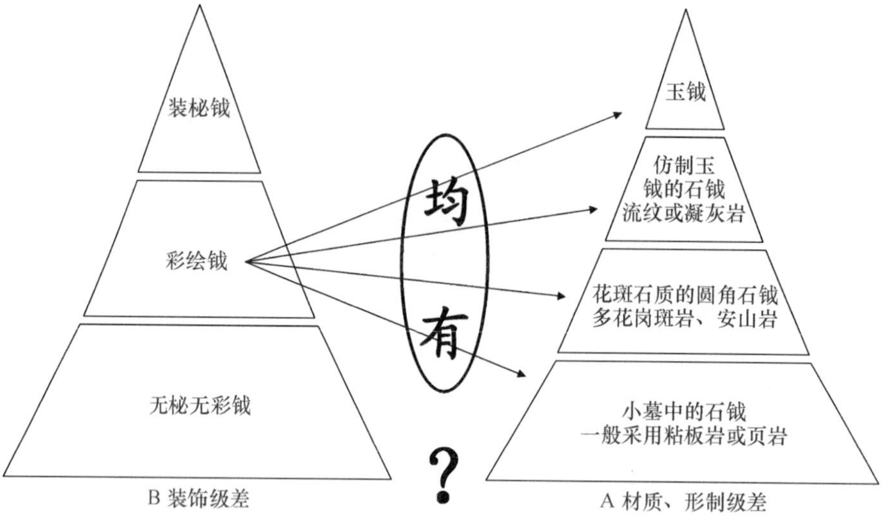

图二一　良渚玉石钺装饰级差与材质、形制级差对照图

良渚文化通过其墓葬方面有大墓、中墓、小墓，祭坛或称土筑高台方面有堆土数万立方米、数千立方米直至不足百立方米的差异[①]，以及遗址规模方面存在的中心遗址群、中等级台地式聚落形式及一般村落的不同[②]，均显示出了一个成熟立体的社会结构的存在。良渚玉石钺在材质形制及钺的装饰两方面存在的级差一定程度上来说也是此种社会结构的反映。然而如若把材质形制与钺的装饰各自存在的级差两相对照则可以发现，装柲钺确实除少量石钺外大多为玉钺，而彩绘钺则于每个材质、形制级差的钺中均有存在（图二一）。可见彩绘石钺并不单纯如钺的材质形制差别所显示的那般仅仅是社会等级的象征物！

在此基础之上对彩绘石钺的有关特质进行一遍综合梳理似乎更有助于发现其确切功用。

首先，从彩绘图案来说，良渚彩绘钺的图案确实无论怎么变化都是围绕着绑缚的样式微调，从这点上来说，彩绘钺应该是安柲钺的简化和象征。

其次，从彩绘材料来说，目前发现的彩绘玉石钺大多为朱砂彩绘。若不计彩绘钺的朱砂因素在内，则良渚文化所发现朱砂的墓葬均为大墓，结合良渚文化是一个神学色彩较浓的社会[③]而史前先民普遍有着红色崇拜[④]等，可认为良渚社会的朱砂均被社会高层所掌握。

再次，带瑁、镦等的安柲钺或朱漆柲钺一般均被认为是社会高层掌权阶层的权杖类物品。考古发现此类权杖的出土墓葬形制及随葬品数量等也和此观点相合。而柲钺阶层即掌权阶层可以拥有不同材质、形制的各种石钺。各种不同材质、形制又可以相应的体现各个

① 浙江省文物考古研究所：《反山》，文物出版社，2005年，第364、365页。

② 浙江省文物考古研究所：《良渚遗址群》，文物出版社，2005年。

③ 赵辉：《良渚文化的若干特殊性——论一处中国史前文明的衰落原因》，《良渚文化研究——纪念良渚文化发现六十周年国际学术讨论会文集》，科学出版社，1999年。

④ 高志伟：《考古资料所见赭石、朱砂、铅丹及其应用》，《青海民族大学学报》2011年第1期。

阶层人群。

以上三点联系起来综合思考，则良渚彩绘石钺均为良渚社会掌权阶层由于某种需要而对各种材质形制石钺加以朱砂彩绘授予他人而使其成为具有类似于安柲钺（权杖）一定效果的特殊物品。从这个角度来说，即便彩绘钺不敢说和后世的虎符、印绶等一样，至少也反映了当时的社会组织方式。可暂定性为社会组织方式物品。

一个实际效果是，当彩绘石钺授予人时，在授予一定程度有效权力的同时，必然给其带来一定的荣耀、地位及少许的衍生权力等。也就自然而然的同时亦具有了体现出声望、能力、地位等"身外之物"的功效（此功效在彩绘石钺发展之初当更明显）。这个层面的功效亦对有机的良性社会结构的形成有着较大的意义，即各层均有的彩绘钺可以让互不联系的各个阶层"流动"起来。

从而良渚文化彩绘石钺必然同时具有两种功能：①社会组织方式物品；②一定程度上的声望、能力体现功能。前者造就后者。

（二）彩绘石钺功用演变

立足于良渚彩绘石钺功用的分析，便可以从演变发展角度对所有彩绘石钺的功用进行系统梳理。

1. 初期阶段

三星村遗址墓葬随葬品方面也已经显现出了初步的差异。有些墓葬无随葬品或仅五六件随葬品，有些则10～20余件。不仅如此，少许墓葬还随葬类似于北阴阳营下层墓葬的具着一定身份象征意义的七孔石刀[①]，如M609就随葬与北阴阳营M131所出非常相似的七孔石刀一件，且两遗址石刀的出土位置亦相同（图二二）。北阴阳营遗址几百座墓葬中只有M131随葬了七孔石刀，也许表明了墓主人在氏族公社中具有某种特殊身份或地位[②]。三星村的七孔石刀应与其有着类似的意义。此外，三星村遗址还出土了迄今最早的象征权力地位的豪华装柲钺，以及有别于生产领域的板状刻纹骨器（图二三）等遗物。标志着社会已有了初步分化和分工，阶层逐渐显现并开始确立。其彩绘石钺出土数

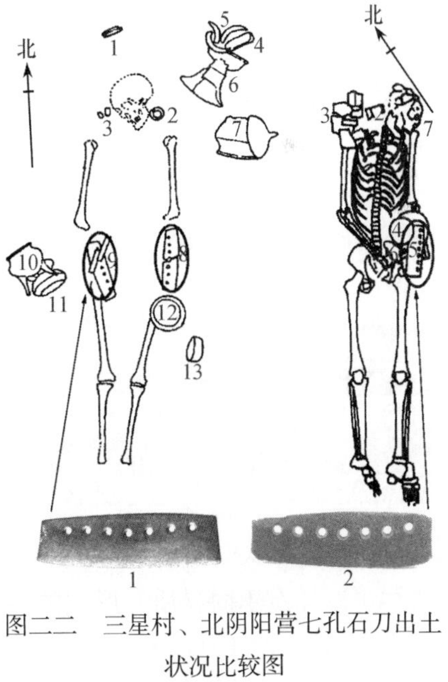

图二二　三星村、北阴阳营七孔石刀出土状况比较图

1. 北阴阳营M131：9及其出土状况

2. 三星村M609：5及其出土状况

---

① 江苏省三星村联合考古队：《江苏金坛三星村新石器时代遗址》，《文物》2004年第2期。

② 南京博物院：《北阴阳营——新石器时代及商周时期遗址发掘报告》，文物出版社，1993年。

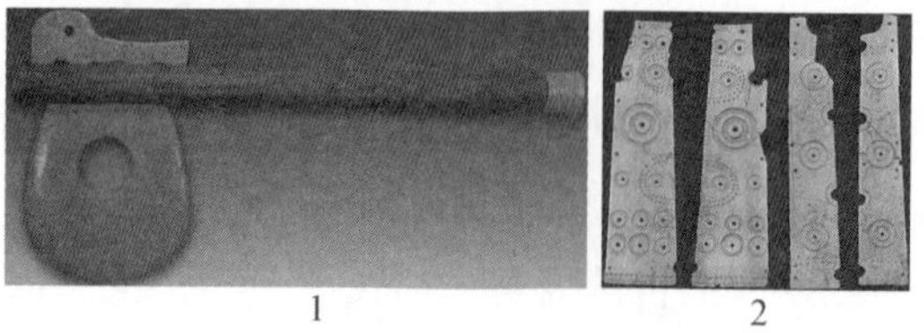

图二三　三星村出土部分遗物

1. 三星村（M531：1、M531：2、M531：3）

2. 三星村（M636：8、M636：7、M636：6、M636：5）

量由于简报公布材料有限暂不知晓，综合其社会发展状况，可认为社会结构和以彩绘石钺为“信物”的社会组织方式均处于探索时期。

张家港东山村遗址[①]墓葬已经出现了较为明显的阶层分化，高等级墓葬墓坑规模均较大（7座墓葬长3米以上），并与一般小墓分区埋葬，对后世良渚文化贵族堆土筑台埋葬或有一定影响。大墓多随葬大型石钺，以及璜、镯、玦、环、管、珠、坠、凿、玉钺、带柄玉钺形器等多种玉器（图二四）。随葬品大多在30件以上，最多的67件。未有多孔石刀发现。其彩绘石钺具体数量亦暂不详。综合分析可认为，东山村遗址社会结构已经确立，围绕彩绘石钺的社会组织方式正在形成。

图二四　东山村遗址墓葬举例及部分遗物图

1. M90　2. 玉钺（M91：29）

3. 带柄玉钺形器（M98：25）

2. 早期阶段

薛家岗遗址[②]四期开始出现彩绘石钺，并出现1～11孔奇数孔石刀，至五期13孔石刀亦出现。其墓葬至四期开始分化，出现了以M15为代表的核心墓葬。五期更甚，以M44、M47等为代表，在随葬品数量等方面均与大多数墓葬形成了较大的反差。且其葬俗似较为严格，随葬品必须严格按照一定方向摆放于一定位置，且奇数孔石刀每种均只一件绘有彩绘，这些“秩序”[③]要素均显示薛家岗彩绘石刀及彩绘石钺似更偏重于树立阶层即社会结构的建立。此外，薛家岗遗址以西的黄冈螺蛳山遗址[④]也出现模仿薛家岗遗址的彩绘石刀（图二五），从侧面反映了薛家岗遗址注重建立社会秩序形成的影响力。

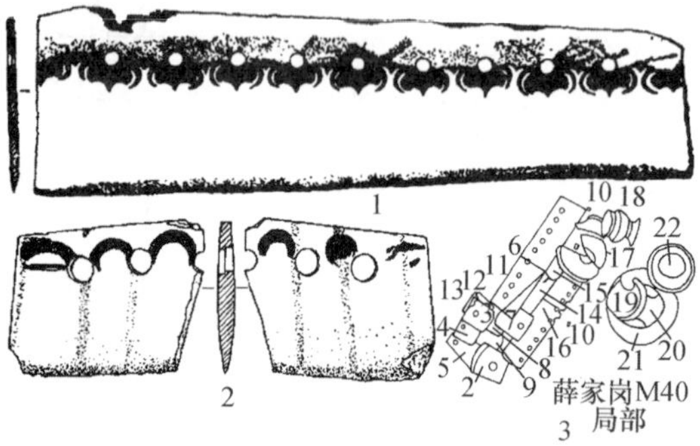

图二五　薛家岗、螺蛳山彩绘石刀及薛家岗墓葬随葬情况举例

1. 薛家岗M58：3　2. 螺蛳山M2：13　3. 薛家岗M40随葬品出土情况（局部）

① 南京博物院等：《江苏张家港市东山村新石器时代遗址》，《考古》2010年第8期。

② 安徽省文物考古研究所：《潜山薛家岗》，文物出版社，2004年。

③ 刘文强：《初论史前彩绘石刀的发展》，《文物研究》第19辑，科学出版社，2012年。

④ 湖北省黄冈地区博物馆：《湖北黄冈螺蛳山遗址墓葬》，《考古学报》1987年第3期。

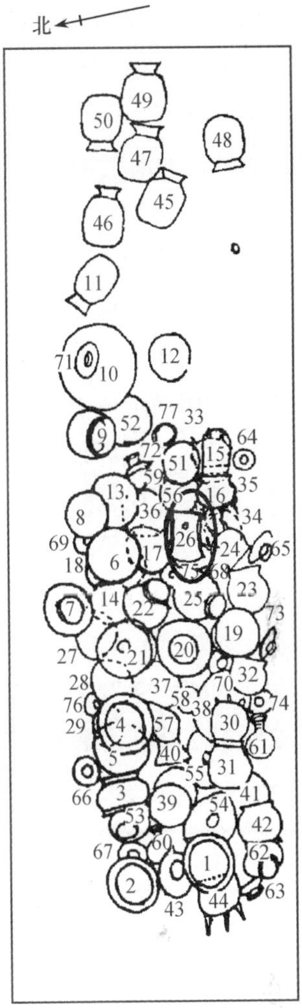

图二六　划城岗M63平面图
（26为彩绘石钺）

塞墩①M151属于薛家岗文化早期，墓主为成年男性，生前拔除上颌左右侧门齿，拔齿习俗流行于大汶口文化，并广为传播于长江中下游及东南沿海史前文化，塞墩早期或许正是通过宁镇地区与大汶口文化接触时有了个别拔齿先例，以及引进了彩绘石钺（早期尚无明显阶层分化）。M123为塞墩薛家岗文化晚期首领类大墓，其墓葬规格及随葬品数量、质量均为塞墩遗址此期之最，其彩绘石钺功用亦与薛家岗遗址彩绘石钺类似均偏重于声望等方面的体现。

划城岗遗址②仅出土彩绘石钺1件，为划城岗中一期规模最大、随葬品最多（随葬品77件）墓葬M63所出（图二六），且彩绘石钺摆放位置位于墓内正中、所有遗物之上的最显眼处。其彩绘石钺的功能明显偏向于其对身份地位等的体现意义。

崧泽M118、福泉山早期、昆山、少卿山等崧泽晚期至良渚早期遗址彩绘石钺已不局限于大墓，中型及偏小型墓葬亦有出土。显示这一时期太湖流域先民已经淡化了彩绘石钺对墓主所处阶层的象征意义（或许另一套对于阶层的象征体现已然确立），而更着重于社会组织方式层面的意义。自此彩绘石钺的社会组织方式功能渐趋成形。

3. 中期阶段

中期薛家岗、塞墩彩绘石钺在短暂高峰后渐趋退出历史舞台，与其相对应的良渚文化彩绘石钺的社会组织功用在吸取前人经验教训的基础上完全发展成熟（参见前文），其文化也进入鼎盛时期。

这一时期鄱阳湖—洞庭湖地区及苏北—海岱地区的彩绘石钺则亦为良渚文化系统的遗物，其主体使用者亦为良渚文化先民（后文详述）。

4. 晚期阶段

晚期阶段环太湖地区彩绘石钺的发现仅为钱山漾遗址的回纹彩绘石斧，良渚典型的彩绘石钺却散见于中原、东南及长江中游等地，彩绘种类也只剩实心倒“八”字形及实心三叉两种。彩钺制度伴随其文化一起走了下坡路。这一时期其他地区的彩绘石钺主体使用者依然为

---

① 中国社会科学院考古研究所：《黄梅塞墩》，文物出版社，2010年。

② 湖南省博物馆：《安乡划城岗新石器时代遗址》，《考古学报》1983年第4期。

良渚文化先民或其后代，抑或有良渚后人参与其社会中（后文详述）。清凉寺、陶寺等墓地所见的较多墓地大量使用朱砂铺墓现象似乎昭示着朱砂的大量开采已经实现，朱砂似乎已脱离了社会稀有物而不仅仅局限于社会高层所有。彩绘石钺的社会功用制度也正随着朱砂的无法继续垄断而渐次失效。

总之，彩绘石钺的功用伴随着其背景文化的发展也经历了由尝试到成型到确立到发展等阶段。其确切功用也在文化的交往过程中有所传播与分化。具体来说，自彩绘石钺初次出现于三星村遗址之后，其功用开始被开发尝试，并由三星村遗址向西向东传播。向西形成石刀与石钺共同出现于同一遗址的“刀钺并重”局面，并在文化交往发展中有所吸收舍弃与发展而形成了各自不同且较为复杂的A型彩绘。向东形成遗址中仅有玉石钺（无石刀）存在的“以钺独尊”局面，并确定了始终围绕石钺绑缚而微调的B型彩绘图案形式。彩绘石钺的功用也在传播发展中发生了分化，最终在距今5500～5000年形成了向西偏重于体现地位、权威等的身份标志功用，向东形成社会掌权阶层与其他阶层授权办事的社会组织功用的彩绘石钺功能（图二七）。距今5000年之后则随着各自文化的发展及文化格局的演变，A型的薛家岗、划城岗等地彩绘石钺及其功用随着其文化的变迁在短暂的高峰后突然消失，B型的良渚文化彩绘石钺及其功能随着其文化渐次扩张，最终于晚期阶段随着良渚文化的变迁亦终渐消逝。

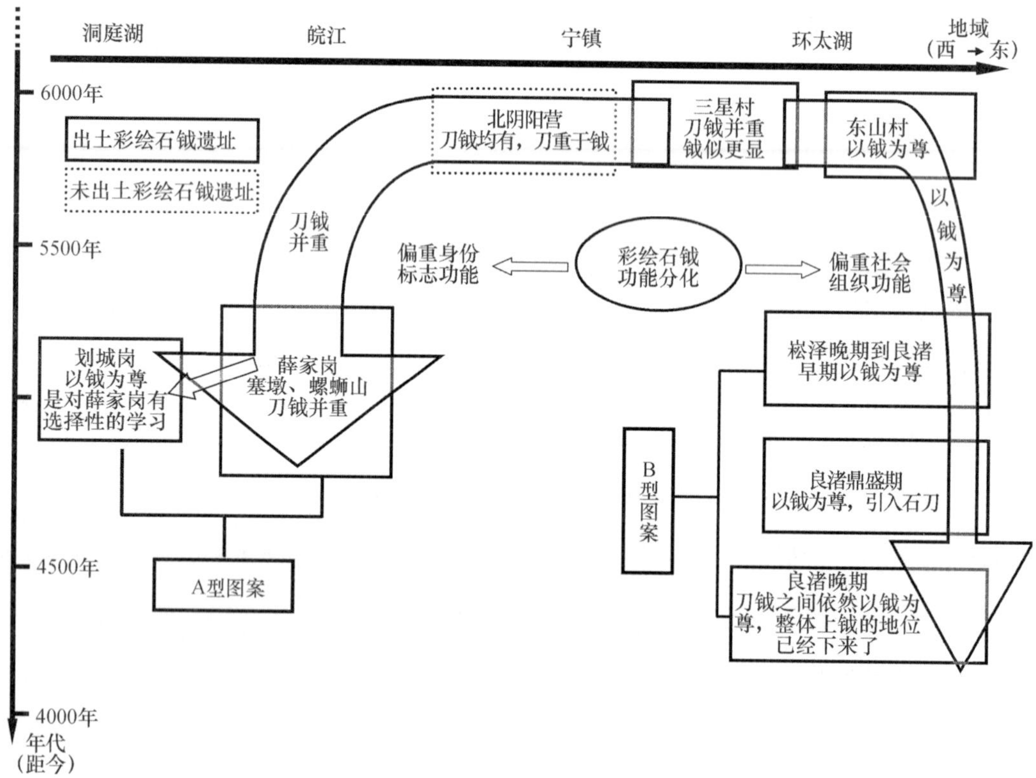

图二七　彩绘石钺功用演变图

五、彩绘石钺发展传播的社会背景分析

以上功用分析部分主要对中期以前彩绘石钺及其社会背景做了初步讨论。下文主要针对中晚期彩绘石钺发展传播的相关社会背景现象，对彩绘石钺整个发展传播历程背后的社会历史做一尝试性复原。

（一）相关社会背景

1. 花厅墓地的“文化两合现象”①

新沂花厅墓地历经1952年、1953年②、1987年③、1989年④四次发掘，出土了一批具有多种文化因素的花厅式遗物，以及发现了若干有别于当地传统的遗迹现象，展示了一个融合多文化因素于一地的独特文化面貌。

总体来说，花厅墓地⑤有别于当地大汶口文化传统的文化因素主要有如下几点：①出土了一批具有良渚文化典型风格的玉石器（图二八，A），如刻有良渚文化典型兽面纹的镯式玉琮，良渚式玉串饰、琮形管、玉锥形器，以及良渚文化常见的彩绘石钺等。②出土了一些具有典型良渚风格的陶器（图二八，B），如良渚文化常见的宽錾壶、贯耳壶，以及具有良渚风格的陶豆等。③出土了部分薛家岗式陶器（图二八，C）。较为明显的为出土于M18、M20、M21的薛家岗式瓦足鼎。④出现了有别于大汶口文化传统的人殉现象。花厅墓地北区10座墓葬8座有殉人，且多为妇女和儿童。人殉现象在大汶口文化区域之内的其他遗址尚未发现，而在良渚文化的福泉山⑥、张陵山⑦、赵陵山⑧等墓地之中存在着人殉现象，却也没有花厅北区墓地那般“激烈”。⑤大汶口文化应有而于花厅墓地未有之因素（主要为大汶口贵族墓葬礼器类因素多不见于此墓地），如大汶口文化常见的骨牙雕筒、象牙琮等标志着大汶口文化上层建筑领域的物品花厅墓地未见，大汶口文化大口尊上常见的标志自己族群与共同文化认同的刻划符号在花厅陶尊上亦未发现。

花厅墓地作为一个独特的文化现象亦引起了诸多学者的关注。多位学者通过对花厅墓地文化内涵的独到分析，对花厅“现象”的成因也做出了多种不同的学术解释。严文

① 此小节部分参考了高广仁：《花厅墓地“文化两合现象”的分析》，《东南文化》2000年第9期。
② 南京博物院新沂工作组：《新沂花厅村新石器时代遗址概况》，《文物参考资料》1956年第7期。
③ 南京博物院花厅考古队：《江苏新沂花厅遗址1987年发掘纪要》，《东南文化》1988年第2期。
④ 南京博物院花厅考古队：《江苏新沂花厅遗址1989年发掘纪要》，《东南文化》1990年第2期。
⑤ 南京博物院：《花厅——新石器时代墓地发掘报告》，文物出版社，2003年。
⑥ 上海市文物管理委员会：《福泉山——新石器时代遗址发掘报告》，文物出版社，2000年。
⑦ 南京博物院：《江苏吴县张陵山遗址发掘简报》，《文物资料丛刊》（6），文物出版社，1982年。
⑧ 南京博物院：《江苏昆山赵陵山遗址第一、二次发掘简报》，《东方文明之光——良渚文化发现60周年纪念文集》，海南国际新闻出版中心，1996年。

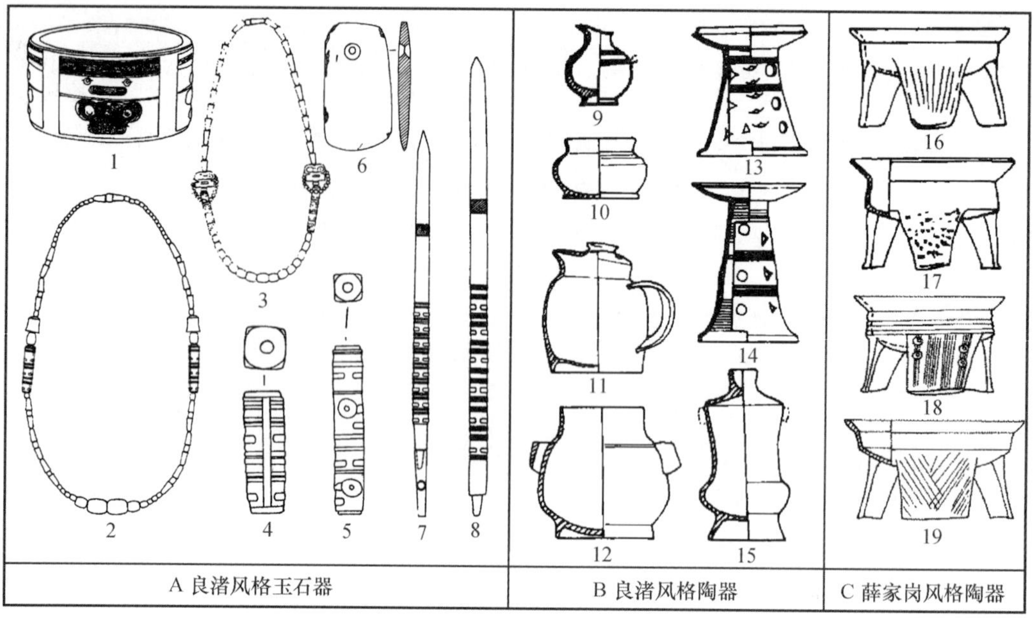

图二八　花厅遗址非大汶口文化类型遗物

1. 镯式琮（M50：9）　2、3. 玉串饰（M18：20、M16：5）　4、5. 琮形管（M34：61、M50：1）　6. 彩绘石钺（M109：8）　7、8. 锥形器（M18：1、M16：1）　9. 带流杯　10. 圈足罐（M20：30）　11. 宽鋬壶（M18：25）　12、15. 贯耳壶（M18：38、M18：46）　13、14. 豆（M50：48、M50：49）　16～19. 瓦足鼎（M18：29、M20：40、M18：41、M21：18）

明先生认为花厅墓地是良渚武装力量北上，打败花厅原住大汶口文化居民并实行占领而形成①。高广仁认为花厅墓地所展示的文化内涵是良渚文化北上（图二九），迫使花厅部族归顺图存，与之携手合作的“文化两合现象”②。栾丰实通过对花厅墓地出土遗物的分析，认为花厅遗址可能伴随有人口迁徙现象的存在③。王根富通过对出土各文化因素遗物绝对数量的比较，认为花厅墓地是汲取了良渚文化某些先进技术的大汶口文化人的墓地④。徐坚认为是良渚文化北上征服原居民并以少治多改变其精神生活而在物质生活顺其旧俗⑤。黄建秋认为大汶口、良渚、薛家岗人共同在花厅遗址上演了一场文化折中与融合的历史剧⑥。

如若把史前遗物按照用作礼仪、宗教等用途的“上层建筑物品”及生活生产类用途的

① 严文明：《碰撞与征服——花厅墓地埋葬情况的思考》，《史前考古论集》，科学出版社，1998年。
② 高广仁：《花厅墓地“文化两合现象”的分析》，《东南文化》2000年第9期。
③ 栾丰实：《花厅墓地初论》，《海岱地区考古研究》，山东大学出版社，1997年。
④ 王根富：《花厅墓地初探》，《东南文化》1992年第2期。
⑤ 徐坚：《花厅墓地浅析》，《东南文化》1997年第3期。
⑥ 黄建秋：《花厅墓地的人类学考察》，《东南文化》2007年第3期。

“经济基础物品”予以区分的话，良渚文化、大汶口文化及薛家岗文化均可以找到自己的“上层建筑物品”。然而审视花厅墓地，可以清楚地发现其所出土的三种文化因素遗物中，所有的可归之于“上层建筑类的物品”均来自良渚文化，而薛家岗及大汶口文化因素的所有遗物均为生产生活之用的普通“经济基础物品”。

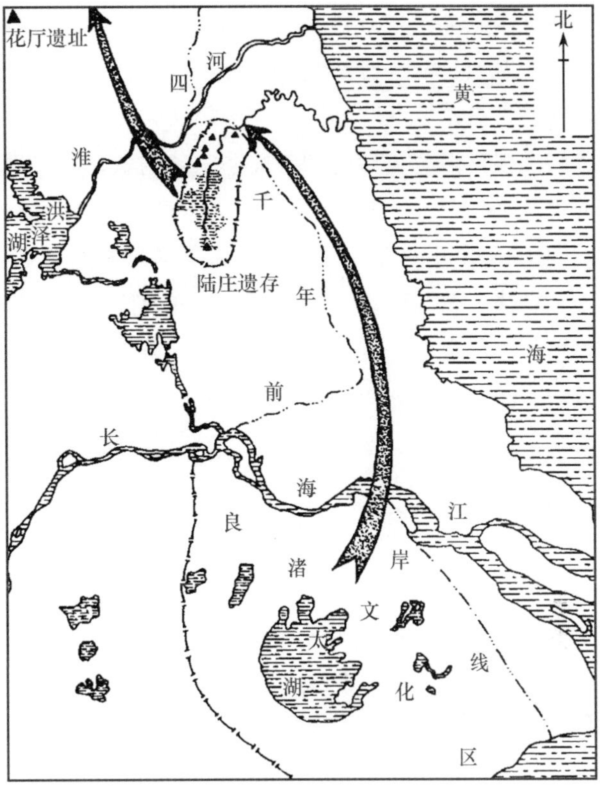

图二九　良渚文化北上示意图
（高广仁，2000）

花厅墓地作为一个良渚因素与大汶口因素比例相当的史前遗址，其周边遗址的文化内涵对确定花厅遗址的性质有着重要的参考价值。联系周边的大墩子①、野店②、尹家城③、大汶口④、呈子⑤、三里河⑥、杨家圈⑦等遗址均有良渚文化风格的陶器及大墩子、野店、时村彩绘石钺的出土，似乎标志着这诸多遗址均可以和良渚先民较近距离地接触，从侧面反映了这些遗址之南似乎应该有一个良渚先民桥头堡式的遗址存在。综合视之，花厅遗址为良渚文化北上，迫使花厅部族归顺图存，与之携手合作的“文化两合现象”，以及良渚文化北上征服原居民并以少治多改变其精神生活而在物质生活顺其旧俗的观点似乎更符合历史事实。然而花厅遗址在政治上是继续附属于良渚文化的军事“桥头堡”，还是文化逐渐融合之后渐渐独立的良渚文化“方国”，则暂不清楚，可暂称之为“良渚—花厅”政体。而关于此一政体的存在时间、先民构成及领导阶层等，至少可以归纳出以下三点。

（1）良渚—花厅政体是在距今5000年左右由良渚文化等北上而形成的一个一段时期内较为稳定的政治共同体。其典型遗址除花厅外还有陆庄、万北赵庄等。其范围北至苏北鲁南淮河北岸一带甚或还包括今微山湖东岸地区，南以陆庄遗存为代表直至长江北岸，东

① 南京博物院：《江苏邳县四户镇大墩子遗址探掘报告》，《考古学报》1964年第2期。
② 山东省博物馆等：《邹县野店》，文物出版社，1985年。
③ 山东大学历史系考古教研室：《泗水尹家城》，文物出版社，1990年。
④ 山东省文物管理处、济南市博物馆：《大汶口》，文物出版社，1974年。
⑤ 昌潍地区文物管理组、诸城县博物馆：《山东诸城呈子遗址发掘报告》，《考古学报》1980年第3期。
⑥ 中国社会科学院考古研究所：《胶县三里河》，文物出版社，1988年。
⑦ 山东省文物考古研究所等：《山东栖霞杨家圈遗址发掘简报》，《史前研究》1984年第3期。

西当在今洪泽湖到古海岸线之间。其持续的年代为距今5000～4300年。

（2）良渚—花厅政体的先民主要由来自太湖地区的良渚文化先民、皖江地区的薛家岗文化先民及原花厅地区的大汶口文化先民三部分构成，其中良渚先民及薛家岗先民体现出较多以良渚为主导的同盟关系，此两者与大汶口文化先民则更多地体现出统治与被统治的关系。

（3）良渚—花厅政体的领导阶层应为良渚文化先民。

良渚—花厅政体形成的同时同样对原地大汶口文化先民产生了直接的影响。其中部分原地大汶口文化先民被统治融合，其余部分除可能有少量北移外，大都被迫西走转移，在豫东、皖北、鲁西南地区居住下来并形成了大汶口文化的尉迟寺类型①。而之后大汶口尉迟寺类型在此继续发展，一段时间后还曾南下巢湖及皖江地区，这当然是后话了。

2. 王油坊类型的南下

距今4500年左右，被迫西走形成的大汶口文化尉迟寺类型发展成王油坊类型阶段。王油坊类型主要分布于淮河以北的皖北、豫东、鲁西南地区，其特点是陶器纹饰流行篮纹、绳纹、方格纹、附加堆纹，刻划纹中有竖条纹、交叉浅槽纹、平行斜槽纹等。陶器器形有鼎、甗、甑、鬶、盉、罐、瓮、盆、圈足盘、壶、碗、杯、豆等，其中以鼎、甗、中口罐、高流鬶、子母口瓮、子母口缸、大平底盆、圈足盘、长颈壶、筒形杯和大器盖等最具有代表性②。距今4300年左右，考古资料显示王油坊类型曾经南下至太湖流域等地并定居，而太湖流域与王油坊类型南下相关的两个重要遗址分别为钱山漾遗址与广富林遗址。

钱山漾遗址先后经过三次发掘③，出土器物中具有典型北方龙山文化的风格。特别是第三次发掘，出土的陶器表面主要装饰为绳纹、篮纹、方格纹、条纹、弦纹、附加堆纹及交错刻划纹等，均与淮河以北王油坊类型陶器装饰方式相一致而不同于此一区域原有良渚文化的装饰风格。出土的器形除了沿袭部分良渚式陶器外也新出现了王油坊式鬶、捏窝足、单耳罐等器物。整个文化风貌上除了继承原太湖地区良渚文化的部分特征并已有改变外，亦有着大量来自豫东、皖北、鲁西南地区的王油坊类型的因素④。此外，钱山漾遗

① 中国社会科学院考古研究所：《蒙城尉迟寺——皖北新石器时代聚落遗存的发掘与研究》，科学出版社，2001年。

② 栾丰实：《龙山文化王油坊类型初论》，《考古》1992年第10期；商丘地区文物管理委员会、中国社会科学院考古研究所洛阳工作队：《1977年河南永城王油坊遗址发掘概况》，《考古》1978年第1期。

③ 浙江省文物管理委员会：《吴兴钱山漾遗址第一、二次发掘报告》，《考古学报》1960年第2期；浙江省文物考古研究所、湖州市博物馆：《浙江湖州钱山漾遗址第三次发掘简报》，《文物》2010年第7期。

④ 丁品：《浙江湖州钱山漾遗址第三次发掘带来的新思考》，《南方文物》2006年第4期；丁品：《钱山漾遗址第三次发掘与“钱山漾类型文化遗存”》，《浙江省文物考古研究所学刊》第8辑，科学出版社，2006年。

址第一、二次发掘出土彩绘石钺1件，钺体朱绘回纹，此类回纹曾见于三星村遗址一件陶豆（M248：3）的外腹部[①]，然两者相隔已2000年左右，太湖地区的崧泽—良渚文化系统亦未有此类回纹发现，或可期待王油坊类型分布区域将来可以有所发现。

广富林遗址[②]，叠压于良渚文化地层之上的广富林遗存是有别于太湖地区传统文化类型的又一遗存。其夹砂陶多于泥质陶，灰陶和黑陶多于红褐陶，纹饰有绳纹、篮纹、方格纹、附加堆纹和不同形式的刻划纹等，出土陶器亦多陶鬶、捏窝足鼎、篮纹陶罐、敞口浅腹盆及条纹陶杯等，各种特点均显示了与王油坊类型的较多相似性。

钱山漾与广福林遗址仅从出土陶器形制方面的相似性来说就与王油坊类型有着较多的一致性（图三〇），然而要判断到底是文化影响还是族群迁徙还需要更多的证据。王油坊类型的一个典型特点是陶器足尖有制作过程中用手指特意按一小窝的捏窝式鼎足[③]。而此类鼎足的分布区域随着时间的发展有着一定的分布趋势，主要为从王油坊、栾台等经禹会、孟城扩散至巢湖流域等地及太湖流域[④]（图三一）。此种分布趋势一定程度上支持了王油坊南下的论调，同时也初步勾勒了王油坊类型的南下路径。

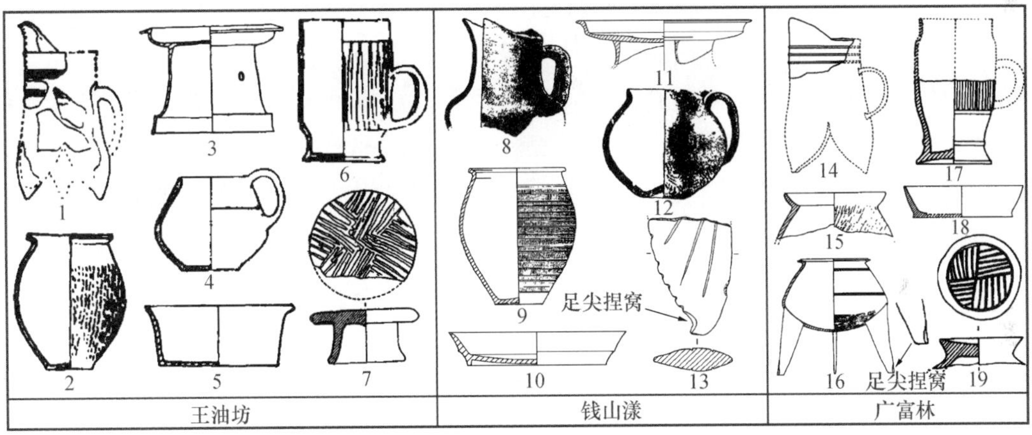

图三〇　王油坊、钱山漾、广富林三地陶器举例

1、8、14. 陶鬶（T24③：C24、钱ⅠⅡ、H43：2）　2、9、15. 罐（H38：20、T1001⑤C：21、ⅠT0545⑧：11）　3、11. 圈足盘（H5：7、T1001⑤C：19）　4、12. 单耳罐（H27：4、钱ⅠⅡ）　5、10、18. 盆（H13：3、T0503⑨：17、ⅠT0545⑧：13）　6、17. 筒形杯（H38：18、ⅠT0546⑧：37）　7. 陶拍（H27：8）　13. 捏窝鼎足（T0904⑪：28）　16. 捏窝足鼎（H43：1）　19. 器盖（H53：5）

（钱ⅠⅡ为钱山漾一、二次发掘出土器物，原报告未编号）

① 江苏省三星村联合考古队：《江苏金坛三星村新石器时代遗址》，《文物》2004年第2期。

② 上海博物馆考古研究部：《上海松江区广富林遗址1999—2000年发掘简报》，《考古》2002年第10期。

③ 中国社会科学院考古研究所河南二队等：《河南永城王油坊遗址发掘报告》，《考古学集刊》（5），社会科学出版社，1987年。

④ 朔知：《并江融淮：文化中国在东南部的史前历程》（待刊）。

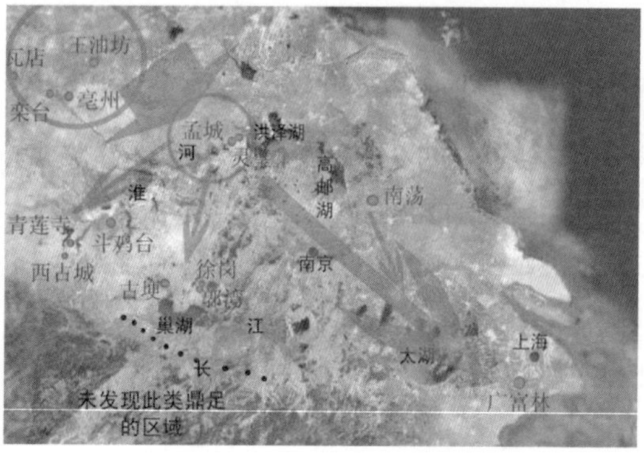

图三一　捏窝足分布趋势图

（依朔知“广富林文化学术研讨会”发言PPT，2006）

钱山漾与广富林遗址之间亦有很大的相似性，同时亦有不同之处。二者是受同一文化类型南下而形成的两种不同的类型。

与王油坊类型南下大致同时，盘踞苏北鲁南地区700余年的良渚—花厅政体也突然不见了。花厅遗址地层情况较为单一，其表土层下即有花厅时期墓葬，未发现花厅之后此地先民的地层堆积及文化遗留。临近地区同属良渚—花厅政体范围之内与花厅遗址面貌相近的大墩子①、万北②及陆庄③等遗址亦没有发现龙山文化叠压于花厅类地层之上。虽则没有明确的地层叠压关系，然则此一地区的小林顶、井儿头、黄营、臧墩、二涧、高皇庙及三里墩等遗址却均发现了龙山文化的遗存④。相较而言，这些承接良渚—花厅政体的龙山文化遗存与海岱地区的典型龙山文化稍有差别⑤。一方面包含较多海岱地区典型龙山文化因素，同时亦夹杂少量的王油坊类型因素。同时陆庄遗址以南亦发现了以王油坊类型为主要文化面貌的南荡文化遗址⑥。上述遗址分布，似乎昭示了良渚—花厅政体的前沿阵地主要被典型龙山文化替代，而其文化腹地则主要被王油坊类型占领。

良渚—花厅政体的消失在苏北鲁南地区是同时且彻底的。此后的此一地区的承接者，无论是典型龙山文化抑或是王油坊类型，均少见有前期文化因素出现。而几乎同时，在中原及长江中游等地区，却渐次出现了较多的此类融合有良渚文化、薛家岗文化及大汶口文化的良渚—花厅政体类文化遗物。

3. 好川墓地⑦的文化内涵

（1）墓地选址。好川墓地位于溪谷较宽处相对高度不大的小山冈顶部，与花厅墓地

① 南京博物院：《江苏邳县四户镇大墩子遗址探掘报告》，《考古学报》1964年第2期；南京博物院：《江苏邳县大墩子遗址第二次发掘》，《考古学集刊》（1），中国社会科学出版社，1981年。

② 南京博物院：《江苏沭阳万北新石器时代遗存发掘简报》，《东南文化》1992年第1期。

③ 南京博物院考古研究所等：《江苏阜宁陆庄遗址》，《东方文明之光——良渚文化发现60周年纪念文集》，海南国际新闻出版中心，1996年。

④ 栾丰实：《论陆庄新石器时代遗存的文化性质和年代》，《考古》2000年第2期；江苏省文物工作队：《江苏连云港市二涧村遗址第二次发掘》，《考古》1962年第3期；江苏省文物管理委员会：《徐州高皇庙遗址清理报告》，《考古学报》1958年第4期；南京博物院：《江苏新沂县三里墩古文化遗址第二次发掘简介》，《考古》1960年第7期。

⑤ 栾丰实：《海岱龙山文化的分期和类型》，《海岱地区考古研究》，山东大学出版社，1997年。

⑥ 南京博物院考古研究所等：《江苏兴化戴家舍南荡遗址》，《文物》1995年第4期。

⑦ 浙江省文物考古研究所、遂昌县文物管理委员会：《好川墓地》，文物出版社，2001年。

的选址位置一致，而不同于良渚文化一贯的堆土筑台埋葬。

（2）墓坑。好川墓地的大中型墓墓坑均开挖于风化的基岩中，墓坑宽大，长宽比均小于2且多小于1.5，即偏方形，此均与花厅墓地一致。不同于良渚文化在熟土中开挖墓穴，且长宽比一般大于2等特点。

（3）葬具。好川墓地葬具似以现场搭建为主，良渚文化墓葬常见棺、椁或独木棺类葬具，花厅墓地葬具情况不详。

（4）头向。好川墓地墓主头向多为东偏南，和花厅墓地相一致。不同于良渚文化头向多南方的传统。

（5）随葬品组合。好川墓地早期基本组合是陶鼎、钵、簋、罐、杯和玉锥形器、石镞、石锛等，与良渚文化墓葬有着较多的相似性。个别大墓有饰美石片的红色漆器，和良渚及花厅的一些大墓接近。

（6）器物形制。好川墓地出土器物可以分为四种。分别为A式良渚式器物，B式良渚花厅均有器物，C式花厅式器物，D式好川特有器物。

A式：良渚式器物。主要为鱼鳍足鼎（图三二，1、2）、泥质灰胎黑皮陶及部分彩绘陶等。

B式：良渚花厅均有器物。主要为陶双鼻壶、阔把杯（图三二，3）、尊、豆、圈足盘（图三二，4）、多孔石刀、嵌玉漆器等。

C式：花厅式器物。主要为陶鬶（图三二，8）、陶盉（图三二，6）、三喙罐（图三二，7）、横向双孔石钺（图三二，5）等。

图三二　好川墓地出土器物

1、2. 鱼鳍足陶鼎（M19：5、M7：10）　3. 陶阔把杯（M51：16）　4. 陶圈足盘（M7：24）　5. 横向双孔石钺（M14：1）　6. 陶盉（M14：15）　7. 陶三喙罐（M20：2）　8. 陶鬶（M32：12）　9. 台阶形玉片（M60：2之一）　10. 刻纹石钺（采：08）

D式：好川特有器物。主要为台阶形玉片（图三二，9）、刻划纹石钺（图三二，10）等。

好川墓地所展示的文化内涵包含了较多的良渚文化、花厅类型因素及部分赣江流域的樊城堆①与山背②文化因素、东南地区的石峡文化③与昙石山文化④因素和当地特有的某些文化因素。而从所处地理环境而言，好川墓地及其周边相关遗址所处的仙霞岭地区似乎稍显偏僻，相对不利于文化发展而更适于避世，展示了与良渚文化及花厅类型不同的选址风格。尽管如此，总体视之，好川墓地在文化面貌及丧葬习俗各方面仍然展示了与良渚文化及花厅墓地较多的一致性，或似为良渚—花厅政体及良渚文化先民由于某种原因南迁避世并结合周边及当地文化因素融合而生。

4. 黄河中上游地区的彩绘石钺及良渚—花厅政体类遗物

中原地区及黄河上游地区的良渚—花厅类遗物一直是学界感兴趣的话题，此类遗物主要包括良渚式玉、石琮，薛家岗、良渚式彩绘石刀、多孔石刀，良渚式“V”形石刀、彩绘石钺，花厅式横向双孔石钺，花厅—大汶口式玉牙璧等。其分布主要限于中原地区陶寺文化圈的若干遗址及之后的二里头遗址，以及黄河上游地区齐家文化范围内的部分遗址。

（1）中原地区。中原地区的陶寺、下靳、清凉寺、新华、石峁、芦山峁、梓里等遗址分别出土有良渚—花厅政体类遗物。

陶寺遗址历经多次发掘出土了诸多重要遗物。其中一件彩绘龙纹盆（图三三，1）被朱乃诚先生认为其彩绘龙纹来源于良渚文化的蛇纹陶片，是良渚文化北上的证据之一⑤。此外，陶寺遗址的石琮（图三三，2）及V形石刀（图三三，6）也是良渚文化的典型器物⑥。其Ⅱ区M22出土的兽面形玉饰（图三三，5）的“兽面”形式也是良渚文化及大汶口晚期及龙山早期常见的器物造型。史前玉钺有关穿孔数量位置及两侧扉牙的演变经历了如下的模式⑦（图三四）：穿孔方面由一孔演变为竖向的两孔（薛家岗及良渚文化诸遗

① 江西省文物工作队等：《清江樊城堆遗址发掘简报》，《考古与文物》1989年第2期。

② 江西省文物管理委员会：《江西修水山背地区考古调查与试掘》，《考古》1962年第7期；彭适凡：《试论山背文化》，《考古》1982年第1期。

③ 广东省博物馆：《广东曲江石峡墓葬发掘简报》，《文物》1978年第7期。

④ 福建省博物馆：《闽侯昙石山遗址第六次发掘报告》，《考古学报》1976年第1期。

⑤ 朱乃诚：《良渚的蛇纹陶片和陶寺的彩绘龙盘——兼论良渚文化北上中原的性质》，《东南文化》1998年第2期；朱乃诚：《再论陶寺彩绘龙源自良渚文化——兼论中原地区“王室文化”的形成》，《古代文明研究》第1辑，文物出版社，2005年。

⑥ 中国社会科学院考古研究所山西工作队、临汾地区文化局：《1978—1980年山西襄汾陶寺墓地发掘简报》，《考古》1983年第1期。

⑦ 拙作：《浅析史前双孔钺与扉牙钺的演变与发展》（未发表）。

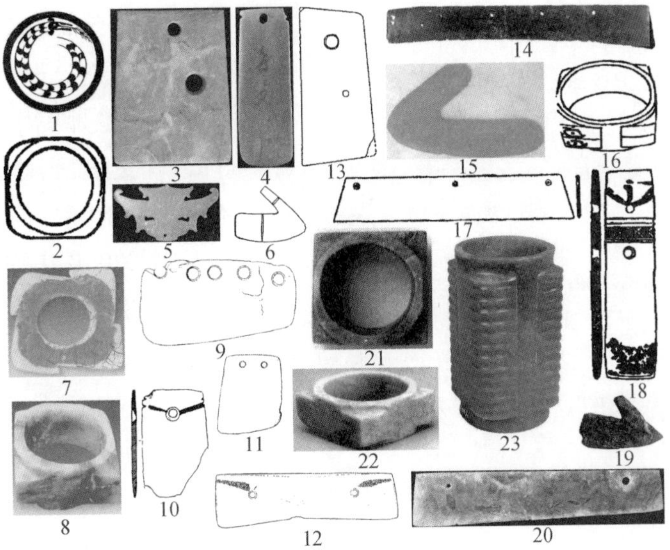

图三三　黄河中上游地区的良渚—花厅政体类遗物

1. 龙纹陶盆（陶寺M3072：6）　2. 石琮（陶寺M1282：1）　3、4、10、18. 彩绘石钺（陶寺M3073、M2035出土、清凉寺M79：16、二里头ⅢM2：5）　5. 兽面形玉饰（陶寺Ⅱ区M22出土）　6、15、19. V形石刀（陶寺M3015：39、芦山峁、下靳0010）　7. 玉牙璧（清凉寺M100：7）　8、16、21～23. 玉琮（清凉寺M52：1、芦山峁、师赵村M8：1、定西团结乡、静宁后柳河村）　9、14、17. 多孔石刀（清凉寺M112：1、石峁出土、二里头Ⅲ窑1：1）　11、13. 石钺（清凉寺M79：10、新华99K1：21）　12、20. 彩绘石刀（清凉寺M146：4、下靳M358出土）

址），再由竖向的两孔演变为斜向的两孔（花厅、大汶口及中原地区诸遗址）及横向的两孔（花厅、好川及中原地区诸遗址）两种。扉牙方面由齐侧演变为穿孔上部左右两侧各有一缺口（崧泽、良渚文化、好川、中原地区等）进而演变为石钺左右两侧对称的多对扉牙（二里头，金沙等）。陶寺M3073、M2035出土的两件石钺①不仅均有彩绘，且前者为由太湖地区历经青墩、花厅、大汶口而演变过来的典型斜向两孔石钺（图三三，3），后者为由太湖地区或经花厅地区（此种两侧缺口石钺于花厅遗址当亦会发现）演变至扉牙石钺过程中的两侧有缺口石钺（图三三，4），均为与良渚—花厅先民交往情况下演变而生的产物。

下靳墓地出土的V形石刀②显系属于良渚文化因素遗物，彩绘石刀亦与良渚文化有关③（图三三，19、20）。

清凉寺④遗址出土的玉牙璧、玉琮、彩绘石钺、彩绘石刀、横向双孔石钺、多孔石刀

① Apabi艺术博物馆：http://photo.apabi.com/ahdxlib/ArtProduct.aspx?drid=92622&drgroupid=517#1

② 山西省临汾行署文化局、中国社会科学院考古研究所山西工作队：《山西临汾下靳村陶寺文化墓地发掘报告》，《考古学报》1999年第4期。

③ 刘文强：《初论史前彩绘石刀的发展》，《文物研究》第19辑，科学出版社，2012年。

④ 山西省考古研究所、运城市文物局、芮城县文物局：《山西芮城清凉寺新石器时代墓地》，《文物》2006年第3期；山西省考古研究所等：《山西芮城清凉寺史前墓地》，《考古学报》2011年第4期。

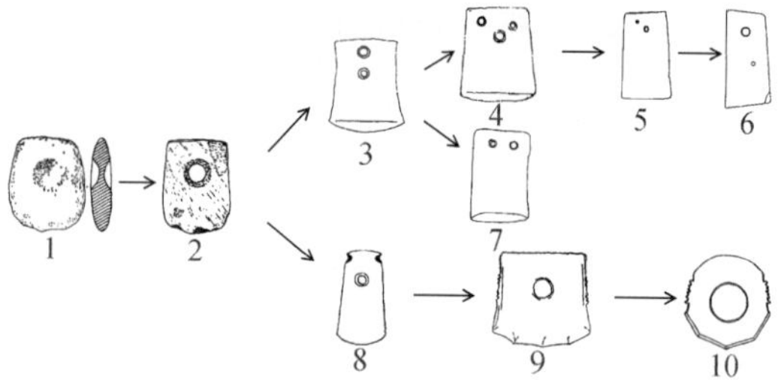

图三四　石钺穿孔及两侧扉牙演变推测图

1. 河姆渡T36①：3　2. 三星村M487：6　3. 划城岗M74：32　4. 青墩M98：6　5. 花厅M50：10　6. 新华99K1：21　7. 好川M29：31　8. 崧泽B2M6：38　9. 二里头81YLVM6：1　10. 二里头M11：5

（图三三，7～12）等均为良渚—花厅政体类遗物。

新华遗址[①]出土典型斜向双孔石钺1件（图三三，13），可能为良渚—花厅政体之后经陶寺文化传入。

石峁[②]、芦山峁[③]、梓里[④]等遗址亦均出土有良渚—花厅政体类遗物（图三三，14～16），亦应为良渚—花厅政体先民经陶寺一带辗转带入或带入生产技术。

二里头遗址出土的彩绘玉圭[⑤]及多孔石刀[⑥]也体现了良渚—花厅政体类文化因素（图三三，17、18）。

（2）黄河上游地区。黄河上游地区齐家文化的诸多遗址都出土有玉琮、多孔玉刀、玉钺、玉璧等有着良渚文化影子的遗物。其中师赵村遗址[⑦]、定西团结乡、齐家坪、静宁后柳河村、沙塘[⑧]等遗址都曾经出土过玉琮（图三三，21～23）。喇家[⑨]、宗日[⑩]等遗址出土有多孔玉刀。皇娘娘台[⑪]、桥村[⑫]等遗址有玉钺、玉璧等遗物出土。

齐家文化的玉琮从形制上来说和良渚文化的玉琮有着一定的差别。杨美莉女士在研究

---

① 陕西省考古研究所、榆林市文物保护研究所：《神木新华》，科学出版社，2005年。

② 戴应新：《陕西神木县石峁龙山文化遗址调查》，《考古》1977年第3期；高嵘：《陕西历史博物馆藏石峁玉器赏析》，《文博》2009年第4期。

③ 姬乃军：《延安市发现的古代玉器》，《文物》1984年2期；邓淑苹：《晋、陕出土东夷系玉器的启示》，《考古与文物》1999年第5期。

④ 西北大学历史系考古专业：《陕西华夏梓里村发掘收获》，《西北大学学报（社会科学版）》1982年第3期。

⑤ 中国社会科学院考古研究所二里头队：《1980年秋河南偃师二里头遗址发掘简报》，《考古》1983年第3期。

⑥ 中国社科院考古研究所二里头工作队：《河南偃师二里头遗址三、八区发掘简报》，《考古》1975年第5期。

⑦ 中国社会科学院考古研究所：《师赵村与西山坪》，中国大百科全书出版社，1999年。

⑧ 王裕昌：《甘、青、宁博物馆馆藏齐家文化玉琮、玉璧研究》，《丝绸之路》2011年第12期。

⑨ 叶茂林、何克洲：《青海民和县喇家遗址出土齐家文化玉器》，《考古》2002年第12期。

⑩ 甘肃省博物馆：《甘肃武威皇娘娘台遗址发掘报告》，《考古学报》1960年第2期；甘肃省博物馆：《武威皇娘娘台遗址第四次发掘》，《考古学报》1978年第4期。

⑪ 王正书：《齐家文化玉器考察及上海博物馆藏吴大澂玉器的文化归属》，《上海博物馆集刊》第10期，上海书画出版社，2005年。

⑫ 谢晓燕：《齐家文化玉器研究》，西北师范大学硕士学位论文，2011年。

史前玉琮时曾委婉地指出齐家文化玉琮未必是受到良渚文化影响的结果[①]。黄建秋在研究良渚文化分布区之外的史前玉琮时曾把这种良渚分布区之外的玉琮分为良渚玉琮、精仿玉琮、粗仿玉琮、异性玉琮四个受良渚文化影响的玉琮类型，但还是沿袭杨美莉女士的观点谨慎地把齐家文化范围内的玉琮统称为齐家玉琮[②]。从玉琮形制来说，齐家文化玉琮确实和良渚文化玉琮有着一定的差别，然而考虑到良渚玉琮从长江下游区至苏北海岱至中原再至长江上游的渐次传播路径及长久的传播时间，加之齐家玉琮和就近的陶寺、清凉寺玉琮互相比较还是相对相似等，依然可以认为齐家玉琮是通过这条玉琮传播之路渐次演变的路途上离起点相对比较远的一个玉琮落脚点。而齐家文化多孔石刀的情况也应与之类似。

5. 长江中游的彩绘石钺及良渚—花厅政体类遗物

肖家屋脊[③]遗址出土有多件上部有刻纹的大口尊（原文陶臼），此类大口尊长江下游地区崧泽—良渚文化分布区内，以及海岱地区的大汶口文化分布区均有出土[④]。尊体外侧上腹部有刻划符号的大口尊多见于大汶口文化的陵阳河及大朱家村遗址，蒙城尉迟寺[⑤]遗址的多件陶尊、北阴阳营[⑥]遗址的一件陶尊（H2：1）上也均有类似于陵阳河遗址陶尊的刻划符号。肖家屋脊遗址陶尊的刻划符号严格来说和大汶口文化遗址刻符并不相似，其构图相较来说也显简单（图三五，2）。

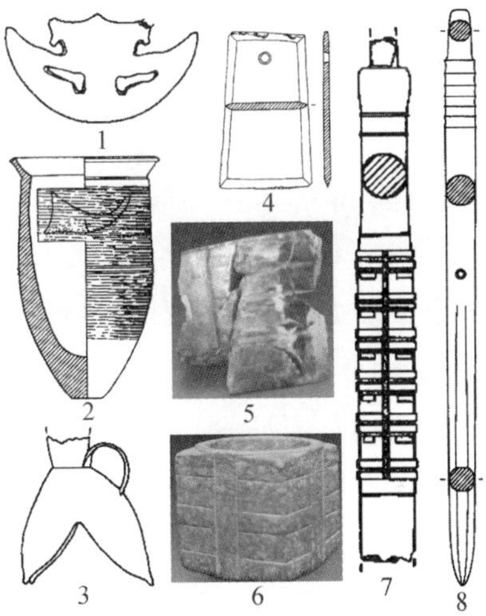

图三五　长江中游地区的良渚—花厅政体类遗物

1. 肖家屋脊W6：60　2. 肖家屋脊JY7：9　3. 肖家屋脊H434②：33　4. 肖家屋脊M7：73　5. 枣林岗JZWM41：4　6. 庹家岗采集　7. 肖家屋脊AT1219①：1　8. 肖家屋脊AT1215②：2

从发展轨迹来说，从肖家屋脊陶尊刻符尚无法看出从大汶口经北阴阳营发展而来的刻符渐变轨迹。然而从描述对象来说，肖家屋脊陶尊亦有与大汶口文化类似的对于日、月及石质工具的描

① 杨美莉：《院藏黄河上中游玉琮的研究》，《故宫学术季刊》2001年第1期。

② 黄建秋：《良渚文化分布区以外的史前玉琮研究》，《浙江文物考古研究所学刊》第8辑，科学出版社，2006年。

③ 湖北省荆州博物馆、湖北省文物考古研究所、北京大学考古学系：《天门石家河考古发掘报告之一——肖家屋脊》，文物出版社，1999年。

④ 方向明：《史前东方大口尊初论》，《东南文化》1998年第4期。

⑤ 中国社会科学院考古研究所：《蒙城尉迟寺——皖北新石器时代聚落遗存的发现与研究》，科学出版社，2001年。

⑥ 南京博物院：《北阴阳营——新石器时代及商周时期遗址发掘报告》，文物出版社，1993年。

述，从刻符对象及位置来说，也均是陶尊的外侧上腹位置。若非相同文化间的平行交流所影响产生，则否可能是大汶口文化族群被外来族群统治下共同迁至另一地的文化反弹，如是否可能为花厅先民在良渚控制之下共同迁至肖家屋脊之后，从原来在花厅之时的不敢在大口尊上刻符到至长江中游之后敢于在陶尊上刻划不同于原大汶口文化的简化符号的文化奴役与自我觉醒之间的折中与投机之举。

肖家屋脊亦出土有大汶口常见的袋足陶鬶（图三五，3），良渚文化式构图的兽面性玉饰（图三五，1），以及良渚文化常见的石锥形器（图三五，7、8）等。肖家屋脊的彩绘石钺（图三五，4）四周起脊的形制特点也是良渚晚期石钺的典型特征之一。

此外，长江中游的安乡度家岗石家河文化墓葬[①]中曾采集有玉琮1件（图三五，6）。湖北荆州枣林岗遗址[②]瓮棺也曾出土过残玉琮两件，分别为JZWM41：4（图三五，5）和JZWM38：3。此3件玉琮虽然表面无良渚玉琮的典型兽面图案，然而结合其形制及良渚玉琮传播路径等依然可以看作是良渚玉琮西传道路上的一环。

6. 珠三角地区的良渚文化因素

珠三角地区良渚文化因素主要见于石峡遗址及其周边的封开禄美村、曲江床板梓、海丰田乾、对面岗诸遗址。

石峡遗址出土良渚文化因素器物主要为良渚文化式玉琮及良渚式陶壶。石峡遗址出土玉琮多件[③]，其形制与良渚文化玉琮差别不大（图三六，1、2、4、9、10）。石峡遗址出土的陶壶（图三六，7、8）除部分无双鼻外，也和良渚文化的双鼻壶几乎一样[④]。石峡遗址出土石钺虽有束腰的自身特征，但其石钺彩绘（图三六，6）、石钺形制祖形等依然可认为是来源于良渚文化。

封开禄美村对面岗（图三六，5）[⑤]、曲江床板梓[⑥]、海丰田乾[⑦]（图三六，3、11）也均有良渚文化式玉琮出土。

7. 金沙遗址的彩绘石钺孑遗

金沙遗址梅苑地点[⑧]出土有玉钺、石钺多件，一件玉钺2001CQJC：546为由长江下游

① 何介钧：《湖南史前玉器》，《东亚玉器》，香港中文大学中国考古艺术研究中心，1998年。
② 湖北省荆州市博物馆：《枣林岗与堆金台》，科学出版社，1999年。
③ 朱非素：《广东石峡文化出土的琮和钺》，《良渚文化研究——纪念良渚文化发现六十周年国际学术讨论会文集》，科学出版社，1999年。
④ 朔知：《良渚文化的初步分析》，《考古学报》2000年第4期。
⑤ 杨式挺、邓增魁：《广东封开县杏花河两岸古遗址调查与试掘》，《考古学集刊》（6），中国社会科学出版社，1989年。
⑥ 杨式挺：《广东史前玉石器初探》，《东亚玉器》，香港中文大学中国考古艺术研究中心，1998年。
⑦ 杨少祥、郑政魁：《广东海丰县发现玉琮和青铜兵器》，《考古》1990年第8期。
⑧ 成都市文物考古研究所：《成都金沙遗址Ⅰ区“梅苑”地点发掘一期简报》，《文物》2004年第4期。

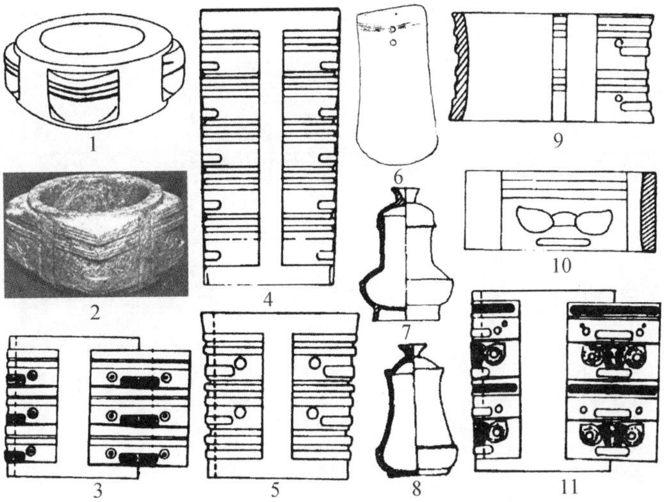

图三六　珠三角地区的良渚文化因素遗物

1～5、9～11. 玉琮（石峡M69：28、石峡M17：13、海丰、石峡M105：1、对面岗M1：1、石峡M56：1、石峡M6：2、海丰）　6. 石钺　7、8. 陶壶（石峡M89：8、石峡M57：14）

两侧带缺口石钺通过中原地区演变而来的扉牙璧形钺（图三七，3）。其出土时钺体上端残存大量黑色胶状物质及一些红色的朱砂。金沙遗址部分玉璋出土时表面就涂有朱砂，说明金沙遗址在玉器表面涂朱砂是有传统的，此件玉钺顶部的朱砂也应该是有意而涂。另一件2001CQJC：587为无孔厚体石钺，钺顶的斜角有点良渚文化有肩石钺的意思。此件石钺钺体上部正反两面均有一致的阴刻图案（图三七，4），其图案位置和典型彩绘石钺的彩绘位置相同，阴刻图案构图也和薛家岗遗址彩绘石钺的彩绘图案的构图相似。此外，金沙遗址以北的四川盆地西北部的马尔康县出土有一件表面涂红的双孔石钺（H2：2）[①]，此件石钺虽具体涂红位置及所涂图案均不清，然其石钺形制显为由花厅遗址经陶寺文化圈传播而来的横向双孔石钺（图三八）。金沙玉钺、哈休横向双孔石钺顶部的红迹残留图案虽均不清楚，然而综合考虑似依然有路径轨迹可寻，鉴于其图案不辨，可暂认为是彩绘石钺的孑遗。而金沙的刻纹石钺与薛家岗的连勾花果形彩绘石钺两者图案内容也似有着异曲同工之妙。

金沙遗址还出土玉琮24件[②]。其中有典型的良渚文化方形玉长琮（图三七，1、5），亦有仿良渚文化的玉琮。其中一件玉长琮侧面顶部刻有一“羽人舞袖”状符号，李学勤认为此种刻符为良渚文化符号[③]，确实此种符号从构图来说和良渚文化兽面纹风格很一致。而美国弗利尔博物馆馆藏的一件玉镯上相似位置亦有同样的符号（图三七，2），其内侧

① 阿坝藏族羌族自治州文物管理所、成都文物考古研究所等：《四川马尔康县哈休遗址2006年的试掘》，《南方民族考古》第6辑，科学出版社，2009年。

② 朱章义、王方：《成都金沙遗址出土玉琮初步研究》，《文物》2004年第4期。

③ 李学勤：《论金沙长琮的符号》，《四川文物》2002年第5期。

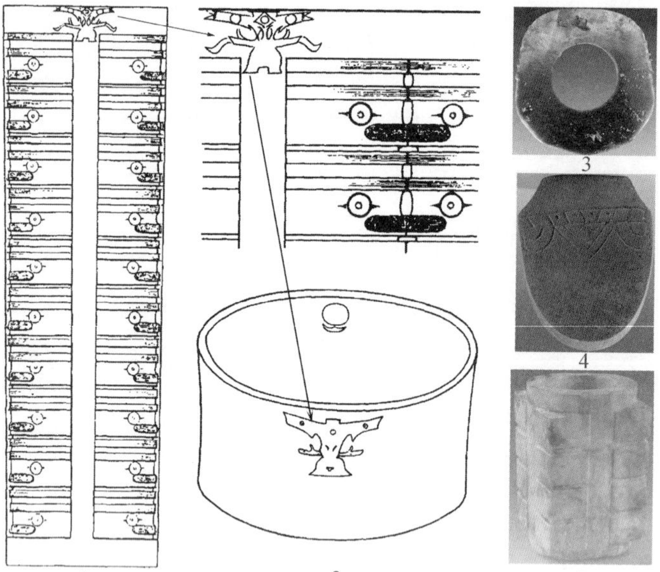

图三七　金沙遗址部分出土遗物（1、3～5）

1、5. 玉琮（金沙2001CQJC：61、2001CQJC：1）　2. 美国弗利尔博物馆藏玉镯　3. 玉钺（金沙2001CQJC：546）　4. 石钺（金沙2001CQJC：587）

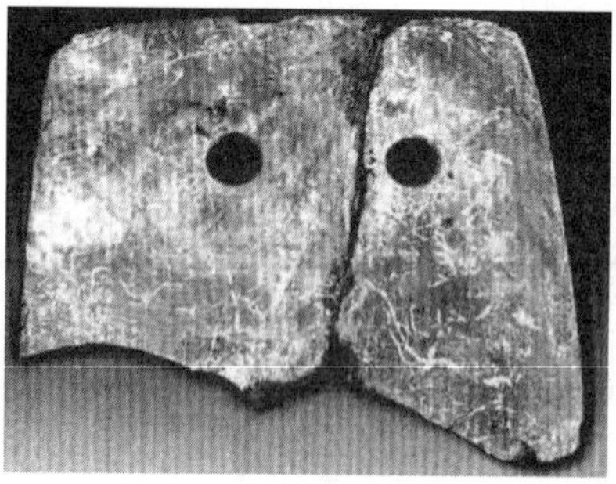

图三八　哈休遗址涂红石钺

还有大汶口文化标志性的“日月”形符号①，联系中国国家博物馆藏有一件刻有大汶口文化典型图案的良渚文化长玉琮②，似乎昭示了良渚文化、大汶口文化与金沙遗址三者之间的某种特殊关系。

此外，早于金沙遗址的广汉三星堆③遗址亦有玉琮出土，显示了良渚文化因素遗物在蜀中地区的分布不仅金沙遗址一处。

（二）总结和推测

1. 一点总结

通过上文的分析，有关彩绘石钺传播的相关背景资料在时间关系上可以初步总结如下。

（1）摒除绝对年代的争议，从相对时间上来说，花厅最末期、良渚文化最末期、王油坊南下时间、广富林早期、好川早期、陶寺文化兴起期、石家河文化转型期、石峡文化

① 林巳奈夫：《良渚文化和大汶口文化中的图像记号》，《东南文化》1991年第1期。

② 丁品：《良渚文化北征及其影响》，《良渚文化探秘》，人民出版社，2006年。

③ 杨建芳：《早期蜀国玉雕初探——商代方国玉器研究之一》，《中国古玉研究论文集》（上册），众志美术出版社，2001年。

良渚因素爆发期等均是大体同时的。

（2）陶寺扩张期、陕北史前文化高峰期、二里头形成期、蜀中文明兴起期等则是与上述相续并前后相接的。

2. 一点推测

考古学是一门研究古代遗存，尝试复原历史以造福当今及后世的学问。在对彩绘石钺这一古代遗物的整个发展轨迹及其社会背景做了初步的探讨分析之后，或亦可以从彩绘石钺发展传播背后的社会原因角度，对彩绘石钺中晚期相关文化背景间错综复杂的社会历史做一尝试性的推测。

彩绘石钺中晚期是一个文化交流异常激烈的时期。中期较早时候的良渚文化北上在取得一定成效之后建立了良渚—花厅政体，逼迫原地部分居民西走形成大汶口文化尉迟寺类型，并间接导致了薛家岗文化覆灭并融入良渚文化及良渚—花厅政体之中。中期晚段山东大汶口文化发展至龙山文化阶段，豫东皖北尉迟寺类型发展至王油坊类型。后于中晚期相交之际龙山文化联合豫东王油坊类型逼退良渚—花厅政体，龙山收复失地，占领江淮北部

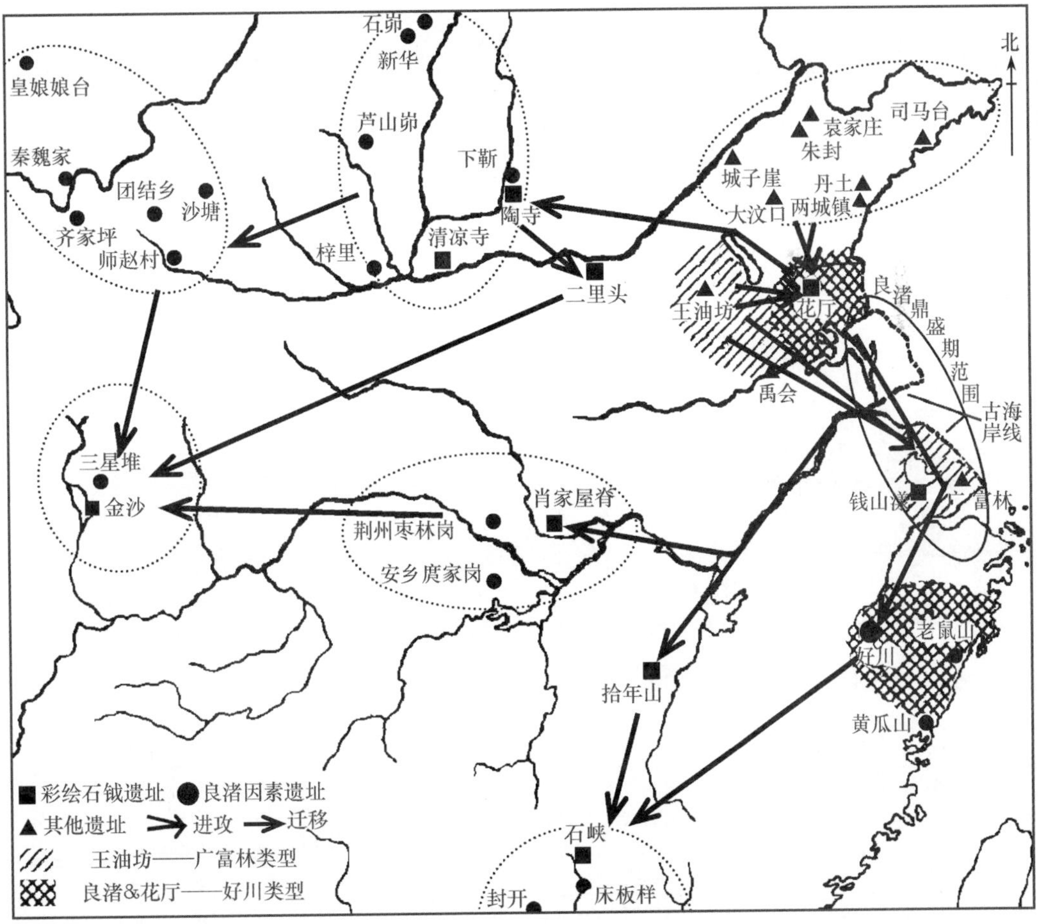

图三九　良渚、花厅先民去向推测图

地区；王油坊类型南下，进驻太湖流域并与当地未走居民形成广富林类型。原良渚—花厅政体先民一部分避锋北上，迁至晋南地区的陶寺文化一带，并参与其文化建设之中。一部分南下原良渚地区，后受王油坊追击又与太湖地区良渚先民一起分成两部分逃离，一部分迁徙至偏僻的仙霞岭地区形成好川文化；一部分西走黄河中游洞庭湖地区，造成了石家河文化早晚两期的巨大面貌反差；亦有部分辗转进入石峡文化区域寄居。

参与到新的文化必然同时受到相应的排斥，良渚及花厅先民在与别的文明注入新鲜血液并促进其兴盛的同时，其自身也在不停地妥协变化并不断寻找更适合居住的所在，抑或寻求与走失亲人的重逢。总之，其后续在不断地融入当地及不断地有人继续迁移之后，与三星堆—金沙地区最终汇合，并与当地居民一起将蜀中文明再次推向了高峰（图三九）。

附记：本文是笔者的硕士毕业论文，是在张爱冰老师指导下完成的，期间还得到了朔知、戴向明等先生的无私帮助，在此真诚致谢！

附表　中国史前彩绘石钺统计表

序号	名称	尺寸（厘米）				石质	出土遗址	彩绘描述	彩绘类型
		长	宽	厚	孔径				
1	M730：5（石钺）	11.4	6.2	1.4	/	浅灰白色中酸性熔结凝灰岩	金坛三星村	孔眼边有两道斜直朱砂印痕	Bb型
2	M90：31（石钺）	/	/	/	/	石质	张家港东山村	石钺下方的土面上印有多道斜向朱砂痕迹，应是石钺圆孔左右两边的彩绘	推测为Ba型
3	M15：1（石钺）	/	/	/	/	石质	张家港东山村	简报彩图可见石钺穿孔两边有两道斜向灰白印迹，推测为石钺彩绘脱落后残印	推测为Bb型
4	M118：1（石钺）	14	刃宽9.8	/	/	石质	崧泽遗址晚期	穿孔周围有四道朱红色痕迹	Ba型
5	M1：5（石钺）	16.5	13.5	/	2.2	青灰色叶岩	少卿山遗址	穿孔周边有辐射状朱砂印痕	Bb型
6	M77：70（石钺）	22	29	/	/	石质	赵陵山遗址	报道彩图等均可孔周有朱砂彩绘	推测为Bb型
7	M7：18（石钺）	9.2	5.8～6.6	1.2	/	石质	常熟罗墩	上半部面有朱砂印痕	Ba型
8	M25：5（石钺）	14.5	顶宽8.7；刃宽10	/	/	灰色凝灰岩	庙前第一期早段	上部残留有红色几何形"捆绑痕"	Ba型
9	M27：1（石钺）	14.6	顶宽8；刃宽9.2	/	/	灰色凝灰岩	庙前第一期晚段	上端残留有红色几何形图案	Ba型
10	M10：3（石钺）	17.4	顶宽8；刃宽14	0.8	外径2.1；内径1.7	深黄色角岩	昆山	一面孔周还残留有朱痕	推测为Bb型

续表

序号	名称	尺寸（厘米）				石质	出土遗址	彩绘描述	彩绘类型
		长	宽	厚	孔径				
11	M37：3（石钺）	14.8	顶宽9.4；刃宽11.1	1.05	外径1.4；内径1.1	青灰色角岩	昆山	两面上部和钻孔周围留有朱痕	Ba型
12	M151：7（石钺）	10.9	/	/	/	片岩	福泉山一期	器体在孔以上涂红褐色彩绘	Ba型或Bb型
13	M151：8（石钺）	19.2	/	/	/	片岩	福泉山一期	孔以上部位涂红褐色彩绘，有一面在彩绘上尚有木柄朽蚀的粉末	图案不清
14	M139：9（石钺）	18.4	/	/	/	片岩	福泉山一期	孔两侧各有一条红褐色彩绘	推测为Bb型
15	M139：19（石钺）	15.2	/	/	/	凝灰岩	福泉山一期	孔的两侧各有两条斜向红褐色彩绘	推测为Bb型
16	M151：6（石钺）	9.1	/	/	/	片岩	福泉山一期	M151墓葬平面及随葬器物图上可见此石钺孔周有三条条带状彩绘	Ba型
17	M120：6（石钺）	16	/	/	/	辉绿岩	福泉山二期	孔以上部位涂红褐色彩绘	Bb型
18	M109：34（石钺）	17.8	/	/	/	辉绿岩	福泉山三期	孔的两侧各有一条斜向红褐色彩绘	Bb型
19	M132：18（石钺）	17.9	/	/	/	辉绿岩	福泉山三期	孔两侧各有一条红褐色彩绘	Bb型
20	M144：14（石钺）	17.3	/	/	/	辉绿岩	福泉山三期	孔两侧各有一条斜向红褐色彩绘	Bb型
21	M146：1（石钺）	14	/	/	/	凝砂岩	福泉山三期	孔两侧各有两条平行斜向的红褐色彩绘	Bb型
22	M74：37（玉钺）	17	/	/	/	叶蛇纹石	福泉山四期	原报告未言彩绘，依《古玉发现与研究100年》319页图片可清晰见到三条条带状红彩	Ba型
23	M101：76（石钺）	/	/	/	/	石质	福泉山五期	M101墓葬平面及随葬器物图上可见此石钺孔周有三条条带状彩绘	Ba型
24	M37：5（石钺）	11.5	刃宽11.4	1	1.9	青灰色粉砂质板岩	薛家岗？期	在器体两面孔的周围绘有红色的花纹和条纹，部分已脱落	推测为A型
25	M40：14（石钺）	14.6	刃宽13	0.8	3.2	青灰色绿泥石英片岩	薛家岗五期	在孔内壁及孔的侧上方尚保留了局部红彩	图案不清
26	M40：15（石钺）	14.8	刃宽13.2	0.9	3	灰绿色粉砂质板岩	薛家岗五期	孔周围原绘有红色花纹，花纹大部分随土脱落	图案不清

续表

序号	名称	尺寸（厘米）				石质	出土遗址	彩绘描述	彩绘类型
		长	宽	厚	孔径				
27	M44：7（石钺）	13.4	刃宽11.5	1	2.5	青灰色粉砂质板岩	薛家岗五期	器表一面绘红色花果形花纹，大都脱落，花纹印迹清晰可见；另一面部分花纹印迹可见	A型
28	M44：10（石钺）	11.5	刃宽10	1.1	2.3	灰色夹白斑闪长岩	薛家岗五期	两面孔周均绘有红色花纹，大都脱落，其中一面可见孔两侧有斜向条纹，孔上下则有类似花果形的图案	推测为A型
29	M47：4（石钺）	9.4	刃宽9	0.8	1.7	绿泥片岩	薛家岗五期	孔壁上尚保留了部分红彩，原先应有彩绘	图案不清
30	M47：6（石钺）	14.4	刃宽10.5	1	2.3	青灰色砂质板岩	薛家岗五期	器表两面孔的周围均绘有红色花纹，部分已脱落，花纹不太清晰	A型
31	M49：8（石钺）	12.2	刃宽12	0.6	2.8	灰黄色砂质板岩	薛家岗五期	器表一面与孔壁上均留有一些零散红色涂料，原应有红色彩绘	图案不清
32	M57：9（石钺）	12.4	刃宽11	0.8	1.8	青灰色变质砂岩	薛家岗四期	孔周围原绘有红色花纹，已脱落，仅孔壁上尚存少量红彩	图案不清
33	M58：5（石钺）	14.2	刃宽11.2	1	2.3	深灰色粉砂质板岩	薛家岗五期	孔周围原绘有红色图案，但已脱落，仅在孔壁上残存零星红彩	图案不清
34	M58：8（石钺）	12	刃宽8.4	0.5	上孔径1.3；下孔径1	土黄色粉砂质板岩	薛家岗五期	两面双孔周围仍可见绘有一致的红花果形图案，在孔壁上也仍有红彩	A型
35	M67：2（石钺）	15	刃宽14.5	0.7	3	青灰色砂质板岩	薛家岗五期	一面孔的两侧斜向上及孔壁上原绘有红色花纹，大部分已脱落，但仍保留了少量红色	图案不清
36	T4④：4（石钺）	14.1	刃宽16.4	0.9	/	青灰色砂质板岩	薛家岗	顶端一拐角尚有一块红色涂料未脱落	图案不清
37	T10③：12（石钺）	14.7	刃宽12.3	1	1.8	青灰色粉砂质板岩	薛家岗	在正、背两孔的外侧，均有斜向彩绘留下的印痕	图案不清
38	T35④：12（石钺）	9.5	刃宽9.1	1	1.9	土黄色粉砂质板岩	薛家岗	正、背两孔的外侧均涂斜向条形红彩，孔壁上局部也残存红彩	推测为A型脱落
39	M151：1（石钺）	15.3	15.1	0.8	/	灰绿色板岩	黄梅塞墩遗址	背面顶边和孔侧残存极少朱绘	图案不清

续表

序号	名称	尺寸（厘米）				石质	出土遗址	彩绘描述	彩绘类型
		长	宽	厚	孔径				
40	M123：5（石钺）	17.4	11	1.5	/	小斑纹状棕黄色间少量灰蓝和白色石英岩	黄梅塞墩遗址	两面上半段有朱红残迹	图案不清
41	M63：26（石钺）	15.6	刃宽11	/	/	/	安乡划城岗中一期	孔以上朱绘斜线和卷云纹	A型
42	反：19（采集石钺）	/	/	/	/	灰黑色凝灰岩	反山	孔内壁尚残留朱痕	图案不清
43	M12：106（石钺）	14.5	顶宽8.6；刃宽10.3	1.4	外径2.4；内径1.9	紫灰色夹黄斑溶解凝灰岩	反山	上部有横向的擦痕。一面留有朱痕，但难以辨认	图案不清
44	M12：107（石钺）	16.4	顶宽10.8；刃宽 13.1	1.1	外径4.1～4.2；内径3.7	紫灰色夹黄斑溶解凝灰岩	反山	一面留有朱痕	图案不清
45	M12：108（石钺）	13.7	顶宽9.5；刃宽10.7	1.1	外径3.4；内径2.83	紫灰色夹黄斑溶解凝灰岩	反山	一面于钻孔上方里留有横向的朱痕	图案不清
46	M14：221（玉钺）	14.1	顶宽9.3；刃宽11	0.9	外径1.2；内径0.9	南瓜黄，玉质	反山	钺钻孔两侧以及上方留有划痕，从图片可见亦有条带状朱痕	Ba型或Bb型
47	M14：200（石钺）	9.5	顶宽6.5；刃宽7.5	1	外径3.1~3.2；内径2.9	紫灰色夹黄斑溶解凝灰岩	反山	仅一面局部残留有朱痕	初步推测为Ba型
48	M14：201（石钺）	11.53	顶宽5.8；刃宽7.3	1.4	外径2.85；内径2.4	紫灰色夹黄斑溶解凝灰岩	反山	两面均残留有朱痕，其中一面较为清晰	Ba型
49	M14：202（石钺）	12.3	顶宽10.5；刃宽11.5	1.2	外径4.1~4.3；内径3.8~3.95	紫灰色夹黄斑溶解凝灰岩	反山	一面朱痕尚可辨认，另面已经不清，朱痕延伸至钻孔内壁	Ba型
50	M14：204（石钺）	11.65	顶宽6.6；刃宽8.4	1.13	外径1.7；内径1.3	灰绿色溶解凝灰岩	反山	两面均残留有朱痕	图案不清
51	M14：205（石钺）	10.84	顶宽7.6；刃宽8.5	1.2	外径3.7；内径3.1	紫灰色夹黄斑溶解凝灰岩	反山	两面均残留有朱痕，但难以辨认	初步推测为Ba型
52	M14：206（石钺）	11.5	顶宽7；刃宽8.5	1.25	外径3.2~3.3；内径2.8	紫灰色夹黄斑溶解凝灰岩	反山	局部留有朱痕	图案不清
53	M14：207（石钺）	15.1	顶宽6.5；刃宽8	1.6	外径3；内径2.6	紫灰色夹黄斑溶解凝灰岩	反山	一面残留有朱痕	图案不清

续表

序号	名称	尺寸（厘米）				石质	出土遗址	彩绘描述	彩绘类型
		长	宽	厚	孔径				
54	M14：208（石钺）	12.2	顶宽9；刃宽10.3	1.15	外径3.6~3.8；内径3.05~3.06	紫灰色夹黄斑溶解凝灰岩	反山	两面均残留朱痕，其中一面较为清晰	Ba型
55	M14：209（石钺）	10.6	顶宽8；刃宽9.5	1.4	外径3.5；内径3.2	紫灰色夹黄斑溶解凝灰岩	反山	两面均残留有朱痕，其中一面较为清晰，此类朱痕残留一般不会延伸至钻孔内壁	Ba型
56	M14：210（石钺）	13.1	顶宽7.5；刃宽9.3	1.3	外径3.4；内径2.6	紫灰色夹黄斑溶解凝灰岩	反山	两面均残留有朱痕，钻孔内壁也残留有朱痕	Ba型
57	M14：211（石钺）	14	顶宽7；刃宽8.5	1.2	外径2.4；内径1.8	紫灰色夹灰白、暗红斑溶解凝灰岩	反山	仅对钻孔内壁局部残留有朱痕	图案不清
58	M14：212（石钺）	19.6	顶宽9；刃宽10.7	1.4	外径3.65；内径3.1	紫灰色夹纵向的黄褐大斑，有气孔，溶解凝灰岩	反山	两面均残留有朱痕，但难以辨认	图案不清
59	M14：213（石钺）	13.55	顶宽9；刃宽10.5	1.3	外径4；内径3.55	紫灰色夹黄斑溶解凝灰岩	反山	两面均残留有朱痕，但仅局限于钻孔下方	图案不清
60	M14：214（石钺）	10.8	顶宽7；刃宽8.5	1.15	外径2.6；内径2.4	紫灰色夹大块黄斑溶解凝灰岩	反山	依稀有朱痕	图案不清
61	M15：17（石钺）	10	顶宽7.8；刃宽9	1.4	外径2.55；内径2.15	紫灰色夹黄斑，有气孔，溶解凝灰岩	反山	两面以及孔内壁均残留有朱痕	图案不清
62	M16：39（石钺）	10.2	顶宽6.7；刃宽7.3	1.2	外径2.7；内径1.9~2	紫绿色夹黄斑溶解凝灰岩	反山	一面上部残留有朱痕	图案不清
63	M16：44（石钺）	14.1	顶宽9.3；刃宽10.2	0.8	外径3；内径2.6	紫灰色夹黄斑溶解凝灰岩	反山	两面均残留有朱痕，比较清晰，朱痕还渗入断裂面，孔内壁也残留有朱痕	Ba型
64	M16：45（玉钺）	15.6	顶宽8.6；刃宽11.3	0.7	外径2.1；内径1.8	南瓜黄，玉质	反山	钻孔两侧及上部有划痕	Ba型或Bb型
65	M17：22（玉钺）	13.5	顶宽10；刃宽12.1	0.6	外径2.6；内径2.35	南瓜黄，玉质	反山	钻孔两侧及上部残留有朱痕，朱痕延及钻孔内壁	Ba型或Bb型
66	M17：14（石钺）	13.8	顶宽7；刃宽8.5	1.35	外径2.7；内径2.5	紫灰色夹黄斑溶解凝灰岩	反山	孔内壁残留有朱痕	图案不清

续表

序号	名称	尺寸（厘米）				石质	出土遗址	彩绘描述	彩绘类型
		长	宽	厚	孔径				
67	M17：23（石钺）	14.75	顶宽11.2；刃宽13	1.1	外径3.8；内径3.5	灰紫色夹黄斑溶解凝灰岩	反山	两面均残留有朱痕，朱痕延伸至钻孔内壁	Ba型
68	M18：20（石钺）	10.75	顶端残宽5；刃宽8	1.3	外径2.15；内径1.6	紫灰色溶解凝灰岩	反山	孔内壁残留有朱痕	图案不清
69	M20：28（石钺）	16.2	顶宽12.2；刃宽14.6	1.3	外径4.3；内径3.8	青灰色，夹杂褐色斑，溶解凝灰岩	反山	残留有朱痕	图案不清
70	M20：32（石钺）	11.8	顶宽8.3；刃宽9.7	1	外径3.4；内径3	青黑色，溶解凝灰岩	反山	局部残留有朱痕	图案不清
71	M20：33（石钺）	14.4	顶宽10.3；刃宽11.6	1	外径4.8；内径4.2	青灰色，夹杂黄褐色斑，溶解凝灰岩	反山	上部残留有朱痕	图案不清
72	M20：35（石钺）	14.1	顶宽8；刃宽10	1.1	外径3.8；内径3.5	青黑色，夹杂较多灰褐色杂斑溶解凝灰岩	反山	表面残留有朱痕	图案不清
73	M20：36（石钺）	16.2	顶宽10；刃宽11.7	1	外径4.3；内径4.1	青黑色，有花斑，溶解凝灰岩	反山	两面残留有朱痕，依稀围绕钻孔的周围	图案不清
74	M20：38（石钺）	18.8	顶宽10.8；刃宽12.5	1.2	外径4.7；内径4.3	深青色溶解凝灰岩	反山	上部似残留有朱痕	图案不清
75	M20：153（石钺）	12	顶宽9.3；刃宽11.2	1	外径3.5；内径3.1	深青黑色溶解凝灰岩	反山	表面有朱痕	图案不清
76	M20：167（石钺）	14.8	顶宽7.4；刃宽9	1.3	外径3.4；内径3	青灰色溶解凝灰岩	反山	表面残留有朱痕	图案不清
77	M20：175（石钺）	16	顶宽6；刃宽9.5	1.1	外径4；内径3.5	青黑色溶解凝灰岩	反山	表面残留有朱痕	图案不清
78	M19：11（石钺）	12.3	顶宽7.8；刃宽10.6	0.8	外径2.3；内径2.1	流纹岩	反山	孔边有朱痕	推测为Ba型或Bb型
79	M4：20（玉钺）	16.9	上端宽8.7；下端宽11.2	/	孔径1.1～1.4	黄白色玉质	汇观山	孔上端施有三条带状辐射形朱彩纹饰	Ba型

续表

序号	名称	尺寸（厘米）				石质	出土遗址	彩绘描述	彩绘类型
		长	宽	厚	孔径				
80	M22：4（石钺）	8.8	刃宽5.7	/	1.45	淡青绿色霏细斑岩	新地里晚期	钻孔内留有涂朱痕迹，两面钺身上部也保留着隐约的涂朱痕迹	图案不清
81	M54：6（石钺）	16.35	刃宽9.95	/	1.4	淡青灰色凝灰岩	新地里晚期	钻孔内留有螺旋纹和涂朱痕迹，一面钺身上也保留着隐约的涂朱痕迹	图案不清
82	M65：4（石钺）	11.25	刃宽7.7	/	1.3	淡青灰色角砾凝灰岩	新地里晚期	钻孔内外有涂朱痕迹	图案不清
83	M98：15（石钺）	15.6	刃宽11.2	/	2	青色凝灰岩	新地里早期	器身一面穿孔两侧有明显的两条斜向绑柄朱红痕迹	Bb型
84	M108：19（石钺）	13	刃宽12.15	/	2.85	淡青灰色流纹岩	新地里早期	一面钺身上部也保留着隐约的涂朱痕迹	图案不清
85	M4：7（石钺）	17	16.7～19.3	0.7	6.4	青灰色泥岩	荷叶地遗址	穿孔两端留有条状朱砂痕	Bb型
86	盛家埭彩绘石钺	16.8	11	/	/	石质	盛家埭遗址	彩绘单孔有肩石钺	图案不清
87	M7：10（石钺）	/	/	/	/	石质	小兜里遗址	石钺孔周的正背面保留有朱绘	Ba型或Bb型
88	M12：25（石钺）	10.5	10.5	/	0.85	青色石料	龙潭港遗址	孔两侧可见倒“八”字形红色“捆扎”痕迹	Bb型
89	M2：11（石钺）	16.3	刃宽16	0.4	5	青黑色角页岩	海宁大坟墩一期	孔旁有朱绘纹道	推测为Bb型
90	M2：15（石钺）	10.7	顶宽7.8；刃宽9	1.4	1.9	青灰夹黄斑溶解凝灰岩	海宁大坟墩一期	穿孔旁有朱绘纹道	Ba型或Bb型
91	M9：5（石钺）	15.5	/	/	/	石质	广富林遗址	穿孔上部有三周红色彩绘痕迹	Ba型
92	WCM100：3（石钺）	17.8	顶宽9.8；刃宽11.8	1.7	外孔径1.9；内孔径1.3	石质	吴县草鞋山	孔的两边及上方共有三条等宽的条带印痕，以朱彩勾画出条带宽度	Ba型
93	WC4：2（石钺）	20.4	顶宽12.1；刃宽 13.2	0.5	/	石质	吴县草鞋山	孔两边有两条斜向条带印痕，条带边缘绘朱彩线	Bb型
94	M16：34（石钺）	16.8	刃宽11.2	0.85	/	石质	上海亭林遗址	孔两侧有两条红线	Bb型
95	曹墩彩绘石钺	19	肩宽15.7；宽17	/	3.3	石质	嘉兴曹墩遗址	朱绘穿孔石斧	Bb型

续表

序号	名称	尺寸（厘米）				石质	出土遗址	彩绘描述	彩绘类型
		长	宽	厚	孔径				
96	庄桥坟M76石钺	31	肩宽21；刃宽26	/	6.5	石质	平湖庄桥坟遗址	器身上还留着当时捆绑时的朱砂痕迹	Bb型
97	M13：2（石钺）	14.2	顶宽7.2；刃宽9	/	1.9	淡绿色夹灰黑色斑状黑色点状玉质	高城墩遗址	孔部捆绑处留有明显的两道朱砂痕	Bb型
98	M109：8（石钺）	15.9	8.6	1.6	2	青灰色石料	花厅	石斧两面涂有红朱	图案不清
99	M117：4（石钺）	/	/	/	/	石质	大墩子	石斧上端涂红朱	图案不清
100	时村彩绘石钺	11.8	上宽6；下宽7.3	/	1.9	石灰岩	滕县时村遗址	上半印下了联结斧与柄的绳索痕迹（两面均有）	Ba型
101	M49：5（石钺）	/	/	/	/	石质	野店	其上涂有朱红色，纹样已不清楚	图案不清
102	T32①：5（石钺）	/	/	/	/	石质	拾年山	从线图可初步推测为彩绘石钺	Ba型
103	钱山漾彩绘石斧	/	/	/	/	石质	钱山漾	石斧墨绘回纹，随手画来，线条粗率	A型
104	M7：73（石钺）	18.2	顶宽9；刃宽11.2	0.8	/	石质	肖家屋脊遗址	背面孔左侧有朱砂痕迹	图案不清
105	石峡遗址石钺	/	/	/	上孔孔径1～0.7；下孔孔径1.1～0.9	石质	石峡遗址	一面上孔两侧有斜向平行线条痕，另一面上孔两侧也留有稍短的斜平行线印痕	推测为Bb型
106	陶寺M3073石钺	14.7	顶宽10.5；刃宽11.6	0.7	上孔孔径1.3～1.5；下孔孔径1.7～2.1	灰色间白色石质	陶寺遗址	两孔内及孔周遗有红彩痕迹	图案不清
107	M79：16（石钺）	15	8.8～9.5	0.2～0.8	1.2～2	灰白色石质	清凉寺遗址	两侧豁口与圆孔之间涂有朱红色	Bb型
108	ⅢM2：5（玉圭）	17.4	4.4	/	/	近象牙黄色玉质，局部有翠斑	二里头遗址	上面圆孔上端的一面有三道朱条纹	Ba型

注：1.“/”表示相应尺寸数据相关资料中未说明；

2. 附表内容的参考资料同于文中相关处脚注，未一一注明，敬请谅解

凌家滩玉龙和玉虎首璜的创作原型初探

黄华强[1]　黄华明[2]

（1. 中国林业出版社　2. 绿野设计有限公司）

［摘　要］　通过对凌家滩遗址出土四件玉器98M16：2、87M8：20、87含征：3、87M15：109造型和纹饰的分析，以及它们与鳄和虎的对比，认为这四件器物均是以鳄为原型进行创作的。同时指出鳄是龙的创作原型，故凌家滩兽首玉器应被定名为龙形环和龙形璜。它们与同时期其他文化中龙纹样的创作表现出相关性，是史前龙文化的重要组成部分。

［关键词］　凌家滩　兽形玉器　创作原型　鳄

安徽凌家滩遗址以出土大批精美玉器而出名。在考古发掘报告中，发掘者将98M16：2定名为龙，将 87M8：20、87含征：3和87M15：109定名为虎首璜①（图一）。从定名上来看，发掘报告认为一件玉器塑造的是龙的形象，另外三件玉器塑造的是虎的形象。而朱乃诚先生则认为，玉龙的兽面特征与另外三件虎首璜相同，并且对这些基本特征的表现风格也相同，因此玉龙的首部表现的是虎首，环蜷的身躯表现的是虎身，这件玉器

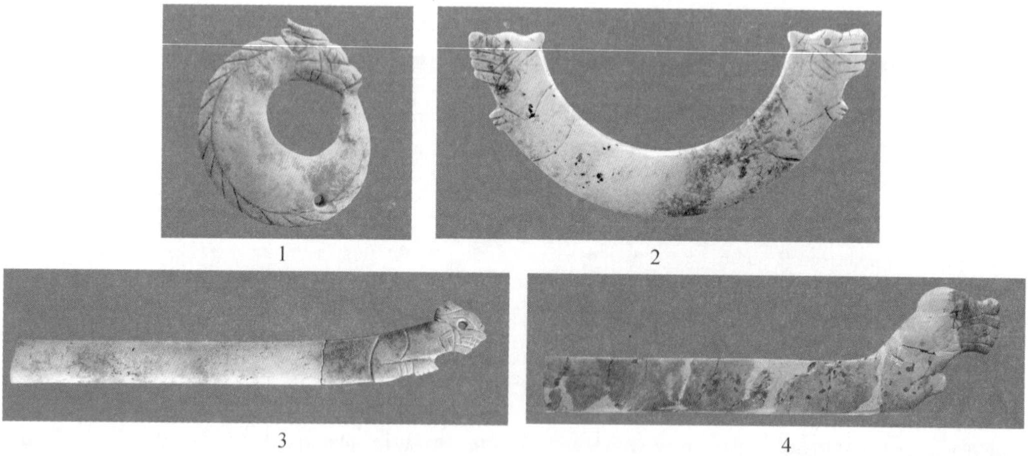

图一　凌家滩玉龙和虎首璜

1. 龙（98M16：2）　2. 双虎首璜（87M8：20）　3. 虎首璜（87含征：3）　4. 虎首璜（87M15：109）

---

① 安徽省文物考古研究所：《凌家滩——田野考古发掘报告之一》，文物出版社，2006年。

应改称为“虎形玉环”[①]，四件玉器塑造的都是虎的形象。那么，这四件玉器究竟是两种不同的形象还是一种相同的形象？它们是龙还是虎呢？

一、创作原型的探索

对四件玉器进行研究和分析后，我们发现它们在整体造型上呈现出许多一致的特征，都是由简洁概括的身体和细致刻画的头部两个部分构成。从身体的部分来看：玉龙为环形，其他三件为折角条形或半环形，它们都巧妙地利用了器形特有的长度，明确地塑造了一种身体修长的动物（图一）。从头的部分来看：四件玉器兽首的上下颌、口裂、獠牙、眼睛等，在形态和位置上基本一致（图二）。因此，这四件玉器从身体到头部的特征都显示出，它们表现的应是同一种动物，有着共同的创作原型。

如果说四件玉器表现的是同一种动物，那么是什么动物呢？朱乃诚先生指出上述玉器表现的都是虎，尤其认为玉璜87含征：3的形象最接近虎：“嘴部露出上下两排牙齿，上下一对獠牙外伸。梭形眼，对穿圆孔为睛。高额，双耳以落差的方式表示，并向后耸立。前腿俯卧，刻纹表现虎腿、虎爪及腕部的纹饰。有五爪。……一望便知其为虎首。”[②]而笔者的观点是：以上四件玉器的创作原型既不是虎也不是通常意义上的“龙”，它们均来源于鳄。以下我们通过与动物照片的对照，从六方面进行具体分析。

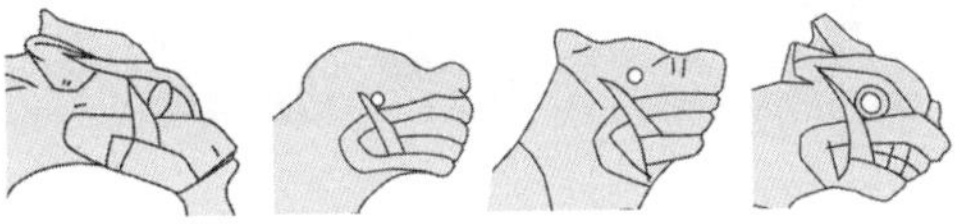

图二　凌家滩玉器兽首部分的比较

1. 龙（98M16：2）　2、4. 虎首璜（87M15：109、87含征：3）　3. 双虎首璜（87M8：20）

（一）外形

虎的头与躯干、躯干与尾巴的粗细变化很大，在结合处有较明显的分界（图三），因此它的整体外形很难与这四件玉器的整体外形相适合。而鳄的躯体较长，头部、颈部、躯干、尾部的粗细变化不大，在结合处无明显分界，过渡平缓（图四、图五），它与四件玉器的整体外形较为契合。鳄在转变方向时经常呈现全身盘曲的姿态（图六，1），将鳄抱起时，鳄的身体也会弯曲成“C”字形（图六，2），卷曲的身体形态很容易与传统的环类饰物外形相结合，与98M16：2龙形玉环的外形相似。趴伏抬头的侧面鳄，其全身

图三　虎的脖子短、臀部圆、尾巴细，躯干较宽大

① 朱乃诚：《中华龙：起源和形成》，生活·读书·新知三联书店，2009年，第87、88页。

② 朱乃诚：《中华龙：起源和形成》，生活·读书·新知三联书店，2009年，第87、88页。

的形态与折角璜的整体外形相对应（图五）。鳄在吼叫时反弓状的身形也与半环形相近（图七）。

图四　鳄的吻长、颈长、尾长，各部分无明显的分界

图五　一对在岸边趴伏晒太阳的鳄（摄影：张明源）

1　　2

图六　盘卷或弯曲身体的鳄
1. 盘卷身体的鳄　2. 弯曲身体的鳄

图七　鳄在水中吼叫时，身体反弓，尾部上翘

（二）与传统玉器造型的相互关系

江苏三星村史前遗址出土的玉璜距今约6200年①；江苏圩墩T8504出土的玉璜距今6500～6000年②；苏皖平原的侯家寨遗址T6第3层出土的玉璜距今7000～6000年③。而凌家滩遗址出土的玉环和玉璜距今5500～5300年④，可见在凌家滩之前，玉璜至少已经存在了500～1000多年。玉环的历史则更长。因此，玉龙98M16：2和虎首璜87M8：20、87含征：3和87M15：109都是在传统玉环与传统玉璜的基础上发展而来，传统玉器的成熟造型及工艺必然深刻地影响和制约着兽形玉器的造型变化。

史前玉璜的形态大体分为半环形、半璧形和折角形三大类型⑤（图八）。这三类在凌家滩遗址都有出土。将87M8：20、87含征：3和87M15：109分别与同类型的传统玉璜进行重叠对比，可以看出它们确实脱胎于传统玉器（图九）。三件玉璜只剔除极少的部分

① 江苏省三星村联合考古队：《江苏金坛三星村新石器时代遗址》，《文物》2004年第2期，第7页。
② 杨晶：《中国史前玉器的考古学探索》，社会科学出版社，2011年，第141页。
③ 杨晶：《中国史前玉器的考古学探索》，社会科学出版社，2011年，第144页。
④ 杨晶：《中国史前玉器的考古学探索》，社会科学出版社，2011年，第145页。
⑤ 杨晶：《中国史前玉器的考古学探索》，社会科学出版社，2011年，第153、154页。

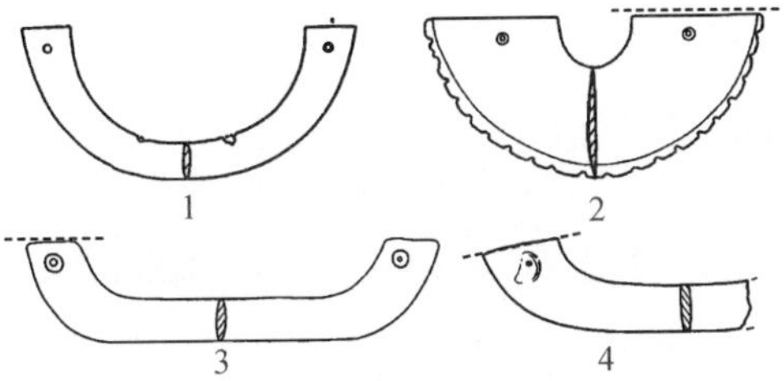

图八　传统玉璜的三大类型

1. 凌家滩87M15：105（半环形）　2. 凌家滩87M11：7（半璧形）　3. 凌家滩87M15：47（折角形）　4. 凌家滩87M4：67（折角形）

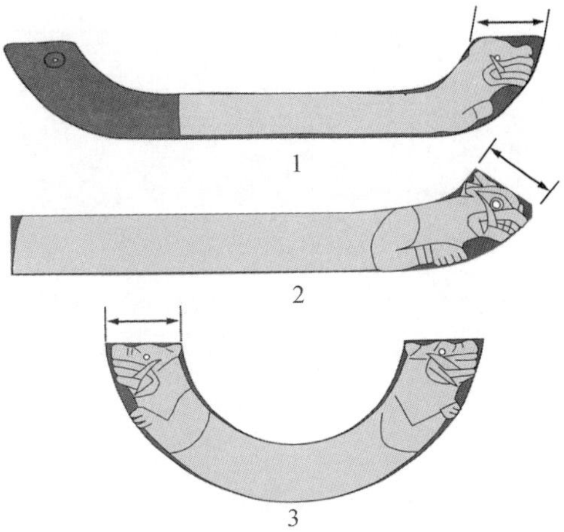

图九　虎首璜与传统玉璜的相互关系

1. 87M15：109与传统折角形玉璜　2. 87含征：3与传统折角形玉璜　3. 87M8：20与传统半环形玉璜

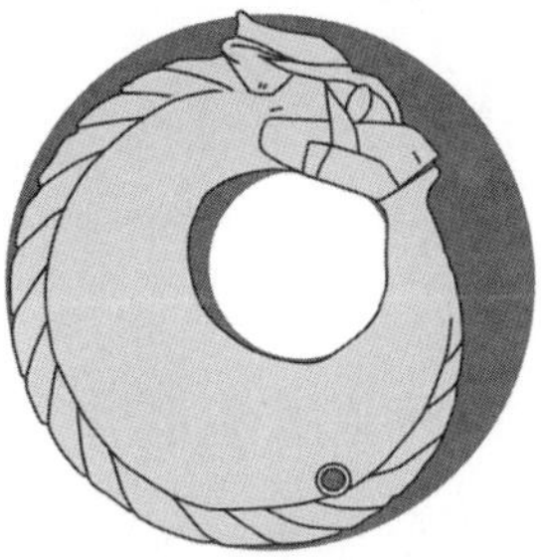

图一〇　玉龙（98M16：2）与传统玉环的相互关系

（图九的深灰色部分），并略施阴刻线即创造出了动物形象。龙98M16：2与传统玉环的关系也是如此（图一〇）。不同类型的传统器形，对新器形的限制程度有所不同，玉龙的首部所处的是环状空间，左右的宽度不受限制，因此鳄吻部的长度得以正常表达（图一〇）；而87M8：20、87含征：3和87M15：109的首部，为适合传统玉璜折角处的固定宽度，吻部的长度受到限制而变形缩短（图九）。这就可以解释为什么玉璜上的兽首看上去被误认为吻部较短的虎首了。

（三）兽首的獠牙、齿

四件玉器在獠牙、利齿的表现上略有差异，玉龙仅有獠牙，嘴是闭合的。虎首璜87含征：3有獠牙并且露齿，但牙关是闭合的，嘴并没有张开，其他两件虎首璜与此类似。四件玉器的兽首都没有像凌家滩玉鹰中的猪首那样，表现张开嘴的状态（图一九，2）。虎在不张嘴时牙齿被嘴唇包着，完全看不到。只有在张大嘴时，犬牙（獠牙）才会暴露出来（图一一）。并且，虎的犬牙因捕猎的需要明显处于吻部最前端。而玉器兽首的獠牙所处的位置则在眼睛之后，处于口裂的最末端。所以，器物上的獠牙和齿并不能作为是虎的证据。獠牙和齿也是鳄这种动物的显著特征，鳄的獠牙在嘴的两侧，即使闭嘴时獠牙及齿也暴露在外（图一二），这两点与器物牙齿的特征是相同的。但是鳄獠牙的位置靠中部，也不是靠口裂的最末端，齿的形状与器物也不相符（图一三）。因此，四件玉器在牙齿的位置和形状上与鳄和虎均有差异。

图一一　虎不开口时在侧面看不见牙齿，开口时可见犬齿

图一二　湾鳄闭口时吻部侧面依然可见利齿獠牙

（四）口裂和颌部的特征

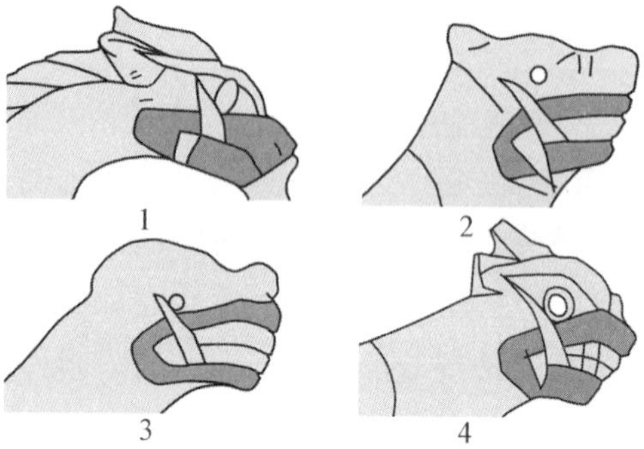

图一三　四件玉器的兽首

1. 龙（98M16：2）　2. 双虎首璜（87M8：20）　3、4. 虎首璜（87M15：109、87含征：3）

超长的口裂是兽首纹饰的另一个重要特征，四件器物的口裂均向后延伸至超过眼睛的位置，这个特征与鳄极其一致（图一二），而虎在张嘴或闭嘴时，口裂的末端都不超过眼睛的位置（图一一）。鳄的嘴部展现的是完全骨化的上下颌，具有明显的硬性轮廓特征，因此，玉器兽首所刻画的宽厚上下颌（图一三深灰色部分）应该是完全骨化的上下颌真实表现。而虎则明显不同，上下颌不但毛茸茸的，并且薄而短。

（五）耳和角的形状

玉龙和虎形璜的头部上方有耳、角状的凸起。朱乃诚先生认为龙98M16：2和87含征：3具有“以上下落差的方式表现的一对虎耳，并向后耸立”①（图一三，4）。在现实中，虎的耳朵通常是向上耸立的而不是向后，只有在防卫时，才会伏下耳朵，张开嘴巴，露出虎牙②（图一一）。而器物上兽首并未张嘴，耳朵却呈现趴伏状，兽首上方所表现的不应是虎耳。鳄也有耳，鳄在潜水时为避免耳内进水，其耳朵是密闭的，它的外耳被称为“耳盖”③（图一四），外形较奇特，为明显的趴伏状（图一二、图一五），与玉器上的兽耳在形态和位置上都很相似（图一六）。在鳄

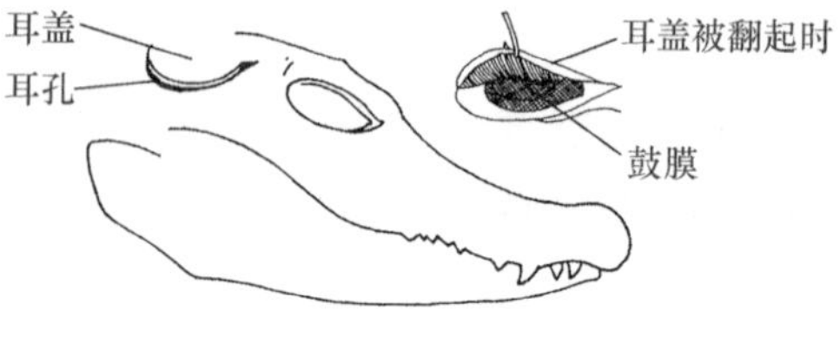

图一四　鳄头部的侧面及耳部

① 朱乃诚：《中华龙：起源和形成》，生活·读书·新知三联书店，2009年，第85页。

② 廖明志企画：《世界动物百科》，好兄弟出版社，1987年，第50页。

③ 陈壁辉等：《扬子鳄研究》，上海科技教育出版社，2003年，第131页。

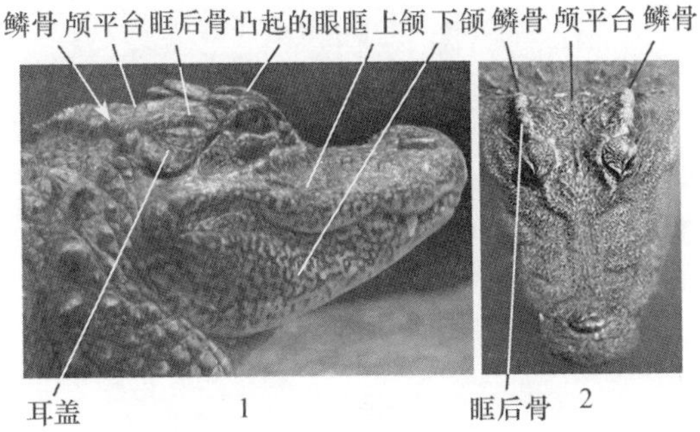

图一五　鳄头部的侧视及俯视

1. 侧面观看鳄头部时，可看到由鳞骨和眶后骨组成的趴伏状角及耳盖　2. 俯视鳄头部时，可看到颅平台左右各有一对鳞骨和眶后骨组成的蘑菇状的角

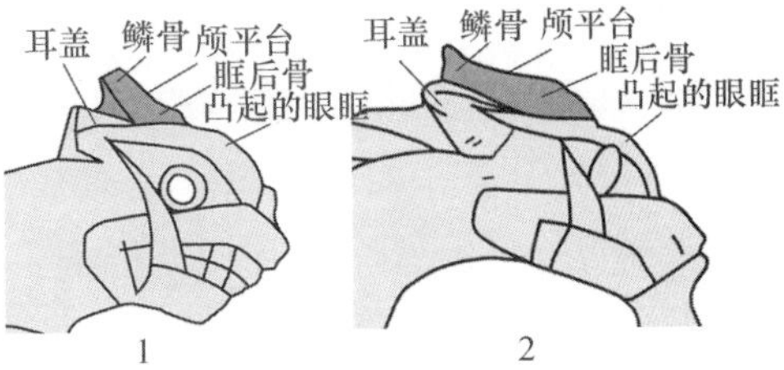

图一六　玉璜与玉环的兽首上雕刻有耳和角

头骨的上方有一个凸起，是由顶骨、鳞骨、眶后骨和额骨组成的构造，称为颅平台①（图一五），颅平台左右两边的一对鳞骨、眶后骨及耳盖，共同构成两个某种类似角的凸起（图一二）。将鳄的这个类角状凸起与玉器兽首的造型比较（图一六的深灰色部分），除87M15：109没有似角的凸起之外，其他三件在形状和位置上均可与鳄额头上方的凸起对应（图一三）。

（六）前肢的长度

虎与鳄的肢体结构有很大差异，虎的四肢因奔跑及捕食的需要而较长，趴卧时前肢到达或超过吻部（图一七，1）。而爬行动物鳄的前肢短小，趴卧时前肢不超过吻部（图一七，2）。三件玉璜所表现的动物前肢均比较短小，在趴卧的状态下都未到达吻部（图一八），因此，玉璜上动物的前肢造型似鳄而不似虎。

图一七　虎的前肢长，鳄的前肢短，两者差别非常明显

综上所述，凌家滩兽首玉器在整体和细节的诸多方面，与鳄相似度高，与虎的相似度低。说明它们应是以鳄为原型进行创作的。本文前面提到，玉器图案的牙齿位置和形状与鳄的不完全相同，原因如下：当时的凌家滩玉工在创作上已经达到相当的水平，不但能熟练地刻画写实的动物与人自身的形象（图一九，1），同时也已经掌握了将不同类型的形象按照自己的意愿进行组合的创作手法，如在玉鹰这件器物上，将鹰、猪头和八角星纹等造型元素巧妙地拼合在一起（图一九，2），来传达一种愿望和观念。兽形玉器上的形象与鳄不完全相同恰恰暗示出，上述四件凌家滩玉器并非是对现实动物简单的写实性描摹，而是加入了史前玉工的想象成分。当然，即便是在创作中掺入了更多的想象和抽象因素或

① 丛林玉：《扬子鳄大体解剖》，科学出版社，1998年，第37页。

1　　2　　3

图一八　兽形玉璜的前肢短小

1. 87M15：109　2. 87M15：109　3. 87含征：3

1　　2

图一九　史前凌家滩玉器形象及表现手法

1. 玉人（98M29：16）　2. 玉鹰（98M29：6）

使用了组合的手法，但在凌家滩遗址时间段内的创作，还是以写实为主，因此我们依然能根据器物上的诸多造型因素来判断其源头。

二、新石器时代晚期的凌家滩是否有鳄

玉器的创作也同其他作品的创作一样，都是以生活为基础，从身边的事物中获取某种灵感或契机，运用传统的表现手法，再加上工匠个人的想象力进而创作出新的作品。上述分析，将凌家滩四件玉器的创作原型或原始灵感指向了一种现实中存在的动物——鳄，那么，新石器时代晚期的凌家滩有鳄吗？

鳄是非常古老的爬行动物，从文献记载来看，我国曾经有多种鳄分布，包括湾鳄、马来鳄和扬子鳄等①。现今我国仅存扬子鳄一种。安徽省南部的宣州、泾县、广德、郎溪和南陵等地，是现今中国唯一残存少量野生扬子鳄种群的地区②，而这些地区与同在一省之内的凌家滩相距并不遥远。

著名的和县猿人遗址距今25万年左右，它离长江10千米，离凌家滩30千米，在和县猿人遗址中出土了化石钝吻鳄牙齿、牙床和骨板等20多件③，这表明长江中下游地区在远古就曾是鳄的栖息地。从古气候古环境来看，史前的凌家滩正处于中全新世的大暖期，气候较现今温暖④，水量充沛，河湖密布，水中有量大的鱼鳖和蚌类，食物丰富。凌家滩遗址位于裕溪河中段，裕溪河是巢湖唯一入长江的水道⑤，气候和环境均非常适合鳄的生

① 张孟闻等：《中国动物志·爬行纲·第一卷》，科学出版社，1998年，第168页。

② 王小明、丁由中：《守护龙脉》，《人与生物圈》2012年第5期。

③ 黄万波、魏光飚、陈少坤、贺存定：《和县猿人》，科学出版社，2012年，第67～70页。

④ 中国社会科学院考古研究所：《中国考古学·新石器时代卷》，中国社会科学出版社，2010年，第77～79页。

⑤ 中国社会科学院考古研究所：《中国考古学·新石器时代卷》，中国社会科学出版社，2010年，第5页。

存。历史时期扬子鳄分布广泛，曾栖息于河北、山西、江苏、浙江、安徽、江西、山东、河南、湖北、湖南、陕西等地[①]。从出土的骨骼遗存来看，在距今7800～3800年的时段内，河南贾湖遗址[②]、浙江河姆渡遗址[③]、浙江罗家角遗址[④]、河南西水坡遗址[⑤]、山东王因墓[⑥]、安徽蚌埠双墩遗址[⑦]、安徽蒙城县尉迟寺遗址[⑧]、河南二里头遗址[⑨]等均发现了鳄的骨骼遗存。这说明，在新石器时代黄河中下游、长江中下游及中间的广大区域里生存着鳄，并与人类生活存在着极其紧密的关联。所以，尽管凌家滩至今尚未发现鳄的遗存，但古气候学、古生物学、考古学、文献记载及现今野生鳄的栖息地状况，均支持史前的凌家滩地区存在鳄。

三、凌家滩兽形玉器与史前龙文化

上文指出，凌家滩四件兽形玉器的造型和纹饰的创作原型不是虎而应是鳄，那么鳄与龙是什么关系呢？龙作为中华民族广泛认同的文化符号和崇拜物，考古界、学术界对其源头或原型的探索从未停止过。主流观点认为，龙是一种幻想中的动物[⑩]。但有一些学者则指出，龙最初的形象来源于鳄。何新先生认为“在古代关于龙的诸种传说中，……其真相正是蛟鳄……蛟鳄是鳄类中体型最大的动物”[⑪]。庞进先生认为“最早的龙不是人们的想象，而是基于当时在中国大陆江海生活的爬行动物——鳄的现实产生的”[⑫]。朱乃诚先生认为“早期的龙形象，早期先民心目中的龙，或者说龙文化起源阶段的龙，不是虚幻的，

① 文榕生：《扬子鳄盛衰与变迁》，《自然杂志》2000年第1期。

② 张居中：《论贾湖遗址的环境与生业》，《论裴李岗文化——纪念裴李岗文化发现30周年暨学术讨论会》，文物出版社，2010年，第119～135页。

③ 浙江省考古研究所：《河姆渡》，文物出版社，2003年，第201页。

④ 袁靖：《长江三角洲地区新石器时代动物考古学研究的思考》，《田螺山遗址自然遗存综合研究》，文物出版社，2011年，第270～278页。

⑤ 河南省文物考古研究所、濮阳市文物保护管理所：《濮阳西水坡》，中州古籍出版社、文物出版社，2012年，第233、234页。

⑥ 周本雄：《山东兖州王因新石器时代遗址中的秧子鳄遗骸》，《考古学报》1982年第2期。

⑦ 安徽省文物考古研究所、蚌埠市博物馆:《蚌埠双墩——新石器时代遗址发掘报告》，科学出版社，2008年，第412页。

⑧ 罗运兵：《灵鼍史影：华北先秦鳄骨遗存解析》，《中国考古学会第十五次年会论文集》，文物出版社，2013年，第603页。

⑨ 中国社会科学院考古研究所：《中国早期青铜器文化——二里头文化专题研究》，科学出版社，2008年，第479～494页。

⑩ 马承源：《中国青铜器研究》，上海古籍出版社，2002年，第361页。

⑪ 何新：《龙：神话与真相》，上海人民出版社，1990年，第23～40页。

⑫ 庞进：《八千年中国龙文化》，人民日报出版社，1993年，第120页。

是一种实指的动物，比如河南濮阳西水坡遗址的龙是鳄的形象”①。二里头遗址绿松石龙形器的发掘者许宏先生认为，龙形器的创作原型是鳄。将二里头遗址绿松石龙形器（图二〇）与商代的龙纹饰（图二一）进行对比，可以看出后者对前者的传承关系。再将二里

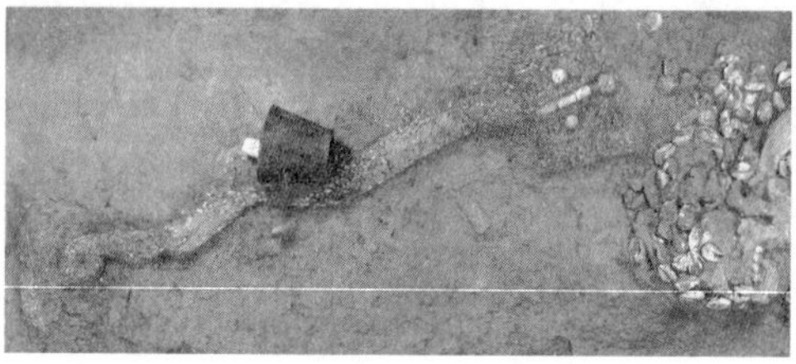

图二〇　河南偃师二里头遗址出土的绿松石龙形器

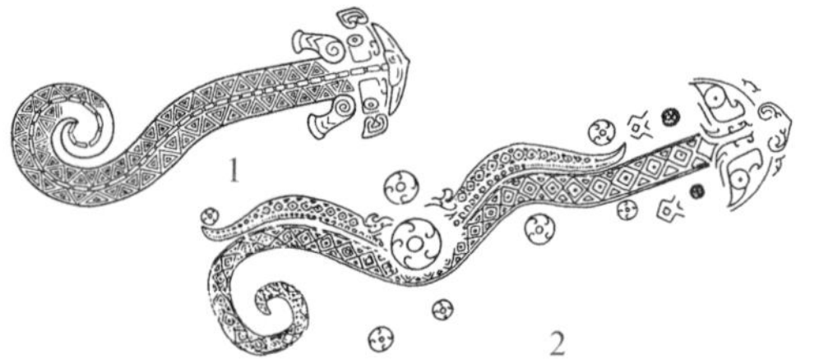

图二一　商代龙纹饰

1. 四足觥盖面蟠龙纹（河南妇好墓）　2. 觥盖面蟠龙纹（山西石楼）

图二二　水中游动的鳄

头龙形器和商代龙纹饰与在水中游动的鳄进行对比（图二二），它们在造型和纹饰、各部分的比例及全身的动态上与鳄极其相似，这些均表明龙是以鳄为原型创作出来的。

将凌家滩的玉器龙98M16：2与商代和汉代的龙形玉器进行对照（图二三），可看到它们都有从头到尾平缓过渡并蜷曲的身段；都有贯穿颈部、背部和尾部的棱嵴；都有趴伏状的短角；都有厚实的吻部与尖利的獠牙。因此，商代、汉代的龙形象，与凌家滩龙形环和龙形璜有着明显的关联和传承，说明在某些造型和创作手法上，凌家滩玉器对其后的龙文化具有重要影响。同时也说明，被考古界认可的商代和汉代的“龙”，也与鳄这一原型有着内在的关系。即便是到了唐代以至清代，虽然龙形象中不断加入多种动物的新元素，但龙的造型中仍然保留着鳄的诸多基本特征——大头、长吻、翘鼻、圆眼、巨口、利齿、獠牙、伏角、利爪、长身、粗尾、鳞甲、棱嵴、四

1　2　3　4

图二三　不同时期玉龙的龙头、龙身及棱嵴

1. 龙98M16：2　2. 玉龙（商代）　3. 龙形玦（商代）　4. 龙形环（汉代）

① 朱乃诚：《中华龙：起源和形成》，生活·读书·新知三联书店，2009年，第6页。

肢短小、眼眶凸起、相貌狰狞等。

龙作为超自然力的象征，可能起源于史前人类对凶猛恐怖的鳄的敬畏和崇拜。夏商时期龙文化正式形成后，龙这一文化符号的象征性不断增强，龙的形象自然会渐渐地远离原型。但在此之前，龙可能并未从鳄的生物性中完全脱离出来，或者刚脱离不久，“鳄”的形象与“龙”的形象之间保持着一种明显的内在联系。因此，本文认为上述凌家滩玉器的创作原型是鳄，而发掘者将98M16：2定名为“龙”，两者在对玉器形象的认识上可以说是相通的。

凌家滩以鳄为原型，并与传统器形相结合创造龙的形象，这种文化现象在新石器时代晚期的中国并不是孤立和罕见的。这一阶段，东北地区、黄河流域、淮河流域和长江流域都在使用龙纹题材[①]（图二四），它们共同构成了龙文化正式出场前的“史前龙文化”。这些“史前龙文化”既表现出独立性、多样性和地域特征，又展示了当时文化交流的密切和共享的精神。它们之间最本质的联系，是以鳄为原型进行着龙纹题材的创作[②]。而鳄这种与人类物质生活和精神生活紧密相连的动物，在我国新石器时代考古学文化及美术史的探讨中，却长时间地被排除在研究的视野之外，造成现今许多器物的造型和纹饰被误读，在一定程度上影响了今人对“史前龙文化”乃至史前文化的认知。

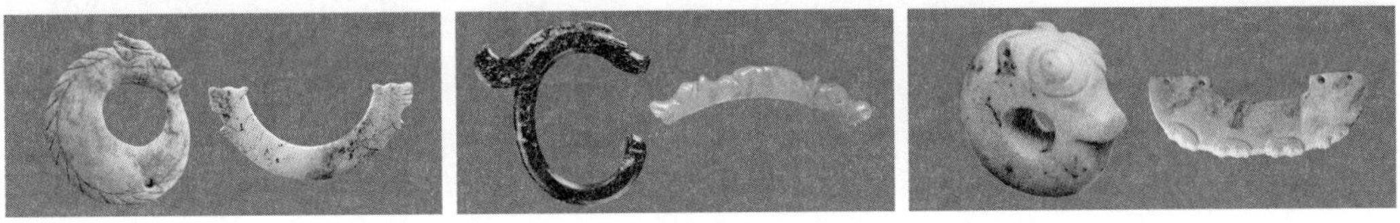

1　　　　2　　　　3

图二四　史前重要文化区域的龙形玉器

1. 凌家滩龙与双龙形玉璜　2. 三星他拉玉龙与东山嘴双龙首玉璜　3. 良渚后头山龙首玉环与瑶山龙首玉璜

四、结　　语

本文通过对凌家滩出土的四件玉器98M16：2、87M8：20、87含征：3、87M15：109造型和纹饰的对比分析，通过对它们与鳄和虎的整体外形和牙齿、口裂、上下颌、耳、角、前肢等细部特征的对比分析，以及它们与传统玉器之间造型关系的分析，指出这四件玉器均是以同一种动物——鳄为原型进行创作的。古气候学、古生物学、考古学、文献记载及图形等相关证据也支持史前凌家滩地区有鳄存在。同时，指出鳄是龙的创作原型，凌家滩兽形玉器应被定名为龙形环和龙形璜，它们与同时期其他文化中龙纹样的创作相关联，凌家滩龙形玉器对后世的龙形象创作和龙文化的形成产生了一定影响。

---

① 杨晓能：《另一种古史——青铜器纹饰、图形文字与图像铭文的解读》，生活·读书·新知三联书店，2008年，第136、137页。

② 黄华强、黄华明、田红：《良渚文化重要玉器造型与纹饰的创作原型及演化》，《艺术史研究》15，中山大学出版社，2013年，第1～27页。

凌家滩遗址出土玉璜分类研究

徐凤芹
（合肥市文物管理处）

［摘　要］　玉璜是新石器时代的几大重要玉器种类之一，凌家滩遗址出土玉璜数量多，类型丰富，在其玉文化体系中占有重要地位。本文以凌家滩遗址前三次发掘所得资料为基础，对其出土玉璜进行系统全面的分类分期研究，以获知其总体情况及发展演变趋势。
［关键词］　凌家滩　玉璜　分类

凌家滩遗址位于安徽省境内长江北岸、巢湖以东的含山县铜闸镇的西南部，距含山县县城约30千米，西距巢湖约20千米，东距长江约35千米①。年代为距今5600～5300年。发现于1985年，历经1987年6月、1987年11月、1998年11月、2000年10月和2007年5月，共5次发掘，发现了祭坛和多座墓葬，出土了大量的玉器、石器及陶器。在前三次发掘中，共清理44座墓葬，由南向北共分为8排，墓内随葬品以玉器为主，器类有玉人、玉鹰、玉龙、玉版、玉龟、玉璜、玉钺、玉斧、玉镯、玉环、玉喇叭、玉耳珰等。随葬玉器占随葬品的60%～70%，其次是石器，再是陶器。据《凌家滩》中公布数据的统计，前三次发掘一共有玉器804件、石器378件、陶器280件。后来的第四次和第五次发掘也有很多重要发现，但是这两次发掘的材料尚未详细公布，因此本文以《凌家滩》中公布的前三次发掘所获玉璜材料为基础加以分析。该遗址前三次发掘共出土玉璜115件，除部分残损严重不参与分类外，共有82件完整及轻微残损的用于本文的分类和分期研究。

一、玉璜命名体系和测量方法

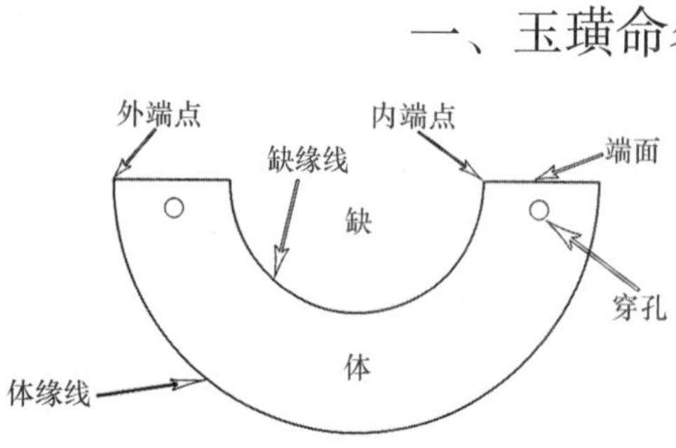

图一　玉璜细部命名示意图

（一）玉璜细部名称的设定

为了命名的统一和研究的方便，本文对玉璜细部名称进行了统一设定，包括体、体缘线、缺、缺缘线、端面、内端点、外端点、穿孔等（图一）。

① 安徽省文物考古研究所：《凌家滩》，文物出版社，2006年。

（二）玉璜测量方法

为了尽量采用客观标准对玉璜进行分类，本文做了如下设定：由玉璜两穿孔连线取中点做垂直于体缘线的连线，该连线与两穿孔连线的一半为桥形璜高宽比（图二）。由两穿孔连线取中点做垂直于缺缘线的连线，该连线与两穿孔连线的一半为弧形璜的高宽比（图三）。玉璜缺内径是指两个内端点之间的距离（图四）。

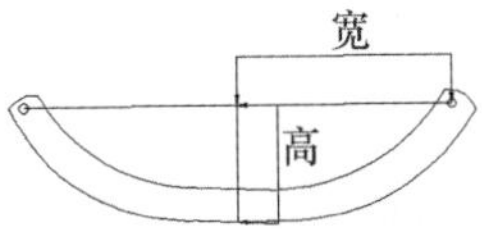

图二　桥形璜测量示意图

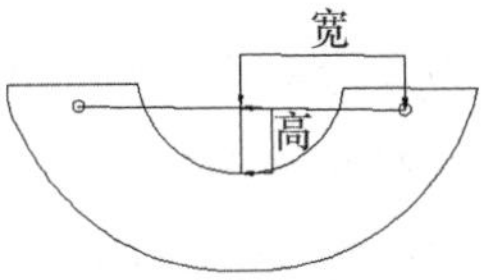

图三　弧形璜测量示意图

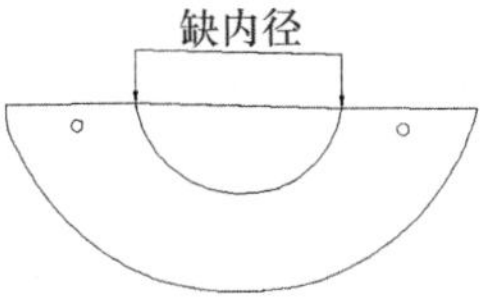

图四　缺内径测量示意图

二、玉璜的分类研究

根据体缘线的形态可将玉璜分为桥形璜和弧形璜两类。桥形与弧形的区别在于桥形在体缘线上有两个大致对称的软线脚[1]。

（一）桥形璜

体缘线为桥形的璜，一共42件，其中有4件残损（87M4：67、87M15：109、87M15：51-1、87M15：43）不用于分类（图五）。根据高宽比散点图分布，结合玉璜的形制特点（图六），将该类玉璜分为三型。

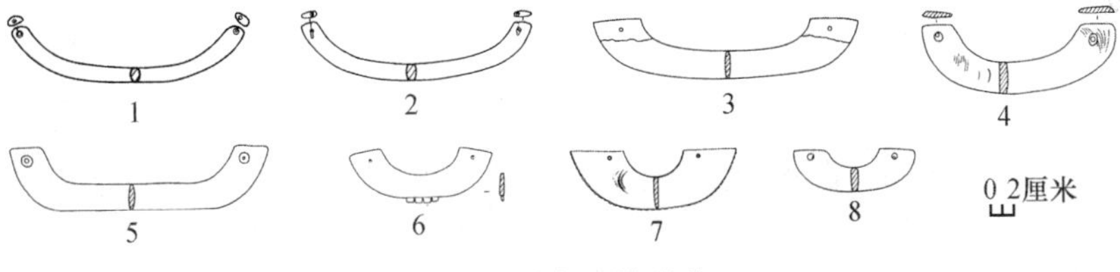

图五　凌家滩桥形璜

1、2. Aa型（87M15：95、87M15：122）　3、4. Ab型（87M4：80、87M15：47）

5、6. B型（87M14：25、87M10：8）　7、8. C型（98M30：28、87M9：33）

（线图来自《凌家滩》）

1. A型

高宽比值在0.29～0.58，共17件。它们是87M15：46，87M9：7，87M3：2，87M3：1，87M15：47，87M4：80，98M7：17，87M4：34，87M15：103-2，87M15：95，87M15：90，87M15：122，87M15：94，87M15：107-1，87M15：92，

① 弧状的转折称软线脚。诸葛铠：《图案设计原理》，江苏美术出版社，1991年，第120页。

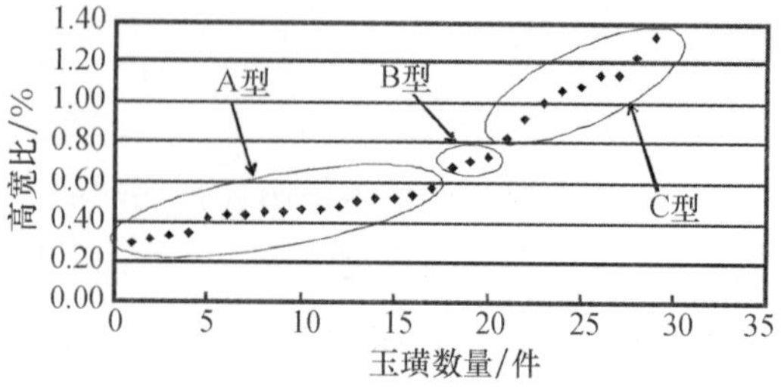

图六　桥形璜高宽比散点图

87M15：93，87M15：40、106。根据璜体的大小和形状差异，可以分为二亚型。

Aa型　9件。璜体窄而厚，剖面多接近圆形或椭圆形。包括87M15：103-2，87M15：95，87M15：90，87M15：122，87M15：94，87M15：107-1，87M15：92，87M15：93，87M15：40、106。

Ab型　8件。璜体较宽，厚度小。包括87M15：46，87M9：7，87M3：2，87M3：1，87M15：47，87M4：80，98M7：17，87M4：34。

2. B型

高宽比值在0.68～0.73，共3件。璜体较宽，厚度较小，整体较A型更小。分别是87M14：24，87M14：25，87M10：8。

3. C型

高宽比值在0.82～1.33，共9件。与B型相较，璜体仍为宽扁状，但其占璜整身比例更大，缺较小。包括87M12：21，87M12：16，98M30：34，87M9：33，98M28：3，98M28：2，98M30：29，98M19：2，98M30：28。

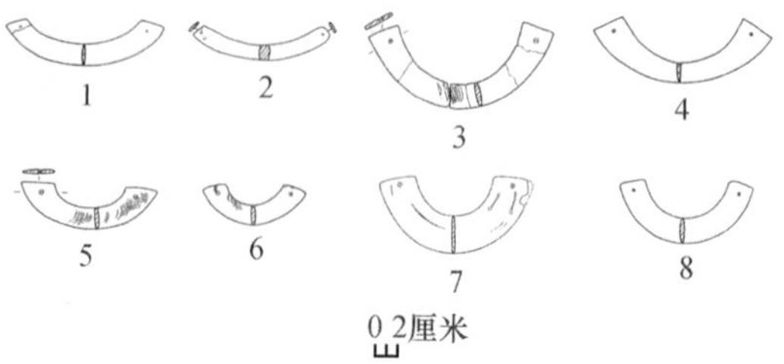

图七　凌家滩弧形端面斜直类玉璜

1、2. Aa型（87M15：110、98M29：10）　3、4. Ab型（87M4：76、87M15：108）　5、6. Ba型（87M4：98、87M4：48）　7、8. Bb型（87M15：48、87M4：77）

（线图来自《凌家滩》）

（二）弧形璜

根据端面平直与否可分为两类。这里的端面平直和斜直并不是一个绝对的概念，只是一个概括性的名称，只要玉璜的端面大体符合水平或倾斜的特征，就归入此两类。

1. 端面斜直类

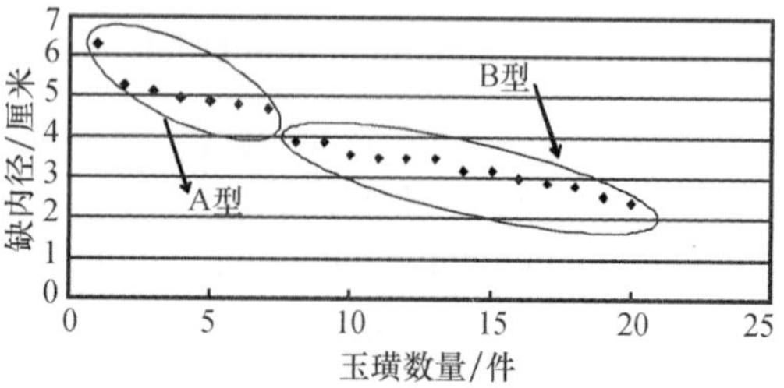

图八　端面斜直璜缺内径散点图

凌家滩弧形端面斜直类玉璜如图七所示。根据缺内径的散点图分布（图八），结合玉璜的形制特点，将其分为二型。

A型　7件。缺内径在4.72～6.3厘米，按高宽比的不同可分为二亚型（图九）。

Aa型　3件。高宽比在0.17～0.24，璜体较窄，厚薄不均。包括98M29：10，

87M15：45，87M15：110。

Ab型　4件。高宽比在0.41～0.58，璜体相对Aa型较宽，较薄。包括87M15：44，87M15：108，87M4：75-1，87M4：76。

B型　13件。缺内径在2.4～3.9厘米，按高宽比的不同亦可以分为二亚型（图一〇）。

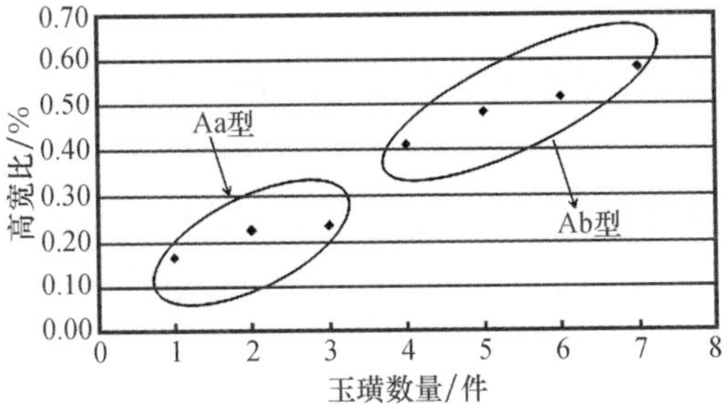

图九　端面斜直类A型璜高宽比散点图

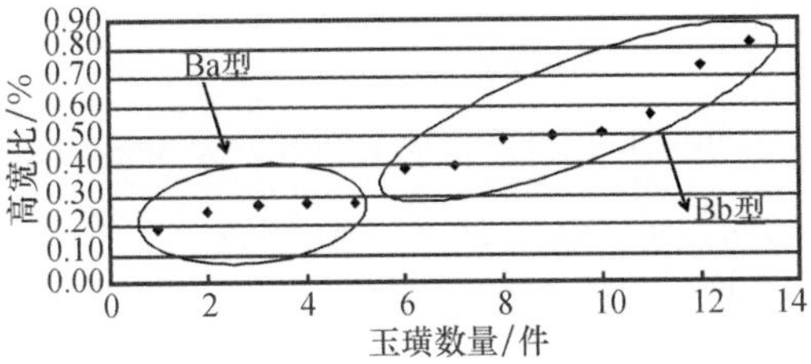

图一〇　端面斜直类B型璜高宽比散点图

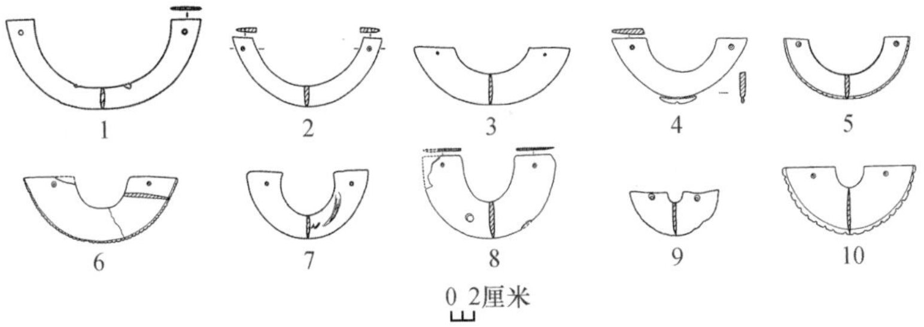

图一一　凌家滩弧形端面平直类玉璜

1、2. A型（87M15：105、87M17：32）　3. Ba型（87M17：34）　4. Bb型（87M12：11）　5. Bc型（98M19：1）　6. Ca型（87M12：10）　7. Cb型（87M4：38-1）　8. Cc型（87M6：45）　9. Da型（98M19：15）　10. Db型（87M11：7）

（线图来自《凌家滩》）

Ba型　5件。高宽比在0.18～0.28，璜体较宽，缺较小。包括98M29：41，87M4：28-2，87M4：98，87M4：48，87M14：26。

Bb型　8件。高宽比在0.39～0.81。包括87M4：84，87M4：77，87M4：82，87M4：79，87M4：33，87M4：78，98M7：24，87M15：48。

2. 端面平直类

凌家滩弧形端面平直类玉璜如图一一所示。根据玉璜缺内径的散点图分布，结合其形制特点，将此类分为四型（图一二）。

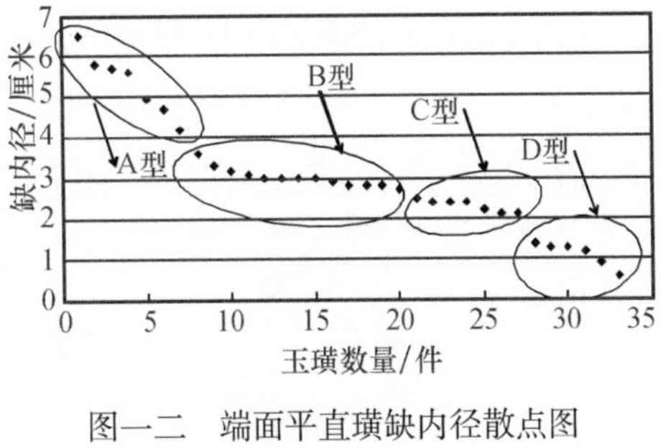

图一二　端面平直璜缺内径散点图

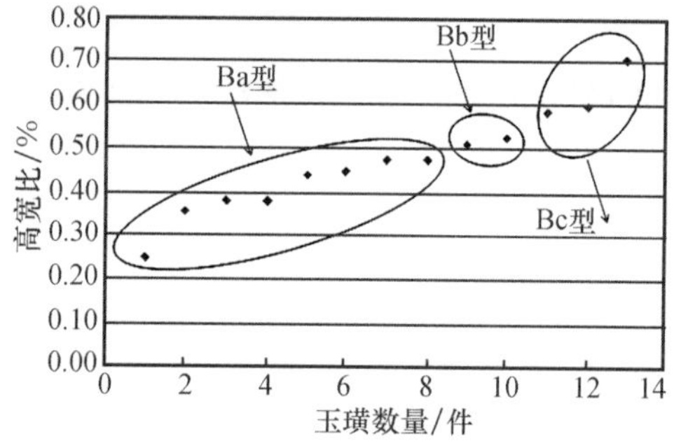

图一三　端面平直类B型璜高宽比散点图

A型　7件。缺内径在4.2～6.5厘米。玉璜整体较大，璜体较窄，缺大于半圆，剖面多为扁椭圆形或扁三角形。包括87M1：4、87M1：5，87M15：49，87M15：105，87M15：123，87M17：32，98M17：1，87M15：41。

B型　13件。缺内径在2.7～3.6厘米。根据高宽比散点图的分布和玉璜的形制特点，将此型分为三亚型（图一三）。

Ba型　8件。高宽比在0.25～0.48，玉璜整体较A型小而扁，璜体较宽，缺小于半圆，剖面为窄条状。包括87M17：33，87M17：34，87M17：30，87M17：35，87M17：36，98M15：10，98M20：50，98M15：11。

Bb型　2件。高宽比在0.51～0.53，璜体较Ba型窄，剖面稍厚。包括87M12：11，87M11：4。这两件在体缘线上均有尖齿装饰。

Bc型　3件。高宽比在0.59～0.71，璜体较Bb型更窄，剖面也不厚。包括98M29：4，98M19：1，87M8：27。有些在体缘处刻有锯齿形装饰。

C型　7件。缺内径在2.1～2.5厘米。根据高宽比的散点图分布和玉璜形制特点将C型分为三亚型（图一四）。

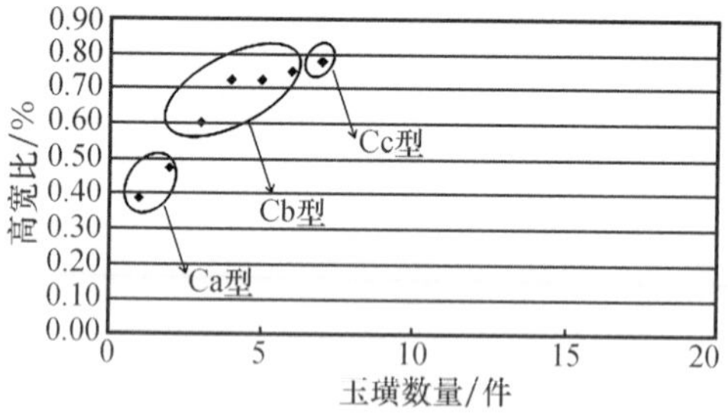

图一四　端面平直类C型璜高宽比散点图

Ca型　2件。高宽比在0.39～0.47，璜体较宽、薄，缺接近半圆，体缘有锯齿形装饰。包括98M20：57，87M12：10。

Cb型　4件。高宽比在0.61～0.75，璜体两端面较中间宽，缺大于半圆。包括87M4：37，87M4：39，87M4：38-1，98M20：34。

Cc型　1件。为87M6：45，高宽比为0.78，璜体两端面与中间大致相等，缺大于半圆。

D型　6件。缺内径在0.6～1.4厘米。根据高宽比的散点图分布可分为二亚型（图一五）。

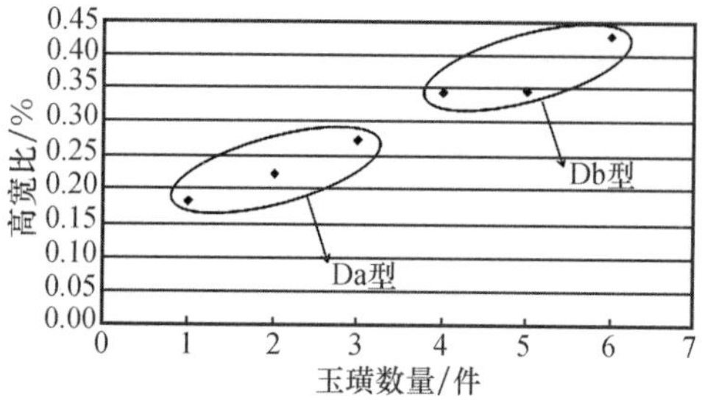

图一五　端面平直类D型璜高宽比散点图

Da型　3件。高宽比在0.18～0.27，璜体宽而扁，缺非常小。包括98M19：15，98M19：8，98M15：12。

Db型　3件。高宽比在0.34～0.43，璜体宽而扁，缺相对璜体而言也很小，有的在体缘饰有锯齿形装饰。包括87M11：7，98M20：33，98M24：3。

凌家滩遗址出土的玉璜按体缘线的不同可分为桥形璜和弧形璜两大类。桥形璜根据高宽比散点图分布的规律可分为A、B、C三型，A型依据璜体大小和形状的差异分为Aa和Ab两个亚型。弧形璜根据端面平直与否可以分为两小类，一类为端面斜直璜，一类为端面平直璜。端面斜直类依据缺内径的散点图分布规律可分为A、B二型，A型根据高宽比散点图分布规律可细分为Aa和Ab两个亚型，B型根据高宽比散点图分布规律细分为Ba和Bb两个亚型。端面平直类，根据玉璜缺内径的散点图分布规律可分为A、B、C、D四型，A型可不再细分，B型依据高宽比散点图分布规律分为Ba、Bb、Bc三个亚型，C型依据高宽比的散点图分布规律分为Ca、Cb、Cc三个亚型，D型依据高宽比散点图分布规律分为Da、Db两个亚型。

凌家滩报告中将凌家滩遗址分为三期①，然而笔者根据对玉璜的分类结果，认为开口在第2层下和第3层下的墓葬可分开各做一期。也就是说开口于第4层下的为第一期，开口于第3层下的为第二期，开口于第2层下的为第三期，开口于第1层下的为第四期。

三、不同时期的玉璜类型

（一）第一期玉璜类型

第一期玉璜类型（图一六），共20件。出土玉璜的墓葬是87M15，包括桥形Aa型9件，Ab型2件；弧形端面斜直Aa型2件、Ab型2件，Bb型1件，弧形端面平直A型4件（图一七）。这些玉璜的共同特征是体量均较大，璜体较窄而厚，此期桥形璜的数量最多，且Aa型仅出现在该时段。

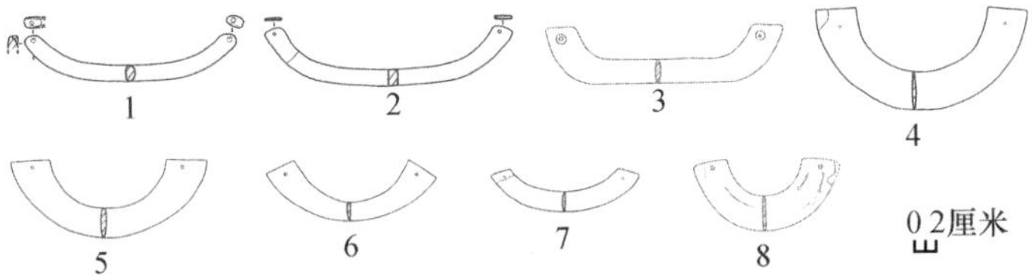

图一六　第一期玉璜类型

1、2. 桥形Aa型（87M15：103-2、87M15：90）　3. 桥形Ab型（87M15：47）　4、5. 弧形端面平直A型（87M15：49、87M15：123）　6. 弧形端面斜直Ab型（87M15：108）　7. 弧形端面斜直Aa型（87M15：110）　8. 弧形端面斜直Bb型（87M15：48）

（线图来自《凌家滩》）

① 开口于第4层下的墓葬为第一期，仅有87M15一座；开口于第2层和第3层下的墓葬为第二期，包括87M1、87M4、87M8～87M14、87M17、98M5、98M6、98M8、98M9、98M13～98M16、98M18～98M32；开口于第1层下，打破第2层的墓葬为第三期，包括87M2、87M3、87M6、87M7、98M3、98M4、98M7、98M11、98M12、98M17。

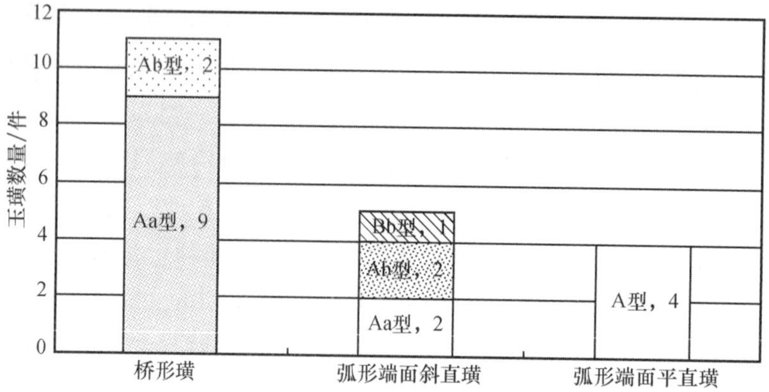

图一七　第一期各类玉璜数量对比图

（二）第二期玉璜类型

第二期玉璜类型（图一八），共22件。出土玉璜的墓葬有87M4、87M17、98M16、98M31。包括桥形Ab型2件，弧形端面斜直Ab型2件、Ba型3件、Bb型6件，弧形端面平直A型1件、Ba型5件、Cb型3件（图一九）。弧形端面斜直类玉璜在此时最为流行。

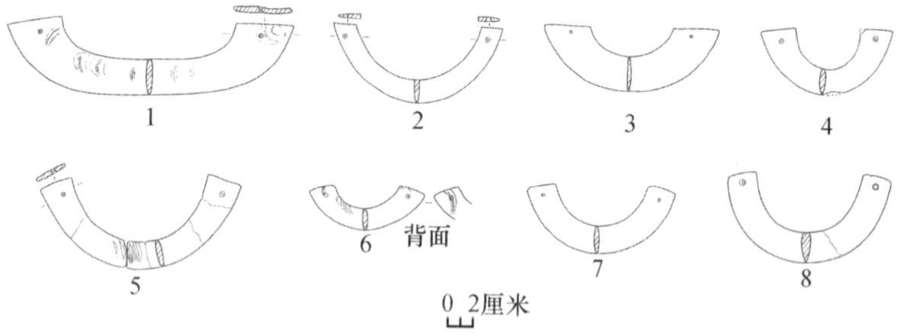

图一八　第二期玉璜类型

1. 桥形Ab型（87M4：34）　2. 弧形端面平直A型（87M17：32）　3. 弧形端面平直Ba型（87M17：34）
4. 弧形端面平直Cb型（87M4：37）　5. 弧形端面斜直Ab型（87M4：76）　6. 弧形端面斜直Ba型（87M4：48）
7、8. 弧形端面斜直Bb型（87M4：77、87M4：33）
（线图来自《凌家滩》）

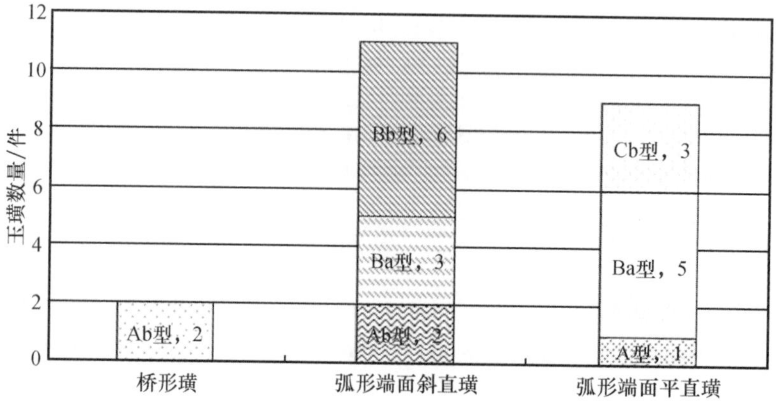

图一九　第二期各类玉璜数量对比图

（三）第三期玉璜类型

第三期玉璜类型（图二〇），共34件。出土玉璜的墓葬有87M1、87M8～87M12、87M14、98M9、98M15、98M19、98M20、98M24、98M25、98M28～98M30。包括桥形Ab型1件、B型3件、C型9件，弧形端面斜直Aa型1件、Ba型2件，弧形端面平直A型1件、Ba型3件、Bb型2件、Bc型3件、Ca型2件、Cb型1件、Da型3件、Db型3件（图二一）。值

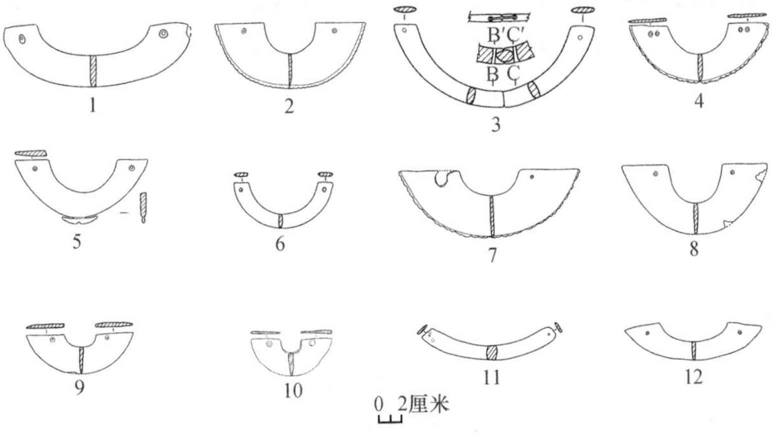

图二〇 第三期玉璜类型

1. 桥形B型（87M14：24） 2. 桥形C型（87M12：21） 3. 弧形端面平直A型（87M1：4、87M1：5） 4. 弧形端面平直Ba型（98M15：10） 5. 弧形端面平直Bb型（87M12：11） 6. 弧形端面平直Bc型（98M29：4） 7. 弧形端面平直Ca型（98M20：57） 8. 弧形端面平直Cb型（98M20：34） 9. 弧形端面平直Da型（98M15：2） 10. 弧形端面平直Dd型（98M24：3） 11. 弧形端面斜直Aa型（98M29：10） 12. 弧形端面斜直Ba型（98M29：41）

（线图来自《凌家滩》）

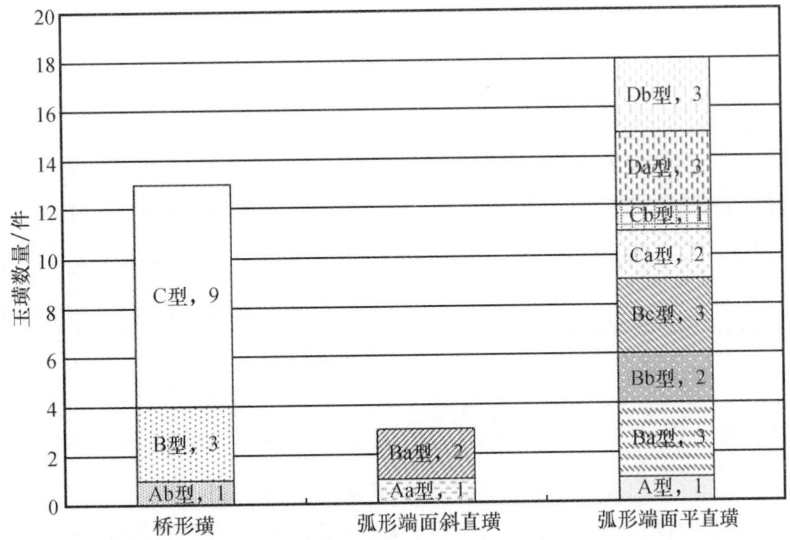

图二一 第三期各类玉璜数量对比图

得注意的是锯齿形装饰均只出现在第三期。另外，这期玉璜在数量和种类上还是最丰富的时期。此时，新出现了桥形B型、C型，弧形端面平直Bb、Bc、Ca、Da、Db型，在此阶段，弧形端面平直类璜是最为流行的。

（四）第四期玉璜类型

第四期玉璜类型（图二二），共6件。出土玉璜的墓葬有87M3、87M6、87M7、98M7、98M17。包括桥形Ab型3件，弧形端面斜直类Bb型1件，弧形端面平直类A型1件，Cc型1件（图二三）。玉璜在数量和种类上明显减少，呈式微态像。

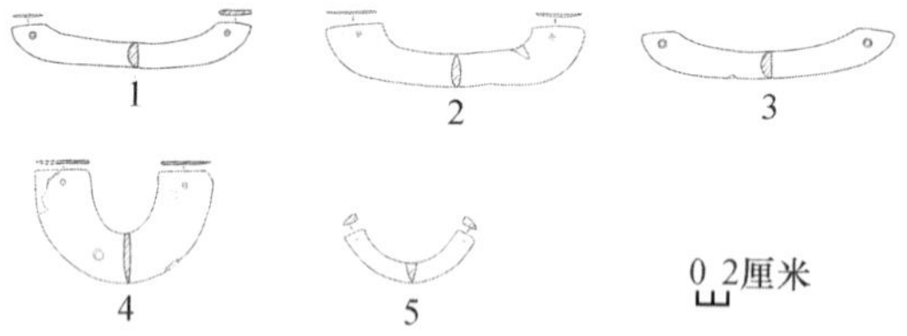

图二二　第四期玉璜类型

1～3. 桥型Ab型（87M3：2、98M7：17、87M3：1）　4. 弧形端面平直Cc型（87M6：45）

5. 弧形端面斜直Bb型（98M7：24）

（线图来自《凌家滩》）

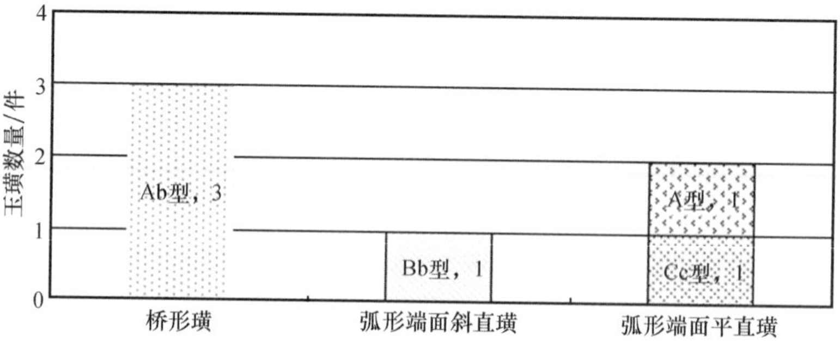

图二三　第四期各类玉璜数量对比图

桥形璜Aa型只出现在第一期，Ab型四期均有，B型、C型只出现在第三期。弧形端面斜直璜第一期开始出现，第二期数量最多，第三期和第四期均较少。弧形端面平直璜，开始出现在第一期，第二期也有，第三期达到了顶峰，并出现了锯齿形装饰，第四期仅有一件，其中A型在四期中均有发现。四期中种类和数量上的变化规律是相同的，第一期较少，第二期略增，第三期最多，第四期最少。由此可见，在凌家滩遗址，玉璜在第一期开始出现，势头较好；第二期略有发展；第三期是其鼎盛期；到第四期时已趋于衰落（图二四）。

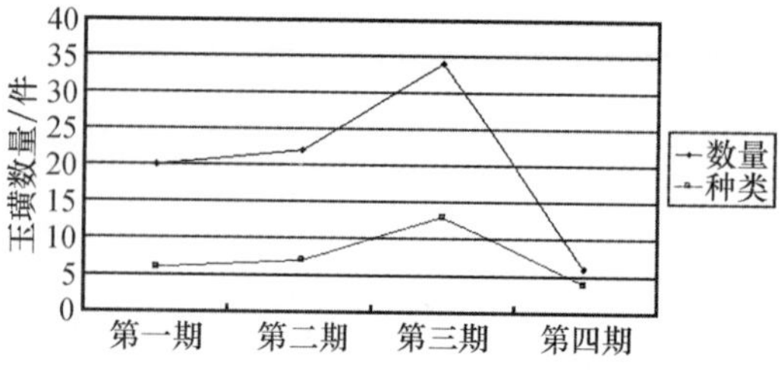

图二四　不同时期玉璜数量、种类变化趋势图

综上，凌家滩遗址出土玉璜可分为四期，玉璜“个体”的发展方向是整个体量在不断变小，“璜体”所占的比例越来越大，与璜体相对应的“缺”则越来越小。贯穿于四期中的桥形璜、弧形端面平直类璜、弧形端面斜直类璜是呈并列发展态势的三条脉络，但细分下来，其中每一条脉络中，似乎都是从A型演化到B型再到C型甚至D型的。在第一期中主要是三大类型玉璜中的A型，其中弧形端面斜直类璜的B型有少量出现；第二期中，弧形端面斜直类璜和弧形端面平直类璜的B型占多数，弧形端面平直类璜的C型开始出现；第三期中，桥形璜有了新的变化，出现了B型和C型，而弧形端面平直类璜也有了D型的出现。发展至第四期，凌家滩的玉璜开始走下坡路，不再有新的种类出现。

钟离国研究的回顾与思考

朱华东

（安徽大学历史系）

［摘　要］　钟离国研究可以蚌埠、凤阳一带钟离国君及贵族墓发现为转折点分为前后两个阶段。前一阶段以文献汇集与稽考为主，后一阶段以钟离墓及其遗物的发掘史为认识的起点，其研究分为钟离墓葬年代考释、钟离国史研究、相关历史地理探析、钟离文化研究等几个方面，除传统人文研究方法外，科技方法也有被适当引入。通过学术史的回顾，以期为今后研究提供借鉴。

［关键词］　钟离国　考古史　学术史　思考　展望

钟离国本是先秦时期淮河流域的小国，历代文献中相关记载多只言片语，语焉不详。近年来蚌埠、凤阳一带相关遗迹、遗物的发现，对解决诸多悬而未决之问题起到了关键性作用。近年来，学者们就其中诸多问题展开了热烈的讨论，极大地推进了学界对钟离国历史与文化的认识。本文拟从学术史角度，回顾近几十年来相关研究，旨在更进一步推动相关研究的深入。

一、钟离国墓葬（器物）的发掘史研究

学界对于钟离国地望、年代、谱系的进一步了解始于2006年12月蚌埠双墩一号墓的发掘[①]。适时回顾一下钟离墓葬（器物）发掘（出土）情境及其初步研究过程，将有助于对相关研究的理解。

双墩位于蚌埠市淮上区小蚌埠镇双墩村，这里原存在两个大封土墩，相距80米，在过去的文物普查中，一直认为其属于汉代墓葬，对其历史渊源未有进一步的认识。由于发掘

① 安徽省文物考古研究所、蚌埠市博物馆：《蚌埠双墩一号春秋墓发掘成果重大》，《中国文物报》2008年12月19日第4版；阚绪杭、周群、钱仁发：《淮河流域春秋时期钟离国墓葬的发现与价值》，《中国考古学会第十一次年会论文集》，文物出版社，2008年；阚绪杭等：《春秋钟离国墓的发掘收获》，《东南文化》2009年第1期；安徽省文物考古研究所、蚌埠市博物馆：《安徽蚌埠市双墩一号春秋墓葬》，《考古》2009年第7期；安徽省文物考古研究所、蚌埠市博物馆：《安徽蚌埠双墩一号春秋墓发掘简报》，《文物》2010年第3期；安徽省文物考古研究所、蚌埠市博物馆：《春秋钟离君柏墓发掘报告》，《考古学报》2013年第2期；安徽省文物考古研究所、蚌埠市博物馆：《钟离君柏墓》，文物出版社，2013年。

前的钻探表明该墓有圆形墓口，且地下埋藏复杂，使得墓葬在发掘伊始就有着一套科学的发掘程式，而且能根据新情况不断修正。例如，在封土的发掘中采用了大型墓葬常用的二分法，平剖面结合，较好的复原了封土营建的全过程。在发掘墓葬填土时，由于特殊遗迹较早出现，发掘者能及时修改发掘方法，改用“四分法”“布设探方”进行发掘，很好得控制了发掘进程，进一步厘清了各遗迹单位之间的关系。现在看来，这种发掘方法应该是较为全面地揭露了该墓的原始埋藏信息。

在正式发掘初期，仅在揭露封土堆和墓坑上层填土时，就有很多遗迹现象逐一显露出来。其一，墓葬封土使用了“五色土”，此种颗粒状的混合土“应具有一定文化含义”，有的颜色土“可能需从异地取运”；其二，封土底部存在一层白色垫土环带，形似玉璧；其三，墓口下方依次叠压存在的“放射线状”遗迹，“土丘与土偶”遗迹，“土偶墙”遗迹等。如此多的特殊埋藏现象，在仅掘墓口2米深处就已暴露出来，也给当时理解该墓的性质提出了诸多疑惑。鉴于上述原因，同时为了今后发掘上的便利，田野工作“因钢构保护大棚的建设而停工半年”①。上述发掘过程可以构成双墩一号墓发掘的第一阶段。

在此期间，2007年5月凤阳卞庄②的工作使得双墩一号墓下一阶段的发掘目标更加明晰。由于土建施工，卞庄西北的一座墓葬暴露出来（M1），经过7天的抢救性发掘，取得了重大收获，至当年9月底，卞庄工作基本完成。该墓属于圆形墓葬，结构清晰，直径11、深4米，上大下小。墓主人及殉人位于北部，南部放置随葬品。殉人多具，以墓主人为中心，呈四周分布，每坑殉人数量不等，但均有葬具。现可辨殉人有10具。尽管墓葬早期被盗，现存器物仍存有青铜器、陶器、石器等。其中青铜容器类有甗、豆、盘、盉、簠、罍各1件，乐器类有镈钟5件、钮钟9件。兵器有戈3件、矛1件、镞28件。车马器10件和工具斧1件。陶器很少，共3件，罐体多施以红彩。另发现石编磬一组，共9件。5件镈钟上均有铭文。在墓葬发掘结束后的初步整理阶段，发掘者之一的阚绪杭对镈钟上“两个象形字产生了怀疑”，并猜识分别为“童”“鹿”二字，加上该墓又距钟离古城不远，“童鹿”与“钟离”的关系便很自然地被联系起来，从而为确定墓葬的国属和墓主身份提供了重要参考。其年代在发掘简报中也有着初步断定（春秋中晚期）。卞庄的发掘工作及其对钟离特殊埋葬风俗的验证在当年的7月间又增添了新证据。当月在卞庄墓群发现了M12③，出土有陶器和若干铜器残片，“虽然被破坏，但从墓坑底部残存的形状看，也是一座小于M1的圆形墓坑结构”，“由此推测，在钟离城这个区域范围内的贵族可能均为圆形墓坑结构”。这种认识的提出，应该是有一定论说力的，也使发掘者对1991年11月凤阳大东关

① 安徽省文物考古研究所：《凤阳大东关与卞庄》，科学出版社，2010年，第235页。

② 安徽省文物考古研究所、凤阳县文物管理所：《安徽凤阳卞庄一号春秋墓发掘简报》，《文物》2009年第8期；《凤阳大东关与卞庄》，科学出版社，2010年。

③ 其墓口直径约6米，墓底直径4.1米，数据见于该报告附表二。

村发现的一组青铜器（发现地被命名为大东关M1）的族属提出了新的认识。

大东关M1发现的经历与卞庄M1类似，也系施工中偶然发现，出土器物遭到哄抢，器物埋藏情境遭到毁灭性破坏，但据回忆“青铜器出土时比较集中且排列有序，呈东南—西北走向，还有编制物腐烂留下的痕迹和红颜色等”①，存留下来的青铜器组合形式尚清晰。该墓出土器物包括青铜器、石磬，其中青铜器28件，包括乐器有镈钟7、钮钟8件；容器有勺2件、敦1件；车马器有軎1件、辖3件、马衔1件、铃3件；工具有斧1件；兵器有剑1把；另有鼎耳1个及石制编磬4件。在早期的通信中，其年代被定在春秋末期至战国初期，近期的发掘报告中，其年代被修订为春秋中晚期。这两座墓葬均在钟离国范围内，认为墓主人应是钟离国贵族。

卞庄M1的偶然发现理所应当地促成了双墩一号墓第二阶段发掘的及时开展，同时也使其后对墓主身份的辨识成为可能，该墓发掘一直持续到2008年8月。墓葬结构与卞庄M1大体一致。主棺椁的位置在墓底部居中略偏北，围绕着墓主椁室的东、西、北侧各殉葬3人，南侧殉葬1人。与南侧殉人相邻的是一个大椁室，即南椁室，其内又分成南、北两个椁箱，南箱放置食物（残存猪、牛、羊等骨骼），北箱放置随葬器物。在圆形墓坑底部，形成了一个非常规整的正南北东西向的“十”字形埋葬布局。随葬品有青铜器、彩绘陶器、石器、玉器等共400余件。铜器中包括钮钟9件、鼎5件、罍2件、簠4件、豆2件、甗1件、盉1件、匜1件、盘1件、盒1件、勺2件、车马器18件，兵器有戟4件、矛4件、戈2件、剑1把、镞200余件，另出土少量青铜工具。石器中最重要的当为12件一套的编磬。玉器也发现13件，主要是放置在主棺内的饰件，器类包括管、璧、环、龙形佩、璜等。器物之多说明墓主生前地位之显赫。钮钟、簠和一件戈上发现的铭文均指向“童鹿君（公）柏”，墓葬年代被认为是春秋时期（公元前5～公元前6世纪），发掘报告也提供了^{14}C年代（公元前845年前后）以供参考。

双墩一号墓和卞庄M1的发掘简报及卞庄M1的发掘报告自2009年陆续发表，在公布资料的同时，发掘者除年代的界定外，也注意对主要文献中的钟离国史进行简单梳理，并将凤阳境内的钟离古城与文献中吴楚相争时期的钟离历史相对应，认为钟离为春秋时期地处淮河中下游地区的方国之一。

除卞庄、双墩钟离墓外，目前能够确认属于钟离之器的要追溯至1980年舒城九里墩墓葬的发掘了。尽管至今对该墓年代及族属尚未达成一致认识，但墓中出土的一件鼓座，在钟离墓葬发现后，已得以确认，为钟离族属的器物。这件有长篇铭文的鼓座，其族属在早期被误以群舒对待②，在研究上走进了一条死胡同。尽管20世纪90年代何琳仪先生对铭文

① 阚绪杭：《凤阳大东关东周铜器》，《中国考古学年鉴（1992年）》；《凤阳大东关与卞庄》，科学出版社，2010年，第215、216页。

② 殷涤非：《九里墩墓的青铜鼓座》，《古文字研究》第14辑，中华书局，1986年，第27～43页。

中“童鹿”二字准确隶定，及其器主“童鹿公魰”在当时已始认，但可惜未能与钟离相联系①。其余的研究也只是在若干字形的隶定上有所斩获②。

二、研究史的回顾

关于钟离国研究的分期，以钟离国墓葬发现为界，可以大致分为两个阶段，即古史探索阶段与实证阶段。

在上述钟离墓葬确认之前，犹如诸多淮夷小国一样，钟离国历史研究由于缺乏地下出土资料的实证，始终游离于主流学者的视野之外，偶尔出现的专题研究也往往波澜不惊，很难受到学界重视。但不可否认的是，与此相关的零星研究为后一阶段工作的展开奠定了良好基础。

这一阶段的钟离史研究主要涉及钟离国的历史渊源及地望考析，以石泉、何光岳和孙祥宽等为代表。

石泉应是最早较为系统关注春秋钟离问题的学者。早在1944年，在徐中舒先生指导的一篇涉及吴楚战争期间吴楚两国边境若干地名的论文中，就文献中出现的两个钟离地望位置提出质疑，认为钟离当在“州来西邑”③。这一看法在石泉先生20世纪80年代的一篇文章中又有所阐发④，并明确指出《左传》中的钟离应在淮河北岸的凤台县西北，巢（居巢）也非现今的地域，两地同样是一个关键性地名。在对钟离的一段近千字的长注中，作者广引历代文献证明其论点，并进一步指出凤阳钟离系东晋时建立。

何光岳以先秦时期族姓史为研究对象，在20世纪80～90年代有一系列专论发表，钟离只是其中一篇⑤，该文也涉及钟离的渊源、钟离人的迁徙、钟姓分支等问题，并认为春秋钟离国地处凤阳，被吴所灭后，一支族群投奔楚国，被安置在湖北汉川的钟离城。

孙祥宽系凤阳本地文史学者，他在2005年发表的一篇文章中较之前文，在钟离文献的辑录上明显更胜一筹，该文认为春秋钟离城就是现在的凤阳钟离古城，其始建年代可能为春秋早期⑥。

---

① 何琳仪：《九里墩鼓座铭文新释》，《出土文献研究》第3辑，中华书局，1998年，第67～73页。

② 曹锦炎：《舒城九县敦鼓座铭文补释》，《中国文字》新17辑，中国文字社，1993年；单育辰：《谈战国文字中的“㲋”》，《简帛》（3），上海古籍出版社，2008年。

③ 石泉：《从春秋吴楚边境战争看吴楚之间疆界所在》，《古代荆楚地理新探续集》，武汉大学出版社，2004年，第294～315页。

④ 石泉：《关于芍陂（安丰塘）和期思—雩娄灌区（期思陂）始建问题的一些看法》，《古代荆楚地理新探续集》，武汉大学出版社，2004年，第50～79页。

⑤ 何光岳：《钟离、钟吾、钟人的来源和迁徙》，《安徽史学》1995年第4期。

⑥ 孙祥宽：《凤阳春秋钟离城考述》，《文物研究》第14辑，黄山书社，2005年，第520～524页。

此期研究贡献主要体现在文献的辑录和考证上。上述研究能广泛收集各类文献中相关资料，后期学者研究所用文献也基本无出其右，但在可利用文献的甄别上，石泉先生较为谨慎，其质量更胜一筹。在对春秋钟离地望的考察上，尽管意见不统一，但也为此后研究提供了很好的思路。

第二阶段的研究涉及面较广，参与学者较多，其关注点主要集中在以下几个方面。

其一，钟离墓葬年代的研究。

尽管上述发掘简报中对双墩一号墓及卞庄M1年代已有一个大致推定，但事实上跨度较大，有进一步工作的可能。徐少华首先对此进行了研究①，他此次能敏锐地捕捉到这个学术增长点，并在较快时间推出了研究成果，得益于其曾长期关注两周时期汉淮一带的小国，对考古发掘证实的汉淮诸姬历史地理与文化多有过详细的研究②。该文通过对出土青铜器的类型的考察，并结合周边年代较为清晰的河南下寺、固始侯古堆、寿县蔡侯墓等青铜器资料，推定出两座墓葬属于春秋晚期前段，即双墩一号墓在公元前560年前后，卞庄M1要稍晚二三十年。刘信芳根据文献记载认为卞庄M1年代下限可定在鲁昭公四年（公元前538年）③。笔者也曾做过独立的器物类型学研究，所得结论与上述基本一致④。关于年代的讨论，也有另一种观点根据^{14}C年代和双墩一号墓中新发现的徐国铭文兵器，认为双墩一号墓年代可能要提前到春秋早中期⑤。

上述以器物对比为基础的年代学的考订，对卞庄M1之年代推定较为乏力，在对比的材料上也比较牵强，该墓年代较双墩一号墓稍晚结论的得出，还是受到了先入为主的判断左右，即卞庄M1墓主康为双墩一号墓主柏的儿子的影响，不过也很难排除康死于其父亲之前或同期的可能。

其二，钟离国历史研究。

将两座墓葬中的相关信息与钟离国历史相关联是此一时期另一热点，其中主要涉及钟离国谱系及钟离国来源与灭国等问题。由于一批有铭青铜器的出现，使得探讨钟离谱系成

---

① 徐少华：《蚌埠双墩与凤阳卞庄两座墓葬年代析论》，《文物》2010年第8期。其对于钟离历史与文化的完整阐释可见于《童丽公诸器与古钟离国历史与文化》，《古文字研究》第28辑，中华书局，2008年，第326～331页。

② 徐少华：《周代南土历史地理与文化》，武汉大学出版社，1994年。

③ 刘信芳：《安徽凤阳县卞庄一号墓出土镈钟铭文初探》，《考古与文物》2009年第3期。

④ 朱华东：《钟离国历史与文化的考古学观察》，《安徽史学》2011年第5期。

⑤ 陈立柱、阚绪杭：《钟离国史稽考》，《武汉科技大学学报》2011年第3期。

为可能。期间，刘信芳[①]、胡长春[②]、徐少华[③]、朱华东[④]、董珊[⑤]、陈立柱[⑥]、张志鹏[⑦]对此均有不同程度的探讨，后三位学者认为有敖厥于→（子）柏→（孙）康→（曾孙）□→（玄孙）鮌 的承位顺序，但笔者和徐少华认为柏、康和鮌之间应为依次相袭的三代关系。该矛盾应该出在对“余敖厥于之孙童鹿公柏之季子康”的不同理解上，但前一种排序法主观倾向似乎更加明显。

在与文献进一步联系过程中，胡长春从《新唐书》等史籍中爬梳出可以印证钟离族源自“宋襄公母弟敖”的新观点，董珊同意这种观点，并试图将文献中伯宗家族世系与上述钟离谱系逐一对应。但张志鹏、陈立柱对此持否定态度，认为这样就否认了“钟离独立为国”的证据，而只是“楚国大臣一采地”。辩证看来，前一说受到质疑的主要问题还是文献与钟离墓所反映的谱系年代差异过大，而且从墓葬的形制及铭文中所透露出来的信息看，春秋时的钟离尚存一定实力，未必沦为楚领地。

关于钟离国的来源及灭国时间也是一些学者关注的对象。史书有云：钟离乃“徐之别封”，徐与钟离的关系似乎有进一步研究的必要。刘信芳最早指出九里墩鼓座与卞庄编钟上的铭文文字风格更接近春秋中晚期徐国铜器，“古钟离国与徐国关系更值得关注”。近来在双墩一号墓两件青铜兵器上又分别发现了新铭文[⑧]，其中47号戈两面分别铸、刻“余子白取此之元戈”“钟离公柏获徐人”，382号戈铸有“余子容巨此自作其元戈”，表明春秋中晚期之时钟离与徐发生过战事。徐与钟离的关系似乎很微妙，在今后的课题研究中不容忽视。

钟离灭国的时间目前学术界观点并不一致。徐少华指出，春秋晚期楚国已兼并钟离国并设置钟离县，鲁昭公二十四年又被吴所灭。此观点的得出仍是基于其对钟离墓葬的断代及出土青铜器风格的判断之上。该文同时也认为舒城九里墩墓葬发现的鼓座与吴灭钟离的背景有关。刘信芳就此提出了更大胆的推测，将其“作为钟离人经由古钟离城向南迁徙”的证据。上述实际上就提出了一个钟离灭国后族群的迁徙路线问题。陈立柱先生认为可以鲁昭公十五年吴与诸侯会于钟离事件为界，此时的钟离亦非独立的主权国家，而是以族群的形式存在于吴楚之间。张志鹏所定时间要晚至公元前447～公元前445年，认为钟离灭国

① 刘信芳：《安徽凤阳县卞庄一号墓出土镈钟铭文初探》，《考古与文物》2009年第3期。

② 胡长春：《钟离氏始祖“宋襄公母弟敖”新证暨“鵞鵞雝雝”释义的再探讨》，《考古与文物》2009年第3期。

③ 徐少华：《蚌埠双墩与凤阳卞庄两座墓葬年代析论》，《文物》2010年第8期。

④ 朱华东：《钟离国历史与文化的考古学研究》，《安徽史学》2011年第5期。

⑤ 董珊：《钟离公家族铜器铭文新证》，曾在台湾大学中文系举办的“古文字与出土文献研习营”发表。

⑥ 陈立柱、阚绪杭：《钟离国史稽考》，《武汉科技大学学报》2011年第3期。

⑦ 张志鹏：《“钟离氏”族姓考》，《考古与文物》2012年第2期。

⑧ 孔令远等：《徐王容居戈铭文考释》，《文物》2013年第3期。

与楚灭蔡、杞事件有关。

针对凤阳大东关M1的年代研究也逐渐开始。笔者曾将该墓出土各类青铜器逐一与周边器物对比，得出的结论是该墓年代可能属于春秋晚期早段[①]。不过研究该墓也存在一定风险，一方面出土器物均未发现铭文，埋藏情境又完全散失，考虑到“当年大东关取土场是一个较大的春秋至汉唐时期的古墓葬群”，这次所征集的一组青铜器也就可能存在个别其他墓葬的器物的混入，在年代判定上会有一定干扰。

其三，钟离国古地理研究。

张志鹏就此问题在前人基础上有所发挥，提出了钟离三迁其地的观点，“其旧居在山东枣庄峄城，后迁于州来之西，再迁至今安徽凤阳、蚌埠市一带。后楚灭钟离国，以其地置钟离县”，以试图解释《左传》中有关钟离史事中一些相互抵牾记载[②]。《左传》中另有关于“离城”的记载，旧时有“舒鸠城”和“钟离城”两说，陈立柱则从吴楚战争因由、战术安排、群舒社会发展状况及钟离城地理位置等因素对此做出了进一步考证，认为此“离城”即凤阳的钟离城[③]。

其四，钟离文化面貌的积极探索。

钟离墓葬所显示出来的一系列特殊构造和迹象，以及出土器物的文化因素是探讨钟离文化最可靠的资料。但由于缺少比照资料，也很难找相关文献，目前对于第一个问题的研究尚处在大胆假设阶段。例如，对于双墩一号墓葬底部的“十”字形结构，周群认为是方位的代表，圆形墓坑与“十”字形墓底的结合，可能代表着天圆地方及东西南北中五方[④]。笔者也曾对该墓所反映的埋葬方式、殉葬习俗、用土颜色等有过初步推定[⑤]，认为墓口的放射线，其下的环形白土层及墓坑内的“十”字形结构，三部分密不可分，可能反映了当时“礼天”习俗，而五色土或与春秋时期阴阳学说有关。钟离君柏及其子康的墓内存在大量的殉人现象也说明了钟离文化有别于周临国家的面貌，反映出一种根深蒂固的殉葬风俗，与山东、苏北等地春秋墓葬有一定相似性，可能存在一定的文化渊源关系。此外，还有观点认为该墓的形态与当时都城布局有关，反映了墓主争霸的野心[⑥]。孟倩也提

---

① 朱华东：《凤阳大东关一号墓年代及相关问题》，《楚文化论集》第10集 ，湖北美术出版社，2011年，第349～355页。

② 张志鹏：《“钟离”并存辩证》，《淮北师范大学学报》2011年第4期。今人杨伯峻在《春秋左传注》引杜注后曰：“（离城）则当在今舒城县之西，为楚军至舒鸠所经之邑。洪亮吉《诂》谓即钟离，不知钟离在今安徽凤阳县东北二十里，远在舒城东北，楚伐舒鸠，断不至行军至此。”最早提到了文献中有关钟离地望与所发生事件难以合理解释的现象。

③ 陈立柱：《楚淮古地三题》，《江汉考古》2010年第1期。

④ 安徽省文物考古研究所：《凤阳大东关与卞庄》，科学出版社，2010年，第174页。

⑤ 朱华东：《钟离国历史与文化的考古学研究》，《安徽史学》2011年第5期。

⑥ 金锐等：《蚌埠双墩一号墓的文化“潜信息”》，《文物研究》第19辑，科学出版社，2012年，第22～29页。

出钟离贵族是一个“知天象、识阴阳”的族群[①]。可惜这些观点由于缺少支撑材料，基本没有展开论证。较之而言，对上述问题的研究当以冯时的长文为代表，该文以数万字的篇幅详细论证了双墩一号墓各种迹象的根源，认为墓葬的设计体现了以祖配天的宗教观，并对邹衍学说的形成及《淮南子》宇宙观的传承产生了深刻影响。冯时的这些观点为解析钟离文化提供了全新的视角[②]。钟离墓葬出土的一系列遗物所能折射的文化面貌，通过适当的考古学文化因素分析，是可以一探端倪的。此一阶段，有学者对此进行了初步研究。例如，徐少华在分析两座墓葬年代后就指出墓中出土的“鼎、簠、盉、缶、盘、匜等部分遗物，不管是器物组合，还是形制、纹饰都与楚文化风格和时代特征相近，说明这时钟离国和楚国有较多的联系，受到楚文化的较多影响”。不过笔者研究后发现，钟离铜器风格有一定多元性，其中“盖鼎、簠、盘、甗、勺、鼓座等均是楚贵族墓中常见器形，具有浓郁的楚系铜器风格”，立耳鼎、豆等具有中原因素，“说明钟离国文化与淮河上游地区有一定文化渊源或交往”，群舒文化和吴文化对钟离铜器风格影响较少，同时钟离铜器也有自身的一定特征，集中体现在一批特征器物及一组有别于周边地区的器物组合形式上。方建军通对出土镈钟和钮钟进行测音后也发现，钟离国乐钟音阶组合与同时期周邻地区同类乐器“相似、相近乃至相同”，反映出“当时区域范围内音乐文化的相互影响”[③]。蚌埠学院的一些学者也做过类似研究[④]，但更为系统。

其五，实验手段下的钟离科技、文化透视。

科技手段参与研究是新阶段钟离国研究的特色之一，在一定程度上拓展了其研究领域，进而对钟离国科技水平乃至文化层面上都有更进一步的了解。

目前的研究主要集中在青铜器铸造工艺[⑤]、青铜器产地[⑥]、金箔制作技术[⑦]、彩绘陶器

---

① 孟倩：《东周钟离国墓葬埋藏特点及相关问题探讨》，《安徽文博》第8辑，中华书局，2012年，第11～18页。

② 冯时：《上古宇宙观的考古学研究——安徽蚌埠双墩钟离君柏墓解读》，《“中央”研究院历史语言研究所集刊》第八十二本第三分，江苏古籍出版社，第399～491页。

③ 方建军：《钟离国编钟编镈研究》，《中国音乐学》2012年第3期。有关钟离国钟磬的研究更有专著出版，参见李清等：《尘封的绝响：钟离国钟磬乐器研究》，苏州大学出版社，2013年。其主要观点基本包含在上述单篇论文之中。

④ 李清、杨和平、李敬民：《尘封的绝响：钟离国钟磬乐器研究》，苏州大学出版社，2013年。

⑤ 董亚巍：《蚌埠双墩1号墓青铜器群范铸工艺的研究》，《文物研究》第17辑，科学出版社，2010年，第240～253页。

⑥ 胡飞等：《蚌埠双墩与凤阳卞庄春秋墓出土部分青铜器产地分析》，《凤阳大东关与卞庄》，科学出版社，2010年，第213～223页；胡飞等：《蚌埠双墩春秋一号墓部分青铜器成分及金相分析》，《有色金属》2011年第2期。

⑦ 秦颖等：《蚌埠双墩一号墓出土春秋晚期金箔研究》，《文物》2011年第5期。

颜料与残留物成分[①]等几个方面。董亚巍对双墩铜器铸造痕迹逐一检视，认为当时的钟离国应具有相当大的铸铜规模，其青铜器采用了不同时期的范铸工艺，并分别体现在不同的青铜器上，有春秋时期的整铸工艺，亦有战国时期习见的分铸组装工艺，体现出工艺技术变革时期的特征。胡飞等利用X射线荧光光谱（XRF）和金相显微镜对蚌埠双墩春秋一号墓出土的部分青铜制品进行成分测定和金相分析，对其合金成分构成提供了定量和定性分析，反映出该墓出土的部分青铜制品的铸造技术已达到成熟阶段。而在对双墩和卞庄出土的部分青铜器残存泥芯样本检测后，推定这批青铜器可能就在凤阳当地或附近淮河流域铸造而成，进而也印证了董亚巍的判断。对于双墩一号墓出土金箔工艺，秦颖等认为“可能是国内外目前出土的用混汞技术提炼金的最早的实物证据”。双墩一号墓出土了14件彩陶器，对此杨玉璋和周昱君等分别对其颜料和残留物进行了研究，其结果表明，陶器颜料中的红、黄和黑色颜料分别为朱砂、针铁矿和炭黑，而其内含有的有机物成分，可能是从植物材料中获得的，与某种中药材有关系。董俊卿则测定了双墩一号墓出土玉器类型，认为其属于天河型玉器，在淮河流域系首次发现[②]。对其出土石磬石料分析表明，其料石来源于钟离城遗址周围100千米范围内[③]。

三、结　语

上述简短的学术史回顾表明，钟离国研究成果斐然，参与学者逐渐增多，且学科分布多样，研究角度新颖，表明其研究已开始步入良性循环轨道，这在类似的周代古国研究中是较为少见的。不过细究起来，现阶段仍存在不少问题，尤其是在对钟离文献的稽考上，有些研究尽管在前人基础上做出了较为充分的考证，不过由于先秦文献的缺乏而大量利用了较晚期的文献，有些史籍本身利用价值在史学界也备受争议，使得目前相关研究在史料上重复利用，循环论证的现象较为严重，其论说力在一定程度上受到限制。仅靠目前对钟离考古资料的释读，许多史学问题还很难得到圆满解决，我们只能更多地寄希望于今后的田野工作了。

相关科技考古工作的参与，是现阶段研究的特色之一，但从取得的成果来看，仍有进一步完善的空间。由于缺少和人文学科的互动，其成果在一些关键问题所得出的结论，往往不尽如人意，而有些课题也有过度研究的现象存在，其成果的效力性打了折扣。在今后的研究中，如果两类学者能够有效对接，以人文的视角出发解决问题，可能会收到更好的效果。

---

① 杨玉璋：《钟离君柏墓出土彩绘陶器颜料的光谱分析》，《光谱学与光谱分析》2010年第4期；周昱君：《蚌埠双墩春秋一号墓出土彩陶器有机残留物初步研究》，中国科学技术大学硕士学位论文，2011年。

② 董俊卿等：《蚌埠双墩一号墓和三号墓出土玉器及玻璃器研究》，《南方文物》2012年第2期。

③ 王善友等：《钟离国君“柏”之墓出土石磬研究》，《东南文化》2013年第3期。

钟离国下一阶段研究也有诸多可以进一步深入探讨的问题，如春秋钟离国与周边国家的关系，尤其是与徐、群舒关系的研究，九里墩鼓座铭文所见钟离史研究，钟离文字的风格及铭文辞例研究等。另外诸如钟离青铜器的研究也尚有较多讨论余地，陶器等出土器物也是目前研究的空白。不过随着蚌埠双墩一号墓发掘报告的正式出版，希望能够给研究者提供一把开启钟离谜团的钥匙。

附记：本文初稿完成于2011年，后陆续增补了此后两年来散见于各种期刊、集刊和论文集中的相关篇章，资料截至2013年8月。《钟离君柏墓》已于2013年9月出版，该报告中册收录了20余篇考释与科技检测方面的文章，但其中多数已先期发表，本文均已收录。但还有诸如《双墩春秋墓“土偶”初探》《徐王义楚耑“永保𠇍身”新解及安徽双墩一号墓的年代推定》《蚌埠双墩M1出土的两件徐国铭文兵器》《蚌埠双墩一号墓灰白色墓葬填土的检测分析》《蚌埠双墩一号墓动物骨骼初步鉴定》《蚌埠双墩一号墓五色土来源调查初步结果》等文章暂未收入本文。此外，该报告中册所附《相关研究成果目录一览表》也尚有少量遗漏。

战国秦汉漆奁胎骨刍议

——兼谈漆器胎骨的演变

刘芳芳

（南京大学历史学系、苏州市考古研究所）

［摘　要］　战国秦汉时期是我国古代漆器发展史中承上启下的重要阶段，漆器在这一时期曾囊括当时社会生活各种用途的器具。漆奁是战国中晚期出现于楚墓中的一种小型日用器具，主要承担着盛妆器的功能。至汉代，漆奁成为日用漆器中最常见的器形之一，唐以后，漆奁逐渐消失。以漆奁胎骨演变为线索，可以清楚了解战国秦汉时期漆器胎骨的多样性及制胎技术的提高。

［关键词］　战国秦汉　漆奁　胎骨

一、绪　　论

古代漆器是以天然漆髹饰于各种胎骨上的器具，漆器具有优美的光泽，同时还具有防腐、耐酸、耐碱等特性。战国秦汉时期是我国古代漆器第一个重要发展阶段，漆器在这一时期曾囊括当时社会生活各种用途的器具。制作漆器工序十分繁复，正如《盐铁论·散不足》中载：“一杯棬用百人之力，一屏风就万人之功。”[①]漆器制作一般可分为制胎、刮漆灰、髹漆、打磨抛光、装饰及干燥等步骤。制胎为漆器制作的第一道工序，漆胎上有褙布、刮漆灰、涂漆和打磨等工序，漆器成型主要靠胎骨。胎骨又称为质料、质地、坯胎、器骨等，是后续漆饰的依托。

目前，学术界相关研究或侧重某一历史时期漆器胎骨的研究，如《从考古资料看秦漆器胎骨及制作工艺》[②]一文，立足考古资料对秦漆器胎骨及制作工艺进行了探讨；或如《论漆器胎骨的沿革》[③]《中国古代漆器制胎技术》[④]，二文皆对古代漆器所用胎骨概括性地进行了简单介绍。本文之所以选取漆奁胎骨作为研究对象，是因为漆奁这一器形具有

---

① （汉）桓宽撰，王利器校注：《盐铁论校注》，中华书局，1992年，第356页。

② 朱学文：《从考古资料看秦漆器胎骨及制作工艺》，《西北农林科技大学学报（社会科学版）》2012年第4期。

③ 高志强：《论漆器胎骨的沿革》，《南京艺术学院学报（美术及设计版）》1997年第1期。

④ 张飞龙：《中国古代漆器制胎技术》，《中国生漆》2008年第1期。

非常强烈的时代特征，在其制胎技术、功能结构、装饰工艺等方面集中体现了战国秦汉时期我国漆器制作的辉煌成就。

在我国漫长的漆器发展史中，制胎技术不断革新，材料极其丰富，但凡有形之物，都可以用来做胎骨。漆器的胎骨主要有木胎、藤篾胎、陶胎、竹胎、皮胎、布脱胎、金属胎、瓷胎、骨胎等。胎骨所体现出来的材质之美是漆艺审美因素的一个重要组成部分。《周礼·考工记》就提出了“材美工巧”的原则，强调了器物的材质之美，“天有时，地有气，材有美，工有巧，合此四者，然后可以为良。材美工巧，然而不良，则不时、不得地气也”①。材美、工巧是指合理地利用材料的性能，发挥材料本身的自然美感，而且技术要精巧。离开了胎骨，器物的成型和制造就无从谈起。明代漆艺家黄成在其漆艺专著《髹饰录》一书中论及漆器的法理时，强调“巧法造化、质则人身、文象阴阳”三法，“质则人身”即是将漆器的胎骨比喻为人体上的骨肉。“骨”指漆器的胎骨，“肉”指胎骨上的布、漆灰和漆。明人杨明注曰：“质乃器之骨肉，不可不坚实也。”②由此观之，漆器的胎骨对漆器的后续制作有着重要的意义。

二、相关文献记载

奁滥觞于战国，鼎盛于汉代，是汉墓中的最常见的器形之一，唐以后逐渐退出历史舞台。“奁”是用来盛放物品的小型容器，是日用漆器中的一个品类。有关“奁”最早的文献记载见于《说文解字·竹部》释籢字：“籢，镜籢也。从竹，敛声。”③在许慎看来，“奁”最初是竹制品。奁多为圆形，方形奁也被称为匣④。奁也称为“检”，湖北江陵凤凰山168号汉墓出土的简一四中有“镜一，有检”，对应着墓中随葬的一件针刻纹漆奁⑤。奁出现之初除盛放梳妆用具外，还用来盛放食物，后来“奁”才专指盛梳妆用品的器具。因奁中所盛之物多为化妆用具，故又称为“妆具”⑥。东汉之际，为避明帝刘庄讳，“庄”字多改用“严”字，同音字也均改称，故“妆具”亦改称“严具”。奁中常存镜，又有“镜奁”“镜匣”“妆盒”等诸多称谓。

从出土战国实物看，保存完好的漆奁主要出土于楚文化的中心区域，以湖北、湖南、江苏等省保存得最好，墓主性别既有女性亦有男性。楚人在日常生活中注重修饰仪容，人们对发式和面颊的打扮极为讲究，人死之后，存放梳妆用具的漆奁也随主人带到另外一个

---

① （汉）郑玄注，（唐）贾公彦疏：《周礼注疏》，上海古籍出版社，2010年，第1526页。
② 王世襄：《髹饰录解说》，文物出版社，1983年，第163页。
③ （汉）许慎撰，（清）段玉裁注：《说文解字注》，上海古籍出版社，1981年，第193页。
④ 孙机：《汉代物质文化资料图说》，上海古籍出版社，2008年，第302页。
⑤ 纪南城凤凰山一六八号汉墓发掘整理组：《湖北江陵凤凰山一六八号汉墓发掘简报》，《文物》1975年第9期。
⑥ 孙机：《汉代物质文化资料图说》，上海古籍出版社，2008年，第302页。

世界中继续使用。长沙楚墓突出地反映了这一风俗习惯，出土梳妆用品的墓葬多达30多座，有些漆奁内存配套齐全的梳妆用品，如铜镜、梳、篦、假发、脂粉等①。

漆奁因所承担的功能需要，其胎骨以轻便为主，主要有木胎、布脱胎，少量的竹胎，以及复合胎骨等其他胎骨。漆奁器形以圆形为主，还有椭圆形、长方形及正方形。奁盖和奁身有直口扣合和子母口扣合两种。常见的战国漆奁为矮扁的圆筒形，直口、直腹、平底，直腹靠底部微微内收，奁的盖顶一般略微隆起、近平。及至两汉，奁的盖顶隆起已较高，甚至近乎半球状，盖顶起数道凸棱，呈多级阶梯状逐层高起，此种设计离不开制胎技术的进步。通过探究战国秦汉漆奁胎骨的演变轨迹，人们可以了解这一时期发达的髹漆工艺背后的胎骨演变与器形发展的互动规律。

三、木　　胎

木胎是漆器中出现时间最早、使用最广、成本低廉的胎骨。从新石器时代伊始，木胎即是漆器的主要胎骨之一，制胎方法主要有斫制法与挖制法。距今8000年的浙江萧山跨湖桥遗址出土的漆木弓系采用斫制法制作而成。距今7000年的浙江河姆渡遗址出土的瓜棱形朱漆碗T231③B：30，用整段圆木制作而成，瓜棱形扁鼓腹，矮圈足略外撇。器表髹朱红色漆，薄而匀，略有光泽。通高5.7、口径9.2～10.6、底径7.2～7.6厘米②。器内采用挖制的方法，器表与碗的圈足均斫制而成（图一，1）。战国以降，锋利的铁制工具大大提高了漆器胎骨的制作效率，工艺也日臻完美。木胎制作一般以某种制法为主，辅以其他方法而制成，除挖制法、斫制法之外，还有镟制、卷制、雕刻等方法，其中卷制而成的薄木胎在汉代极其常见，而雕刻法历经战国及秦，至西汉时期已经十分罕见。

古代漆木器往往由多个构件结合而成，结合方法主要有榫接、铆接、嵌接、粘接四种。以荆州高台秦汉墓出土漆木器为例，榫接即榫头与榫眼的结合，主要用于几、案等器；铆接即铆钉结合法，主要用于奁、樽的足与器底的结合、卮鋬与腹壁的结合等；嵌接法主要用于樽、奁等器的器身与器底的结合，即先在器底边缘凿出相应的浅槽，然后将器壁下端嵌入浅槽内，并用漆液粘牢；粘接法主要用于卷制器物的结合部件及相关部件，常见的黏结剂为漆液③。

木胎以天然木材为胎骨，取材方便，沿用至今。从出土实物来看，斫木胎与镟木胎皆属于比较厚重的胎骨。斫木胎出现最早，多采用挖、削、凿等工艺对木块进行加工制作，胎骨一般比较厚重，如具器、钫等。镟木胎目前可以溯源到商代④，它是利用类似陶轮的

---

① 湖南省博物馆等：《长沙楚墓》，文物出版社，2000年，第535页。

② 浙江省文物考古研究所：《河姆渡：新石器时代遗址考古发掘报告》，文物出版社，2003年，第291页。

③ 湖北省荆州博物馆：《荆州高台秦汉墓》，科学出版社，2000年，第116页。

④ 欧谭生：《罗山天湖商周墓地》，《考古学报》1986年第2期。

旋转机械，配合青铜工具镟出外壁与底部，镟制成型的漆器具有胎体匀称的优点，同时制作方便，既提高了生产效率，又使产品更加规整美观，常采用镟制法制胎的器形主要有鼎、盛、锺等。

从出土木胎漆奁来看，采用以上两种方式来进行制胎的实例相对较少。马王堆二号汉墓出土一件漆奁（标本：31），残甚，其胎骨为斫木胎[①]。汉初制作漆奁时，常利用斫木胎的厚度来凿出多个凹槽，槽内嵌放多个子奁。湖南长沙马王堆一号汉墓出土双层漆奁（器物号：443），下层底板即为斫木胎[②]，厚5厘米，在底板上凿出九个凹槽，九个子奁嵌放在凹槽中。与此类似的还有西汉早期湖南长沙渔阳墓出土的双层七子奁[③]、山东临沂银雀山M4出土的针刻双层七子奁[④]，其形制与马王堆一号墓的双层九子奁相同，由盖、上层、下层三部分套合而成。上层放铜镜，下层在斫木胎底板上挖出七个凹槽，嵌放不同形状的七个小奁，巧妙地利用了斫木胎厚重的特点。器壁与器盖为卷木胎，内髹红漆，外髹黑漆，里外皆针刻云气纹，并加彩笔勾点。全器造型灵巧，端庄典雅，颇具特色。

卷木法也称为“曲木”“棬棅”或“捲素”[⑤]，在木胎制作中出现最晚。制作时，先利用木片易于弯曲之特性，切成薄而长的片，再用木钉和生漆粘接接口。这种手法多用来卷制直壁容器的腹壁，再另接器底，常见于战国晚期楚墓中出土的圆筒形漆器。在此基础上，为了解决卷木胎的接口容易开裂的问题，同时掩盖接口，以便于开展后续的髹饰工作，工匠们在实践中开始在卷制的薄木胎上以漆液裱上织物，利用织物表面的张力提高胎骨的牢固性。

以战国楚墓出土木胎漆奁为例，制胎时先制一片厚度均匀的长方形薄木板，将其两端削成斜面，然后将薄木板软化卷成圆筒状，再将两端的斜面用生漆或木钉连接起来制成奁壁。奁底和盖均用较厚的圆木块镟制或斫制而成后，再与奁壁粘接。由于盖、底的木胎较厚，奁壁较薄，考古出土的漆奁往往破损，多仅残存盖和底。出土楚国漆奁的实物表明，奁壁与盖、底的粘接方式一般都为内表面粘接，这是因为盖、底为较厚的木块（有的厚达1厘米甚至更多），外缘表面积较大，与奁壁内表面粘接后强度较大[⑥]。

湖南长沙马王堆一号汉墓出土的卷木胎用于直壁器形，主要见于卮、奁，器身系用薄木片卷成圆筒状，底部为圆形平板，壁、底接口处用木钉钉接。此种卷木胎一般要在胎骨

---

① 湖南省博物馆、湖南省文物考古研究所：《马王堆二、三号汉墓》，文物出版社，2004年，第16页。

② 湖南省博物馆、中国科学院考古研究所：《长沙马王堆一号汉墓》，文物出版社，1973年，第88页。

③ 长沙市文物考古研究所、长沙简牍博物馆：《湖南长沙望城坡西汉渔阳墓发掘简报》，《文物》2010年第4期。

④ 山东省博物馆、临沂文物组：《临沂银雀山四座西汉墓葬》，《考古》1975年第6期。

⑤ （元）陶宗仪：《南村辍耕录·髹器》记：“凡造碗、楪、盘、盂之属，其胎骨则梓人以脆松劈成薄片，于旋床上胶黏而成，名曰捲素。”中华书局，1959年，第375页。

⑥ 后德俊：《楚国的矿冶髹漆和玻璃制造》，湖北教育出版社，1995年，第219页。

上加褖麻布，然后上漆，上漆后光滑平整，不露接痕[①]。西汉中期以后，漆器胎骨日渐流行布脱胎，然而以卷木法制作而成的薄木胎依然是漆奁常见胎骨之一。例如，江苏扬州平山养殖场出土的4件西汉晚期漆奁，其胎骨均为薄木胎[②]。

由于木材上有天然纹理，间或有凹凸不平之处，至迟在西周时期，我国漆工就开始在制成的木胎上涂抹漆灰。陕西宝鸡竹园沟出土的残漆器上，漆皮内侧都有极细小的沙粒粘料，应是髹漆前所上的漆灰[③]。漆灰俗称“腻子”，在器物上施漆灰也称为“垸漆”。《说文解字·土部》释“垸”字曰：“垸，以桼和灰髹也。”[④]汉代漆灰是以骨灰[⑤]、石英等磨成细粉后调入漆液后制成的泥状物，用以填补裂缝和涂抹胎骨凹凸不平之处，使木胎表面平整而光滑。胎体涂抹漆灰后再髹漆，漆器表面既光滑，又能使漆层牢牢地附着在胎体之上。

四、夹纻胎与布脱胎

在长期实践中，人们发现纻与漆相结合极其牢固，据《汉书·张释之传》载，汉文帝视察霸陵时说：“嗟乎!以北山石为椁，用纻絮斮陈漆其间，岂可动哉！”[⑥]古代工匠在多种胎骨上糊织物[⑦]，而在木胎上糊织物所得胎骨是为夹纻胎，在夹纻胎的基础上又出现了布脱胎。长期以来，学术界存在一种误区，将夹纻胎和布脱胎混为一谈。洪石在其专著中对此进行了详细考证，认为关于漆器的发掘简报和研究文章中，凡是言夹纻胎其实皆为纻胎即布胎[⑧]。笔者基本同意洪石的观点，但是认为“布胎”之称不能形象地反映出这类胎骨是经过脱去内胎后而形成的，又因元代以后这类胎骨常被称为“搏换”“脱活”“脱胎”，故笔者认为将这类胎骨命名为“布脱胎”似乎更为准确，也便于读者理解。

布脱胎是以木或泥做成的器形作为内胎，再以涂漆灰的麻布或缯帛等在制好的内胎上褖糊若干层，待完全干实后，去掉内胎，新得的胎骨的形状与原来的内胎完全一致，只是略大一点，最后再在麻布壳或缯帛壳上髹漆。脱胎漆器作胎时用模具，可能是借鉴了冶铸

① 湖南省博物馆、中国科学院考古研究所：《长沙马王堆一号汉墓》，文物出版社，1973年，第76页。

② 扬州博物馆：《扬州平山养殖场汉墓清理简报》，《文物》1987年第1期。

③ 宝鸡市博物馆：《宝鸡竹园沟西周墓地发掘简报》，《文物》1983年第2期。

④ （汉）许慎撰，（清）段玉裁注：《说文解字注》，上海古籍出版社，1981年，第688页。

⑤ 孙机先生认为汉代的垸漆有时还在漆液内添加骨灰。见孙机：《关于汉代漆器的几个问题》，《文物》2004年第12期。

⑥ （汉）班固撰：《汉书》卷五〇《张释之传》，中华书局，1962年，第2307页。

⑦ 考古发现的漆器除了常见的在薄木胎上褖织物外，一些铜胎漆器也会在胎骨上褖糊织物，如山东巨野红土山西汉墓出土的铜胎漆罐，铜胎外附贴藤席，席外又贴多层麻布，再上黑漆，朱绘纹饰；同墓出土的两件铜胎漆盘也是采用这种制胎方式。铜胎上直接髹漆，日久极容易剥落，工匠们在铜胎之外附上藤、麻织物后再髹漆，漆层就牢牢地附着在织物上，故而不易从铜胎上剥落下来。

⑧ 洪石：《战国秦汉漆器研究》，文物出版社，2006年，第114～117页。

行业的作范法，胎内以麻布加固，以漆灰压缝，则可能是借鉴了大型土木建筑壁画的涂壁法。因此，脱胎漆器的出现是战国时期手工行业间相互渗透的结晶[①]。布脱胎完全是靠麻类织物与漆的反复裱褙以成型，生漆与漆灰结合后具有水泥般的坚硬强度，再加上麻布的韧性与张力，因而布脱胎具有轻巧、结实、造型稳定等特点，适宜制造形状复杂且不规则的器物，克服了斫木胎和镟木胎厚重、容易变形、开裂等缺陷。

考古资料表明，至迟在战国中晚期，楚国漆器中出现了布脱胎。布脱胎在当时作为新出现的胎骨，在漆器生产中还未普及开来，最初只用来做盘、耳杯、奁、卮及鞘等小型器物的胎骨。江陵马山一号楚墓出土的彩绘漆盘[②]、长沙左家塘三号墓出土的黑漆杯和彩绘耳杯[③]、江陵望山一号楚墓出土的铜削鞘[④]，这些漆器的胎骨皆为布脱胎。

考古出土的战国脱胎漆奁数量较少，仅在少数等级较高的墓葬中有零星发现。湖北荆门包山二号楚墓，墓主为楚国贵族，生前官居左尹，执掌国家司法大权。墓中出土一件彩绘车马人物出行图圆奁（器物号2：432），整器直径27.9、通高10.8厘米，奁的胎骨很薄，仅厚0.3厘米，是在麻纱两面贴以皮革，以生漆粘接而成[⑤]。在奁盖通长80多厘米的外壁上绘一幅写实性的人物车马图（图一，2），人物扬鞭催马，姿态各异，摇曳的柳枝、飞翔的雁、奔跑的狗，画面具有浓厚的生活气息，堪称先秦漆画珍品。奁中存放方形和圆形铜镜各一面，搽粉饰一件，骨笄两件以及花椒等。此墓中还随葬一件素髹无纹漆奁，内髹红漆，外髹黑漆。遣册上称这两件漆奁为“二革园”。这两件漆奁的胎骨皆夹着麻布，采用脱胎工艺制作而成。此外，1959年，湖南常德德山战国晚期墓出土了一件深褐色朱绘龙纹漆奁[⑥]，其胎骨也为布脱胎。

出土于江汉平原的秦漆器，胎骨全部为木胎，不见布脱胎。其原因可能有两方面：其一是因为布脱胎工艺出现较晚，迟至战国中晚期，尚未普及开来；其二是因为秦速亡，漆器工艺在短时间内尚未取得较大发展。秦漆器工艺对楚漆器工艺多是传承，除了少量的一些新特征外，鲜有创新。但秦统一后，有利于漆器资源的整合，有利于漆器制作工艺的交流，古代髹漆业在稳定中继续发展。

从现有考古资料来看，布脱胎在汉代初期尚属比较贵重的胎骨，多发现于等级较高的墓葬。广汉郡与蜀郡等郡所制供皇家使用的乘舆用具，其胎骨多为布脱胎，制作考究，且常饰金属扣，显得雍容华贵。布脱胎的广泛运用对于漆器的器形创新具有十分重要的意义，就漆奁而言，其设计方面出现了多功能、组合化、系列化倾向，器物的实用性增强，

① 王红星：《包山二号楚墓漆器群研究》，《包山楚墓》，文物出版社，1991年，第497页。
② 湖北省荆州地区博物馆：《江陵马山一号楚墓》，文物出版社，1985年，第80页。
③ 湖南省博物馆等：《长沙楚墓》，文物出版社，2000年，第354页。
④ 湖北省文物考古研究所：《江陵望山沙塚楚墓》，文物出版社，1996年，第79页。
⑤ 湖北省荆沙铁路考古队：《包山楚墓》，文物出版社，1991年，第144～146页。
⑥ 湖南省博物馆：《湖南常德德山楚墓发掘报告》，《考古》1963年第9期。

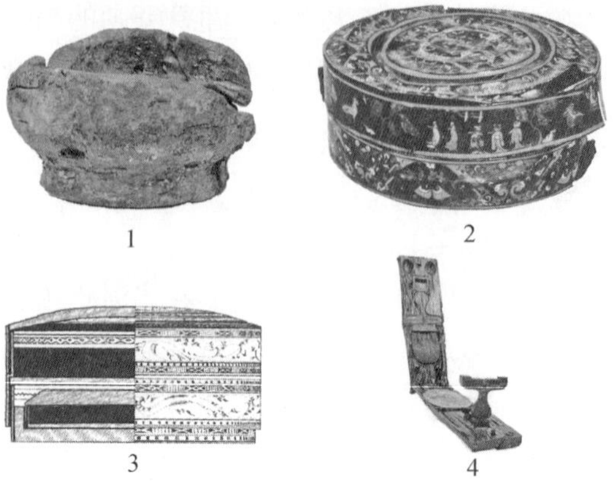

图一 出土的漆木器
1. 浙江河姆渡遗址出土朱漆碗（T231③B：30）
2. 战国包山二号楚墓出土人物车马图漆奁（2：232）
3. 长沙望城坡西汉渔阳墓双层七子漆奁（C：156）
4. 战国九连墩1号墓出土便携式梳妆盒（M1：W237-4）

并向精致灵巧方面发展。

布脱胎具有轻便、易于成型、适合制作不规则器形等特征，这种制胎技术到了汉代日臻成熟，为多子奁的盛行提供了技术上的可能性。西汉文帝时期的安徽阜阳双古堆汝阴侯墓中共出土四套漆奁，均为布脱胎，装饰技法主要有锥画、彩绘、镶嵌银扣等。其中一件圆形漆奁（漆器M1：5）上有铭文“布检容二斗六升”[1]，可见当时这种麻布胎的漆奁被称为“布检”，即布奁。

汉初，由布脱胎和斫木胎拼接而成复合胎骨，亦颇为常见。例如，前文所及长沙马王堆一号汉墓所出双层九子奁（器物号：443），简二三〇作“九子曾检”[2]，“曾”通“层”，“曾检”即双层奁。盖和器壁为布脱胎，双层底为斫木胎，在木胎上凿有九个凹槽，内嵌九件子奁。湖南长沙望城坡渔阳墓，墓主人据推测为某代长沙王后[3]，墓中出土有多套漆奁，胎骨分为木胎和布脱胎两种[4]。其中一套银扣双层六子漆奁（器物号D：72），胎骨为布脱胎；另一套双层七子奁（器物号C：156），器壁及盖的胎质简报中虽未有说明，然从线图上可以看出底板为较厚的斫木胎，板上凿有七个凹槽，七个子奁嵌于槽内（图一，3）。同时期墓葬中，墓主人身份稍低的湖北江陵凤凰山九号墓[5]，出土的盘、双层奁、单层奁及耳杯等漆器，其纹饰与马王堆一号汉墓、望城坡渔阳墓如出一辙，然胎骨全为木胎，不见布脱胎。

西汉中期以后，布脱胎工艺逐渐盛行[6]，考古出土的日用漆器，其胎骨以布脱胎最为常见，如湖南长沙、江苏扬州、江苏盱眙、安徽巢湖、河北满城、山东日照、贵州清镇、广东广州、朝鲜平壤等地出土的漆器中，虽不少胎骨为木胎，然而杯、盘、卮、盒、奁等

① 安徽省文物工作队、阜阳地区博物馆、阜阳县文化局：《阜阳双古堆西汉汝阴侯墓发掘简报》，《文物》1978年第8期。

② 湖南省博物馆、中国科学院考古研究所：《长沙马王堆一号汉墓》，文物出版社，1973年，第88页。

③ 黄展岳：《长沙望城坡西汉“渔阳”墓墓主推考》，《先秦两汉考古论丛》，科学出版社，2008年，第54～56页。

④ 长沙市文物考古研究所、长沙简牍博物馆：《湖南长沙望城坡西汉渔阳墓发掘简报》，《文物》2010年第4期。

⑤ 长江流域第二期文物考古工作人员训练班：《湖北江陵凤凰山西汉墓发掘简报》，《文物》1974年第6期。

⑥ 王仲殊：《汉代考古学概说》，中华书局，1984年，第44页。

器物以布脱胎作胎骨已明显增多。相比于木胎漆器来讲，布脱胎漆器在墓葬中更易保存，如西汉晚期的江苏连云港海州霍贺墓中出土一套七子奁[①]，整套奁只有一件长方形子奁系木胎，且残破严重，余均为布脱胎，却保存较好。

五、竹胎及其他胎骨

竹胎漆器由于其不易变形、加工相对简易的优点，在我国有很悠久的历史。漆奁起源于南方楚国，南方湿润多竹，楚人最初可能是用竹胎制奁的，这从《说文解字》的解说中可以得到印证。四川青川战国中晚期墓葬出土部分漆奁的胎骨为竹胎[②]。马王堆三号墓曾出土竹胎彩绘漆勺3件。斗以竹节为底，成筒形。柄为长竹条制成，接榫处用竹钉与斗相联结。简二四二"髹画勺三"当即指此[③]。汉代竹胎漆奁比较少见，扬州邗江胡场五号西汉墓曾发现一件[④]，外髹酱褐色漆，内髹红漆。奁盖顶部贴饰柿蒂纹银饰片，盖身贴银箔白虎三只，边缘用朱线勾勒，内存梳妆用具，此外在安徽彭家岭西汉墓群中亦有出土[⑤]。

古代能工巧匠能够把各种天然材料辅以奇思妙想，制出精美的器物。墓葬年代为战国中晚期的湖北九连墩一号楚墓，出土一件便携式梳妆盒（器物号M1：W237-4），通长35、宽11.2、厚4厘米[⑥]。梳妆盒以木胎、竹篾为胎骨，由两块木板雕凿铰结而成。器表一面以篾青、篾黄镶嵌，篾青镶成外框，篾黄嵌为几何纹图案，器内相应部位挖孔以置放铜镜、木梳、刮刀、脂盒，内含托镜，以便支镜，构思巧妙（图一，4）。汉代还有以铜、木复合为胎骨的漆奁，如江苏邗江甘泉二号汉墓出土的鎏金铜扣九子方奁，九个子奁的底部均以薄铜皮为胎，边框和盖为木胎[⑦]。

此外，还有瓷胎漆奁，安徽合肥西郊乌龟墩东汉末期墓中出土一件瓷胎漆奁，器口镶嵌鎏金扣，内盛白粉，粉质极细[⑧]。

---

① 南京博物院等：《海州西汉霍贺墓清理简报》，《考古》1974年第3期。

② 四川省博物馆、青川县文化馆：《青川县出土秦更修田律木牍——四川青川县战国墓发掘简报》，《文物》1982年第1期。

③ 湖南省博物馆、湖南省文物考古研究所：《长沙马王堆二、三号汉墓》，文物出版社，2004年，第123页。

④ 扬州博物馆等：《江苏邗江胡场五号汉墓》，《文物》1981年第11期。

⑤ 李丁生：《潜山彰法山、彭家岭战国至西汉墓群略述》，《文物研究》第19辑，科学出版社，2012年，第30～32页。

⑥ 湖北省博物馆：《九连墩长江中游的楚国贵族大墓》，文物出版社，2007年，第85页。

⑦ 南京博物院：《江苏邗江甘泉二号汉墓》，《文物》1981年第11期。

⑧ 安徽省博物馆筹备处清理小组：《合肥西郊乌龟墩古墓清理简报》，《文物参考资料》1956年第2期。

六、结　　语

从斫木胎到卷木胎，再到布脱胎，中国古代工匠不但能够根据当地资源就地取材，同时考虑到器具的功能，选择相应的胎骨，使器具拥有良好的实用功能。随着生产力的进步与发展，制胎技术不断革新，日臻多元化，漆奁的胎骨就以其独特的形式语言诉说了古代漆器制胎技术的传承与演变。汉代漆奁胎骨造型上有圆形、方形、长方形，有单层和双层，流行多子奁。奁多用来盛放日常梳妆用具，使用人群多为女性，以轻便为宜，其胎质多为木胎与布脱胎，不见厚重的金属胎。木胎由于取料方便，直到今天，木胎依然是制作漆器最常用的胎骨之一。这与漆器自身的用途有关，如桌、案等需要承重的器具依然以木胎为主，而一些日用漆器如奁、盘、杯、卮等，轻巧灵巧才比较合用，因而往往采用薄木胎、布脱胎等轻薄胎骨。宋元以后，汉代多子奁演变成了多层套起的套奁，胎骨以木胎为主，华丽者还有银胎。明清不但有各种木胎的小型梳妆匣，而且还出现了作为室内陈设的大型梳妆台，胎质有贵重的黄花梨、紫檀等硬木。

附记：本文为“江苏省博士后科研资助计划”专项资金资助（资助编号：1301012C）和“中国博士后科学基金资助项目”资助（资助编号：2013M540428）成果。

皖西地区中小型西汉墓的分期与年代

张义中[1]　徐凤芹[2]

（1. 安徽省文物考古研究所　2. 合肥市文物管理处）

［摘　要］　皖西地区在行政区划上指安徽省六安市所辖两区五县。本文运用类型学方法对皖西地区中小型西汉墓进行分期和年代研究，初步建立起该地区中小型西汉墓的年代框架。

［关键词］　皖西地区　西汉墓　分期　年代

本文所称皖西地区从行政区划上而言是指安徽省六安市所辖两区五县。该地区位于皖、豫、鄂三省交界处，在区域发展上具有独特的战略地位。近年来，皖西地区在配合城市基础设施建设的过程中清理了大量西汉墓葬，为建立该地区汉代墓葬的考古学编年体系提供了基础，本文以六安东郊啤酒厂68座土坑墓①及皖西地区已见诸报刊的相关材料②为依据，运用类型学的方法，初步建立起皖西地区中小型西汉墓的年代框架，不揣简陋，请学界同行批评指正。

为便于记录和描述，本文按照统一的代号准则给各墓葬出土地点编号，编号由市县和出土墓葬的最小地点组成复合代号，如“六酒M62”代表“六安东郊啤酒厂M62”，其余各地点及代号对应关系见附表一。

---

① 安徽省文物考古研究所内部材料，南京大学历史系考古专业05级本科生实习所得。

② 这些材料包括：安徽省文物考古研究所、舒城县文物管理所：《安徽舒城县秦家桥西汉墓》，《考古》1996年第10期；安徽省文物考古研究所、六安市文物管理局：《六安市城东双龙机床厂388号西汉木椁墓清理简报》，《文物研究》第15辑，黄山书社，2007年；安徽省文物考古研究所、六安市文物管理所：《六安市312国道墓葬清理报告》，《文物研究》第13辑，黄山书社，2001年；安徽省文物考古研究所、霍山县文物管理所：《安徽霍山县西汉木椁墓》，《文物》1991年第9期；安徽省文物考古研究所、六安市文物管理所：《安徽六安九里沟两座西汉墓》，《考古》2002年第2期；六安市文物管理所：《六安城东324号西汉木椁墓清理简报》，《文物研究》第12辑，黄山书社，2000年；梁乃忠：《六安市九里沟4号西汉墓》，《文物研究》第11辑，黄山书社，1998年；六安市文物管理所：《六安市九里沟64号西汉墓发掘简报》，《文物研究》第13辑，黄山书社，2001年。

一、墓葬形制的分类

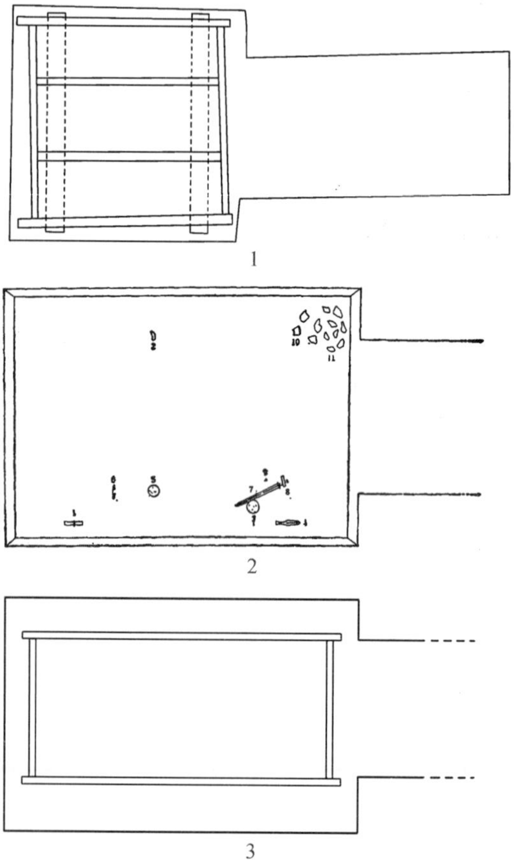

图一　墓葬形制分类图（第一类）
1. A型（六酒M62）　2. B型（舒秦M7）
3. C型（六酒M27）

据六安东郊啤酒厂墓葬及已见诸报刊的相关材料，皖西地区中小型西汉墓共计91座，皆为长方形竖穴土坑墓，依其有无墓道，可分为两大类。

第一类：有墓道，共10座。依据墓室的长宽比，分为三型。

A型　墓室长宽比值介于1～1.23，共3座，如六酒M62（图一，1）。

B型　墓室长宽比值介于1.36～1.7，共6座，如舒秦M7（图一，2）。

C型　墓室长宽比为2，仅1座，如六酒M27（图一，3）。

第二类：无墓道，共81座（其中6座墓葬长宽数据不详）。依据墓室的长宽比，分为三型。

A型　墓室长宽比值介于1～1.223，共6座，如六酒M13（图二，1）。

B型　墓室长宽比值介于1.26～1.72，共57座，如六酒M35（图二，2）、六九M177（图二，3）。

C型　墓室长宽比值介于1.8～2.2，共12座，如六酒M70（图二，4）。

二、典型器物的类型学研究

皖西地区西汉墓葬随葬品分陶、铜、玉、铁、漆木器等，其中陶器数量众多且时代特征明显，铜钱数量较少且锈蚀严重，铜镜有相对集中的流行时段，可作为墓葬分期断代的重要依据。故本文主要对墓葬出土的典型陶器和铜镜进行类型学分析。

（一）陶器

皖西地区出土的陶器以泥质灰陶居大宗，按其用途可大致分为仿铜陶礼器、日常生活用器和模型明器三大类。其中仿铜陶礼器有鼎、壶、盒、钫等，日常生活用器包括盘、

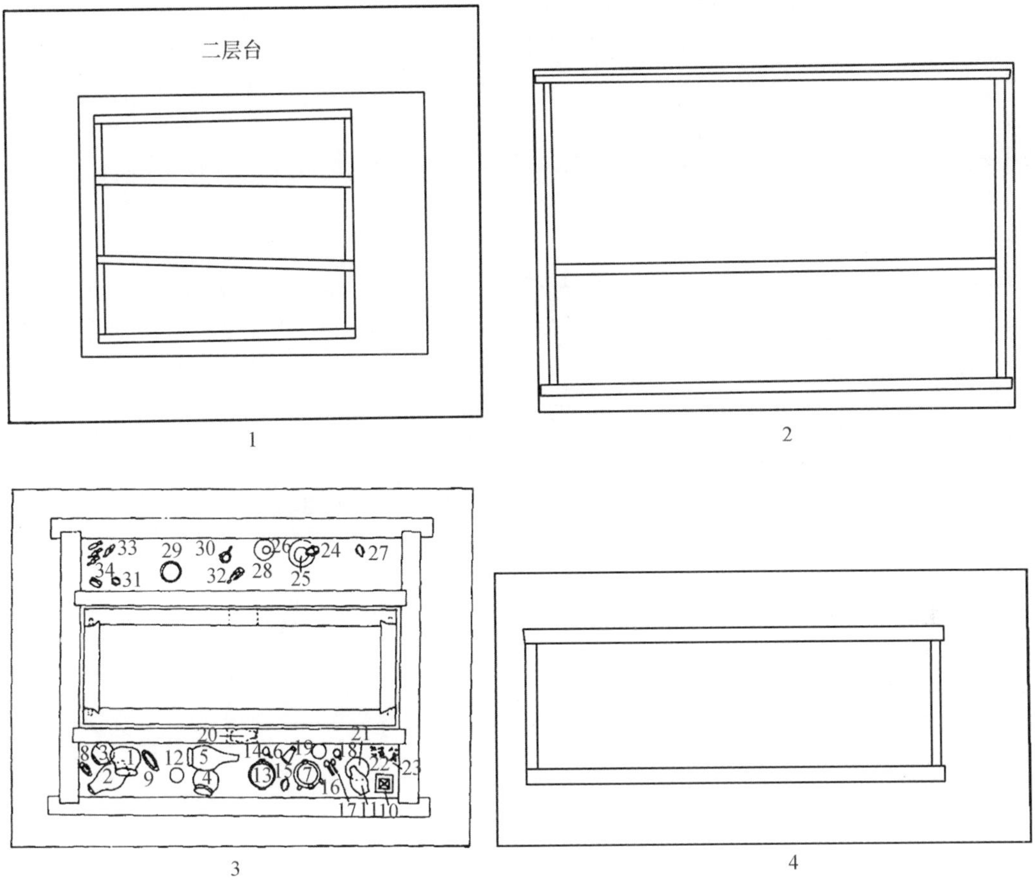

图二　墓葬形制分类图（第二类）

1. A型（六酒M13）　2、3. B型（六酒M35、六九M177）　4. C型（六酒M70）

罐、牛鼻耳罐、蒜头壶、扁壶、勺、匜、匕、杯、奁等，模型明器包括仓、灶、井等。现挑取其中的典型器做类型学分析。

鼎　依据足部的不同，分为二型。

A型　瘦高蹄形足。依据耳部变化，分为三式。

Ⅰ式：侈耳，足内聚，平底内凹。如六酒M58：6（图三，1）。

Ⅱ式：耳外撇，足竖直，平底内凹。如六酒M53：3（图三，2）。

Ⅲ式：直耳，足略外撇，圜底。如六酒M52：4（图三，3）。

演变趋势：耳由外侈到外撇再到竖直，底由平底内凹到圜底，足由内聚到竖直再到略外撇。

B型　矮粗蹄形足。依据耳部有无穿孔，分为二亚型。

Ba型　耳部有穿孔。依据耳部变化，分为三式。

Ⅰ式：侈耳，上腹部内敛，圜底。如六酒M62：3（图三，4）。

Ⅱ式：耳略侈，上腹壁竖直或略内敛，平底或圜底。如六酒M35：29（图三，5）、六城M324：18（图三，6）。

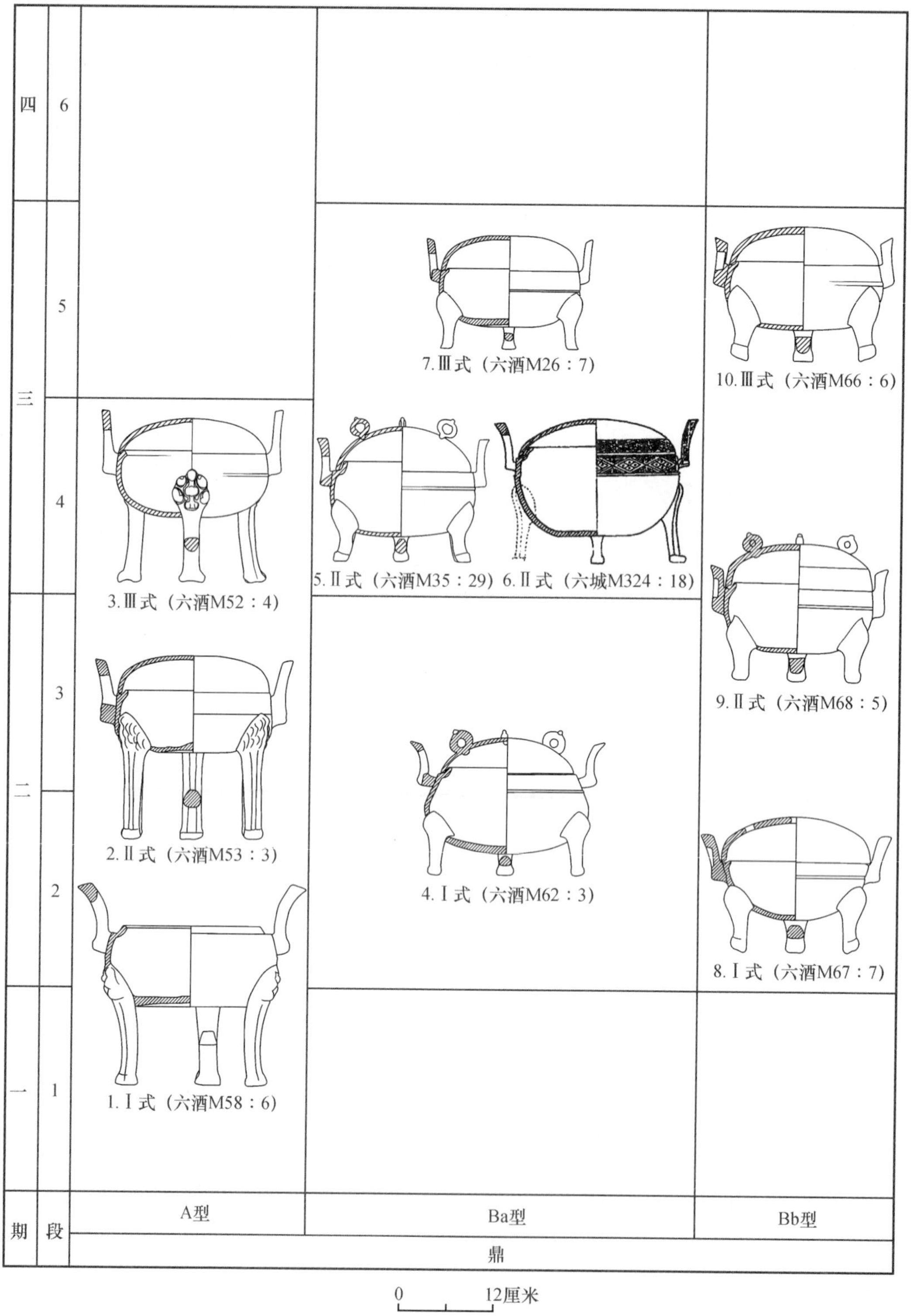

四
6
三
5
4
二
3
2
一
1
7.Ⅲ式（六酒M26：7）
10.Ⅲ式（六酒M66：6）
3.Ⅲ式（六酒M52：4）
5.Ⅱ式（六酒M35：29）
6.Ⅱ式（六城M324：18）
9.Ⅱ式（六酒M68：5）
2.Ⅱ式（六酒M53：3）
4.Ⅰ式（六酒M62：3）
8.Ⅰ式（六酒M67：7）
1.Ⅰ式（六酒M58：6）
期
段
A型
Ba型
Bb型
鼎
0
12厘米

图三　典型器演变图（一）

Ⅲ式：直耳，上腹壁竖直或略敞，平底或平底内凹。如六酒M26：7（图三，7）。

演变趋势：耳由外侈到竖直，上腹部由内敛到竖直到略敞，底由圜底到平底。

Bb型　耳部无穿孔。依据耳部变化，分为三式。

Ⅰ式：耳外撇，斜弧腹，圜底。如六酒M67：7（图三，8）。

Ⅱ式：耳竖直或略外撇，直腹，平底或平底略内凹。如六酒M68：5（图三，9）。

Ⅲ式：耳略内聚，上腹壁内敛，平底。如六酒M66：6（图三，10）。

演变趋势：耳由外撇到竖直再到略内聚，腹部由浅钵状腹到直腹再到上腹壁内敛，底由圜底到平底。

壶　依据整器去盖后的高度，分为三型。

A型　整器去盖后通高大于或等于30厘米。依据足部变化，分为二亚型。

Aa型　盘式圈足。依据腹部变化，分为三式。

Ⅰ式：圆肩，弧腹，最大腹径位于肩部。如六酒M67：1（图四，1）。

Ⅱ式：球腹，最大腹径居中。如六酒M68：8（图四，2）。

Ⅲ式：椭圆形腹，最大腹径居中。如六酒M65：4（图四，3）。

演变趋势：最大腹径下移，盘式圈足变矮。

Ab型　外撇式圈足。依据腹部变化，分为三式。

Ⅰ式：鼓腹，最大腹径居中。如六酒M62：4（图四，4）。

Ⅱ式：球腹，最大腹径居中。如六城M324：5（图四，5）。

Ⅲ式：椭圆形腹或垂腹，最大腹径居中或下移。如六石M13：4（图四，7）、六酒M65：5（图四，6）。

演变趋势：腹部由鼓腹演变为球腹再到椭圆形腹或垂腹，最大腹径下移。

B型　整器去盖后通高介于20～30厘米。依据足部变化，分为三亚型。

Ba型　假圈足。依据腹部变化，分为四式。

Ⅰ式：圆肩，弧腹，最大腹径位于肩部，假圈足足壁外撇，足部较高。如六酒M65：1（图五，1）、六九M177：2。

Ⅱ式：溜肩，弧腹，最大腹径下移，假圈足足壁外撇，足部较高。如六九M176：15、六城M324：8（图五，2）。

Ⅲ式：圆腹，最大腹径居中，假圈足足壁竖直，足部较高。如六酒M33：2（图五，3）。

Ⅳ式：鼓腹，最大腹径居中，假圈足足壁竖直，足部变矮。如六酒M8：1（图五，4）。

演变趋势：肩部由圆肩发展为溜肩，腹部由弧腹发展为圆腹再发展为鼓腹，最大腹径下移，假圈足，足壁由外撇到竖直，且足部变矮。

Bb型　圈足。依据腹部变化，分为三式。

Ⅰ式：圆肩，弧腹，最大腹径位于肩部。如六酒M53：2（图五，5）。

Ⅱ式：溜肩，鼓腹，最大腹径下移。如六九M176：14（图五，6）。

Ⅲ式：垂腹，最大腹径偏下。如六酒M7：9（图五，7）。

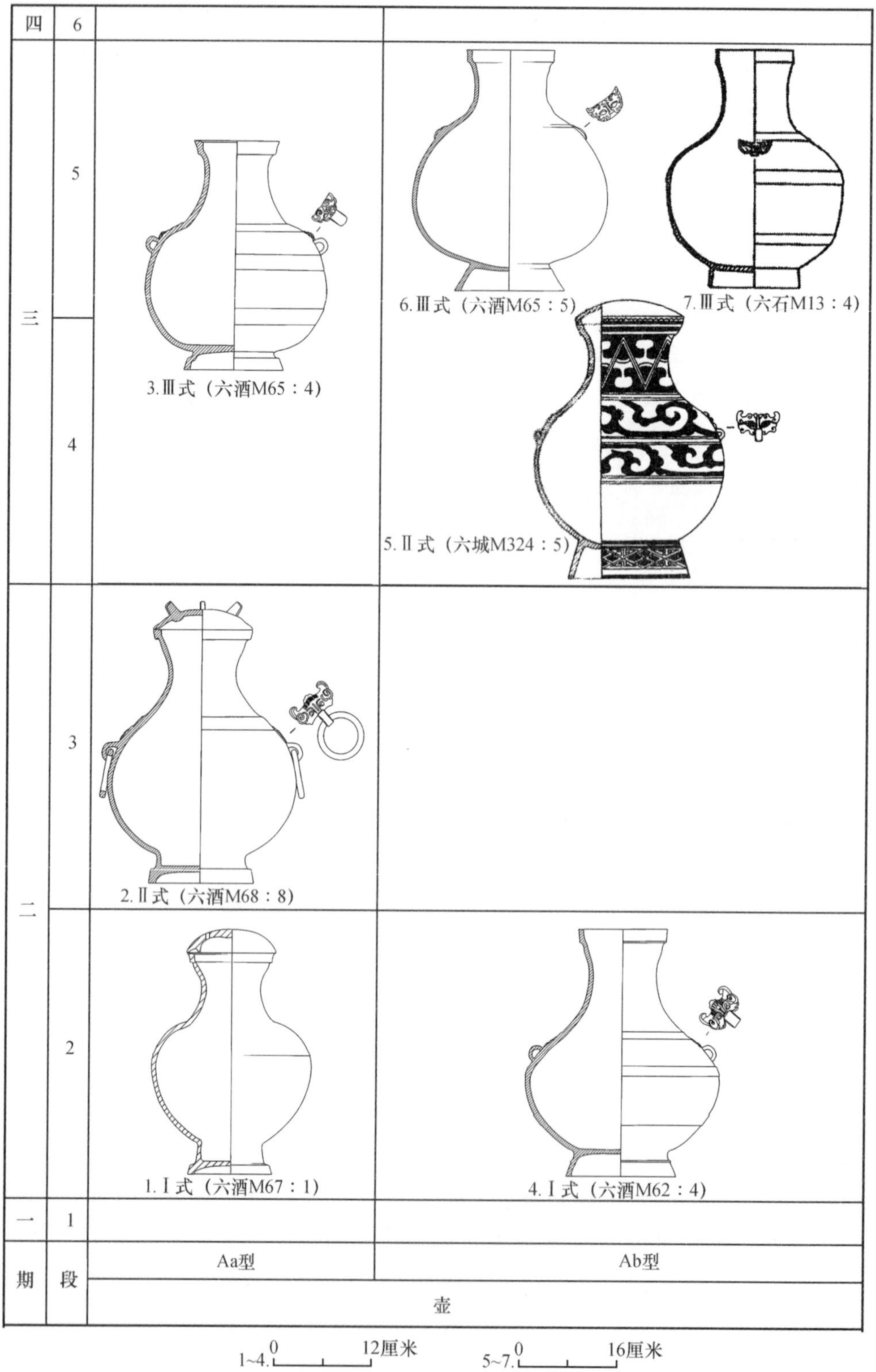
四
6
三
5
4
3.Ⅲ式（六酒M65：4）
6.Ⅲ式（六酒M65：5）
7.Ⅲ式（六石M13：4）
5.Ⅱ式（六城M324：5）
二
3
2.Ⅱ式（六酒M68：8）
2
1.Ⅰ式（六酒M67：1）
4.Ⅰ式（六酒M62：4）
一
1
期
段
Aa型
Ab型
壶
1~4. 0 12厘米
5~7. 0 16厘米

图四　典型器演变图（二）

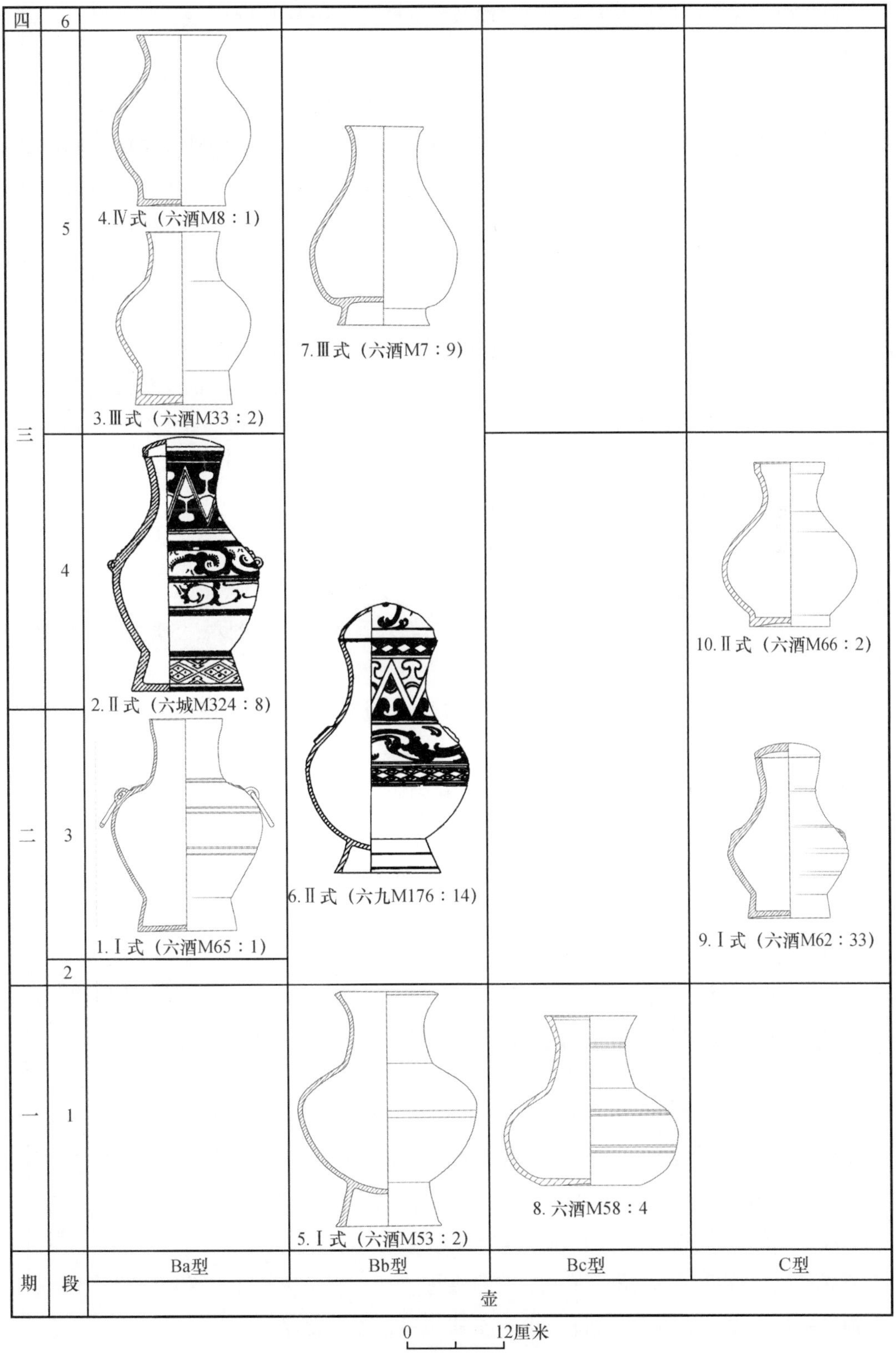
四
6
三
5
4
二
3
2
一
1
4. Ⅳ式（六酒M8：1）
3. Ⅲ式（六酒M33：2）
2. Ⅱ式（六城M324：8）
1. Ⅰ式（六酒M65：1）
7. Ⅲ式（六酒M7：9）
6. Ⅱ式（六九M176：14）
5. Ⅰ式（六酒M53：2）
8. 六酒M58：4
10. Ⅱ式（六酒M66：2）
9. Ⅰ式（六酒M62：33）
期
段
Ba型
Bb型
Bc型
C型
壶
0
12厘米

图五　典型器演变图（三）

演变趋势：肩部由圆肩发展为溜肩，腹部由弧腹发展为鼓腹再到垂腹，最大腹径下移。

Bc型 无足。如六酒M58：4（图五，8）。

C型 整器去盖后通高小于或等于20厘米。依据腹部变化，分为二式。

Ⅰ式：鼓腹，最大腹径居中，假圈足，足壁外撇且足部较高。如六酒M62：33（图五，9）。

Ⅱ式：圆腹，最大腹径居中，假圈足，足壁竖直且足部较矮。如六酒M66：2（图五，10）。

演变趋势：腹部由鼓腹演变为圆腹，足壁由外撇到竖直，足部变矮。

盒 依据足部的不同，分为三型。

A型 圈足。依据腹部变化，分为三式。

Ⅰ式：腹部较浅，器盖在整器中的比例较大，足较矮。如六酒M67：6（图六，1）。

Ⅱ式：腹部较深，器盖在整器中的比例变小，足增高。如六酒M62：5（图六，2）。

Ⅲ式：深腹，器盖在整器中的比例更小，足较高。如六酒M35：31（图六，3）。

演变趋势：腹部变深，器盖在整器中的比例变小，足增高。

B型 平底或平底内凹。依据下腹部有无明显内凹，分为二亚型。

Ba型 下腹部无明显内凹。依据腹部变化，分为三式。

Ⅰ式：折腹，上腹部和下腹部有明显的转折。如六酒M53：1（图六，4）。

Ⅱ式：上腹壁竖直或略内敛，下腹壁斜弧。如六酒M66：9（图六，5）、六酒M68：21（图六，6）。

Ⅲ式：斜弧腹。如六酒M49：5（图六，7）、六城M324：25（图六，8）。

演变趋势：腹部由折腹到斜弧腹。

Bb型 下腹部明显内凹。如六酒M67：10（图六，9）。

C型 假圈足。如六酒M9：21（图六，10）。

钫 计算最大腹径距器物底部的高度与去盖后通高的比值，根据数据变化，分为四式。

Ⅰ式：器物整体修长，最大腹径居中或偏高，高圈足。如六酒M62：6（图七，1）。

Ⅱ式：器物整体修长，最大腹径下移，圈足较高。如六酒M35：23（图七，2）。

Ⅲ式：器物整体矮胖，最大腹径继续下移，圈足较矮。如六酒M27：12（图七，3）。

Ⅳ式：器物整体矮胖，最大腹径偏下，矮圈足。如六酒M40：7（图七，4）。

演变趋势：器物整体由修长变矮胖，最大腹径下移，圈足变矮。

盘 列出盘的口径值，根据数据变化，分为三型。

A型 口径小于11.6厘米。依据腹部变化，分为三式。

Ⅰ式：斜腹或腹部内凹，平底内凹。如六酒M45：11（图七，5）、六酒M67：16。

Ⅱ式：斜腹，平底内凹。如六酒M57：8（图七，6）。

Ⅲ式：鼓腹近折，假圈足，平底，器壁变厚。如六酒M39：11（图七，7）。

演变趋势：腹部由略内凹到斜腹再到鼓腹近折，器壁变厚。

B型 口径大于或等于11.6厘米，小于19.6厘米。依据底部不同，分为三亚型。

Ba型 圜底。依据腹部变化，分为三式。

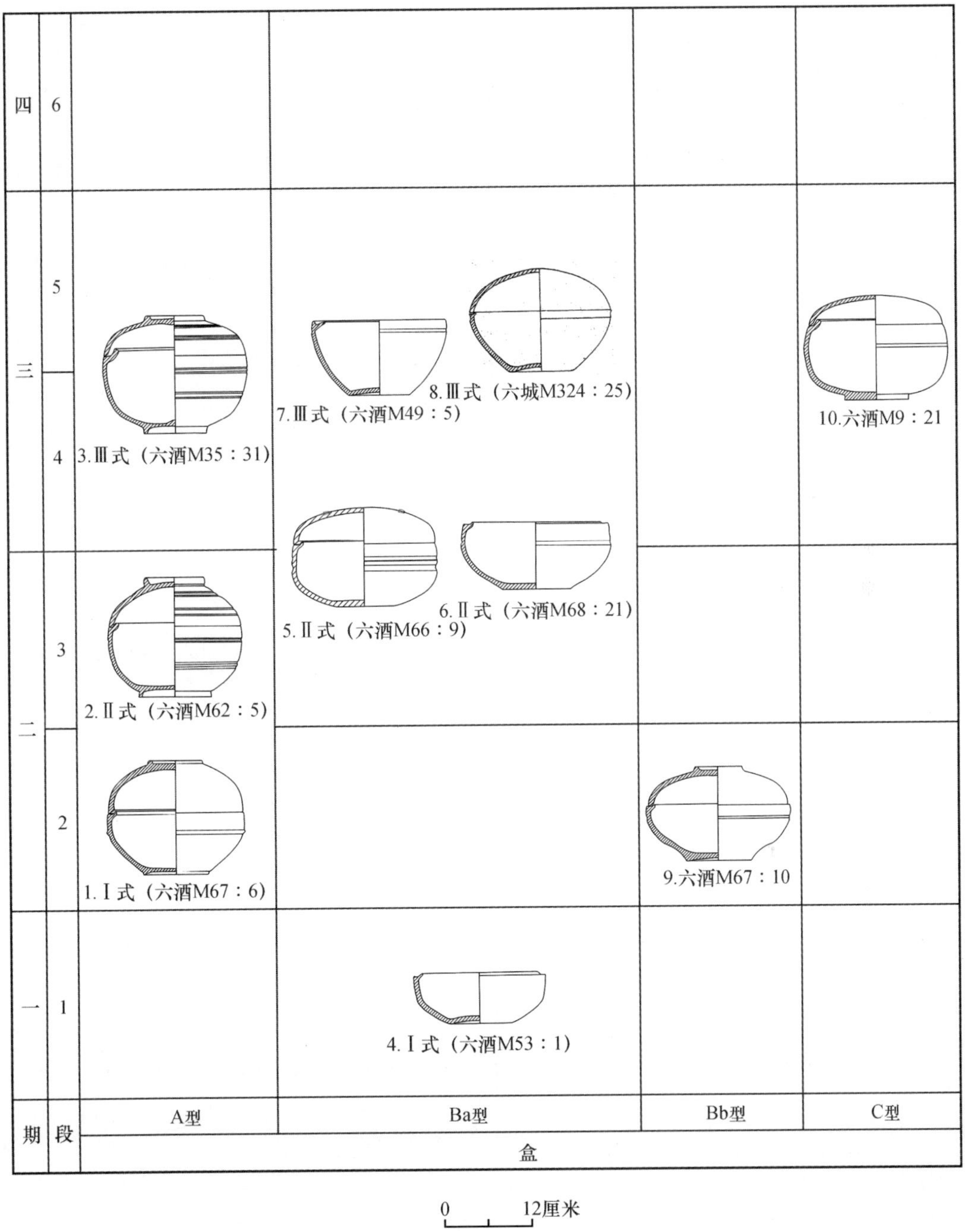

图六　典型器演变图（四）

Ⅰ式：折腹。如六酒M58：5（图七，8）。

Ⅱ式：弧腹。如六酒M62：39（图七，9）。

Ⅲ式：鼓腹。如六酒M52：7（图七，10）。

演变趋势：腹部由折到弧再到鼓。

Bb型　平底或平底内凹。依据腹部变化，分为三式。

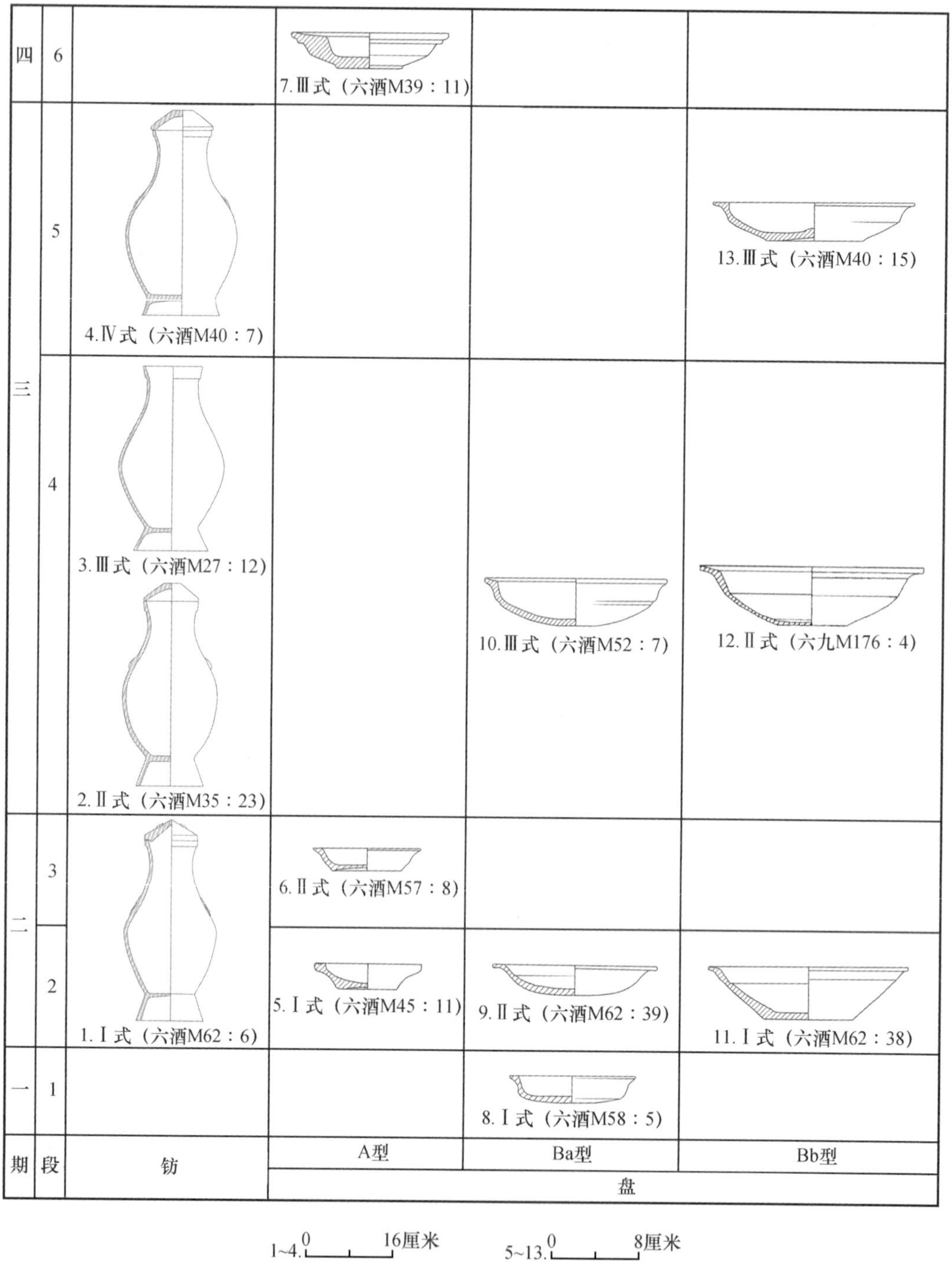

图七　典型器演变图（五）

Ⅰ式：仰折沿，斜腹，平底。如六酒M62：38（图七，11）。

Ⅱ式：仰折沿，斜腹，上下腹间有明显突出，平底。如六九M176：4（图七，12）。

Ⅲ式：平折沿，折腹，平底内凹。如六酒M40：15（图七，13）。

演变趋势：口沿由仰到折，腹部由斜腹到折腹，底部由平底到平底内凹。

Bc型　假圈足。依据腹部变化，分为三式。

Ⅰ式：斜腹。如舒秦M3：14（图八，1）。

Ⅱ式：折腹。如六酒M9：22（图八，2）。

演变趋势：腹部由斜到折。

C型　口径大于或等于19.6厘米。依据腹部变化，分为二式。

Ⅰ式：弧腹，腹部有折棱，平底。如六酒M68：23（图八，3）。

Ⅱ式：折腹，平底或平底内凹。如六城M324：19（图八，4）、六酒M25：22（图八，5）。

演变趋势：腹部由斜到折，底部由平底到略内凹。

罐　根据唇部不同，分为二型。

A型　双唇（或称“凹唇”）罐。依据最大腹径和通高的大小关系，分为二亚型。

Aa型　最大腹径值大于通高值。依据腹部变化，分为四式。

Ⅰ式：溜肩，鼓腹。如六酒M68：17（图九，1）。

Ⅱ式：溜肩，肩腹部分界明显，最大腹径位于肩腹部的分界点。如六酒M66：8（图九，2）。

Ⅲ式：斜肩，肩腹部分界明显，上腹与下腹部也有转折，最大腹径位于上下腹部的转折点。如六酒M25：17（图九，3）。

Ⅳ式：斜肩，肩腹部分界明显，上腹与下腹部也有转折，最大腹径位于上下腹部的转折点。如六酒M31：7（图九，4）、六酒M13：11（图九，5）。

演变趋势：肩部由折到斜，最大腹径由肩腹部转折点下移至上下腹部的转折点。

Ab型　最大腹径值小于或等于通高值。依据腹部变化，分为三式。

Ⅰ式：溜肩，肩腹部分界明显，最大腹径位于肩腹部的分界点。如六酒M68：34（图九，6）。

Ⅱ式：溜肩，肩腹部分界明显，最大腹径位于肩腹部的分界点。如六酒M66：3（图九，7）。

Ⅲ式：斜肩，肩腹部分界明显，上腹与下腹部也有转折，最大腹径位于上下腹部的转折点。如六酒M7：11（图九，8）。

B型　方唇罐。依据最大腹径和通高的大小关系，分为二亚型。

Ba型　最大腹径值小于或等于通高值。依据腹部变化，分为二式。

Ⅰ式：斜肩，肩腹部分界明显，上腹与下腹部也有转折，最大腹径位于上下腹部的分界点。如六酒M13：1（图九，9）。

Ⅱ式：斜肩，肩部有折棱，鼓腹。如六酒M9：10（图九，10）。

演变趋势：最大腹径下移，腹部由折到鼓。

Bb型　最大腹径值大于通高值。依据腹部变化，分为三式。

Ⅰ式：领较高，肩腹部分界明显，上腹与下腹部也有转折，最大腹径位于上下腹部的分界点。如六酒M45：3（图一〇，1）、六九M176：17（图一〇，2）。

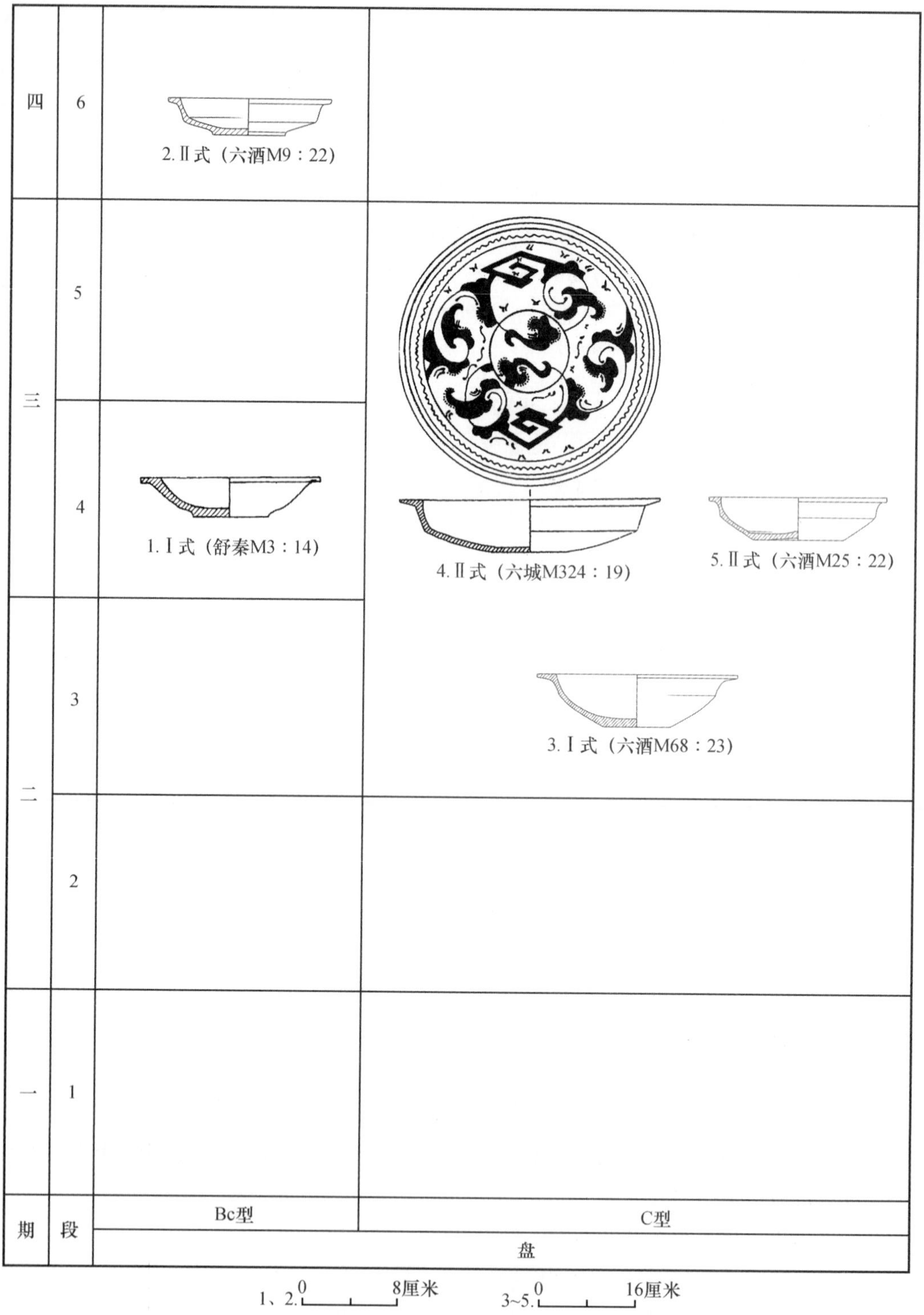
四
6
2. Ⅱ式（六酒M9：22）
三
5
4
1. Ⅰ式（舒秦M3：14）
4. Ⅱ式（六城M324：19）
5. Ⅱ式（六酒M25：22）
二
3
3. Ⅰ式（六酒M68：23）
2
一
1
期
段
Bc型
C型
盘
1、2. 0 8厘米
3~5. 0 16厘米

图八　典型器演变图（六）

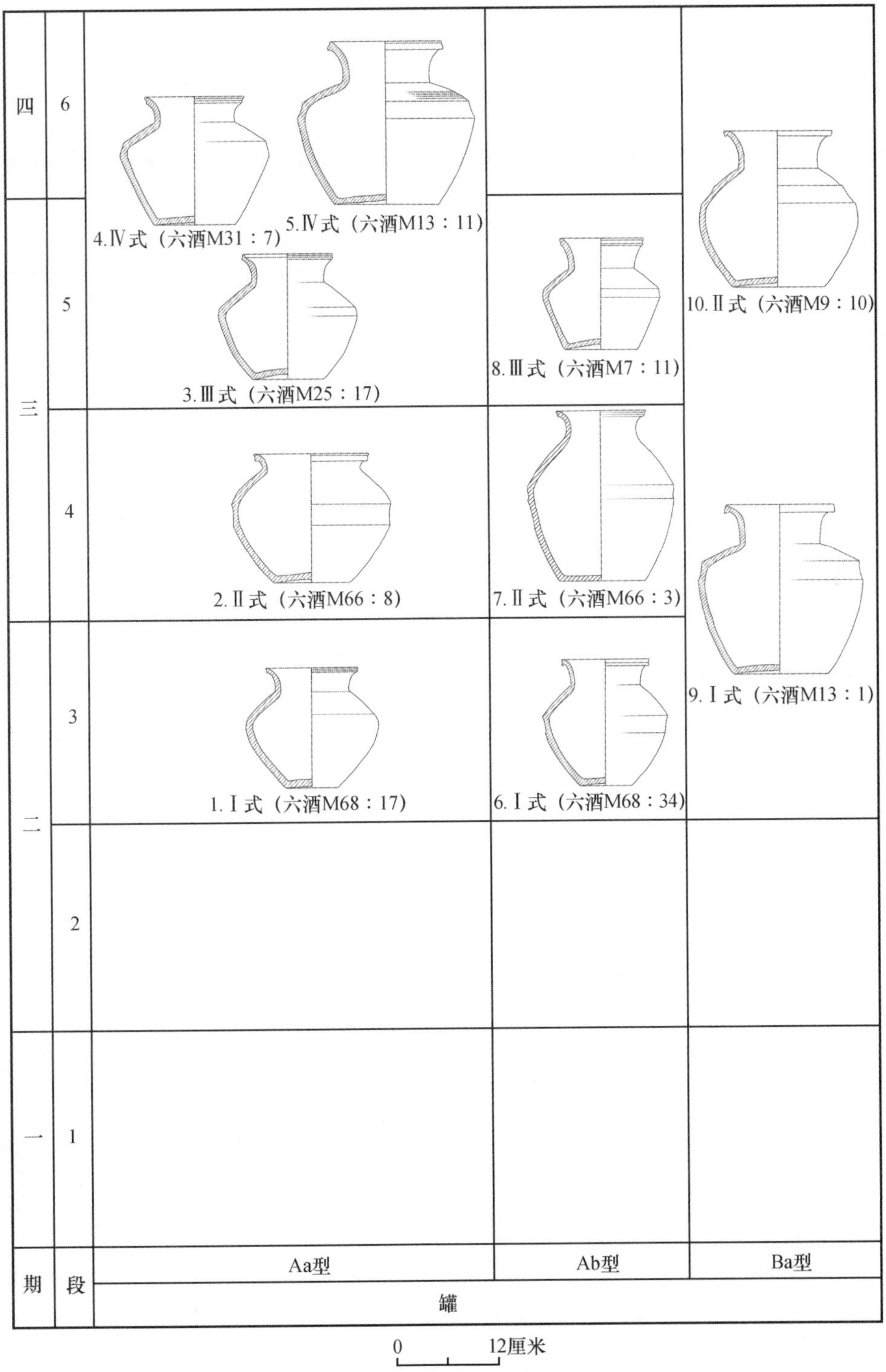

图九　典型器演变图（七）

Ⅱ式：领较高，肩腹部分界明显，上腹与下腹部也有转折，最大腹径位于上下腹部的分界点。如六酒M19：3（图一〇，3）。

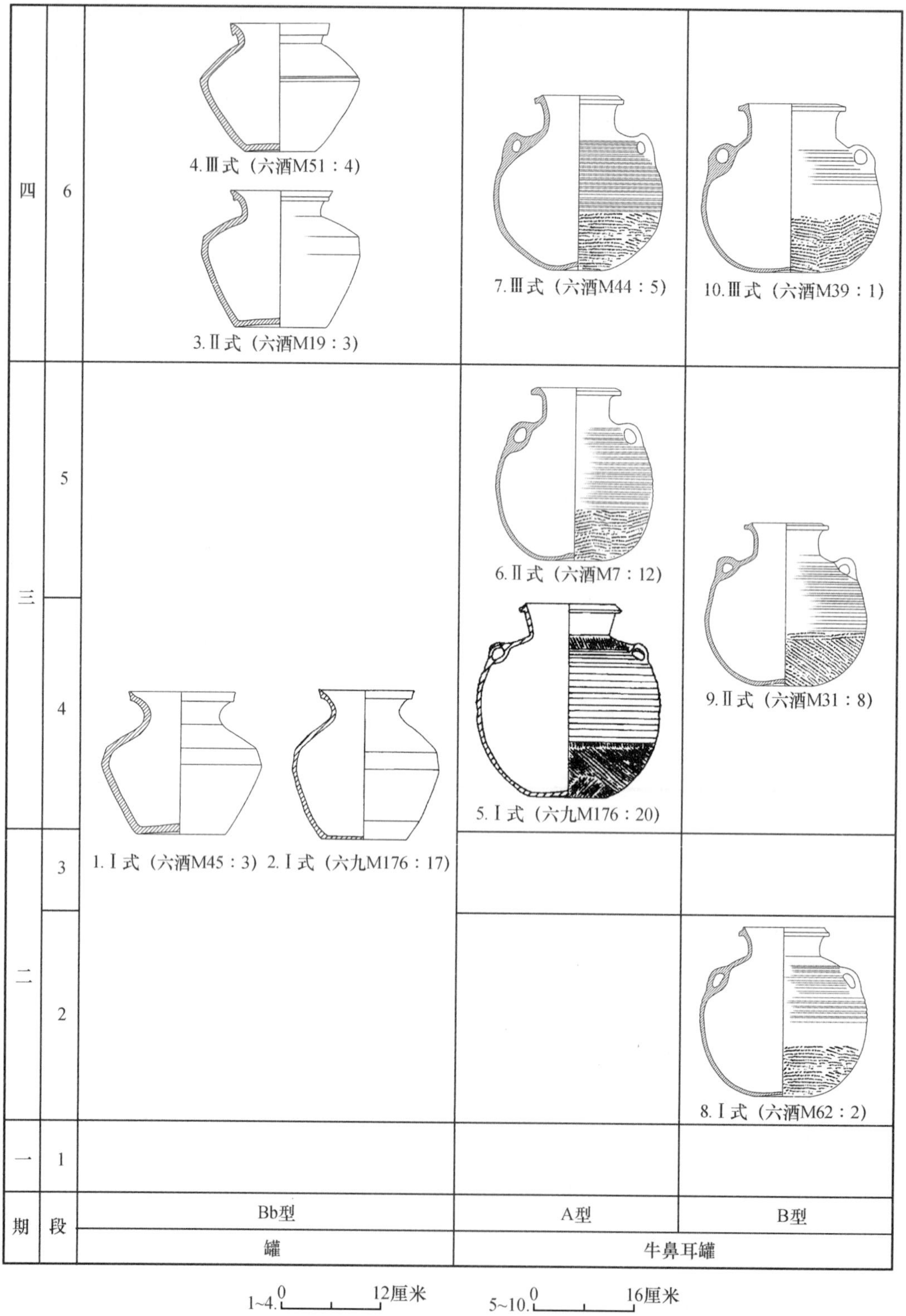
四
6
4.Ⅲ式（六酒M51：4）
3.Ⅱ式（六酒M19：3）
7.Ⅲ式（六酒M44：5）
10.Ⅲ式（六酒M39：1）
三
5
4
6.Ⅱ式（六酒M7：12）
5.Ⅰ式（六九M176：20）
9.Ⅱ式（六酒M31：8）
1.Ⅰ式（六酒M45：3）
2.Ⅰ式（六九M176：17）
二
3
2
8.Ⅰ式（六酒M62：2）
一
1
期
段
Bb型
A型
B型
罐
牛鼻耳罐
1~4. 0 12厘米
5~10. 0 16厘米

图一〇　典型器演变图（八）

Ⅲ式：矮领，肩腹部分界明显，最大腹径位于肩腹部的转折点。如六酒M51：4（图一〇，4）。

演变趋势：领变矮，最大腹径由上下腹部的分界点下移至肩腹部的分界点。

牛鼻耳罐　根据最大腹径和通高的大小关系，分为二型。

A型　最大腹径值小于通高值。

Ⅰ式：球形腹。如六九M176：20（图一〇，5）。

Ⅱ式：椭圆形腹。如六酒M7：12（图一〇，6）。

Ⅲ式：椭圆形腹。如六酒M44：5（图一〇，7）。

演变趋势：腹部由球形到椭圆形，最大腹径下移。

B型　最大腹径值大于通高值。依据腹部变化，分为三式。

Ⅰ式：球形腹。如六酒M62：2（图一〇，8）。

Ⅱ式：椭圆形腹。如六酒M31：8（图一〇，9）。

Ⅲ式：椭圆形腹。如六酒M39：1（图一〇，10）。

演变趋势：整器变得矮胖，腹部由球形到椭圆形，最大腹径下移。

蒜头壶　根据有无圈足，分为二型。

A型　圈足。依据腹部变化，分为二式。

Ⅰ式：长颈，垂腹。如六酒M62：31（图一一，1）。

Ⅱ式：颈变短，椭圆形腹。如六酒M68：3（图一一，2）。

演变趋势：颈变短，腹部由垂到椭圆形。

B型　无圈足。依据腹部变化，分为二式。

Ⅰ式：溜肩，鼓腹。如六酒M25：12（图一一，3）。

Ⅱ式：斜肩，斜腹。如六酒M49：2（图一一，4）。

演变趋势：肩部由溜到斜，腹部由鼓到斜。

扁壶　依据肩部变化，分为二式。

Ⅰ式：溜肩。如六酒M62：32（图一一，5）。

Ⅱ式：耸肩。如六酒M27：10（图一一，6）。

演变趋势：肩部由溜肩到耸肩。

（二）铜镜

相对于其他随葬品来说，铜镜的时代特征比较明显，每一款或每一型铜镜，都有其相对集中的流行时段，它能够反映当时人们的思想观念、生活情趣及审美意识[①]。墓葬中虽然有时会有一些传世镜被随葬入内，但绝大多数应该是当时的流行之物。

皖西地区中小型西汉墓共出土铜镜33面。这些铜镜根据镜背主体纹饰的不同，可分为

① 陕西省考古研究所：《白鹿原汉墓》，三秦出版社，2003年。

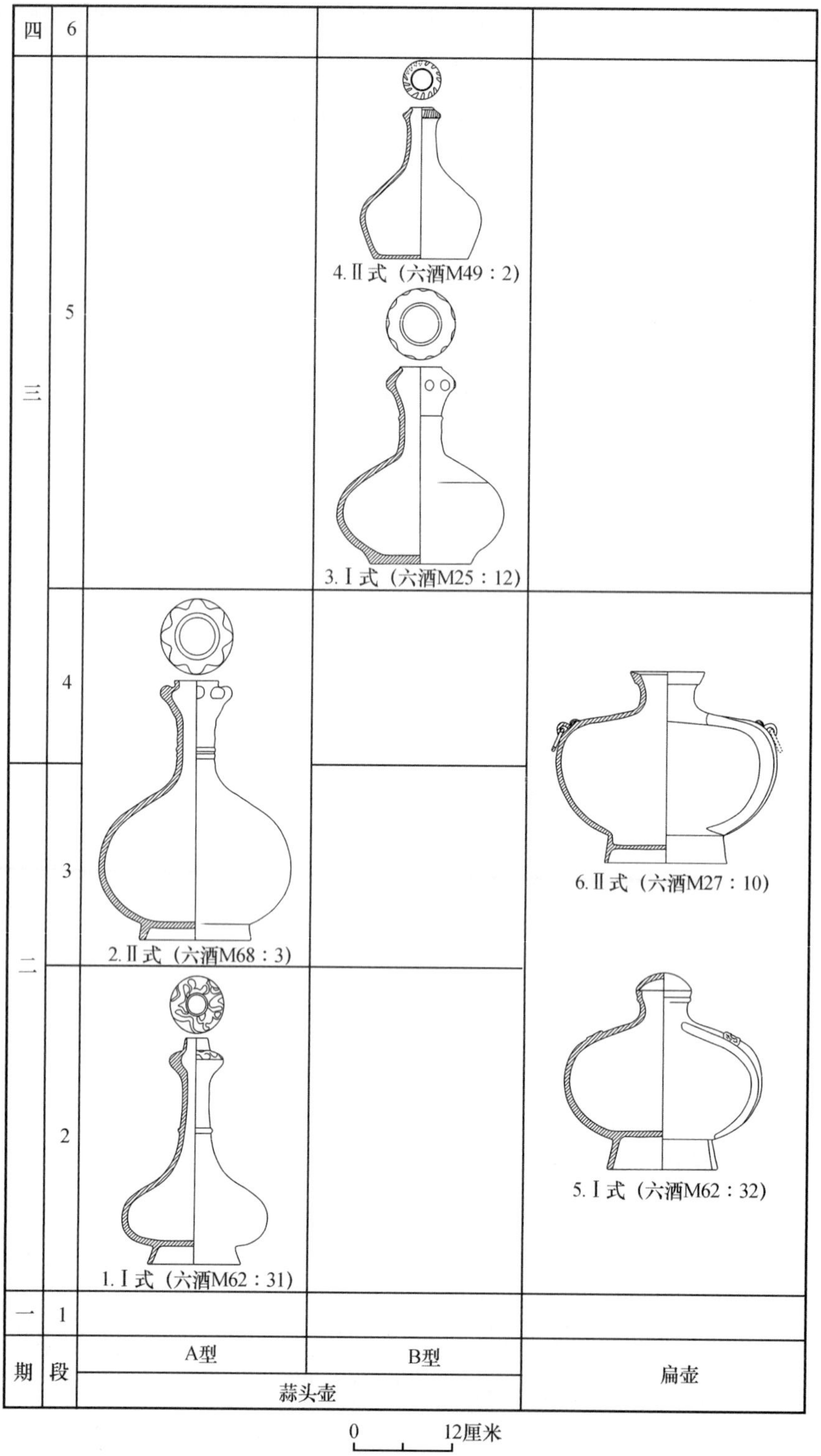
四
6
5
三
4
3
二
2
一
1
期
段
A型
B型
蒜头壶
扁壶
4. Ⅱ式（六酒M49：2）
3. Ⅰ式（六酒M25：12）
2. Ⅱ式（六酒M68：3）
1. Ⅰ式（六酒M62：31）
6. Ⅱ式（六酒M27：10）
5. Ⅰ式（六酒M62：32）
0
12厘米

图一一　典型器演变图（九）

七大类①。简述如下。

禽鸟菱纹镜，1面。圆钮，四叶钮座。地纹是由圆涡纹与三角回纹所组成的细密云雷纹。主纹系四个折叠菱形格内置一侧立之鸟纹。素卷缘。如六酒M2：7（图一二，1）。

四乳禽兽纹镜，4面。依据镜背四乳间纹饰图案的不同可分为二型。

A型　1面。圆钮，圆钮座。镜背纹饰为四乳间配置两虎两兽。宽素平缘。如六酒M5：2（图一二，2）。

B型　3面。圆钮，圆钮座。镜背纹饰为四乳间配置四虺纹。宽素平缘。依据蟠虺线条不同可分为三式。

Ⅰ式：1面。镜背纹饰为四乳间配置四虺纹。虺身两侧点缀鸟纹。如六酒M48：13（图一二，3）。

Ⅱ式：1面。形制和Ⅰ式铜镜基本相同，不同的是四虺纹内侧的鸟纹简化为弧形。如六酒M73：6（图一二，4）。

Ⅲ式：1面。形制基本相同，只是蟠虺纹内外均更加简化为弧形。如六酒M5：1（图一二，5）。

全素面镜，2面。形制相同，皆三弦钮，无钮座。镜背没有任何装饰图案。如六酒M6：2（图一二，6）。

蟠螭纹镜，19面。依据镜背主体纹饰的不同可以分为三型。

A型　缠绕式蟠螭纹镜，6面。可分为二亚型。

Aa型　1面。三弦钮，伏螭纹钮座。主纹系三蟠螭纹和三菱纹相缠绕，涡纹地。素卷缘。如六酒M8：10（图一二，7）。

Ab型　5面。分为二式。

Ⅰ式：2面。桥形钮，圆钮座。主纹为相互缠绕的蟠螭纹，涡纹地。素卷缘。如六酒M10：7（图一二，8）、六石M13：10（图一三，1）。

Ⅱ式：3面。三弦钮，伏螭纹钮座。座外为铭圈带一周。外区为蟠螭纹一周。素卷缘。如六酒M62：27、舒秦M4：1（图一三，2）。

B型　间隔式蟠螭纹镜，8面。可分为二亚型。

Ba型　7面。桥形钮，伏螭纹钮座。座外为铭圈带。铭圈带外为四叶隔开的蟠螭纹。素卷沿。如六酒M16：9（图一二，9）、六城M324：2（图一三，3）、舒秦M2：1（图一三，4）。

Bb型　1面。三弦钮，圆钮座。地纹为细云雷纹，主纹为三蟠螭纹缠绕三菱形折叠纹。三叶纹将花纹带分开。素宽缘。如霍三M1：8（图一三，5）。

C型　博局蟠螭纹镜，5面。桥形钮，伏螭纹钮座。座外双线方栏，内置铭文。方

① 本文对铜镜的分类和命名，主要参照《中国古代铜镜》（孔祥星、刘一曼编著，文物出版社，1984年）和《中国铜镜图典》（孔祥星主编，文物出版社，1992年）两书。

栏各边正中向外伸出双线“T”符号与对面双线“L”符号相对，方栏四角对向为双线“V”符号，其间配置主题纹饰双线蟠螭纹。雷纹地。素卷缘。如六酒M65：8（图一二，10）、六九M177：28（图一三，6）。

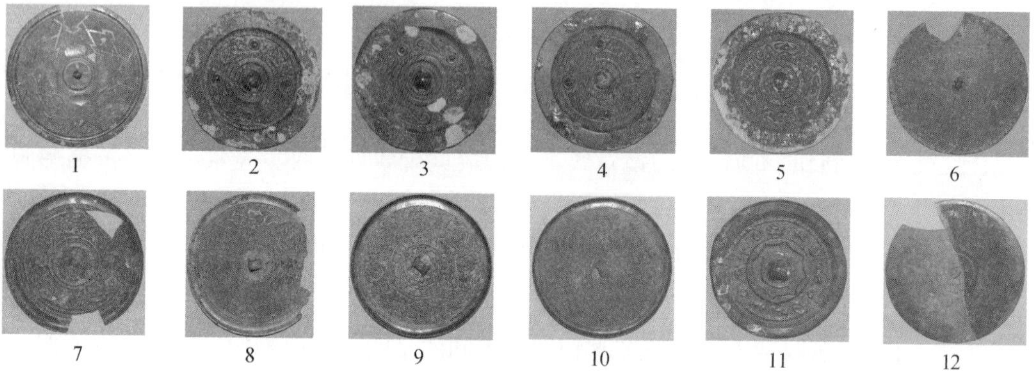

图一二　皖西地区西汉时期中小型墓葬出土铜镜

1. 禽鸟菱纹镜（六酒M2：7）　2. A型四乳禽兽纹镜（六酒M5：2）　3. B型Ⅰ式乳禽兽纹镜（六酒M48：13）　4. B型Ⅱ式四乳禽兽纹镜（六酒M73：6）　5. B型Ⅲ式四乳禽兽纹镜（六酒M5：1）　6. 全素面镜（六酒M6：2）　7. Aa型蟠螭纹镜（六酒M8：10）　8. Ab型Ⅰ式蟠螭纹镜（六酒M10：7）　9. Ba型蟠螭纹镜（六酒M16：9）　10. C型蟠螭纹镜（六酒M65：8）　11. 日光镜（六酒M46：1）　12. 连弧纹镜（六酒M67：3）

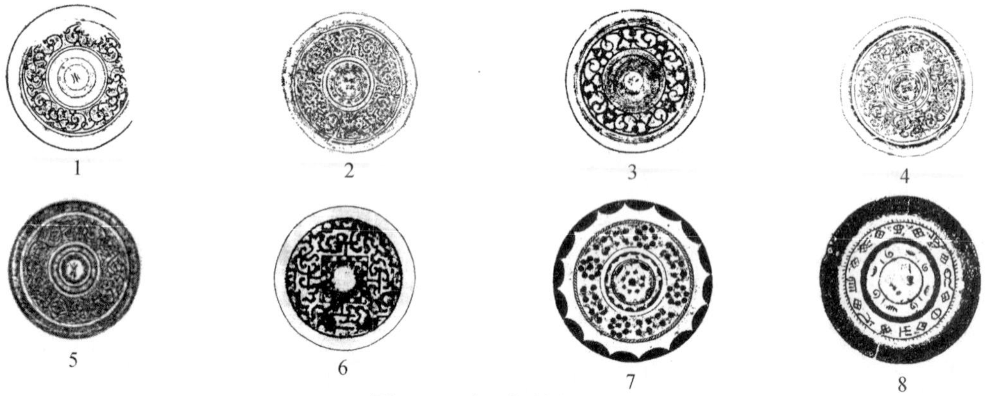

图一三　出土铜镜拓片

1. Ab型Ⅰ式蟠螭纹镜（六石M13：10）　2. Ab型Ⅱ式蟠螭纹镜（舒秦M4：1）　3. Ba型蟠螭纹镜（六城M324：2）　4. Ba型蟠螭纹镜（舒秦M2：1）　5. Bb型蟠螭纹镜（霍三M1：8）　6. C型蟠螭纹镜（六九M177：28）　7. 星云镜（六石M7：1）　8. 日光镜（六石M7：2）

星云镜，又称百乳镜，3面。圆钮，圆钮座。镜背纹饰系带座乳间排列小乳钉，乳钉以曲线相连接。内向连弧纹缘。如六石M7：1（图一三，7）。

日光镜，2面。圆钮，圆钮座。座外有内向连弧纹一周。外区为铭文一周“见日之光，长不（毋）相忘，”铭文间以“◈”或“の”形符号隔开。素宽平缘。如六酒M46：1（图一二，11）、六石M7：2（图一三，8）。

连弧纹镜，2面。三弦钮，圆钮座。地纹是由圆涡纹与三角回纹所组成的细密云雷纹。主纹系向内连弧纹。如六酒M67：3（图一二，12）。

三、墓葬的分期与年代

皖西地区中小型西汉墓中可见的相互叠压打破关系仅有两组，即六安东郊啤酒厂M49→M73和M63→M64，但是这4座墓葬出土的器物均没有能修复起来并用于排队的，故而对本文的分期和年代研究没有太大的帮助。本文的分期研究，主要是根据出土器物的组合形式、发展序列及其与同时期周边地区墓葬材料的横向比较做出合理的推测。

根据分析，皖西地区中小型西汉墓出土器物可分为六组。

第一组，材料相对单薄，随葬器物分仿铜陶礼器和日常生活用器两类。器物组合为A型Ⅰ式、A型Ⅱ式鼎，Bb型Ⅰ式、Bc型壶，Ba型Ⅰ式盘等。与该器物组合相对应的墓葬形制主要有第二类B型、C型。

第二组，随葬器物亦分为仿铜陶礼器和日常生活用器两类，仿铜陶礼器有鼎、盒、壶、钫等，日常生活用器有盘、罐、牛鼻耳罐、蒜头壶和扁壶等。器物组合为A型Ⅰ式、Ba型Ⅰ式、Bb型Ⅰ式鼎，Aa型Ⅰ式、Ab型Ⅰ式、Bb型Ⅱ式、C型Ⅰ式壶，A型Ⅰ式、A型Ⅱ式、Bb型盒，Ⅰ式钫，A型Ⅰ式、Ba型Ⅱ式、Bb型Ⅰ式盘，Bb型Ⅰ式罐，B型Ⅰ式牛鼻耳罐，A型Ⅰ式蒜头壶，Ⅰ式扁壶等。与该器物组合相对应的墓葬形制主要有第二类B型和第一类A型。

第三组，随葬器物分仿铜陶礼器、日常生活用器和模型明器三类，仿铜陶礼器有鼎、盒、壶、钫等，日常生活用器有盘、罐、蒜头壶等，模型明器有灶。器物组合为Ba型Ⅰ式、Bb型Ⅰ式、Bb型Ⅱ式鼎，Ba型Ⅰ式壶，A型Ⅱ式、Ba型Ⅱ式盒，Ⅰ式钫，A型Ⅱ式、C型Ⅰ式、C型Ⅱ式盘，Aa型Ⅰ式、Ab型Ⅰ式、Ba型Ⅰ式罐，A型Ⅱ式蒜头壶，灶等。与该器物组合相对应的墓葬形制主要有第二类B型、C型。

第四组，随葬器物分仿铜陶礼器、日常生活用器和模型明器三类，仿铜陶礼器有鼎、盒、壶、钫等，日常生活用器有盘、罐、牛鼻耳罐、蒜头壶、扁壶等，模型明器有仓、灶。器物组合为A型Ⅱ式、A型Ⅲ式、Ba型Ⅱ式、Bb型Ⅰ式鼎，Aa型Ⅲ式、Ab型Ⅱ式、Ab型Ⅲ式、Ba型Ⅰ式、Ba型Ⅱ式、Bb型Ⅱ式、Bb型Ⅲ式、Bc型、C型Ⅰ式、C型Ⅱ式壶，A型Ⅲ式、Ba型Ⅱ式、Ba型Ⅲ式、C型盒，Ⅰ式、Ⅱ式、Ⅲ式钫，Ba型Ⅲ式、Bb型Ⅱ式、Bc型Ⅰ式、C型Ⅱ式盘，Aa型Ⅱ式、Ab型Ⅱ式、Bb型Ⅰ式罐，A型Ⅰ式、B型Ⅱ式牛鼻耳罐，A型Ⅱ式蒜头壶，Ⅰ式、Ⅱ式扁壶，仓，灶等。与该器物组合相对应的墓葬形制主要有第二类B型、A型和第一类A型、C型。

第五组，随葬器物分仿铜陶礼器、日常生活用器和模型明器三类，仿铜陶礼器有鼎、盒、壶、钫等，日常生活用器有盘、罐、牛鼻耳罐、蒜头壶等，模型明器有仓、灶、井。器物组合为Ba型Ⅱ式、Ba型Ⅲ式、Bb型Ⅲ式鼎，Aa型Ⅲ式、Ab型Ⅲ式、Ba型Ⅲ式、Ba型Ⅳ式、Bb型Ⅲ式壶，A型Ⅲ式、Ba型Ⅲ式盒，Ⅳ式钫，Bb型Ⅲ式、C型Ⅱ式盘，Aa型Ⅲ式、Aa型Ⅳ式、Ab型Ⅲ式、Bb型Ⅰ式罐，A型Ⅰ式、A型Ⅱ式、B型Ⅱ式牛鼻耳罐，B型

Ⅰ式、B型Ⅱ式蒜头壶，仓，灶，井等。与该器物组合相对应的墓葬形制主要有第二类B型、C型和第一类A型、B型。

第六组，随葬器物分仿铜陶礼器、日常生活用器两类，仿铜陶礼器有盒，日常生活用器有盘、罐、牛鼻耳罐等。器物组合为C型盒，A型Ⅲ式、Bc型Ⅱ式盘，Aa型Ⅳ式、Ba型Ⅰ式、Ba型Ⅱ式、Bb型Ⅱ式、Bb型Ⅲ式罐，A型Ⅲ式、B型Ⅲ式牛鼻耳罐等。与该器物组合相对应的墓葬形制主要有第二类B型、A型、C型。

以上六组的陶器组合序列，是从皖西地区中小型西汉墓随葬器物主要器形的基本组合形式中归纳、抽象出来的组合情况和发展序列，这六组陶器组合序列也就是皖西地区该时期墓葬在年代上发展演变的六个阶段。再依器类组合及器物型式的演化轨迹，可将这六个阶段划归成四期，其中第一阶段划作第一期，第二、三阶段划作第二期，第四、五阶段为第三期，第六阶段为第四期（附表二）。

第一期1段，出土材料比较单薄。墓葬均不带墓道，形制上有狭长方形竖穴土坑墓（C型），也有长方形竖穴土坑墓（B型）。随葬器物为仿铜陶礼器和日常生活用器，虽器类较少，但器物特征较为明显。A型鼎器物较高，足为瘦高蹄形，系典型的楚式鼎，其中的A型Ⅰ式鼎与安徽潜山公山冈战国晚期的A型鼎相似[①]，A型Ⅱ式鼎与安徽潜山彭岭战国晚期墓出土的A型Ⅰ式鼎相似[②]；Bb型Ⅰ式陶壶与长沙晚期战国楚墓出土的A型Ⅻ式壶[③]、襄阳王坡战国晚期至秦代墓葬出土的B型Ⅰ式壶[④]皆相近。再从本段典型器的演化轨迹分析，本段器物组合及式别变化的主体特征均早于第二期2段。据此推测该期墓葬的年代在战国晚期。

第二期，根据器物的组合变化可分为前、后两段，分别对应的器物组合为第二组和第三组。前段，墓葬形制上以不带墓道的长方形竖穴土坑墓为主，出现带墓道的近方形竖穴土坑墓（A型）。随葬器物分仿铜陶礼器和日常生活用器，仿铜陶礼器组合趋于完整，并在出土器物中占据主要地位，日常生活用器器类也增多。仿铜陶礼器中的鼎，以B型居多，足为矮粗蹄形，系典型的汉式鼎，流行于西汉时期。Aa型Ⅰ式壶与襄阳王坡西汉墓中的C型Ⅰ式壶相似[⑤]；A型Ⅰ式盒与安徽潜山彭岭西汉早期墓葬出土的A型Ⅱ式

---

① 安徽省文物考古研究所、潜山县文物管理所：《安徽潜山公山岗战国墓发掘报告》，《考古学报》2002年第1期。

② 安徽省文物考古研究所、潜山县文物管理所：《安徽潜山彭岭战国西汉墓》，《考古学报》2006年第2期。

③ 湖南省博物馆、湖南省文物考古研究所、长沙市博物馆、长沙市文物考古研究所：《长沙楚墓》，文物出版社，2000年。

④ 湖北省文物考古研究所、襄樊市考古队、襄阳区文物管理处：《襄阳王坡东周秦汉墓》，科学出版社，2005年。

⑤ 湖北省文物考古研究所、襄樊市考古队、襄阳区文物管理处：《襄阳王坡东周秦汉墓》，科学出版社，2005年。

盒相似[①]。铜镜类型较多，有全素镜、连弧纹镜和Ab型Ⅱ式蟠螭纹镜，其中，全素镜和连弧纹镜出现年代可早至战国中晚期，沿用至汉初，Ab型Ⅱ式蟠螭纹镜镜背主文为双线条，且出现铭文圈，这种铜镜流行于西汉初年[②]。后段，墓葬形制上以不带墓道的长方形竖穴土坑墓为主。随葬器物除了仿铜陶礼器和日常生活用器外，最主要的特征是模型明器灶出现。器类方面，日常生活用器罐的种类增多。其他器物大多出现新的式别。Ba型Ⅱ式盒与安徽潜山彭岭西汉早期墓葬出土的A型Ⅰ式盒相似[③]。同出的铜镜有Ab型Ⅱ式、Ba型、C型蟠螭纹镜，其中C型蟠螭纹镜流行于西汉早中期。因此，第二期的年代应在西汉早期。

第三期，根据器物的组合变化可分为前、后两段，分别对应的器物组合为第四组和第五组。前段，墓葬形制趋于多样化，但不带墓道的长方形竖穴土坑墓仍居多数。随葬器物组合更趋完整，器类极大丰富，模型明器出现仓、灶和灶、井等不完整的组合。仿铜陶礼器中Ba型Ⅱ式鼎与襄阳王坡西汉中期墓出土的A型Ⅱ式鼎相似，Aa型Ⅲ式壶与襄阳王坡西汉中期前段墓葬出土的B型Ⅲ式壶相似，Ab型Ⅱ式壶与襄阳王坡西汉中期前段墓葬出土的B型Ⅱ式壶相似，A型Ⅲ式盒与襄阳王坡西汉中期前段墓葬出土的A型Ⅰ式盒相似[④]。同出的铜镜，除了蟠螭纹镜和连弧纹镜外，还有星云镜和日光镜，星云镜和日光镜均系西汉中期流行的镜类。后段，墓葬形制仍以不带墓道的长方形竖穴土坑墓为主。完整的模型明器组合仓、灶、井出现。同出的镜类有Aa型蟠螭纹镜和B型Ⅰ式四乳禽兽纹镜，其中B型Ⅰ式四乳禽兽纹镜出现于汉武帝时期，沿用至东汉前期。综上，第三期的年代应在西汉中期。

第四期，对应的器物组合为第六组。墓葬形制方面，该组墓葬均不带墓道，近方形、长方形和狭长方形墓葬均有。随葬器物以日常生活用器为主，仿铜陶礼器、模型明器近乎绝迹。同出镜类有全素镜，推测当为传世镜。因出土器物较少，资料单薄，只能根据器物组合在排序中的位置及墓葬形制等因素推断第四期的年代应为西汉晚期。

附记：本文在写作过程中得到南京大学历史系水涛教授的悉心指导，安徽省文物考古研究所宫希成副所长和李德文研究员也给予了无私的帮助，在此深表谢忱！

---

① 安徽省文物考古研究所、潜山县文物管理所：《安徽潜山彭岭战国西汉墓》，《考古学报》2006年第2期。

② 本文对铜镜年代的判断参照：孔祥星、刘一曼：《中国古代铜镜》，文物出版社，1984年；程林泉、韩国河：《长安汉镜》，陕西人民出版社，2002年；洛阳区考古发掘队：《洛阳烧沟汉墓》，科学出版社，1959年。

③ 安徽省文物考古研究所、潜山县文物管理所：《安徽潜山彭岭战国西汉墓》，《考古学报》2006年第2期。

④ 湖北省文物考古研究所、襄樊市考古队、襄阳区文物管理处：《襄阳王坡东周秦汉墓》，科学出版社，2005年。

附表一　墓葬地点及代号对应关系表

作者或单位	简报名称	出处	代号
安徽省文物考古研究所、舒城县文物管理所	《安徽舒城县秦家桥西汉墓》	《考古》1996年第10期	舒秦
安徽省文物考古研究所、六安市文物管理局	《六安市城东双龙机床厂388号西汉木椁墓清理简报》	《文物研究》第15辑	六机
安徽省文物考古研究所、六安市文物管理所	《六安市312国道墓葬清理报告》	《文物研究》第13辑	六石
安徽省文物考古研究所、霍山县文物管理所	《安徽霍山县西汉木椁墓》	《文物》1991年第9期	霍三
安徽省文物考古研究所、六安市文物管理所	《安徽六安九里沟两座西汉墓》	《考古》2002年第2期	六九
六安市文物管理所	《六安城东324号西汉木椁墓清理简报》	《文物研究》第12辑	六城
梁乃忠	《六安市九里沟4号西汉墓》	《文物研究》第11辑	六九
六安市文物管理所	《六安市九里沟64号西汉墓发掘简报》	《文物研究》第13辑	六九

附表二　皖西中小型西汉墓共存关系表

期	段	墓葬形制		陶器												铜镜					
		第一类	第二类	鼎	壶	盒	钫	盘	罐	牛鼻耳罐	蒜头壶	扁壶	仓	灶	井	四乳禽兽纹镜	蟠螭纹镜	全素镜	星云镜	日光镜	连弧纹镜
一	1		B、C	AⅠ、AⅡ	BbⅠ、Bc	BaⅠ		BaⅠ													
二	2	A	B	AⅠ、BaⅠ、BbⅠ	AaⅠ、AbⅠ、BbⅡ、CⅠ	AⅠ、AⅡ、Bb	Ⅰ	AⅠ、BaⅡ、BbⅠ	BbⅠ	BⅠ	AⅠ	Ⅰ					AbⅡ	√			√
	3		B、C	BaⅠ、BbⅠ、BbⅡ	AaⅡ、BaⅠ	AⅡ、BaⅡ	Ⅰ	AⅡ、CⅠ、CⅡ	AaⅠ、AbⅠ、BaⅠ		AⅡ			√			AbⅡ、Ba、C				
三	4	A、C	A、B	AⅡ、AⅢ、BaⅡ、BbⅠ、BbⅢ	AaⅢ、AbⅡ、AbⅢ、BaⅠ、BaⅡ、BbⅡ、BbⅢ、Bc、CⅠ、CⅡ	AⅢ、BaⅡ、BaⅢ、C	Ⅰ、Ⅱ、Ⅲ	BaⅢ、BbⅡ、BcⅠ、CⅡ	AaⅡ、AbⅡ、BbⅠ	AⅠ、BⅡ	AⅡ	Ⅰ、Ⅱ	√	√			AbⅠ、Ba、Bb、C		√	√	√
	5	A、B	B、C	BaⅡ、BaⅢ、BbⅢ	AaⅢ、AbⅢ、BaⅢ、BaⅣ、BbⅢ	AⅢ、BaⅢ	Ⅳ	BbⅢ、CⅡ	AaⅢ、AaⅣ、AbⅢ、BbⅠ	AⅠ、AⅡ、BⅡ	BⅠ、BⅡ		√	√	√	BⅠ	Aa				
四	6		A、B、C			C		AⅢ、BcⅡ	AaⅣ、BaⅠ、BaⅡ、BbⅡ、BbⅢ	AⅢ、BⅢ								√			

关于朝鲜半岛古国加耶与南朝交流的两个问题

王志高

（南京师范大学社会发展学院）

［摘　要］　综合文献记载可以推知，萧齐建元元年（479年）五月，加耶国王荷知遣使随同与其关系亲近的倭使抵达南朝国都建康（今南京）朝贡，并获齐高帝萧道成授拜辅国将军。这在加耶国史上具有划时代的意义，标志着加耶作为独立国家正式登上以中国大陆王朝为中心的东亚国际政治大舞台。迄今发现的加耶文物中能够确认与南朝相关者不多，这与两国之间仅有一次外交来往的记载相吻合。由于这些文物存在着从南朝直接输入和从百济、高句丽、新罗等渠道间接获得等多种可能，故考定其传播途径目前尚有一定难度。

［关键词］　朝鲜半岛　加耶　南朝　倭国　交流

3～6世纪的中国大陆政权与朝鲜半岛诸古国之间的文化交流是近年中韩两国学术界共同关注的话题之一，有关成果可谓不胜枚举。然而因受诸多条件限制，中国方面所探讨的朝鲜半岛古国多集中于高句丽、百济、新罗三国，作为其时半岛东南部古国之一的加耶与包括南朝在内的中国大陆王朝之间的文化交流，据笔者检索，仅有个别论文涉及①，迄今尚无专文讨论，这不能不说是一个遗憾。本文根据文献记载及笔者所掌握的加耶文物资料，就加耶与南朝国交的具体时间、背景及其间存在的文物交流这两个重要问题做一初步分析，以期推动相关研究的深入开展。文中不当及疏漏之处，祈求学界补正。

一、加耶与南朝国交的具体时间和背景

众所周知，中国东汉、三国时期的朝鲜半岛南部是三韩之地，其中马韩在西，辰韩在东，弁韩（或称弁辰）在辰韩之南，弁韩与辰韩杂居，其南与倭国相接②。其后马韩发展为百济，辰韩发展为新罗，弁韩发展为以金官加耶为主的加耶联盟。作为一支特殊政治势力，加耶与高句丽、百济、新罗三国并存于朝鲜半岛。一般认为，它以朝鲜半岛东南部洛东江为中心的弁韩十二国为基础，通过不断联合、兼并而发展成为城邑联盟国家，包含今

---

① 王巍：《从考古发现看四世纪的东亚》，《考古学报》1996年第3期；王巍：《从出土马具看三至六世纪东亚诸国的交流》，《考古》1997年第12期。

② 《三国志》卷三十《魏书·东夷传》，中华书局，1982年，第849～853页；《后汉书》卷八十五《东夷传》，中华书局，1965年，第2818页。

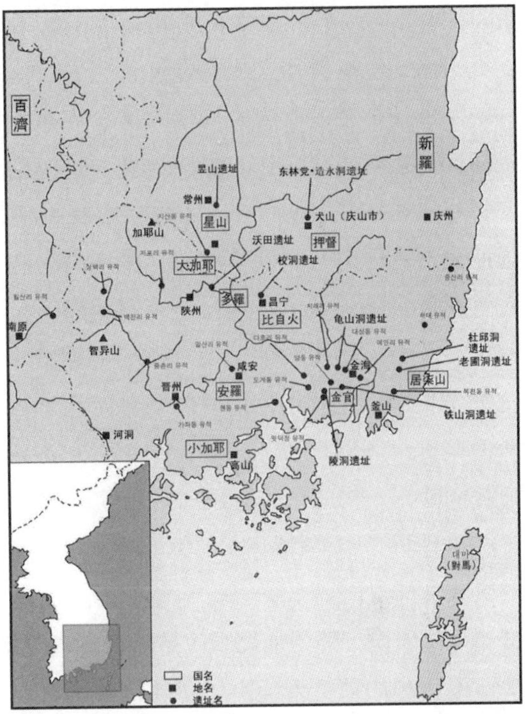

图一　东汉、三国时期朝鲜半岛国家与遗址分布图

韩国东南金海、固城、咸安等沿海之地（图一）。近年韩国的考古发现及史学研究成果表明，加耶实力虽相对较小，但其古代国家体制的建立与高句丽、百济、新罗三国一样具有同等重要的地位，故学界有将朝鲜半岛三国时代改称“四国时代”的趋势①。由于加耶曾与百济结盟而频繁遭到新罗的袭扰，联盟内的本加耶与大加耶先后于532年、562年被日益强大的新罗吞并②。

加耶，中韩两国史料又作加罗、迦罗、伽罗、伽倻、驾洛、驾罗等。梁代萧绎《职贡图》中百济国使的题榜云百济国旁有小国“多罗”，亦被认为是加耶。据《三国志》卷三十《魏书·东夷传》记载，加耶的前身“（弁辰）国出铁，韩、濊、倭皆从取之。诸市买皆用铁，如中国用钱，又以供给二郡”③。可知弁辰曾与曹魏在朝鲜半岛北部所设的乐浪、带方二郡有过交流，但详情未知。加耶与中国大陆政权的直接国交，中国方面文献记载仅有唯一的一次，便是建元元年（479年）加耶遣使向南朝建康（今南京）的萧齐王朝朝贡。《南齐书》卷五十八《东南夷传·加罗国》云：“加罗国，三韩种也。建元元年，国王荷知使来献。诏曰：‘量广始登，远夷洽化。加罗王荷知款关海外，奉贽东遐。可授辅国将军、本国王。’”④由于《南齐书》为萧齐宗室萧子显编撰于梁代，这一记载的准确性应无疑问。

值得注意的是，前引《南齐书》卷五十八《东南夷传·倭国》又记：“建元元年，进新除使持节、都督倭新罗任那加罗秦韩慕韩六国诸军事、安东大将军、倭王武号为镇东

① 〔韩〕崔景圭、金美京：《韩国三国时代加耶古墓群的特征——以庆尚南道金海市进礼外村里古墓群为中心》，《里耶古城·秦简与秦文化研究——中国里耶古城·秦简与秦文化国际学术研讨会论文集》，科学出版社，2009年，第299页。

② 〔韩〕李基白著，厉帆译：《韩国史新论》，国际文化出版公司，1994年，第44、45页。

③ 《三国志》卷三十《魏书·东夷传》，中华书局，1982年，第853页。

④ 《南齐书》卷五十八《东南夷传·加罗国》，中华书局，1972年，第1012页。

大将军。”[①]两事皆发生在建元元年，这不能不使人怀疑它们之间的联系。《册府元龟》卷九百六十三《外臣部·封册》即云：“南齐太祖建元元年五月……又诏新除使持节、都督倭新罗任那加罗秦韩六国诸军事、安东大将军倭王武进号为镇东大将军。是时，加罗国王荷知使来献，诏曰：‘量广始登，远夷洽化。加罗王荷知款关海外，奉贽东遐。可授辅国将军、本国王。’”[②]确证两事本有关联，且《册府元龟》的记载可补《南齐书》加耶国使来贡具体时月之阙。然而《南齐书》和《册府元龟》都仅记建元元年倭王武进号镇东大将军事，未言及该年倭国是否遣使南齐。《太平御览》卷七百八十二《四夷部三·东夷三·倭》引《南史》明确记：“至齐建元中，及梁武帝时，（倭）并来朝贡。”[③]此“建元中”当即建元元年，倭国曾于建元元年遣使南齐朝贡明矣！由于未见该年百济和高句丽国使朝贡南齐的记载[④]，而在之前的刘宋一代，倭国对宋都建康早已朝贡不绝，史籍明确记载的就有永初二年（421年），元嘉二年（425年）、二十年、二十八年，大明六年（462年），昇明二年（478年）等，其中昇明二年宋顺帝即“诏除武使持节、都督倭新罗任那加罗秦韩慕韩六国诸军事、安东大将军、倭王”[⑤]，与前引《南齐书》的记载相印证，故笔者推测初次出访大陆的加耶国使是随与南朝关系密切的倭使一同来到齐都建康的。

倭国与加耶关系确实非同寻常，这从刘宋、萧齐历次诏除倭王的都督诸军事一职中皆含加罗（加耶）一国可见一斑。而为了对抗百济和新罗的侵袭，加耶甚至利用倭国势力，由倭王委派外交代表团进驻加耶，以与百济或新罗展开交涉，此即著名的“任那日本府”问题[⑥]。种种线索表明，建元元年，加耶作为独立国家遣使南朝朝贡绝非偶然。据《三国史记》记载，建元元年（479年），百济三斤王薨，东城王即位，而仅在数年前的475年，高句丽长寿王攻陷汉城，百济被迫由汉城（今首尔）迁都熊津（今公州），由此衰弱累年。同在建元元年，新罗慈悲王薨，其长子炤知麻立干即位。在此前后，倭人连年来侵，

---

① 《南齐书》卷五十八《东南夷传·倭国》，中华书局，1972年，第1012页；《梁书》卷五十四《东夷传·倭国》载：“齐建元中，除武持节、督倭新罗任那伽罗秦韩慕韩六国诸军事、镇东大将军。”中华书局，1973年，第807页；《南史》卷七十九《夷貊传下·倭国》载：“齐建元中，除武持节、都督倭新罗任那加罗秦韩慕韩六国诸军事、镇东大将军。”中华书局，1975年，第1975页。所记“持节”“建元中”与《南齐书》稍异，应以后者为是。

② 《册府元龟》卷九百六十三《外臣部·封册》，中华书局，1960年，第11331页；《册府元龟》卷九百六十八《外臣部·朝贡第一》亦记“南齐太祖建元元年五月河南王吐谷浑拾寅、迦罗国王荷知并遣使贡献”，第11382页。

③ 《太平御览》卷七百八十二《四夷部三·东夷三·倭》，中华书局，1960年，第3465页；今本《南史》卷七十九《夷貊传下·倭国》仅记：“齐建元中，除武持节、都督倭新罗任那加罗秦韩慕韩六国诸军事、镇东大将军。梁武帝即位，进武号征东大将军。”中华书局，1975年，第1975页。

④ 《册府元龟》卷九百六十三、卷九百六十八及《南齐书》卷五十八等文献记载，百济和高句丽遣使南齐贡献分别是在建元二年三月和建元三年十二月。

⑤ 《宋书》卷九十七《夷蛮传·倭国》，中华书局，1974年，第2394～2396页。

⑥ 〔韩〕李永植：《加耶诸国与任那日本府》，日本东京吉川弘文馆，1993年，第283～332页。

加之高句丽与靺鞨寇犯北边，新罗疲于应付，并与百济、加耶结盟分道御敌[①]。在百济、新罗夹缝中的加耶，可能正是抓住了此际难得的机遇，国力获得长足发展，并得以成功访问南朝。此后，随着加耶国土逐渐为百济、新罗蚕食，其实力和独立性都大遭削弱，建元元年的遣使南齐竟成为加耶外交史上的绝唱。

要之，建元元年五月，加耶国王荷知遣使随同与其关系亲近的倭使首次抵达南朝国都建康朝贡，并获齐高帝萧道成授拜辅国将军。辅国将军虽名位不显，其级别也远低于高句丽与倭国、百济同时所受册封的骠骑大将军和镇东大将军，但在加耶国史上仍具有划时代的意义，标志着加耶作为独立国家正式登上以中国大陆王朝为中心的东亚国际政治大舞台。

二、加耶与南朝间的文物交流

近年，加耶故地的重要考古发现层出不穷，在韩国三国时代考古中犹如异军突起，其中早期加耶（弁辰）文物中的中国系统文物尤其受到学界关注，据笔者所知主要有金海大成洞古坟群、良洞里古坟群、会岘洞贝冢出土的汉式铜镜、青铜鼎、“货泉”、五铢钱等。此外，4世纪的加耶墓葬中还发现一种表面呈青灰或红褐色的硬质陶器，乃用龙窑烧制而成，王巍先生亦认为其接受了中国江南地区硬陶烧制技术的影响[②]。由于加耶未曾与南朝萧齐以外的中国大陆政权开展国交，这些相当于汉晋时期的早期加耶文物及技术因素很可能来自乐浪、带方二郡，或与大陆交往甚密的马韩（百济），可以作为加耶（弁辰）与中国大陆间接交流影响的佐证。

本文需要重点分析的是5～6世纪的晚期加耶文物中反映的与中国大陆王朝特别是与南朝交流的具体情况。此类文物数量不多，但颇引人注目，如釜山福泉洞65号墓出土的一件青瓷盏，高6.3厘米，方唇，直口，深直腹，小饼足内凹。青灰釉，外不及底，胎、釉结合比较牢固，釉面开细碎冰裂纹（图二，1）。这件瓷器一望便可知是中国大陆南北朝时期的典型制品，同类器在近年南京六朝建康城遗址及南朝墓葬之中常有发现（图二，2），同时期的北朝墓葬和遗址也有出土。根据墓葬纪年或同时伴出之遗物，可以确认其时代属于6世纪后半的南北朝晚期至隋代，而不太可能早到南齐建国之初的建元元年（479年）。若再考虑其胎质特

1　　2

图二　韩国和南京出土的青瓷盏

1. 瓷盏（韩国釜山福泉洞65号墓）　2. 瓷盏（南京颜料坊工地）

① 《三国史记》卷二十六《百济本纪4》，日本东京学习院东洋文化研究所刊，1964年，第199页；《三国史记》卷三《新罗本纪3》，日本东京学习院东洋文化研究所刊，1964年，第30、31页。

② 王巍：《从考古发现看四世纪的东亚》，《考古学报》1996年第3期。

征，这件青瓷盏似乎更有可能是北朝晚期或隋代之物。换言之，福泉洞65号墓的国别疑属兼并加耶之后的新罗。

又如庆尚南道陕川郡玉田古坟M1出土的一件玻璃杯，通体无色透明，微泛黄绿，敞口，弧壁，圜底，腹部有两周水滴状蓝色乳突（图三，1）。其造型、装饰与韩国庆州金玲冢出土的一件新罗玻璃杯别无二致（图三，2），与北京西晋华芳墓、宁夏固原北周李贤墓出土的玻璃碗，以及新疆库车出土的北朝玻璃高脚杯、陕西西安出土的隋代开皇九年（589年）玻璃瓶等腹部的圆形突起在装饰技法上亦有异曲同工之妙，而与一般常见的侈口、束颈、鼓腹、圜底、器壁装饰椭圆形或圆形等凹面磨花的中国南方六朝玻璃碗（图三，3、4）大相径庭，因此笔者曾经撰文认为新罗、加耶故地发现的这些玻璃容器不太可能来自中国南方，而可能主要来自北朝，这与南北朝后期新罗为自身计逐渐密切与实力强大的北朝联系的背景相关。由于加耶没有与北朝国交的记载，在6世纪中叶以后又为新罗兼并，故这件加耶玻璃杯来自新罗的可能性无疑更大，其时代甚或已至加耶被新罗吞并之后[①]。令人感兴趣的是，最近金海大成洞91号墓又新发现一件深蓝色玻璃器残片，其全貌虽不可知，但从残件看为厚胎，腹部有环状器耳（图三，5）。这种器形未见于中国南方六朝玻璃器，与东晋墓葬所见的蓝色薄胎玻璃器明显有别，故笔者亦推测它是来自新罗的通过北朝传入的玻璃容器。当然，由于南朝玻璃容器迄今仅镇江句容春城南朝早期刘宋一例[②]，齐、梁、陈三代的玻璃容器一件也没有发现，其面貌并不像有较多玻璃容器出土的北朝那样清晰，所以这两件加耶玻璃容器从南朝输入的可能性也不能完全排除。

图三　韩国和江苏出土玻璃器

1、2. 杯（韩国陕川郡玉田古坟M1、韩国庆州金玲冢）　3、4. 碗（南京仙鹤观M6、镇江句容春城刘宋墓）

5. 残片（韩国金海大成洞91号墓）

值得注意的还有金海大成洞29号墓、47号墓等出土的多件铜鍑，均近直口，口沿两侧附直立环耳，矮领，桶状深腹，平底，其中一件高18.8厘米（图四，1）。这种铜鍑是

① 王志高：《六朝墓葬出土玻璃容器漫谈——兼析朝鲜半岛三国时代玻璃容器的来源》，《南京博物院集刊》第12辑，文物出版社，2011年，第55～63页。

② 镇江博物馆、句容市博物馆：《江苏句容春城南朝宋元嘉十六年墓》，《东南文化》2010年第3期。

图四 韩国和中国出土铜鍑与铜镜

1、2. 铜鍑（韩国金海大成洞29号墓、湖北鄂州古井）

3、4. 铜镜（韩国金海大成洞14号墓、南京江宁区谷里杨村南朝墓M5）

一类独具草原游牧民族文化特征的容器，其发展时间长、分布地域广、型式多样。一般认为平底的鍑形器起源于中国商末中原文化与北方方国文化的交错地带①，直到六朝时期中国南方地区仍在继续使用，如湖北鄂州鄂城钢铁厂火车大修车间一座古井内就曾发现一件孙吴黄武元年（222年）铭直立环状双耳铜鍑。此鍑通高20厘米，肩部刻铭“黄武元年作三千四百卅八枚”12字，腹部刻铭“武昌”“官”3字，并有修补痕迹（图四，2）②。其造型除腹体略呈罐形外，余与前述金海大成洞者几无区别。以往学者已注意到，金海大成洞铜鍑与辽宁北票喇嘛洞墓地及冯素弗墓等三燕时代墓葬出土的铜铁鍑的相似性，认为是随鲜卑的活动传播影响到朝鲜半岛③。其实它与以鄂钢古井出土者为代表的中国南方系铜鍑的关系亦不容忽视，尽管南朝都城建康地区的此类铜鍑目前尚未发现。

此外，金海大成洞14号墓出土的一件内行花纹铜镜残片（图四，3），有韩国学者认为来自中国东北地区。然据考古发现可知，十六国、北朝早期中国北方铜镜的铸造几乎完全停止，考古发掘中罕有铜镜出土，而南方的东晋、南朝时期铸镜工艺虽有所衰退，但继续流行各式神兽镜、内行花纹镜、方格规矩镜和盘龙镜等④。此镜残片所存纹饰即与2008年南京江宁区谷里杨村南朝墓（M5）出土的一件同类镜（图四，4）⑤极为相似，故不能排除从南朝直接或间接流入加耶故地的可能性。又据王巍先生研究，朝鲜半岛南部包括加耶在内的诸国马具之一的杏叶除心叶形外， 还流行剑菱形、鱼尾形、棘叶形等。这几种杏叶的源流目前仍不清楚，其中有的可能接受了南朝马具的影响⑥。当然，由于六朝时期中国南方墓葬未见流行随葬马具之俗，这一论点还有待于今后与战争相关的六朝遗址中具

① 郭物：《第二群青铜（铁）鍑研究》，《考古学报》2007年第1期。

② 鄂钢基建指挥部文物小组等：《湖北鄂城发现古井》，《考古》1978年第5期；图见鄂州市博物馆：《鄂州市博物馆馆藏文物精品图录》，内部资料，2010年，第82页。

③ 郭物：《第二群青铜（铁）鍑研究》，《考古学报》2007年第1期。

④ 徐苹芳：《三国两晋南北朝的铜镜》，《考古》1984年第6期。

⑤ 南京市博物馆考古资料。

⑥ 王巍：《从出土马具看三至六世纪东亚诸国的交流》，《考古》1997年第12期。

体实物的出土来验证①。

总之，迄今发现的加耶文物中能够确认与南朝相关者不多，这与两国之间仅有一次外交来往的文献记载相吻合。而在前文所析的与南朝相关的加耶文物中，由于存在着从中国南朝直接输入和从百济、高句丽、新罗等渠道间接获得等多种可能，故考定这些文物或技术因素的传播途径目前还有一定的难度，这无疑需要今后中韩两国学者为此付出更多的努力。

附记：2013年8月29日至9月1日，笔者受邀参加由韩国金海市及仁济大学加耶文化研究所联合举办的“大成洞古坟博物馆成立10周年国际学术研讨会”，本文的部分内容曾在会上演讲。根据会议交流讨论情况及会后的参观考察，这次做了一定的修改与补充。在有关加耶文物资料搜集的过程中，笔者曾经得到韩国仁济大学历史考古学系赵胤宰教授及高丽大学考古环境研究所王飞峰博士的帮助，谨此致谢！本文获南京师范大学高层次人才科研启动基金（项目号：1309004）资助。

① 以往仅在江苏、湖北等地的个别六朝墓葬中见有零星小型马具饰件，成组的马具迄今未有发现，这和同时期中国东北及朝鲜半岛、日本列岛盛行随葬马具的情况颇不相同。由于史籍及出土图像资料中屡见东晋、南朝的“马具装”“马仗”，这只能使人推想是葬俗方面的原因。在笔者近年主持的六朝建康城遗址考古发掘中已有南朝马具出土，可为证明。

考古发现

安徽颍上县“三普”调查古遗址墓葬及GIS数据分析

郭 斗

（颍上县文物管理所）

［摘　要］　本文简述了颍上县的地理环境和历史建置沿革，通过对典型古遗址与古墓葬的介绍，诠释了县境内不可移动文物点的分布规律、规模、统计年代、标本纹饰及现状情况。利用地理信息系统ArcGIS软件对三普数据进行简要分析，根据地域特征，探索文物点的分析方法，客观进行滨水环境评价分析，对古代人用地适宜性的滨水理论猜测提供数字化依据，为下一步文物调查研究提供了调查重点范围和区域。

［关键词］　三普　遗址　墓葬　滨水缓冲　GIS

一、地理环境与历史沿革

安徽省颍上县地处淮河与颍河交汇处、黄淮平原最南端，隶属安徽省阜阳市，地跨东经115° 54′ ~116° 37′，北纬32° 26′ ~32° 54′，南北长约50千米，东西阔约70千米，全县国土面积约1860平方千米，地势平坦，呈西北高东南低的缓倾地形，东南两面湖泊交错，岗坡地相连，西部海拔最高点为28.5米，东南最低点为海拔17.5米。颍上县境内河湖众多，县内流经有两大河流，淮河从我县南部流过，颍河蜿蜒而东南流，纵贯县境，在沫河口与淮河交汇，主要河湖有淮河、颍河、润河、济河、乌江、八里河、焦岗湖等，其中湖泊多分布在南部湖洼地。气候属暖温带和亚热带之间的过渡地，四季分明，气候温和，雨量适量，光照充足，年均降水量904毫米，年均气温15.1℃。

颍上建置始于夏、商时代，属于豫州；周代属于楚国，名“慎邑”，那时的城址在今颍河之北的江口镇汤圩村（现遗址尚存）；秦代为“慎县”，属于泗水郡；汉时属汝南郡，南北朝时均称“楼烦”；隋大业二年（606年）始改名“颍上县”，县城即今址。唐武德四年（621年），把县城改建于城北十二里处高河沿，后又迁回，沿用至今。

二、“三普”工作简介

颍上县的文物点大多分布在淮河、颍河、济河、润河沿岸，在20世纪80年代初，进行了第一次和第二次文物普查，发现不可移动文物点计44处，其中公布为省级重点文物保护单位2处，县级9处。自2007年开展第三次全国文物普查以来，共登记的不可移动文物点共100余处（含消失）（图一）。

所有不可移动文物的总占地面积是823 047平方米。其中古遗址占地面积是647 975平方米；古墓葬占地面积是126 973平方米；古建筑占地面积是2535平方米；石窟寺及石刻占地面积是2平方米；近现代重要史迹及代表性建筑占地面积是45 562平方米。年代包括新石器时代（4处）、夏商周（12处）、秦代（2处）、汉代（41处）、三国（1处）、唐（3处）、宋（25处）、元（3处）、明（13处）、清（28处）、中华民国（6处）、中华人民共和国（3处），共计141处①。

三、遗址墓葬概况

（一）古遗址

根据历次文物普查，颍上县发现古遗址41处（含城址），大都分布在淮河、颍河、济河、润河沿岸，较为明确的遗址有铜台子遗址、黄老墩遗址、灵台遗址、王拐子遗址等；古城址著名的有慎城、甘城、荆亭等，部分城址因洪水侵害，淤于地下，据出土文物分析，慎城始建于战国，甘城、荆亭建于西汉，其余为隋唐时期。下面择其重要典型遗址介绍如下②。

1. 铜台子遗址

位于颍上县红星镇红星村陈店子庄西南1千米的小润河岸边，东距105国道1.2千米，在陈大桥西侧，小润河自遗址南部围绕流入县境，民间称其位置为古堆弯。遗址呈高墩状，平面略呈长方形，GPS实地测量14 550平方米，遗址地形北高南低，东西侧为低洼沼泽地，每当水涨，三面环水，虽历经洪水剥蚀，至今仍保存尚好（图二）。从北部被水冲刷剖面观察，文化层厚1.5～2.5米，遗址周围边缘暴露遗物较多，曾出土有石斧、骨锥、石箭镞、陶网坠等。纹饰以几何纹、绳纹、篮纹为主（图三），可辨器形主要为鬲足、盆罐口沿等。据采集遗存标本可划分为大汶口、龙山、西周、战国，汉代等文化时期。

09HT：01，盆腹片。泥质灰陶。烧成温度较高，陶质地较硬。饰以弦纹和方格纹。残

---

① 记录文物点有多个统计年代的，分别累加记录。

② 下述遗址标本照片全部为三普采集，“年代统计”部分数据来源于二普和历年收集数据。

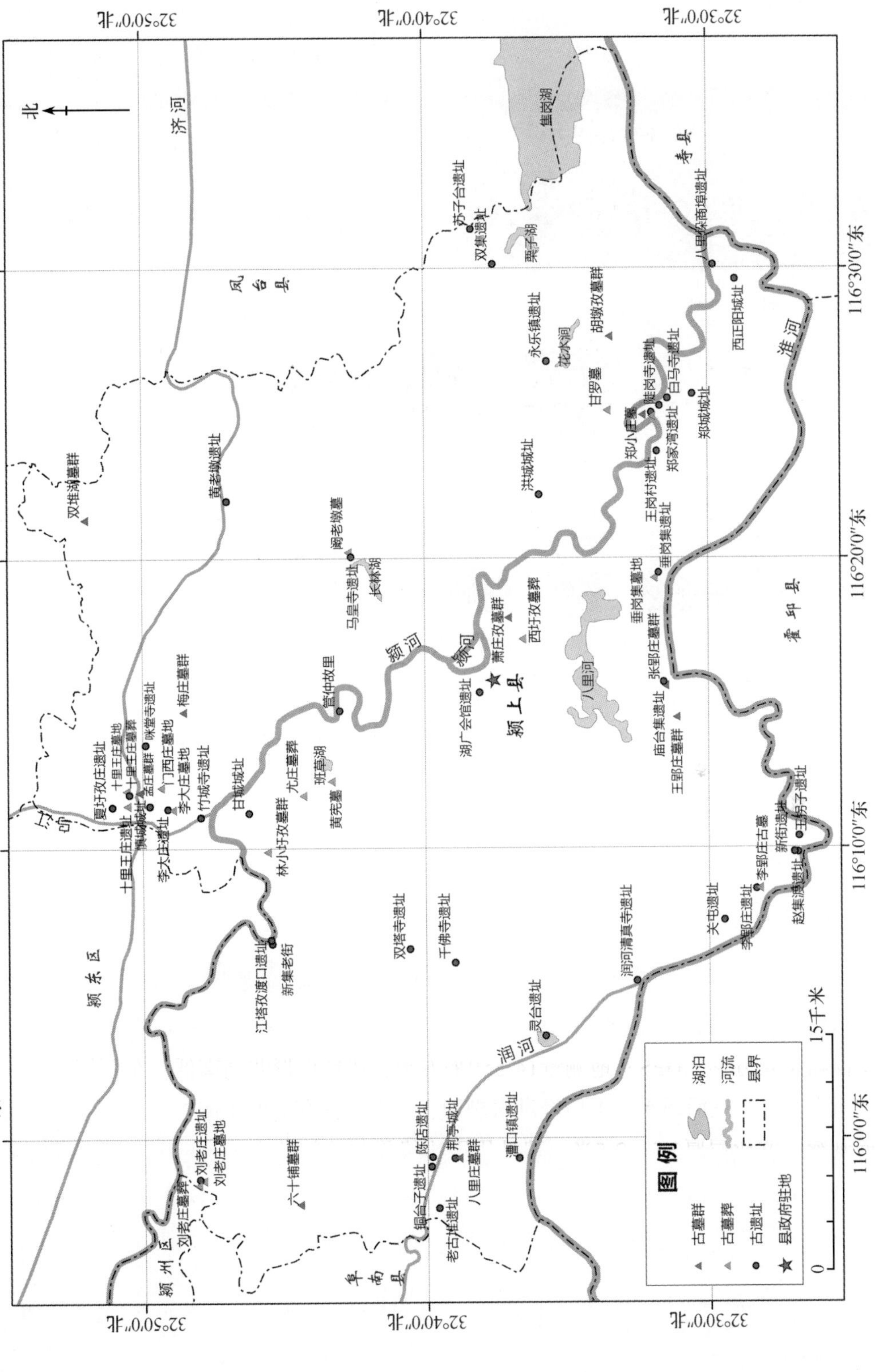

图一 颍上县三普古墓葬遗址分布图

图二　铜台子遗址

高5.89厘米（图四，1；彩版一，1-1）。

09HT：02，筒瓦残片。泥质灰褐陶。烧成温度不均造成外灰内褐，饰以绳纹。残长7.85厘米（图四，2；彩版一，1-2）。

09HT：03，盆口沿。泥质灰黄陶泛白。圆唇，敞口，腹部略折。器表口沿外饰交错细绳纹，其下饰2圈凹弦纹，腹部饰斜向绳纹。残长8.47厘米（图四，3；彩版一，1-3）。

09HT：04，盆口沿。夹砂红陶。口微

图三　铜台子遗址纹饰拓片

1. 菱形　2. 指甲纹　3、4. 弦纹　5. 细方格纹　6、9. 篮纹　7. 绳纹附加堆纹　8. 细绳纹　10. 弦断绳纹

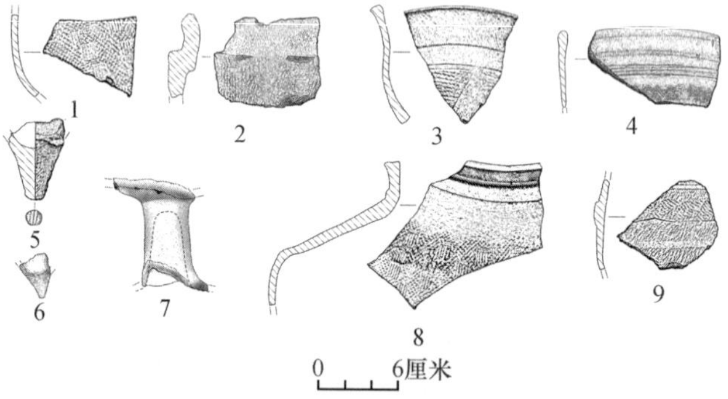

图四　铜台子遗址、黄老墩遗址采集部分陶器标本

1. 盆腹片（铜09HT：01）　2. 筒瓦残片（铜09HT：02）　3、4. 盆口沿（铜09HT：03、铜09HT：04）　5、6. 鬲足（铜09HT：05、铜09HT：06）　7. 豆柄（黄09XH：01）　8. 罐口沿（黄09XH：02）　9. 甗腹片（黄09XH：03）　（1～6. 铜台子遗址，7～9. 黄老墩遗址）

敛，圆唇。下饰数道凹弦纹，腹部饰波浪纹。残高5.49、壁厚0.4～0.7厘米（图四，4；彩版一，1-4）。

09HT：05，鬲足。夹砂红陶。内窝较浅，截锥状，足端较平。足身满饰细绳纹，局部被抹去，着地面饰短绳纹。残高5.8厘米（图四，5；彩版一，1-5）。

09HT：06，鬲足。夹砂红陶。内窝较浅，近圆锥状足跟较细。表面饰竖向绳纹，局部纹饰脱落。残高3.24厘米（图四，6；彩版一，1-6）。

09HT：07，鬲足。夹砂红陶。内窝较浅，矮锥状实足根。足身表面饰竖向绳纹，局部纹饰脱落。残高4.19厘米（彩版一，1-7）。

2. 黄老墩遗址

位于颍上县谢桥镇谢桥社区内，北距济河280米，西距224省道360米处。GPS实地测量9380平方米，文化层厚2.5米左右。遗址西部有一条自南向北的小河经过，北部墩下原为济河古道。遗址高度相对周边地面约3.5米，呈陡岗地形，北陡南坡，东南面呈缓坡地势。曾出土有蚌镰、陶器残片、鹿角骨、脊骨、绳纹鬲足等标本，纹饰有细绳纹、弦纹、指甲纹、刻划纹、附加堆纹；陶片可辨器形多为鬲、碗、罐、盆口沿等。根据地面出土遗存标本分析判断，可划分西周、东周、秦、汉文化时期。

09XH：01，豆柄，轮制。泥质灰黄泛白陶。近圆形。素面抹光。残高7.81厘米（图四，7；彩版一，2-1）。

09XH：02，罐口沿，轮制。泥质灰陶。口微敛，尖缘方唇，短直颈微束，饰2道凸弦纹。腹部饰以弦纹和方格纹。残高10.79、壁厚0.5～1.1厘米（图四，8；彩版一，2-2）。

09XH：03，甗腹片，轮制、手制并用。夹砂灰陶。腹片稍呈弧状。表面饰有弦纹和间断绳纹，并饰有一条状堆纹，堆纹上饰绳纹。残高6.47厘米（图四，9；彩版一，2-3）。

09HT：04，盆腹片。泥质灰褐陶。因烧成温度较高，陶质较坚硬。饰以弦纹和方格纹。残高5.62厘米（彩版一，2-4）。

09HT：05，鬲足。夹砂红陶。内窝较浅，矮锥状足根。表面满饰竖向绳纹，局部纹饰被抹去。残高2.77厘米（彩版一，2-5）。

09HT：06，罐腹片。夹细砂红陶。表面满饰绳纹。残高5.59厘米（彩版一，2-6）。

3. 灵台遗址

位于颍上县耿棚镇灵台村刘小庄，西距小润河1千米处。相传宋代台上建有大庙一座，故名灵台。灵台原有东西两台相连，屹立于湖中，西台后因筑坝遭破坏，现仅存东台。台高约12米，GPS实地测量面积约为4600平方米。遗址从现有剖面观察可分为4层，厚4～5米：第1层为表土层，厚1.3米；第2层为蚌壳堆积层，厚0.4～0.8米；第3层

图五　灵台遗址

为灰土层，厚0.9～1.2米；第4层为红烧土层，厚3～7厘米（图五）。遗址曾出土有陶网坠、陶纺轮、骨箭镞等，现采集标本有鼎足、鬲足、盆碗口沿及底等，纹饰有粗细交错绳纹、细方格纹、网结纹（图六，1、2、6～8）等。年代分新石器时代、商、周、宋。

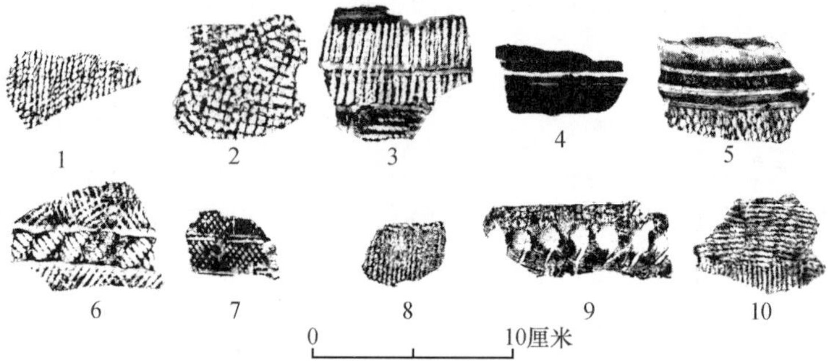

图六　黄老墩、灵台、王拐子遗址标本拓片

1. 交错绳纹（灵台）　2. 细方格纹（灵台）　3. 弦断绳纹（王拐子）　4. 弦纹（黄老墩）　5. 上弦纹下绳纹（黄老墩）　6. 附加堆纹、绳纹（灵台）　7. 弦纹、细方格纹（灵台）　8. 细绳纹（灵台）　9. 指甲纹（黄老墩）　10. 细绳纹（黄老墩）

09GL：01，鼎足。夹砂红陶。内部呈灰白色，侧装，足端外撇。残高8.5厘米（图七，1；彩版一，3-1）。

09GL：02，鼎足。夹砂红陶。侧装，横截面略呈扁椭圆形，转角较圆钝。足背上饰有2按窝。残高6.82厘米（图七，2；彩版一，3-2）。

09GL：03，鼎足。夹砂红陶。侧装，足端残，横截面呈扁椭圆形，转角较尖锐。残高8.12厘米（彩版一，3-3）。

09GL：04，鼎足。夹砂红陶。足端残，呈圆柱状。素面，背上饰有按窝，并有3条凸纹。残高6.43厘米（图七，3；彩版一，3-4）。

09GL：05，鬲足，手制。夹砂红陶。内窝较浅，柱状实足根较矮，足尖略突出。表面满饰粗绳纹，着地面饰短绳纹。残高6.38厘米（彩版一，3-5）。

09GL：06，鬲足，手制。泥质灰陶。内窝较浅，截锥状，着地面斜平。足身饰以粗绳纹，局部被抹去。残高4.53 厘米（彩版一，3-6）。

09GL：07，鬲足。夹砂红陶。内窝较深，近圆锥状，表面抹光，足端较尖。残高7.32厘米（图七，4；彩版一，3-7）。

09GL：08，鬲足。泥质灰陶。内窝较深，长截锥状。表面除着地面外满饰绳纹。残高6.35 厘米（彩版一，3-8）。

09GL：09，陶管。夹砂红陶。中空。外径3.75、内径2.1、残长4.38厘米（图七，5；彩版一，3-9）。

09GL：10，盆腹片（残）。夹砂红陶。腹皮较平。素面，贴饰一周附加堆纹。残高

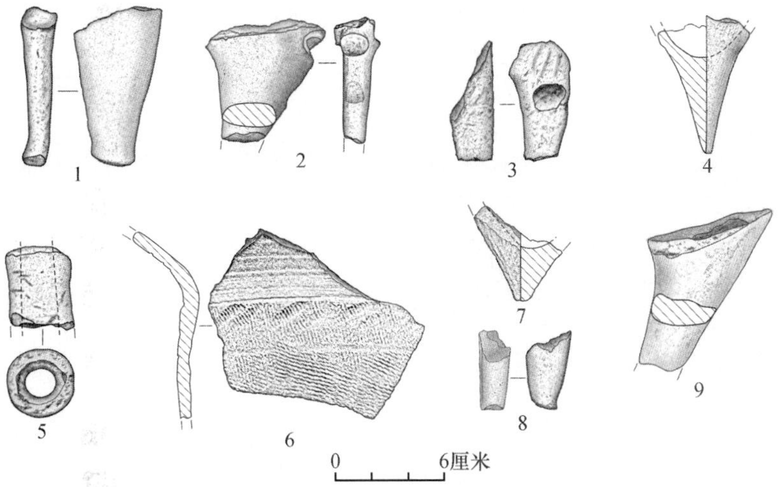

图七　灵台遗址、老古堆遗址及王拐子遗址采集部分陶器标本

1～4. 鼎足（灵09GL：01、灵09GL：02、灵09GL：04、灵09GL：07）　5. 陶管（灵09GL：09）　6. 盆腹片（老09NL：01）　7. 鬲足（老09NL：03）　8、9. 鼎足（王09GW：01、王09GW：02）

3.89、壁厚0.69厘米（彩版一，3-10）。

09GL：11，陶器腹片。夹砂灰褐陶。外灰黑内红褐，胎含气泡质较轻，表面满饰绳纹。残高4.26、壁厚0.71厘米（彩版一，3-11）。

4. 老古堆遗址

老古堆遗址位于颍上县南照镇鲁庙村黄老自然庄北，北距小润河1千米处。遗址平面略呈正方形，因洪水冲刷，遗址相对于周边地面仅高1.2～1.5米，GPS实测面积约5100平方米（图八）。地表采集标本较少，可辨器形有鬲足、盆残片、罐口沿、绳纹灰陶片等。年代可划分新石器、汉时期。

09NL：01，盆腹片。夹砂红陶。上部外撇饰有弦纹，下接饰有弦断绳纹，中部略内折，并绳纹上有一圈压印按窝。残长10.89厘米（图七，6；彩版一，4-1）。

09NL：02，罐腹片。泥质灰黑皮陶。表面饰绳纹。残长6.28、壁厚0.51厘米（彩版一，4-2）。

09NL：03，鬲足。夹砂红陶。足端较尖近圆锥状。足表面饰以绳纹。残高5.02厘米（图七，7；彩版一，4-3）。

09NL：04，罐口沿。黑皮灰褐陶。直口，广肩。素面。残高2.46厘米（彩版一，4-4）。

09NL：05，鬲足。夹砂红陶。外红褐内灰黑。内窝较浅，圆柱状实足根，足端较平。残高5.53厘米（彩版一，4-5）。

图八　老古堆遗址

5. 王拐子遗址

位于颍上县关屯乡三里村王拐子庄南部，北距古城保庄堤0.5千米，南距淮河2千米的弯道处，每逢大水溃堤，均有文物出土，1982年大水后，曾出土有商代铜爵、觚、战国弩机、箭镞、蚁鼻钱及北齐佛像和唐宋古钱币等，保存在县文物管理所库房。现遗址呈高丘地形，高于周边土地约1米，GPS实地测量面积约有5700平方米。地表分布遗存较少，采集标本可辨器形有鼎足等，纹饰以绳纹、篮纹为主。年代可分新石器、商、周、汉、唐、宋时期。

09GW：01，鼎足。夹砂红陶含有石英颗粒。侧装，足一侧面饰一条竖向的刻槽。素面。残高4.28厘米（图七，8；彩版一，5-1）。

09GW：02，鼎足。泥质灰陶泛白。侧装，足身较宽扁，横剖面为扁椭圆形，足端残。素面。残高8.67厘米（图七，9；彩版一，5-2）。

09GW：03，陶腹片。泥质灰陶。表面饰以交错绳纹。残高7.12厘米（彩版一，5-3）。

09GW：04，板瓦残片。泥质灰陶。表面饰以绳纹。残长6.86厘米（彩版一，5-4）。

09GW：05，陶罐腹片。泥质灰陶。表面饰以弦断绳纹。残高7.16、壁厚0.8厘米（彩版一，5-5）。

09GW：06，陶罐腹片。泥质灰陶。上部饰有4道凸弦纹，下部饰有细绳纹。残高9.12、壁厚0.78厘米（彩版一，5-6）。

（二）古墓葬

古墓葬多数封土被夷平，颍上县第三次文物普查共发现有迹可查的古墓葬（墓群）25处，分布规律常在遗址周边附近，墓葬一般平地起堆，多数封土被夷平，其中墓葬群有六十铺墓群、郑小庄墓群、八里庄墓群、刘老庄墓地、双堆湖墓群等。墓葬形制有商周土坑墓、战国木椁墓、两汉魏晋及唐宋砖室墓砖木结构墓等。

墓葬封土大部分不明显或被夷平，多呈馒头状，封土中心相对周边高度差在1～3米，如刘老庄墓地、双堆湖墓群（彩版一，6、7）。年代以两汉、魏晋、隋唐砖墓居多，而且分布较广。

颍上县墓葬已发掘重要出土文物，如“酉”字青铜爵，在王拐子遗址附近墓葬出土，高20.5、柱高3.5厘米，“酉”爵窄流，尖尾上翘，流旁有柱，卵形腹，三棱尖锥足，柱头有圆涡纹，金鋬饰牛首，腹饰云雷底纹的饕餮纹，金鋬下腹部有“酉”字铭。据邹衡推论：“酉族应是居于殷墟的商人”（或夏的遗民），颍河上游是夏文化的发祥地，“酉”

族的分支在历史的大变迁中顺颍水而下，定居颍尾也是有可能的，对颍上县存在夏文化的地位提供了佐证；王岗镇郑小庄商周墓出土的铜鼎、铜鬲、铜戈、箭镞及一批商代铜器等，特别“月己”爵商代青铜酒器，形制和纹饰与“酉”爵基本相同，但纹饰较“酉”爵粗犷清晰，高19.5厘米。金鋬下腹部饰有“月己”铭文，“月己”应是一个曾经活跃在淮河中游、颍河下游的氏族①。此两爵的发现，为我们研究人类的历史和今后探讨“淮夷”与商人的关系提供了宝贵的资料。

四、文物点分布规律分析

本文分析对象为颍上县第三次文物普查的古遗址、墓葬类文物点，意在探索古人生活生产用地情况；而近现代文物点大多是革命性历史文物，古建筑一方面占地面积较小；另一方面以明清时期建筑居多，实际统计意义不大，故排除之。

分析方法重点为滨水居住环境分析评价。颍上县遗址大都分布在水流附近，受水系的影响很大。另因颍上县地处平原，地形适宜性及聚落遗址通视性分析意义不大。所用软件为ArcGIS，坐标系采取WGS84坐标系（图九）。

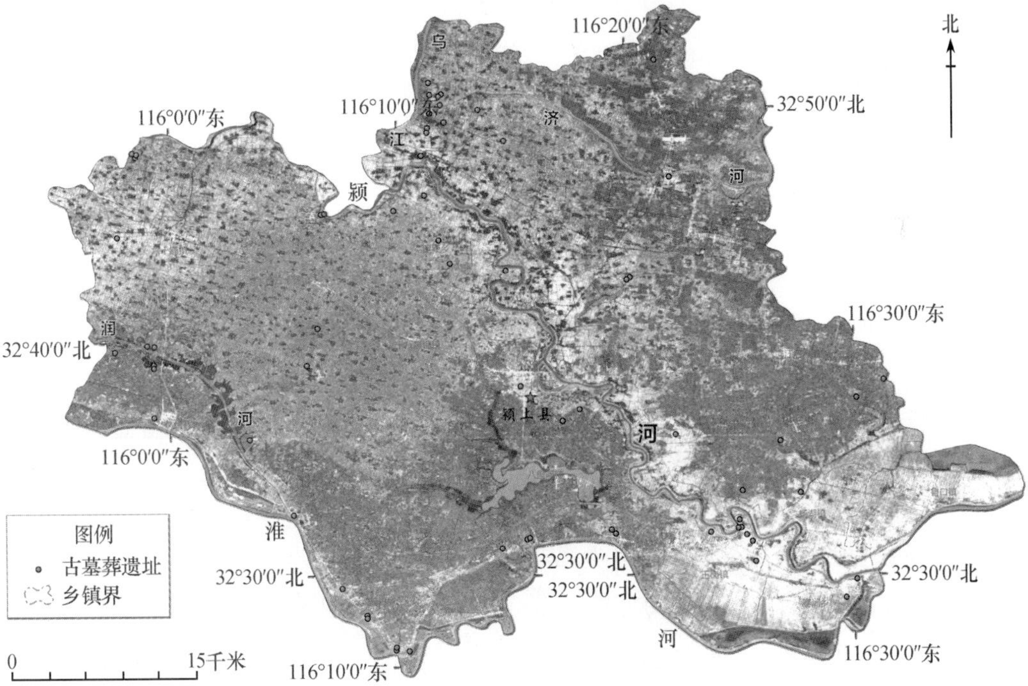

图九　颍上县遗址墓葬类分布遥感图

① （清）刘耀椿、李同等：《颍上县志》，黄山书社，1995年。

（一）滨水亲水特性

文物点数量点密图，是根据不可移动文物点落在乡镇行政区划范围内的数量，进行运算撒点成图（彩版二，1）。

文物点面积点密图，是根据不可移动文物点的实际占地面积，参照乡镇行政区划面积，得出每个乡镇的实际文物点容积率后，进行运算撒点成图（彩版二，2）。

按分布文物点的多少生成点密图，根据文物点数量点密图和文物点面积点密图可以看到，不管是点面积还是点数量，文物点都是靠近河流水系分布，呈亲水或滨水性。分布规律主要是围绕淮河、颍河、润河等水系。特别是河道湾及大型河流和小型河流水系的交汇处分布比较密集，如颍河、济河、乌江交汇处，文物点分布密集，颍水县老城址慎城城址就位于此处，遗址聚落在其周边呈辐射分布；王岗镇的颍河湾道处，分布较集中，已发现的遗址墓葬就高达7处。但颍河和淮河交汇处文物点并不多，只有2处，且其中1处还是明清时代的商埠遗址，分析原因可能是古代人在大型水系交汇处，生产生活用地离水系太近，担心容易受水灾影响，又或者因历年的河流改道、近年的水利工程造成地表无遗存可寻。

（二）滨水环境评价

滨水环境评价分析将根据文物点距离河流、湖泊等水系的远近等加以确定（表一）。

表一　滨水环境评价标准

分类（单位：米）			缓冲等级
大型河流（均宽>50）	中型河流（15≤均宽≤50）	湖泊	
0 ~ 1000	0 ~ 500	0 ~ 500	5
1000 ~ 2000	500 ~ 1000	500 ~ 1000	4
2000 ~ 3000	1000 ~ 1500	1000 ~ 1500	3
3000 ~ 4000	1500 ~ 2000	1500 ~ 2000	2
4000 ~ 10 000	2000 ~ 10 000	2000 ~ 10 000	1

结合实际地形情况，采取大型河流和中型河流设置不同的范围缓冲区，流经县境的大型河流有淮河和颍河，中型河流有润河、乌江、济河等，小型河流（均宽<15米）因多为近现代的人工沟渠，故忽略不计。根据河流的宽度，为河流、湖泊等水系设置距离缓冲区，即对水系周边的包围地带分级划片[①]。

① 10 000米其实已经远超出研究范围，之所以如此设置，是为了让颍上县所有文物点和行政区划都全部落入缓冲区，实际意义是代表距离（均宽>50米）河流4000米以上的缓冲距离，或距离（15米≤均宽≤50米）河流和湖泊2000以上的缓冲距离。分级采取共分为5级，以离水系的距离递减等级。

通过缓冲带叠加文物点，生成颍上县滨水缓冲叠加文物点情况图（彩版二，3）。根据分析结果，可以明显看出文物点分布和水系的范围有很大的关系，基本上符合按滨水缓冲区划分等级的关系，即滨水缓冲区5级和4级是古人生产生活用地的最佳选择，也是我们考古工作调查的重要区域。5级和4级滨水缓冲区文物点的分布数量约占总量的72%，3级占17%左右，2级和1级共占11%左右。这里要特别指出的是，1级虽然有6处文物点，但1级滨水缓冲地带面积接近其他四级地带的面积总和，且其中2处是建筑寺庙类遗址，占地面积较小。综合上述因素，1级滨水缓冲文物点分布真实比例应小于或者等于2级（表二）。

表二　古人用地适宜性分类

滨水缓冲级别	缓冲区面积（平方千米）	文物点数量	所占百分比（%）	古遗址、墓葬密度	评价等级	适宜用地程度
5级	373.5（含水系面积）	28	42	密集	5分	最适宜
4级	295.2	20	30	多	4分	适宜
3级	246.9	11	17	较多	3分	比较适宜
2级	187.2	1	2	较少	1分	不适宜
1级	791.1	6	9	少	1分	不适宜

笔者尝试利用地理信息系统对颍上县行政范围内的“三普”数据进行简单分析，探索文物点数据的分析方法，对古代人用地适宜性的滨水理论猜测提供数字化依据，为下一步文物调查研究提供了调查重点范围和区域。

但本次数据分析只能立足于现有手头掌握资料，分析结果尚存在不足之处，同时这些不足也是以后考古实践工作的亟待完善之处。

（1）遗址类面积确定并不一定准确，“三普”时主要是为了定位，并没有细心地查找边缘，数据反映的只是最小值。

（2）限于当时条件，只是记录到地面有遗迹或遗物分布的文物点，普查的文物点数量并不能代表实际数量。

（3）基层技术力量薄弱，对文物点历史年代尚不能准确划分，故无法进行遗址聚落类历史文化时期的统计数据分析。采集标本数量较少，无法对标本类型进行划分、统计。

附表 颍上县古遗址墓葬汇总表

序号	名称	类型	占地面积（平方米）	统计年代	所在乡镇名称	备注
1	张郢庄墓群	古墓群	10 780	宋代	半岗镇	
2	庙台集遗址	古遗址	17 250	汉、宋	半岗镇	
3	王郢庄墓群	古墓群	27 229	汉、宋	半岗镇	
4	双堆湖墓群	古墓葬	2510	东周、东汉、唐	陈桥镇	
5	灵台遗址	古遗址	4600	新石器时代、商、周、宋	耿棚镇	
6	千佛寺遗址	古遗址	4650	汉、宋	耿棚镇	
7	双塔寺遗址	古遗址	85	清代	耿棚镇	
8	梅庄墓群	古墓群	5760	汉代	古城乡	
9	王拐子遗址	古遗址	5700	新石器时代、汉	关屯乡	
10	赵集渡遗址	古遗址	8260	汉、宋、明、清	关屯乡	
11	新街遗址	古遗址	9200	汉、宋、明、清	关屯乡	
12	李郢庄遗址	古遗址	15 600	宋、明、清	关屯乡	
13	李郢庄古墓	古墓葬	252	清代	关屯乡	
14	关屯遗址	古遗址	6000	三国、唐、宋	关屯乡	已消失
15	铜台子遗址	古遗址	14 550	新石器时代、夏、商、周、汉	红星镇	
16	陈店遗址	古遗址	7371	唐、宋	红星镇	
17	永乐镇遗址	古遗址	61 600	宋、明	黄坝乡	
18	阚老墩墓	古墓葬	3419	三国	黄桥镇	
19	马皇寺遗址	古遗址	3750	汉、宋	黄桥镇	
20	甘城城址	古遗址	16 000	汉代	建颍乡	
21	管仲故里	古遗址	39 360	西周、东周	建颍乡	
22	尤庄墓葬	古墓葬	1783	东汉	建颍乡	
23	黄宪墓	古墓葬	5225	汉代	建颍乡	
24	林小圩孜墓群	古墓葬	6110	汉代	建颍乡	
25	苏子台遗址	古遗址	9100	汉、宋	江店孜镇	
26	双集遗址	古遗址	3500	汉、宋	江店孜镇	
27	慎城城址	古遗址	159 000	东周、秦、汉	江口镇	
28	竹城寺遗址	古遗址	5110	汉、元、明	江口镇	
29	孟庄墓群	古墓群	4510	汉代	江口镇	
30	门西庄墓地	古墓葬	1006	汉代	江口镇	
31	李大庄遗址	古遗址	12 600	汉、宋、明	江口镇	
32	李大庄墓地	古墓葬	2776	汉代	江口镇	
33	夏圩孜庄遗址	古遗址	11 400	汉、宋	江口镇	
34	十里王庄墓地	古墓葬	2826	汉代	江口镇	
35	十里王庄墓葬	古墓葬	3498	汉代	江口镇	
36	十里王庄遗址	古遗址	7600	汉、宋	江口镇	
37	咪堂寺遗址	古遗址	1350	宋代	江口镇	
38	甘罗墓	古墓葬	2582	东周	刘集乡	
39	洪城城址	古遗址	50 100	汉代	刘集乡	
40	六十铺墓群	古墓群	1200	汉代	六十铺镇	已发掘

续表

序号	名称	类型	占地面积（平方米）	统计年代	所在乡镇名称	备注
41	老古堆遗址	古遗址	5100	新石器时代、夏—汉	南照镇	
42	荆亭城址	古遗址	8850	汉代	南照镇	
43	八里庄墓群	古墓群	5579	汉、宋	南照镇	
44	漕口镇遗址	古遗址	2800	宋、明、清	南照镇	已消失
45	润河清真寺遗址	古遗址	896	清代	润河镇	
46	八里垛商埠遗址	古遗址	32 760	明、清	赛涧乡	
47	西正阳城址	古遗址	7800	东汉	赛涧乡	已消失
48	萧庄孜墓群	古墓群	587	宋代	慎城镇	
49	西圩孜墓葬	古墓葬	465	汉代	慎城镇	
50	湖广会馆遗址	古遗址	1550	清	慎城镇	
51	白马寺遗址	古遗址	4925	唐、宋、元、明、清	王岗镇	
52	陡岗寺遗址	古遗址	3573	汉、宋	王岗镇	
53	郑家湾遗址	古遗址	1500	汉、宋	王岗镇	
54	郑小庄墓葬	古墓葬	350	汉代	王岗镇	
55	王岗村遗址	古遗址	20 736	宋代	王岗镇	
56	郑城城址	古遗址	46 000	隋代	王岗镇	已消失
57	郑小庄墓群	古墓群	30 000	商周、春秋、战国	王岗镇	已发掘
58	刘老庄墓地	古墓葬	1760	汉代	五十铺乡	
59	刘老庄遗址	古遗址	3700	汉、宋	五十铺乡	
60	刘老庄墓葬	古墓葬	1812	汉代	五十铺乡	
61	黄老墩遗址	古遗址	9380	西周、东周、秦、汉	谢桥镇	
62	新集老街	古遗址	9600	清代	新集镇	
63	江塔孜渡口遗址	古遗址	2800	清代	新集镇	
64	胡墩孜墓群	古墓群	1460	汉、宋	杨湖镇	
65	垂岗集墓地	古墓葬	3494	汉代	垂岗乡	
66	垂岗集遗址	古遗址	12269	汉、宋、明	垂岗乡	

安徽六安汉代王陵墓地附属墓葬群调查报告

六安市文物局　六安汉代王陵管理所

［摘　要］　2006年3月至次年1月，安徽省文物部门对六安双墩一号汉墓进行了抢救性发掘，经考证墓主为西汉六安国第一代国王刘庆。发掘结束后，省、市文物部门对双墩一号汉墓周边区域进行了考古调查，确定其为西汉六安国王陵墓地。2012年12月至次年2月，六安市文物部门对六安国王陵墓地附属墓葬群进行了全面调查，了解了王陵墓地附属墓葬群的分布和保存状况，为下一步大遗址的规划、保护与建设提供了科学依据与支撑。

［关键词］　六安　汉代王陵　附属墓葬群　考古调查

六安汉代王陵墓地位于六安市金安区三十铺镇和先生店乡的双墩村、青松村和钱圩村境内，总面积15平方千米（图一）。宁西铁路将其人为地分隔为南北两片，北片由诸侯王陵即双墩、高大墩、马大墩和三星庙墩（彩版三，1）（俗称“四对八大墩”）为主的核心区域和附属墓葬组成，面积10平方千米。南片由体量较大的“玄武大墩”和“青龙岗墩”及部分小型墓葬组成，面积约5平方千米。六安双墩一号汉墓考古发掘结束后不久，安徽省考古研究所与六安市文物局曾联合对以双墩一号汉墓为中心的周边区域进行了一次调查，取得了阶段性成果，初步确定西汉六安国王陵墓葬区的范围。

为进一步摸清六安汉代王陵墓地内古墓葬分布及保存状况，为满足当前大遗址保护工作和科学编制国家级总体保护规划的需要，2012年12月至2013年2月，六安市文物局与六安汉代王陵管理所对六安汉代王陵墓地附属墓葬群进行了全面的考古调查。本次调查面积15平方千米，进一步掌握了附属墓葬群的分布、规模、环境和保护状况，新发现了部分墓葬，采集了部分遗物标本。

一、调查目的、原则、组织及方法

此次调查有三个目的：一是调查整个保护区内的文物现状并及时备案，对存在的问题提出处理措施。二是通过调查，发现是否有遗漏的遗迹，建立完整的详细的档案资料，以便整体保护。三是通过调查，为整个王陵区总体规划提供科学依据。调查本着“既有利于经济建设，又有利于文物保护”的原则，严格按照国家文物局制定的《田野考古工作规程》和全国第三次文物普查的要求进行。

此次调查由六安市文物管理局组织安排，王陵管理所全体同志参与调查并负责资料整

图一　六安汉代王陵墓地诸侯王陵与附属墓葬分布图

理、录入。调查充分利用了前期基础资料，调取了王陵区内现有古墓葬资料、档案。采取地面踏查并结合寻访村民的方式，对已收集的古墓葬资料进行确认，纠正前期资料错误，最大限度地还原历史信息。调查期间，工作人员职责明确，采取分段拉网方式进行，确保无墓葬遗漏。对每个文物点进行GPS精确定位、标本采集、拍照、文字记录，说明与周边地理环境和生态环境的关系，有效保障了调查质量。

二、调查结果

六安汉代王陵墓地分布在江淮分水岭的平畈地带，地势无较大起伏，合武铁路和宁西铁路贯穿东西，多数墓葬位于宁西铁路以北。大部分墓葬现状保存较好，其中外观完好，保存较为完整的有27座，墩体上多为杂草和杂木所覆盖。另一部分墓葬因地处村庄、耕地和道路周边，在生产生活过程中导致墓葬本体有所损毁，共有12座。因早期生产、生活及村镇建设导致墓冢基本消失的有4座、遭破坏和挖掘的墓葬1座。本次调查，总共获得附属墓葬资料44份。为便于叙述，以下分北、南两片简介。

（一）北片[①]

1. 高大墩1号小墩

海拔50.6米。高大墩1号小墩位于三十铺镇双墩村境内，地处合武铁路以北，北距村级无名路约10米，东距村民民居约30米处。西距高大墩北墩约150米。1号小墩封土为圆形覆斗状，高约4米，占地面积约460平方米，现状保存较好，封土周边为农耕地和农田，封土上种植杂树和自然衍生的小灌木，局部杂草掩盖。从墩体的断面可以看到封土由黄褐色熟土堆积。

2. 高大墩2号小墩

海拔50.1米。高大墩2号小墩位于合武铁路以北双墩村境内，2号小墩位于1号小墩北约30米，南距村级无名路约20米，西约5米处为民居。高大墩2号小墩现状保存堪忧，早期因建房取土使该墓葬西面封土大量流失，现仅保留南北长、东西窄的占地面积约250平方米的不规则椭圆形覆斗状封土堆积，封土为黄褐色，墓葬周边是民宅，封土上被自然衍生的小灌木所覆盖。

3. 高大墩3号小墩

海拔52.2米。高大墩3号小墩位于三十铺镇双墩村双墩组，合武铁路以北，小墩西南紧邻民居，南距2号小墩约15米。3号小墩现状保存堪忧，早期建房取土等原因使其四周封土流失严重，现封土为不规则椭圆形覆斗状的堆积，最高处约3米，面积约300平方米，周边杂草丛生，西南紧邻民宅，封土被杂木覆盖。

---

① 共30座墩子，其中4座基本消失，放在第三部分列表中简述。

4. 高大墩4号小墩

海拔53.2米。高大墩4号小墩位于三十铺镇合武铁路以北双墩村境内，4号小墩东南距离3号小墩约40米。4号小墩现状基本保存完好，为椭圆形覆斗状堆积的高约3.2米，占地面积约300平方米的土堆，现封土南部部分区域因早期修水沟毁坏。周边杂草和小灌木丛生，封土表面被杂树和自然衍生的小灌木覆盖。

5. 高大墩5号小墩

海拔65米。高大墩5号小墩位于合武铁路以北，三十铺镇双墩村境内，西北距黄齐山4号小墩约20米处。5号小墩现状保存完好。形状为高约4.5米的圆形覆斗状小土丘，占地面积约800平方米，周边土地未被占用，杂草丛生或种植杂木，封土被杂木和自然衍生的小灌木所覆盖。

6. 高大墩6号小墩

海拔61.23米。6号小墩位于六安市三十铺镇合武铁路以北双墩村境内，北距5号小墩约15米处。6号小墩现状保存完好，为一圆形覆斗状封土堆积的小土丘高约3.2米，占地面积约490平方米。周边土地因为被使用所以杂草丛生、林木茂盛。封土被杂木和自然衍生的小灌木所覆盖。

7. 高大墩7号小墩

海拔68.8米。高大墩7号小墩位于三十铺镇合武铁路以北双墩村境内，西距黄齐山6号小墩约15米处。7号小墩为圆形覆斗状高约4.2米，占地面积约557平方米的封土堆积成的小土丘，周边土地无人使用因此草木丰盛，封土上亦被杂草和杂木及自然衍生的小灌木所覆盖，墩体上有现代坟，保存状况较好。

8. 栗树庄1号墩

海拔52.2米。栗树庄1号墩位于三十铺镇双墩村合武铁路以北，“二普”时录入。墩体为不规则椭圆形覆斗状，西南紧邻民宅，南距村级无名路约40米，东南距2号墩约150米。现高约2.5米，占地面积约600平方米，土质为黄褐色，封土上植被茂盛，保存状态较好。

9. 栗树庄2号墩

海拔53米。栗树庄2号墩位于三十铺镇双墩村合武铁路以北，东北距村级无名路约30米，西南距村修小水塘约60米，东距民宅约40米处。“二普”时录入。封土为规则椭圆形覆斗状，高约1.5米，占地面积约650平方米，由于早期的水利兴修和生产生活，致使该墩体封土大量流失，现墩体周边为农田，封土上被杂草杂木所覆盖，现状保存堪忧。

10. 李小庄墩子

海拔49.2米。李小庄墩子位于双墩村合武铁路以北的栗树生产队境内，其西北紧邻村修水塘，东北距村级无名路约50米，高约2.5米，占地面积约500平方米，封土为不规则覆斗状。四周为林地，部分有水土流失现象，墩体被杂草杂木覆盖，保存状况较好。

11. 李大庄墩子

海拔47.8米。李大庄墩子位于双墩村境内，合武铁路以北，村无名路自墩体由北向南擦肩而过。北距民居约30米处。由于早期的建房、修路、生产生活致使李大庄墩子形状不完整，呈不规则的三角形状，占地面积约400平方米。墩表面被杂草覆盖，有数座现代坟，现状堪忧。

12. 大山墩

海拔52.8米。大山墩位于合武铁路以北双墩村、大山组境内，“二普”时录入文物档案。现为一高约3米、占地面积约1300平方米的不规则椭圆形覆斗状封土堆积土丘，墩体东部因盖房时切除，水土流失现象严重，墩西、北、南部分保存较为完整，墩体周边为农耕地，墩体土地无人使用以致被杂草、杂木所覆盖。现状保存一般。

13. 二十四石北墩

海拔46米。二十四石北墩子位于合武铁路以北、双墩村大山组境内。现为高约3.5米、占地面积约600平方米的不规则椭圆形覆斗状封土堆积土丘，其东北距双墩小学约150米，北距双墩农业科技园约20米处。该墩体外观保存较好，墩表面被杂草覆盖，墩体周边已开垦，大部分种植林木。

14. 二十四石南墩

海拔44.2米。二十四石南墩位于双墩村大山村民组境内，地处合武铁路以北，墩南紧邻村级无名路，墩东紧邻民宅，距北墩50米。“二普”时录入文物档案。在实地调查、勘测期间获知，早期建房、修路和生产生活导致墩体北面和东面完全损毁。现仅余高约3米，占地面积约300平方米的不规则三角形覆斗状土丘，墩上杂草杂木覆盖。现状保存堪忧。

15. 刘家庄墩

海拔51.5米。刘家庄墩子位于合武铁路以北双墩村境内。墩子西紧靠村村通水泥路，南距合武铁路约500米，北紧邻双墩村。为高约3米、占地面积约2000平方米，呈不规则椭圆形覆斗状土丘。通过实地勘察寻访，该墩早期因修路建房，使墩体西部有所损毁，墩体被杂草杂木覆盖，现状保存较好。

16. 松墩

海拔56.7米。松墩位于韩隐村境内，西北距皋青路约400米，南距合武铁路约100米处，“二普”时录入文物档案。现为高约6米、占地面积约1400平方米的椭圆形覆斗状封土堆积土丘，其整体外观完整，顶端建有小型土地庙，堆体被杂木和杂草覆盖，周边为农田（彩版三，4）。松墩子早期曾有盗掘发生，被文物部门和当地群众及时制止了，现有专人看护。

17. 松墩2号墩

海拔51.1米。松墩2号墩位于韩郢村境内，距合武铁路约100米，东北距皋青路桥段约100米。现为高约3.5米、占地面积约900平方米的不规则椭圆形缓坡覆斗状土丘，墩体周边为农田，早期的生产生活致使墩体部分区域有所损毁。墩体被杂木杂草所覆盖，现状保存较好。

18. 中墩

海拔47米。中墩位于双墩村韩郢村民组。现为一高约3米的不规则椭圆形缓坡覆斗状封土堆积土丘，其占地面积约600平方米，南距合武铁路约400米，墩体东北为村民种植的竹林，东南距离松墩子约300米处。早期因村民建房和生产致使堆体部分区域有所损毁。现堆体上被人为种植的竹林覆盖。保存状况较好。

19. 瓦屋大墩

海拔43.3米。瓦屋墩位于双墩村瓦屋村民组境内，南距合武铁路400米，与中墩紧邻。据勘察寻访，瓦屋墩子原为一大墩子，20世纪50～60年代因取土烧砖和建房、修路而破坏，目前仅存墩体的西面部分。现为一占地面积约200平方米，高约2米的不规则椭圆形覆斗状的封土堆积土丘，上被杂木覆盖。保存状况堪忧。

20. 琵琶墩

海拔57.4米。琵琶墩位于六安市三十铺镇合武铁路以南、宁西铁路以北的双墩村枇杷村民组境内。北距双墩一号汉墓约500米，南距村级无名路约5米，为一座高约2.5米，占地面积约1300平方米的椭圆形覆斗状封土土丘，琵琶墩旁为一杨姓民宅，早期因修路和建房等原因，致使墩体周边部分区域被挖除，墩体被竹林杂草杂木所覆盖，保存状况一般。

21. 小枣树1号墩

海拔63.3米。小枣树1号墩位于双墩村吴大庄组境内，为本次文物调查新发现的遗迹，该墩东距民宅约500米，西北距吴大庄村修水塘约200米处，现状保存较好，为一高约

3.5米、占地面积约700平方米的不规则椭圆形覆斗状土丘，墩体四周为农田，墩西南缓坡上有现代坟数座。墩体上土地无人使用并被杂草杂木所覆盖。

22. 小枣树2号墩

新发现的遗迹，海拔56.2米。小枣树2号墩位于双墩村吴大庄组境内，系本次王陵保护区文物调查期间新发现的遗迹，该墩西距小枣树一号墩东约25米，西北距吴大庄村修水塘约220米处，现状保存较好，为一高约1.5米、占地面积约600平方米的不规则椭圆形覆斗状土丘，墩体四周为农田，墩西南缓坡上有现代坟数座。墩体上土地无人使用并被杂草杂木所覆盖，保护较好。

23. 枣树1号墩

海拔59.7米 。枣树1号墩位于青松村龚大庄生产队境内，东北距马大墩南墩约500米，与枣树2号墩约相距150米。现为高约2.5米、占地面积约450平方米的不规则椭圆形覆斗状缓坡土丘，墩体东南部分区域已经开垦种地，并损毁小部分的堆体。墩体土地因无人使用而杂草丛生。现状保存较好。

24. 枣树2号墩

海拔64.1米。枣树2号墩位于青松村龚大庄生产队境内，与1号墩相距150米，现为高约1.5米、占地面积约400平方米的不规则椭圆形缓坡封土堆积土丘，四周为农田，因早期生产生活和平整土地，使2号墩封土流失严重，以至于墩体大部分不存，墩上有数座现代坟，现状保存堪忧。

25. 王庄（杨庄）墩

海拔80.2米。王庄（杨庄）墩位于三十铺镇青松村杨庄村民组境内，西南距宁西铁路桥约5米，东距民居约5米，北约5米为村级公路。现为一高约3.5米、占地面积约150平方米的不规则椭圆覆斗状土丘，封土土质为黄褐色五花土，近年修建铁路取土，致使墩体西部土方大量流失，东北部分墩体破坏严重，现状堪忧。墩子无人使用，上方被杂草覆盖。

26. 刘小庄墩

海拔62.2米。刘小庄墩位于三十铺镇双墩村刘小庄村民组境内。现为东西长、南北宽，高约3米的封土堆积土丘，刘小庄墩中部由于早期建房已完全损毁，现仅存东、西两部分残余堆体。残余墩体占地面积约200平方米。墩体周边为农田，东西两部分堆体上种植杂木，并在地表耕土处可拣选到陶片，依据拣选的陶片纹饰和质地，初步可断定刘小庄墩子时代为“汉代”。

（二）南片[①]

1. 玄武大墩

海拔18米。玄武大墩位于六安市三十铺镇双墩村宁西铁路以南500米左右，从外形特征判断此处为大型古代墓葬，保存较好。西北、东北是农田，西南8米处为村村通水泥路，路对面为玄武小墩，两墩相距约30米，墩北、西、南被民居房围绕，四周修有排水沟。玄武大墩呈覆斗状，高度约14米，直径约50米，植被茂盛，墩西下有一不明原因的大型坍塌缺口，整个墩子被杂木、杂草及小灌木所覆盖，墩子中部还有几座现代墓（彩版三，2）。

2. 玄武小墩

海拔53.7米。玄武小墩位于双墩村境内，东面紧贴着民房，南面和西面都为农田，北距玄武大墩约30米。两墩隔路相望。高约4米 ，不规则椭圆覆斗状，早期的生产、生活致使玄武小墩北面堆体大部分损毁，现状堪忧。

3. 杨公庙墩

海拔68.2米。杨公庙墩位于三十铺镇青松村杨公庙村民组境内，宁西铁路以南，北距玄武墩约1000米，东北距村修水塘约100米，东距村级无名路约30米处。椭圆形覆斗状，高约4米，直径约30米。在封土表层中可拣选到大量汉代陶片，质地坚硬，多绳纹。墩体周边种植林木，平整土地期间对墩体东南部分区域破坏较大，造成墩体外观不完整。

4. 江墩子

海拔58.4米。因两个墩子紧邻，基本连为一体，故做一起描述。江墩子位于六安市三十铺镇青松村民组和永丰村民组之间。现为一大一小南北相连的两个封土堆，江墩子（大）高约4米，直径约20米，椭圆覆斗状，保存较为完好。其北面的江墩子（小），高约1.5米，直径10米，该地部分区域上为现代坟所破坏，水土流失相对严重。江墩子西距杨公庙墩约800米，东南距民居房约5米，西北面都为农田。因地理位置比较偏远，封土上杂木丛生。

5. 青龙岗大墩子

海拔87米。青龙岗大墩子位于三十铺镇青松村，墩东边为村级无名路，东北距民居约200米，墩子东部种植白桦树，墩东、南、西有村级无名路环绕。墩西为农田，墩西北距朱家庄水塘约500米。青龙岗大墩子现状保存较好，覆斗状土丘，外形完整，高度

---

① 共14座，其中黄泥墩基本消失，放在第三部分列表中简述。

约8米。现墩上建有一小型寺庙，寺庙分三进，坐北朝南，常年有人居住，墩上树木茂盛（彩版三，3）。

6. 青龙岗2号墩

海拔82.9米。青龙岗2号墩位于三十铺镇青松村，东南距青龙岗大墩子约200米，西距村级无名路约20米。墩高约4米，覆斗状封土，草木茂密。2009年曾发现一盗洞，因发现及时，没有造成文物流失和损毁，现状保存较好。

7. 青龙岗3号墩

海拔82.1米。青龙岗3号墩位于三十铺镇青松村境内，东南距青龙岗2号墩约50米，东北距村庄约500米，村级无名土路自3号墩北，由西向东比肩而过。3号墩外观保存良好，圆形覆斗状土堆，高约3米，杂草丛生，保存状况较完整。

8. 青龙岗小双墩1号

海拔85米。青龙岗小双墩1号位于六安市三十铺镇青松村双林村民组境内，保存状况良好。墓高约4米，椭圆覆斗状封土，西南距青龙岗大墩子约500米，东北紧邻民居，墩底西面因民居建设有小部分区域坍塌损毁。小双墩1号现为抛荒地，上被杂木和杂草所覆盖。

9. 青龙岗小双墩2号

海拔84.4米。青龙岗小双墩2号位于三十铺镇青松村双林村民组境内。墩西面紧邻1号墩，东北约20米处为民居房，墓葬周边为农田。现高约4米，椭圆覆斗状封土，墩体上被草木覆盖，保存较好。

10. 旱五石墩子

海拔84.2米。旱五石墩子位于三十铺镇青松村双林村民组境内。现高约3米，椭圆形覆斗状封土。西距青龙岗大墩子约500米，北距村级无名路约8米，东距村民民居约80米，北约100米处为村修水塘。墩体周边为农田，墩体东南部因水土流失部分损毁，墩上被草木覆盖，保存状况较好。

11. 玉兰1号墩

新发现的遗迹。海拔76.9米。玉兰1号、2号、3号墩呈品字形排列，系本次王陵保护区文物调查新发现遗迹。位于青松村青莲岗村民组境内，1号墩北距村级土路约20米，东30米邻几栋民居。封土高约1.5米，保存状况良好，其上种植果树。

12. 玉兰2号墩

新发现的遗迹。海拔76.1米。玉兰2号墩和1号、3号墩呈品字形排列。位于青松村青莲岗村民组境内，该墩北距村级土路约30米处，封土高约1.5米，保存状况良好，其上种植果树。

13. 玉兰3号墩

新发现的遗迹。海拔75.1米。玉兰3号墩和2号、1号墩呈品字形排列，位于青松村青莲岗村民组境内，该墩北距村级土路约50米处，封土高约1.5米，保存状况良好，其上种植果树。

另外，墓葬群现今的保存状况分析见表一。

表一　六安汉代王陵墓地附属墓葬群保存状况一览表

序号	保存状况	墩子、墓葬、遗物名称	简述
1	保存较好的墩子（27座）	高大墩1号小墩、4号小墩、5号小墩、6号小墩、7号小墩、栗树庄1号墩、李小庄墩、二十四石北墩、刘家庄墩、松墩、松墩2号墩、中墩、小枣树1号墩、小枣树2号墩、枣树1号墩、玄武大墩、杨公庙墩、江墩子（大）、青龙岗大墩、青龙岗2号墩、青龙岗3号墩、青龙岗小双墩1号、青龙岗小双墩2号、旱五石墩子、玉兰1号墩、玉兰2号墩、玉兰3号墩	保存较好的墩子，主要是墩体外观较好，封土保存相对完整，体量大的墩子以玄武大墩（彩版三，2）、青龙岗大墩（彩版三，3）为代表，小墩子以松墩（彩版三，4）、小枣树墩子等为代表，这些墩子都处于农耕地或荒岗之中，墩体上被种植的农作物或杂草树木覆盖
2	生产生活过程中损毁严重的墩子（12座）	瓦屋大墩、高大墩2号小墩、3号小墩、琵琶墩、玄武小墩、王庄（杨庄）墩、刘小庄墩、二十四石南墩、大山墩、李大庄墩、栗树庄2号墩、枣树2号墩	这些墩子都处于农耕地或荒岗之中，因早期生产生活和基本建设，使墩子受到不同程度的破坏，平均体量不到原有的1/4，严重的只剩下墩子底部一点封土
3	在地面上基本消失的墩子（4座）	黄泥墩、李大庄2号墩、墩塘墩、沈庄墩	这些墩子都处于农耕地或荒岗之中，因早期生产生活和基本建设使墩子受到严重的破坏，基本无封土

续表

序号	保存状况	墩子、墓葬、遗物名称	简述
4	新发现的早期破坏的墓葬（1座）	黄齐山砖石墓	该墓葬紧邻高大墩3号小墩附近以西30米的村庄竹林中，早期遭破坏，只剩下一个长方形土坑及部分汉砖残片。据村民称当时发现了部分青铜器和陶器。在调查过程中，在此墓坑周边不远处发现许多汉砖（彩版三，5）被村民建房所用，汉砖纹饰精美，做工考究，形状有长方形、梯形（俗称大小头砖）等
5	其他遗物采集（若干）	主要有汉砖、筒瓦大板瓦、瓦当（彩版三，6）、石桩础	在三星庙墩、杨公庙墩、大山墩、刘家庄、枣树墩等地均发现了大量的汉砖、陶片，其中在三星庙墩发现最多，有大板瓦、筒瓦、瓦当、陶盆等陶片和石桩础，分析可能是当时的守墓人住所或是祭陵场所、寺庙等建筑

三、结　　语

此次调查共登记墓葬资料44份，通过GPS卫星定位仪采集地理坐标点44处，制作平面图和墓葬地理位置地图各44张，制作王陵保护区附属墓葬名录和王陵保护区现有古墓葬总分布图各1份，现场记录照片200张，拣选陶片、墓砖等文物标本近百余件。通过本次调查，我们基本掌握了六安双墩汉代王陵保护区内古墓葬的规模、布局与保存状况，为文物建档与保护工作奠定了基础，为研究西汉六安国埋葬制度、民风民俗、社会经济发展状况提供了重要依据，也为申报国家考古遗址公园和文物保护总体规划做了前期准备。

执笔：徐明飞　李　斌　高　超　李　勇

安徽六安经开区宝利嘉二期西汉墓M26发掘简报

安徽省文物考古研究所　六安市文物局

［摘　要］　2013年，安徽六安经济开发区宝利嘉二期建设工地发掘了一座西汉木椁墓，形制为一棺一椁，随葬陶器组合为鼎、盒、壶、钫，另有陶井、灶、猪圈等模型明器，随葬金属器有铜昭明镜，蟠螭纹镜、铜矛、铁锸。该墓葬时代为西汉中期。

［关键词］　六安　西汉　木椁墓

为配合六安经济开发区的建设，从2013年3月开始，安徽省文物考古研究所对经济开发区北部宝利嘉二期建设项目内的战国至两汉时期墓地进行了抢救性考古发掘。截至2014年5月底，共发掘战国至两汉时期墓葬450余座。

六安市经济开发区宝利嘉二期墓地位于开发区北部正阳路以东，纵二路以西，寿县路以北的岗地上（图一），海拔45～50米，地表植被为灌木丛。所发掘的墓葬多数棺椁不存，在岗地东坡上发现的西汉墓M26棺椁保存基本完整（图二；彩版五，1、2），现将发掘情况报告如下。

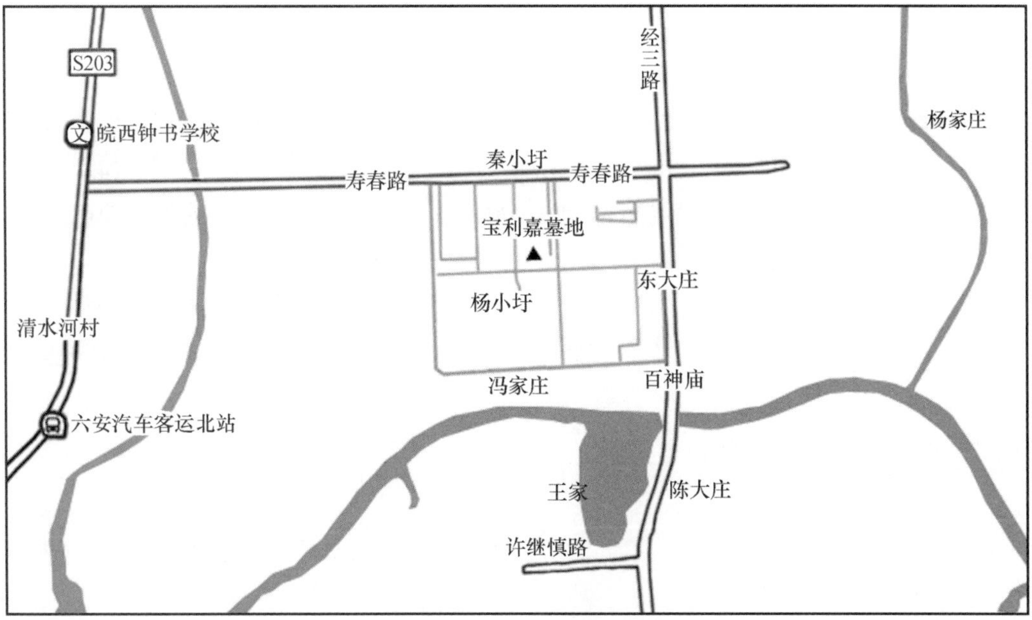

图一　宝利嘉二期墓地位置图

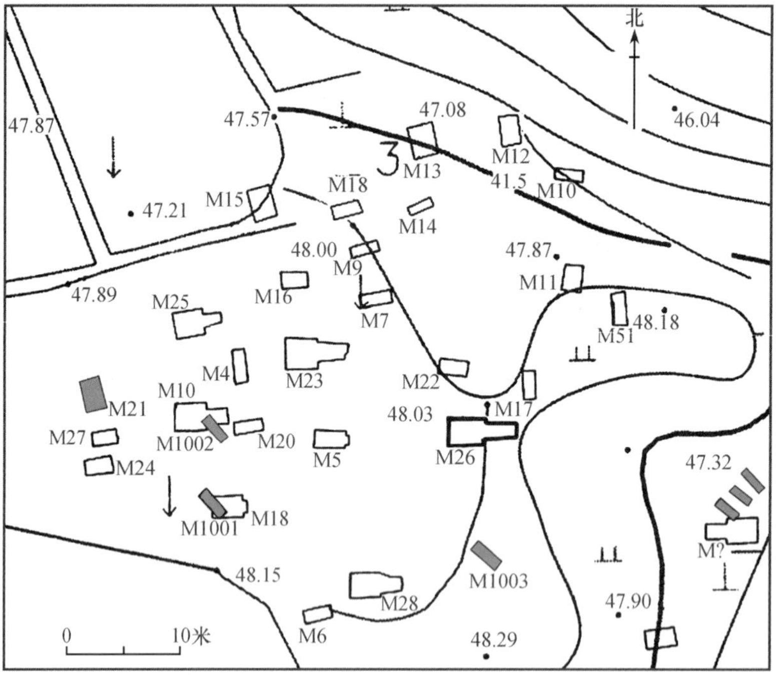

图二　M26平面位置图

一、墓葬形制

"甲"字形土坑竖穴墓。方向92°。墓口长3、宽2.3、深3.2米。墓道位于墓室中央，长方形斜坡式，两侧有脚窝，坡度大约为33°，长2.8、宽1.2米。墓坑直壁、平底。填土为黄褐色花土，土质致密，墓底有1.4米厚的青膏泥。

盖板为东西并列的长条形木板，长约2.2、宽约0.2、厚约0.2米，部分已腐朽，椁室四周均由上下两块长方形木板围成，南侧及北侧木板长约3、厚约0.15米，上方木板宽约0.4米，下方木板宽约0.6米。东侧及西侧木板长约1.9、厚约0.15米，上方木板宽约0.4米，下方木板宽约0.6米。椁室底部是南北并列的长方形木板，长约3、宽0.32～0.66不等、厚0.14米。

单棺位于椁室偏东，长2.1、宽0.6、高0.6米。无随葬品，无骨骼。盖板、四周及底板皆由6厘米厚的长方形木板组成，盖板断裂。

随葬品有铜镜2件、铜矛1件、铜饰件2件，铁铲1件，石璧1件，陶鼎2件、陶盒2件、陶壶3件、陶小壶3件、陶钫2件、陶卮1件、陶扁壶1件、陶井1件、陶釜2件、陶杯2件、陶匜1件、陶鐎斗1件、陶蒜头壶1件、陶勺2件、陶灶1件、陶猪圈1件。大部分随葬品位于椁室西端（图三；彩版四、彩版五）。

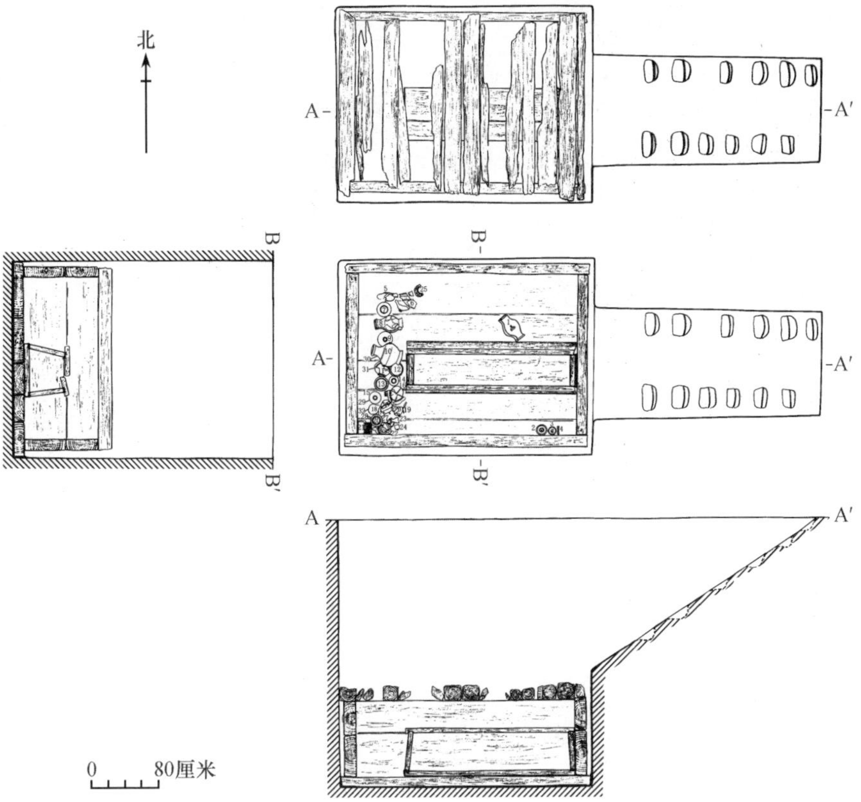

图三　M26平、剖面图

1、8. 陶钫　2、3. 铜镜　4. 铜矛　5. 陶扁壶　6、7、10. 陶壶　9. 陶蒜头壶　11、13. 陶盒　12、20. 陶釜　14、15、18. 陶小壶　16、17. 陶鼎　19. 陶鐎斗　21. 陶猪圈　22. 陶灶　23、31. 陶杯　24. 陶卮　25. 铁铲　26、28. 陶勺　27. 陶井　29. 石璧　30. 陶匜　32. 铜饰件

二、随　葬　品

陶鼎　2件。M26：16，泥质灰陶。盖微隆，上有三个对称小钮，子母口内敛，长方形耳外撇，下部较厚，腹部呈扁球状，圜底，兽蹄形短足，截面呈半圆形。腹部饰凸弦纹一周。通高16.7、腹径20.2、盖径16.3厘米（图四，1）。M26：17，泥质灰陶。盖微隆，上有三个对称小钮（钮残余三个对称小圆孔），子母口内敛，长方形耳外撇，弧腹较深，圜底，兽蹄形短足外撇，截面呈半圆形。腹部饰凸弦纹一周。通高16.3、腹径17.8、盖径16.3厘米（图四，2）。

陶盒　2件。M26：11，泥质灰陶。覆钵形盖，盖顶有圈形捉手，盖口外敞，盖身饰三周凹弦纹。器身子母口内敛，斜腹较深，圈足稍外撇，圜底。素面。通高15.4、盖径18、口径14.2、底径9厘米（图四，3）。M26：13，泥质灰陶。覆钵形盖，盖顶有圈形捉手，盖口外敞，盖身饰两周凹弦纹。器身子母口内敛，斜腹较深，圈足稍外撇，圜底。素面。通高13.8、盖径17.6、口径14、底径8.8厘米（图四，4）。

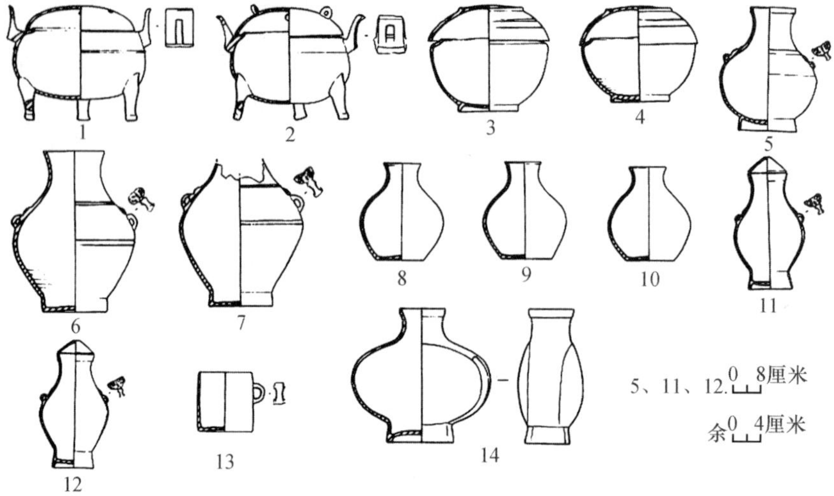

图四　M26出土陶器

1、2. 陶鼎（M26：16、M26：17）　3、4. 陶盒（M26：11、M26：13）　5～7. 陶壶（M26：10、M26：7、M26：6）　8～10. 陶小壶（M26：18、M26：14、M26：15）　11、12. 陶钫（M26：8、M26：1）　13. 陶卮（M26：24）　14. 陶扁壶（M26：5）

陶壶　3件。M26：10，泥质灰陶。盘口稍外撇，方唇内斜，束颈较短，大圆腹，圈足，圜底。肩部饰一周宽弦带，其下饰一对兽面铺首，腹部饰一周凸棱。通高36、口径13.3、腹径28.7、底径17厘米（图四，5）。M26：7，泥质灰陶。侈口，方唇内斜，束颈较短，鼓腹，下腹斜内收，假圈足，平底内凹。肩部饰一对兽面铺首，肩、腹各饰两周凹弦纹。通高23.5、口径9.3、腹径19.2、底径9.8厘米（图四，6）。M26：6，泥质灰陶。口残。颈外撇，鼓腹，下腹斜内收，假圈足，平底内凹。肩部饰一对兽面铺首，肩、腹各饰两周凹弦纹。残高21、腹径12.4、底径7.2厘米（图四，7）。

陶小壶　3件。M26：18，泥质灰陶。侈口，方唇内斜，束颈较短，鼓腹，下腹斜内收，平底内凹。素面。通高14.1、口径5.6、腹径12.4、底径7.2厘米（图四，8）。M26：14，泥质灰陶。侈口，方唇内斜，束颈较短，鼓腹，下腹斜内收，平底内凹，素面。通高14.2、口径5.3、腹径12.4、底径7.7厘米（图四，9）。M26：15，泥质灰陶。侈口，方唇内斜，束颈较短，鼓腹，下腹斜内收，平底内凹。素面。通高13.6、口径5.6、腹径12.4、底径7.2厘米（图四，10）。

陶钫　2件。M26：1，泥质灰陶。覆斗形盖，盘口外侈，方唇，束颈较短，鼓腹，腹部棱角分明，圈足外撇，平底。肩部饰一对兽面铺首。通高37、盖径11.1、口径11.3、腹径21.2、底径12.7厘米（图四，12）。M26：8，泥质灰陶。覆斗形盖，盘口外侈，方唇，束颈较短，鼓腹，腹部棱角分明，圈足外撇，平底。肩部饰一对兽面铺首。通高38.4、盖径11、口径11.5、腹径20.8、底径13厘米（图四，11）。

陶卮　1件。M26：24，泥质灰陶。直口，尖唇，直腹，平底内凹，上腹接半圆形把手。素面。通高8.7、口径8.1、底径8.3厘米（图四，13）。

陶扁壶　1件。M26：5，泥质灰陶。盘口微敞，圆唇，束颈，鼓腹，圈足稍外撇，平底。素面。通高19.6、口径6.8、腹径9.8～20.6、底径6.6～10厘米（图四，14；彩版五，3）。

陶井　1件。M26：27，泥质灰陶。敛口，口沿外斜，斜直腹，无底。素面。通高8.7、口径9.7、底径10.7厘米。内置一汲水罐，泥质灰陶。直口，尖唇，鼓腹，尖底。素面。通高3.8、口径2.8、腹径5厘米（图五，1）。

陶釜　2件。M26：20，泥质灰陶。敞口，圆唇内斜，短颈，圆腹，圜底。肩部饰一周凸棱。通高13.1、口径9.5、腹径13.8厘米（图五，3）。M26：12，泥质灰陶。口微敛，圆唇内斜，口沿下接对称环形双耳少外撇，弧腹，圜底。肩部饰一周凸棱。通高13.1、口径15.31、腹径15.9厘米（图五，2）。

陶杯　2件。M26：23，泥质灰陶。口残。斜直腹，近底座处收束，圆饼形底座。素面。残高8.7、底径4.8厘米（图五，4）。M26：31，泥质灰陶。口残。弧腹斜内收，近底座处收束，圆饼形底座。素面。残高6.6、底径6.2厘米（图五，5）。

陶匜　1件。M26：30，泥质灰陶。平面近圆角方形，长粗流上翘，腹较深，平底。素面。口长轴21.5、短轴19.3、底长轴10.6、短轴6.4、腹深6.6厘米（图五，6）。

陶镳斗　1件。M26：19，泥质灰陶。直口圆唇，圆肩，鼓腹，下腹斜内收，腹下接三矮足，圜底稍内凹，腹部接曲流，把手上翘。腹部饰一周凸弦纹。通高9.4、口径5.7、腹径12.8、底径6厘米（图五，7）。

陶蒜头壶　1件。M26：9，泥质灰陶。直口方唇，口部下一周有8个蒜瓣，直颈较细，溜肩，近折腹，平底稍内凹。上腹饰一周凸棱。通高22.6、口径2.8、腹径16.4、底径9.5厘米（图五，8；彩版五，4）。

陶勺　2件。M26：26，泥质灰陶。敞口，圆唇，圜底，斜柄接于口沿至底部。素面。柄残长4.7、口长轴4.7、短轴4.6、腹深2厘米（图五，9）。M26：28，泥质灰陶。敞

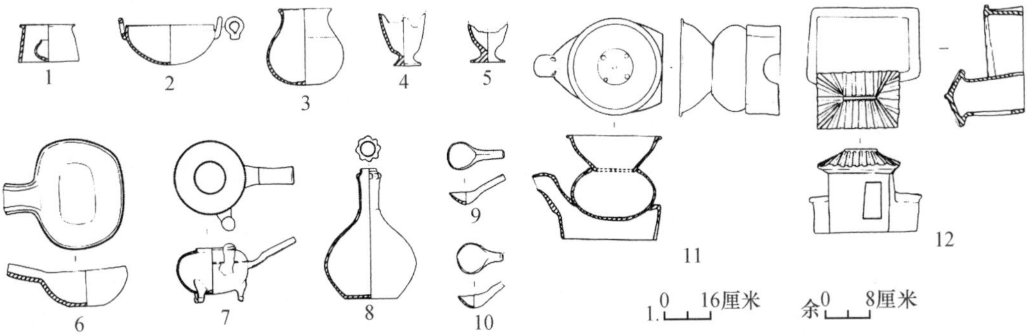

图五　M26出土陶器

1. 陶井（M26：27）　2、3. 陶釜（M26：12、M26：20）　4、5. 陶杯（M26：23、M26：31）　6. 陶匜（M26：30）　7. 陶镳斗（M26：19）　8. 陶蒜头壶（M26：9）　9、10. 陶勺（M26：26、M26：28）　11. 陶灶（M26：22）　12. 陶猪圈（M26：21）

口，尖唇，圜底，斜柄接于口沿至底部。素面。柄长5、口长轴5.2、短轴5、腹深2.1厘米（图五，10）。

陶灶　1件。M26：22，泥质灰陶。平面呈龟形，前端设一灶门，后端为龟首形空心烟囱，单火眼上置一釜甑。通高18、长22.8、宽15.6厘米（图五，11；彩版五，6）。

陶猪圈　1件。M26：21，泥质灰陶。平面呈长方形，下部设一周围栏，围栏一侧搭设厕屋一座，两坡顶。通高14.5、长20.6、宽21.2厘米（图五，12；彩版五，5）。

铜镜　2件。M26：2，昭明镜。体薄，桥形钮，并蒂联珠纹钮座，内区为八瓣内向连弧纹，外区为铭文带。铭文为"内清质以昭明，光之象夫日月，心扬而愿忠，而不泄"。直径12、厚度0.5厘米（图六，1；彩版四，1）。M26：3，蟠螭纹镜。体薄，圆形钮座，钮残。钮座外有铭文带，铭文不清。直径10.8、厚度0.5厘米（图六，3；彩版四，2）。

铜矛　1件。M26：4，矛身呈直叶扁体形，较短，脊不明显，骹较长，骹上有钉孔，銎口内凹。器长13.2、宽2.3、孔径0.5厘米（图六，6；彩版四，3）。

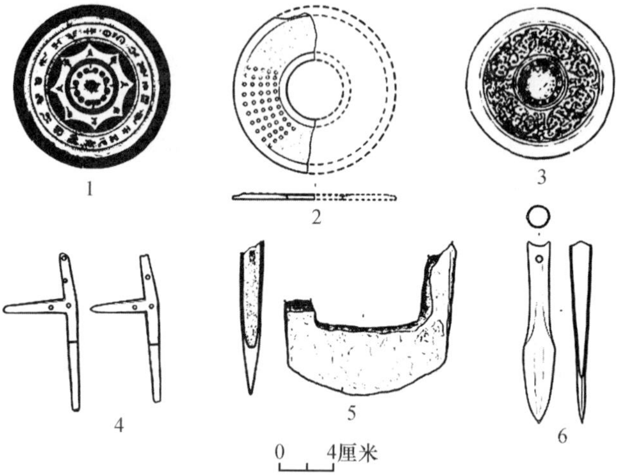

图六　M26出土铜、铁、石器

1、3. 铜镜（M26：2、M26：3）　2. 石璧（M26：29）　4. 铜饰件（M26：32）　5. 铁锸（M26：25）　6. 铜矛（M26：4）

铜饰件　2件。M26：32，平面呈"T"字形，有四个穿孔。长11.5、宽5.5厘米（图六，4；彩版四，4）。

铁锸　1件。M26：25，表面锈蚀，弧形刃，两侧上部平直。銎口较大，一侧残。宽12.9、厚1.7厘米（图六，5；彩版四，6）。

石璧　1件。M26：29，乳白色石料。通体饰谷纹。直径12.2、厚0.4厘米（图六，2；彩版四，5）。

三、结　　语

宝利嘉M26出土陶器组合以鼎、壶、钫、盒为主；鼎的形态兽蹄足偏矮，器腹较深，具有西汉中期的年代特征；共出昭明镜也是西汉中期的常见铜镜，而蟠螭纹镜则是西汉早期至西汉中期的特征器物。据此初步推断M26的年代应为西汉中期。

执笔：杨先锋　苗诗钰

安徽濉溪县戚家汉—清代遗址发掘简报

安徽省文物考古研究所

［摘　要］　戚家遗址是隋唐大运河沿岸的聚落遗址之一，因泗（洪）许（昌）高速公路贯穿遗址而进行抢救性发掘。遗址Ⅱ区内遗存相对丰富，以宋代、明清时期遗存为主，包含少量汉、唐遗物。发掘的遗迹有井、灰坑和墓葬、窑址、灶址等，出土遗物多为瓷器残片，器形有碗、执壶、罐等。

［关键词］　隋唐大运河　宋代　明清　窑址　灶址　水井

戚家遗址位于淮北市濉溪县大戚家行政村南侧，南距隋唐大运河故河道1千米（图一）。为配合泗（洪）许（昌）高速公路建设，我所于2010年10～11月进行了考古发掘。发掘将遗址分为两个区，以一条乡道相隔，路东为Ⅰ区，路西为Ⅱ区。经发掘，Ⅰ区文化堆积单薄，仅见几条汉代时期沟状遗迹，遗物只有若干陶、瓦片；Ⅱ区遗存相对丰富，遗迹主要属于宋代和明清时期，遗物则包括汉代、唐、宋和明清几个时期。共清理墓葬2座、窑址1座、灰坑2个、水井6口、沟3条，出土一批陶、瓷器，以及残片、铜簪、铜钱等遗物。现将本次发掘的戚家遗址Ⅱ区的情况简报如下。

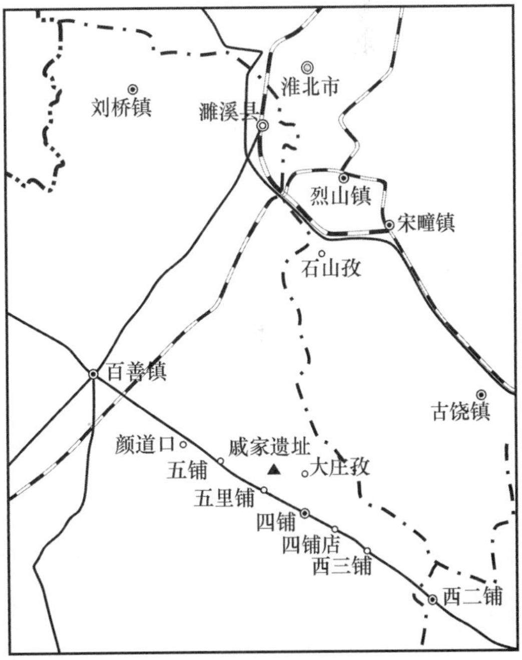

图一　濉溪县戚家遗址位置图

一、地层情况

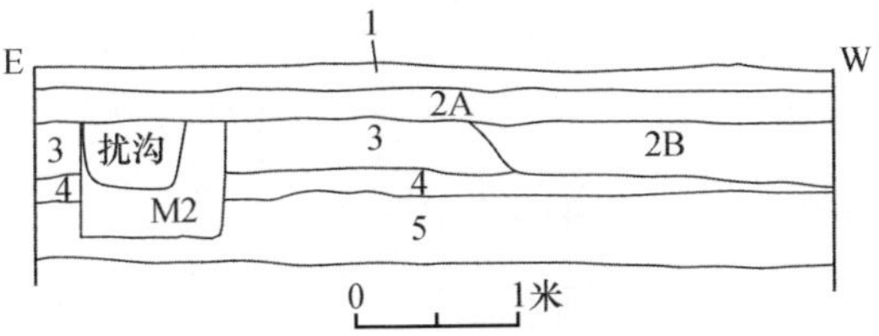

图二　10SQⅡT7南壁剖面图

在遗址Ⅱ区布了10米×10米探方4个、5米×5米探方3个，实际发掘面积447平方米。整个Ⅱ区的发掘范围内地层情况基本一致，但10SQⅡT6、10SQⅡT7内多出一层明清堆积2B层。现依10SQⅡT7南壁为例介绍本区地层情况（图二）。

第1层：耕土层。灰褐色土。厚0.15米。内含大量草木灰、植物根系，近代瓦片、瓷片等物。

第2A层：黄褐色土，土质较硬。距地表深0.15米，厚0.15～0.2米。内含少量青花瓷片、砖残块、素面瓦片等。

第2B层：灰褐色土。土质较松散。分布在探方西部，距地表深0.3～0.35米，厚0.3～0.45米。内含大量厚瓦片，碎砖块，白釉、青釉，以及少量酱釉瓷片，系明清时期的扰乱层。

第3层：淡黄色淤砂土，土质绵细、松软。被2B层扰乱，仅分布在探方东、南部，距地表深0.3～0.35米，厚0.35～0.4米。土质纯净，包含物较少，应系洪泛形成。因宋代水井、灰坑、墓葬等打破此层，故此层形成不晚于宋代。

第4层：红褐色黏土，土质稍硬。距地表深0.6～0.7米，厚0.05～0.35米。土质纯净，包含物较少，也应为洪泛形成。

第5层：黑褐色土，土质较硬、较黏。距地表深0.75～1.05米，厚0.2～0.45米。包含少量绳纹瓦片，泥质红、灰色陶片等，为汉代层。

第5层下为含砂礓的青黄色生土。

二、汉、唐遗存

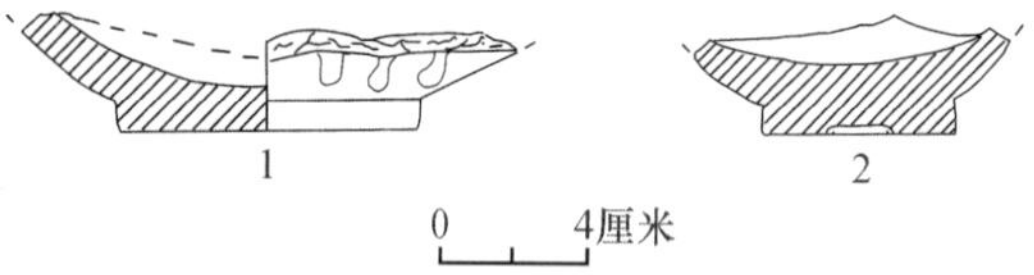

图三　戚家遗址出土唐代瓷碗

1. 10SQⅡT4②A：1　2. 10SQⅡT4③：1

只零星出土少量汉代、唐代遗物，均发现于地层和一些晚期遗迹中。汉代遗物主要是陶片和瓦的残片，唐代遗物主要是碗的残片。

10SQⅡT4②A：1，碗底残片，白胎粗疏，弧腹内收，饼底。内饰满釉，豆青色。内底余2个支钉痕。外壁饰半釉，豆青色，滴釉现象明显。圈足径7.8、残高3厘米（图三，1）。

10SQⅡT4③：1，碗底残片，白胎粗疏，玉璧底。内饰满釉，外部釉不至底。青黄色釉，多已剥落，内底见1个支钉痕。圈足残径5、残高3厘米（图三，2）。

三、宋代遗存

（一）遗迹

有灰坑2座、水井4口和墓葬1座。灰坑包括10SQⅡH1和10SQⅡH2，水井包括10SQⅡJ1、10SQⅡJ2、10SQⅡJ3和10SQⅡJ5，墓葬编号为10SQⅡM2。现以典型遗迹介绍如下。

10SQⅡH1，开口在T5内第2A层下，口部近椭圆形，斜壁内收成圜底，底部平缓。坑口长径1.95～2.2米，底部至开口深0.58米。坑内堆积为浅灰色土，土质疏松，包含少量白瓷片、红陶片和零碎兽骨（图四）。

10SQⅡJ3，位于T7内第2B层下，口部呈圆形喇叭状，口径1.9米，中部井壁规整，直径约1.5米，底部中心下凹，井深2.05米。井内堆积分为2层：第1层土色呈棕褐色，内含少量碎砖块，瓦片，白釉，豆绿釉瓷片等，土质稍硬；第2层为灰褐色堆积，土色较花杂，包含物较为丰富，有碎砖块、瓦片、豆绿釉、白釉及酱釉瓷片等（图五）。

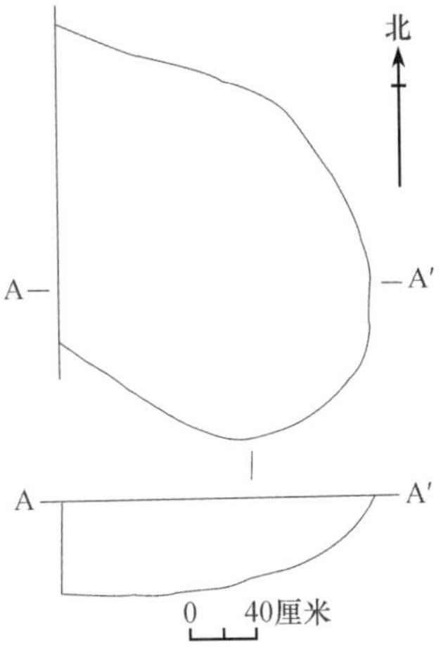

图四　10SQⅡH1平、剖面图

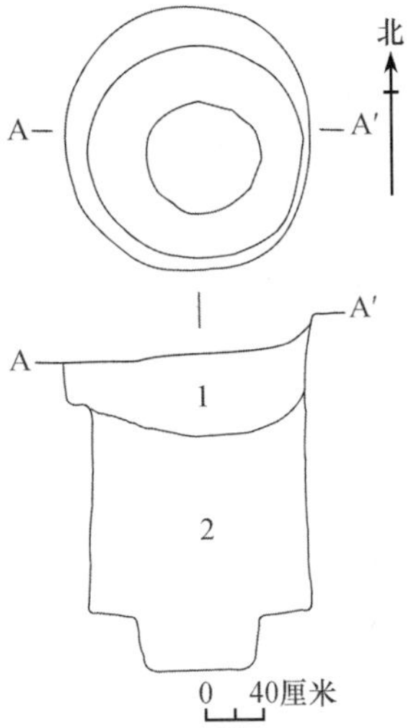

图五　10SQⅡJ3平、剖面图

10SQⅡJ5，位于10SQⅡT6内第2B层下，局部被10SQⅡJ6打破，口部圆形，井壁内收，平底。口径1.7、底径1.1、深2米。井内堆积可分为4层：第1层土色呈灰褐色，有少量瓷、瓦片出土；第2层土色呈灰褐色，包含物较少；第3层为棕褐色花土，内含豆绿釉瓷片；第4层土色黑褐和棕褐相间，含厚瓦片，豆绿釉瓷片等（图六）。

10SQⅡM2，位于10SQⅡT7内第2B层下，长方形竖穴土坑墓，长2、宽0.8、深0.75米，方向195°，墓口被一小沟略有打破，直壁平底，五花填土。人骨保存一般，仰身直肢，头南面东。墓葬填土内出土铜钱2枚，棺外西南角随葬白瓷碗1件、两系黄釉瓷瓶1件。另在墓主头骨下有一小坑，以半块青砖掩盖，下置酱黑釉瓷执壶1件（图七）。

（二）遗物

除10SQⅡM2内出土几件完整瓷器外，其余多为瓷器残片，瓷器釉色以白、青、黑色居多，有较少量的酱釉、蓝釉、柿黄釉，纹饰多见印花、刻花、釉下彩，器形有碗、执壶、罐等。另出土铜簪1个，铜钱若干。

瓷碗　8件。1件青釉，1件茶褐色釉，其余均为白釉。

10SQⅡJ2：1，口部残片。白胎细密，内外施白釉，外壁半釉，内壁满釉，釉面有细小开片。圆唇，敞口，斜弧腹。内壁饰有7个小圆点一组的酱黑彩纹。残长2.7、残高2.5厘米（图八，1）。10SQⅡM2：1，白胎细密，内外施灰白釉。尖圆唇微卷，敞口，斜弧腹，底部下垂，高直圈足。口径16.8、足径7、通高8.7厘米（图八，2；彩版

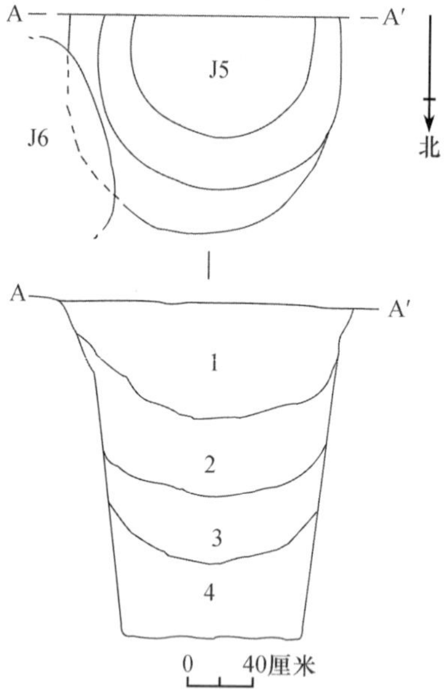

图六　10SQⅡJ5平、剖面图

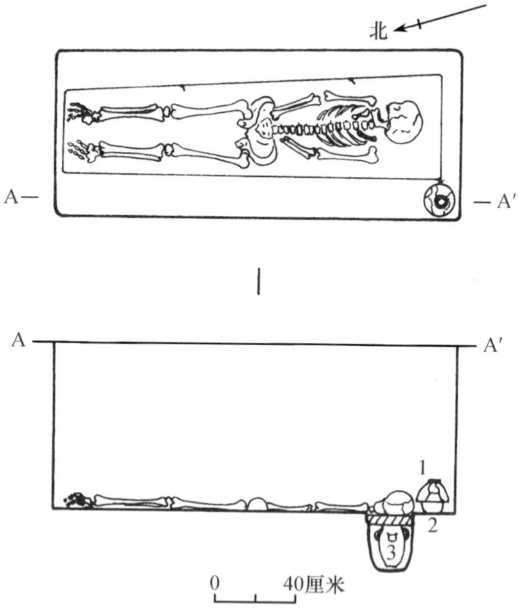

图七　10SQⅡM2平、剖面图

1. 瓷碗　2. 瓷罐　3. 瓷执壶

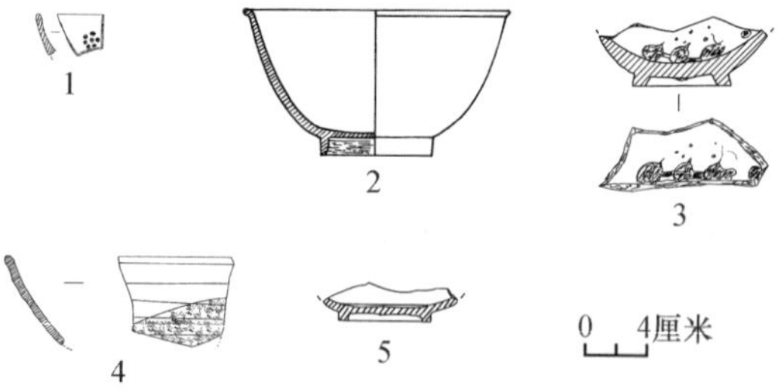

图八　戚家遗址出土宋代遗物

1、4. 白釉瓷碗（10SQⅡJ2：1、10SQⅡJ1：3）

2. 灰白釉瓷碗（10SQⅡM2：1）

3. 褐彩白釉碗（10SQⅡJ2：2）

5. 茶褐釉瓷碗（10SQⅡJ3：3）

七，6）。10SQⅡJ2：2，下腹及底部残片。白胎细密，内外施白釉，外壁半釉，内壁满釉。下腹斜收，底部下垂，矮圈足。内壁底部饰褐彩叶片。残有3个支钉痕。足径6.2、残高4.1厘米（图八，3）。10SQⅡJ1：3，口沿残片。白胎细密，施白釉。圆唇，敞口，斜弧腹。内壁满釉，外壁半釉，外壁有数周凸弦纹。残长7、残高5.3厘米（图八，4）。10SQⅡJ3：3，底部残片。灰胎细密，斜弧腹，外底中心下垂，矮圈足。内壁施茶色褐釉，外壁无釉。足径5.6、残高2.3厘米（图八，5）。

瓷执壶　1件。10SQⅡM2：3，灰白胎细密，施酱黑釉。口部残缺，把手和流残失。束颈，溜肩，鼓腹，平底，矮圈足，肩部置对称2系。内壁仅口部施釉，外壁施釉近底，表面有多道凹棱和弦痕。足径7.2、残高18.3厘米（图九，1；彩版七，4）。

瓷罐　1件。10SQⅡJ2：3，口部残片。白胎细密，内外施白釉。圆唇，直口，上腹弧鼓。外壁饰褐花。残长7、残高8厘米（图九，2）。

瓷瓶　2件。10SQⅡJ5：1，下腹及底部残片。红褐胎瓷，制作粗糙，下腹斜收，平底，腹内壁有许多道凹痕。底径4.1、残高9厘米（图九，3）。10SQⅡM2：2，灰胎粗糙，施黄釉。方唇，小口，微鼓腹，平底，颈部有对称双耳。内壁口部施釉，外壁施半釉。口径7.6、底径8.8、高18.5厘米（图九，4；彩版七，5）。

铜簪　1件。10SQⅡJ1：2，双股微曲。每股粗约0.3、长14厘米（图九，5）。

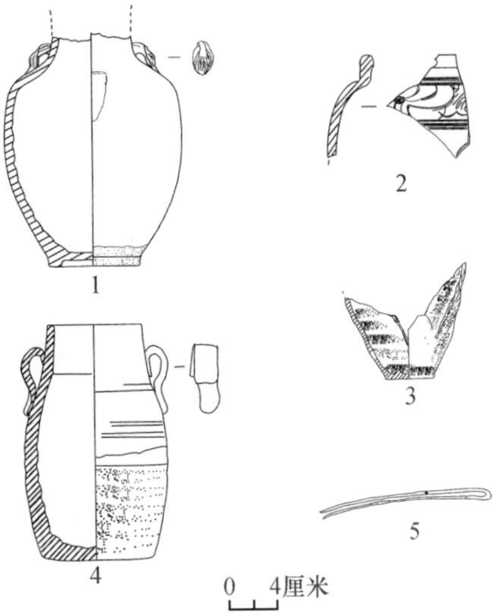

图九　戚家遗址出土宋代遗物

1. 瓷执壶（10SQⅡM2：3）　2. 瓷罐（10SQⅡJ2：3）　3. 胎瓷瓶（10SQⅡJ5：1）　4. 瓷瓶（10SQⅡM2：2）　5. 铜簪（10SQⅡJ1：2）

四、明清遗存

（一）遗迹

包括1座窑址、1座灶址、2口水井、1座墓葬和3条沟等遗迹。

1. 窑址

位于10SQⅡT1内，开口于第2A层下，从发掘情况看，该窑址在建成后又经过数次改造重修（彩版六，1）。约可分出三次建造过程，现根据建造顺序详述如下。

（1）始建窑址。建于10SQⅡT1内第2A层下的平地之上，由操作间、火门、火膛、窑室、烟室各部分组成。窑室为南北向椭圆形；工作间为长方形；火膛置于窑室西侧，与操作间之间以火门连接；共有三处烟室，于窑室东侧外部偏南约等距分布（图一〇）。

A. 操作间。位于窑址西南部，呈长方形，东西向。长5.1、宽2.75～3.3米，斜坡状底，深0.75米。靠近火门的东半部两边用青砖包砌。

B. 火门。火膛与操作间之间存有宽约1.4米的土垛隔墙，中有宽约0.7米的通道相连，通道周侧包砖，正中有一火门，宽约0.26米。火门下有挡灰墙，为三层土坯叠成，为活墙，用时堵上，出灰时可以搬除。火门高0.7米。

C. 窑室。由火膛和窑床组成，呈椭圆状，南北长8、东西宽为3.35米。窑室建于原地表之上，火膛部分为下挖形成，窑床则利用原始地面用砖铺砌。

火膛：位于窑床西侧，弧边壁，呈扇面形。南北长6.5、东西宽1米，深度与操作间底部及通道基本相等。火膛靠窑室内壁用土坯垒砌，外抹泥皮，已被烧成厚厚的结面。

窑床：位于火膛东侧，与火膛合为椭圆形窑室。窑床中部床面以青砖铺砌，其余部分用碎土填平。解剖发现，床面上层铺砖厚为0.06米，砖下约有0.1米厚的垫土，垫土下为原地表土。从原地表向下，近0.2米厚被烧成红土。

窑壁：窑壁仅残余底部，根据残痕推测，窑壁的厚度为0.25～0.3米。窑壁与烟室结合处用宽砖铺底，其余部分全部用土坯垒筑，土坯的宽度与窑壁厚度接近。

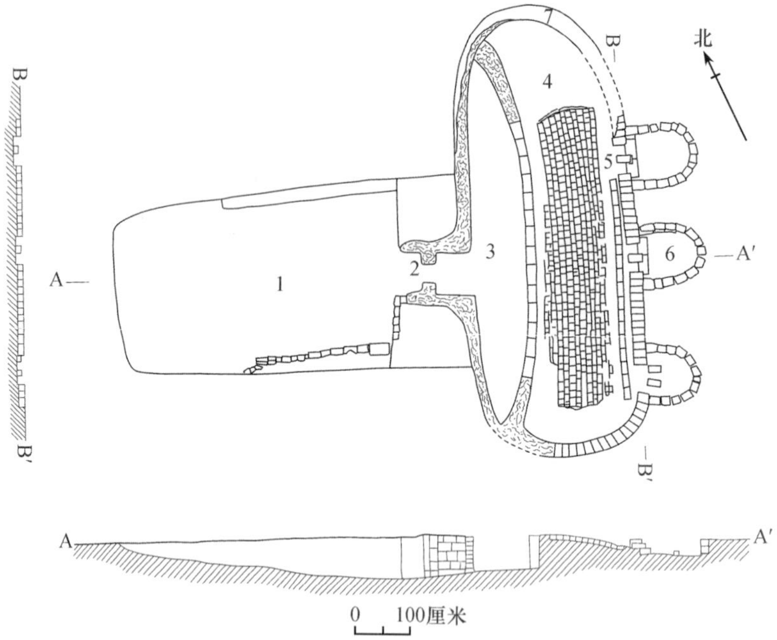

图一〇　10SQⅡY1始建形制平、剖面图

1. 操作间　2. 火门　3. 火膛　4. 窑床　5. 烟道　6. 排烟室　7. 窑壁

D. 烟道和烟室。

烟道：在窑床的东侧窑壁上有3处豁口，宽度均约0.5米，分别通向外侧三个烟室，应是窑室与烟室间的烟道。北、中两个烟道于中心处都用一砖隔开，形成两孔烟道；南烟室与窑壁间通道中间则以两块砖相隔，等分成3孔烟道。

烟室：位于东壁外侧，分为3处，即南烟室、北烟室和中烟室。烟室平面形状呈"U"形，南烟室、中烟室、北烟室东西长各为0.8、1、1.1米，宽度也略有不同。烟室周壁用土坯垒筑，底较平整，略深于窑床。

（2）窑址改造重建过程。该窑在使用过程中经数次改造，但操作间、火门部分基本延续使用，改造部分主要位于火膛、窑室和烟道、烟室部分。其中火膛经过3次改造，窑室及烟道、烟室部分改造1次（图一一；彩版六，2～7）。

A. 火膛改造。从解剖情况看，Y1的火膛至少经过了3次改造，初建窑时的火膛既长且宽，火门未在火膛的中心位置，偏于南侧。第一次改造是以土坯沿火膛北部内侧垒砌，使火膛北部向内回缩，减少了火膛的长度。改造后的火膛长度减为5.5米，宽度未变。第二次改造则将火膛整体回缩，用规整青砖于原火膛内重新砌筑了新的火膛，其与原火膛内壁间的间隙则用渣土填实。改造后火膛东西长4.5、宽缩减为0.8米。第三次改造进一步缩小了火膛的内部空间，也是用青砖沿原火膛内壁垒砌，用渣土填平间隙。改造后火膛东西长4.5、宽0.6米。

B. 窑室改造。从发现的迹象可以确定，除了窑床的面积随着每次火膛的缩减而扩大

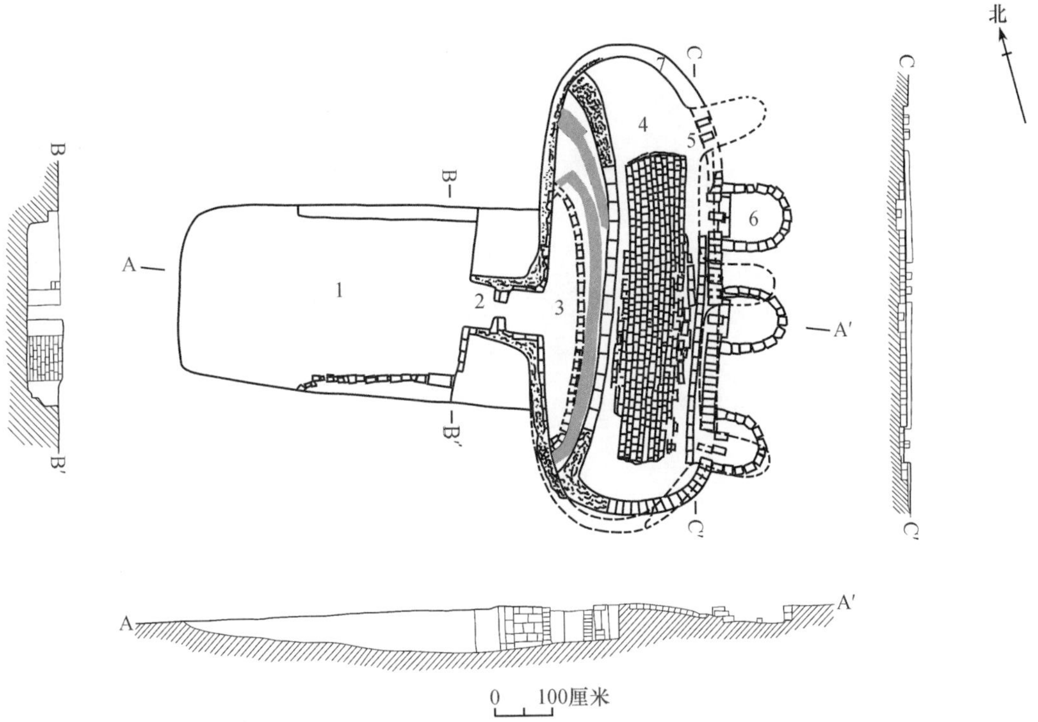

图一一　10SQⅡY1改造过程示意图
1. 操作间　2. 火门　3. 火膛　4. 窑床　5. 烟道　6. 烟室　7. 窑壁
（灰色阴影部分为部分改造过程，虚线部分为废弃时最终形制，余为窑址始建时形制）

外，窑室也向南部扩容了一次，使得窑室形成更为规整的椭圆形。扩增后窑室的南北长8.25、东西宽3.35米。

C. 烟室、烟道改造。烟室的改造是与窑室同步进行的。在窑室向南扩增的同时，重建了3个烟室，于东部窑壁外侧等距分布。现仅残存底面痕迹，呈“U”形，长约1.25米。烟室底部略低于窑床面，周壁用土坯砌成。在窑床的东侧窑壁上相应留出3处豁口，使窑室与外侧三个烟室连通。北烟室和中烟室的豁口宽约0.8米，南烟室的为0.6米。南烟室豁口中间用一砖相隔，形成两孔烟道，中烟室和北烟室豁口则用两砖相隔形成3孔烟道。

（3）窑内堆积和包含物。操作间内填土为黄褐色土，土质稍硬，夹有少量砖、瓦、陶土块，近火门口底层有厚2厘米的黑色草木灰。火膛内堆积上部为黄花土，底部为灰烬，可分为4层。第1层：黄花土，较松软，夹杂大量砖块、灰、红色烧土块和少量的瓦片。并伴有少量草木灰烬，出土“顺治通宝”1枚。第2层：草木灰烬层，白色，极松软。厚0.5～0.25米。第3层：青色草木灰，极松软，堆积较薄，自火膛向火门倾斜。厚0.08～0.1米。近火门处出土陶扑满1个。第4层：黑色草木灰，极松软，向火门处渐薄。窑床面堆积全为碎红烧土块，近窑壁处有少量的花土堆积。各烟室内堆积和火膛第1层堆积相同。另外，解剖火膛壁时，发现残破的土坯中夹有白瓷片和饰有布纹的瓦砾残片。

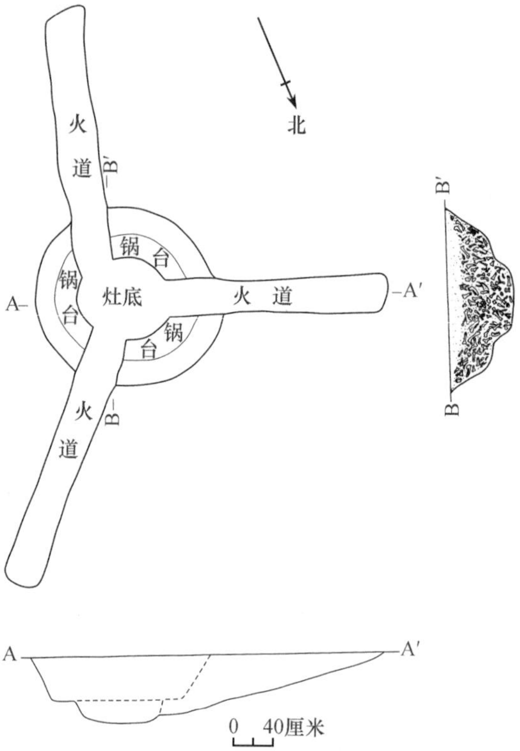

图一二　10SQⅡZ1平、剖面图

2. 灶址

10SQⅡZ1位于T4的东南部，开口于第2A层下，灶坑口部形状为圆形，坑径1.7～1.75、深0.65米。斜坑壁，在距坑口深约0.42米处设二层台，使坑口内收，台宽0.2～0.24、高约0.2米。灶坑底部为圜底。从灶坑底部向东北、南、西三个方向各伸展出一条长沟，沟长1.5～2.3、宽0.4米，沟底呈平缓坡状，从地表通达灶坑底部。推测这三条小沟是火道，设不同方向的三个火道，是为了适应不同风向时的生火需要，这种做法在该地区近代仍有延续。灶坑内的堆积全部是兽骨，为猪、牛、马、羊等多种动物骨骼，大部分都经过火烧，有的呈炭黑或蓝黑色，在碎骨内出土的遗物有数块瓷片，为青花瓷和白瓷（图一二；彩版七，1～3）。

3. 水井

共有2口，分别为10SQⅡJ4和10SQⅡJ6。

10SQⅡJ4位于10SQⅡT6内，开口于第2B层下，口部被扰坑打破。口部也大致呈圆形喇叭状，口径约2.4米，上大下小，井壁斜直，平底，底径1.1、井深1.6米。井内堆积可以分为两大层：第1层为灰褐色五花土，包含大量青砖碎砖块、厚素面瓦片，豆绿釉、白釉、酱釉瓷片，并出土一片青花瓷。第2层为棕褐色、灰褐色相间土，土质较松软，包含少量豆绿釉、白釉瓷片、瓦片等（图一三）。

4. 墓葬

1座。

10SQⅡM1位于10SQⅡT4的西南部，开口于第2A层下，为窄小的长方形竖穴土坑墓，直壁平底，长1.26、宽0.32、深0.2米，方向190°。内填黄褐色花土，人骨保存较好，仰身直肢。墓主可能未成年，无随葬品（图一四）。

（二）出土遗物

出土遗物以陶、瓷器为主，有瓷碗、缸、瓶，陶盆、罐、泥扑满等，另有少量铜钱。

瓷碗　6件。10SQⅡJ4：1，下腹及底部残片。灰白色薄胎，内外施白釉。斜弧腹内

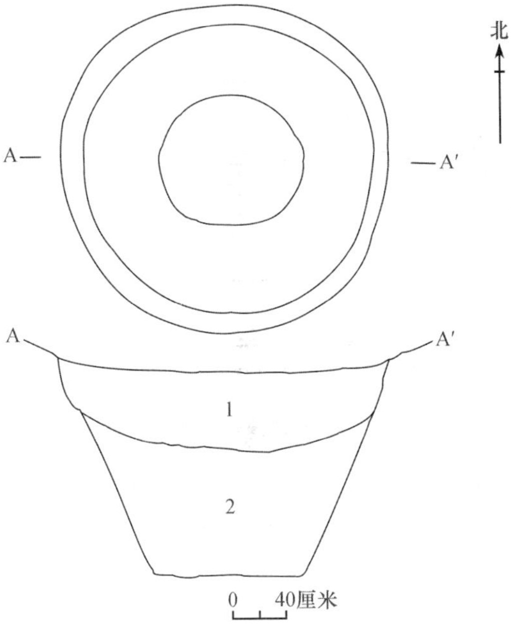

图一三　10SQⅡJ4平、剖面图

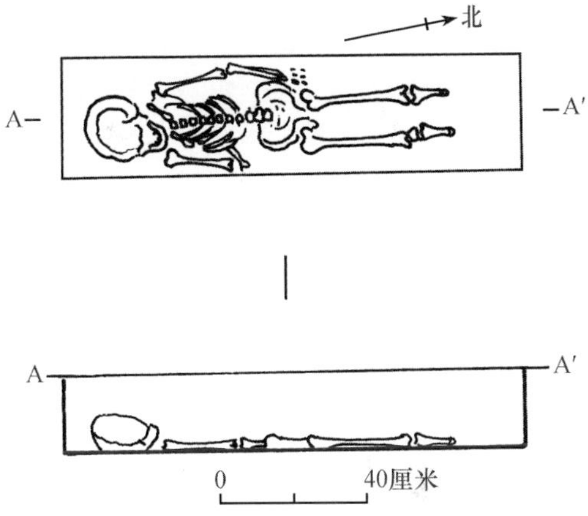

图一四　10SQⅡM1平、剖面图

收，底部下垂，矮圈足。内壁满釉，底面以青花饰两周弦纹，中有兰花彩饰，外壁施釉至圈足下，外底无釉。足径5.9、残高4厘米（图一五，8）。10SQⅡT7②B：1，仅余残底。红胎紧密，弧壁内收，底部中心略鼓，矮圈足。内外均施褐釉，内部底面无釉，外壁施釉至圈足以上。足径6.4、残高4.3厘米（图一五，4）。10SQⅡG2：1，底部残片。白胎细密，内外满施青白釉。弧腹内收成平底，圈足斜直较高。内外壁均以青花绘饰弦纹和草叶纹。足径6.4、残高3厘米（图一五，6）。10SQⅡT6②B：1，仅余残底。灰胎紧密，弧壁内收，底部中心略鼓，斜直圈足较高。内外均施豆青色釉，内部底面无釉，外壁施釉至圈足处。足径6.8、残高4厘米（图一五，1）。

瓷缸　1件。10SQⅡJ4：2，口沿残片。红褐粗胎。厚壁，内外施酱釉。口部内勾，直腹，外壁口下有一周凹弦。残长9.4、高8厘米（图一五，9）。

瓷瓶　1件。10SQⅡT7②B：4，底部残片。灰褐胎酱釉瓷，制作粗糙，下腹斜收，平底，腹内壁有许多道凹痕。底部残径5、残高6厘米（图一五，7）。

陶罐　2件。10SQⅡT7②B：2，口沿残片。泥质灰陶。圆唇，敛口，上腹弧鼓。残长 8、残高5.2厘米（图一五，2）。10SQⅡT6②B：2，陶罐残片。泥质灰胎黄褐陶。方圆唇，微侈口，上腹弧鼓。残宽10.6、残高9.4厘米（图一五，5）。

陶盆　1件。10SQⅡT7②B：3，口沿残片。泥质灰陶。厚壁，圆唇，卷折沿，上腹较直。残长16、残高5厘米（图一五，3）。

泥扑满　1件。10SQⅡY1：2，灰色泥质。圆底馒头形，中空，顶侧有一扁方孔。发现于窑址火膛内，未能烧制成陶，孔小，铜钱无法塞入，可能为玩具。底径9.2、高8.5、孔长1.6厘米（图一五，10）。

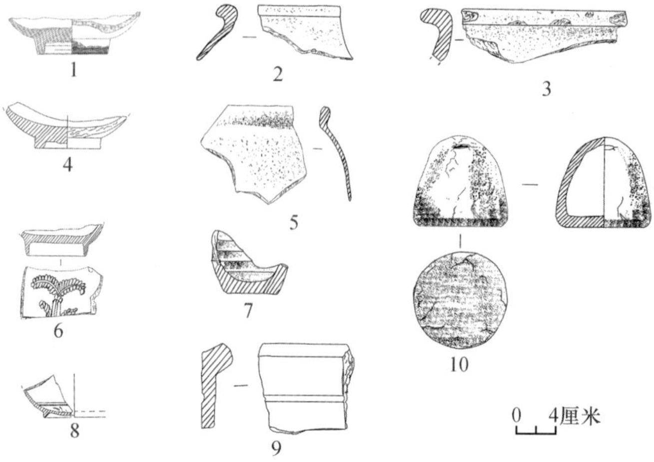

图一五　戚家遗址出土明清遗物

1、4、6、8. 瓷碗（10SQⅡT6②B：1、10SQⅡT7②B：1、10SQⅡG2：1、10SQⅡJ4：1）　2、5. 陶罐（10SQⅡT7②B：2、10SQⅡT6②B：2）　3. 陶盆（10SQⅡT7②B：3）　7. 瓷瓶（10SQⅡT7②B：4）　9. 瓷缸（10SQⅡJ4：2）　10. 泥扑满（10SQⅡY1：2）

五、结　　语

戚家遗址位于隋唐大运河北岸，南距大运河仅1千米，与运河集镇五铺集靠近，因此遗址在唐宋时期文化遗存的存续可能与大运河的兴衰有着密切关系。戚家遗址出土的瓷片涉及钧窑、定窑、耀州窑、龙泉窑、建窑等多个窑口，从侧面印证了唐宋时期运河经济的繁荣。遗址内发现的淤土层，年代不晚于宋代，应是一次大规模洪水泛滥造成的结果。在历史时期，黄河曾多次改道和溃决，每次改道都造成大面积水患，黄淮平原屡受其害。戚家遗址的淤土层或许与黄河改道或决溢有着一定的联系。

本次发掘的窑址内堆积物中瓷片极少，但砖瓦片较多，应是一座砖瓦窑。窑内出土有清代铜钱和瓷片，说明了窑址的废弃年代应为清代。从形制上看，该窑址为北方平原地区常见的马蹄形窑，这类窑在新石器时代便已出现，一直沿袭到近代。但清代以来的窑址发掘的却并不多，戚家遗址清代窑址的发掘增进了我们对马蹄形窑址末期形制的认识。另外，该窑址经过多次改造，火膛和窑床的不断退进，以及烟室的移位可能暗示其造窑技术并不成熟，烧窑的专业化程度值得质疑，同时也反映出窑床与火膛的科学比例对于窑址的重要性。总之，该窑址的发掘对研究我国窑业技术的传承发展具有较为重要的价值。

附记：本次发掘的领队为贾庆元，参加发掘的有王志、田松亭、曹宽宁、史少峰、郭安民，绘图王志、田松亭、曹宽宁、马美婷。

执笔：王　志

安徽蚌淮高速凤阳段小南山墓地考古发掘报告

安徽省文物考古研究所　凤阳县文物管理所

[摘　要]　2011年4月，安徽省文物考古研究所对凤阳小南山墓地进行了抢救性考古发掘，清理出新石器时代、汉代、五代、宋和明清时期的较丰富遗存。其中以H6为代表的遗存为淮河中游地区大汶口至龙山时期考古学文化的研究提供了重要材料，而汉至明清时期的墓葬情况也对研究该地区社会面貌、葬制葬俗等内容提供了新材料。

[关键词]　凤阳　小南山　新石器　汉代　明清　墓葬

2011年4月，为配合安徽省蚌淮高速凤阳段建设，安徽省文物考古研究所根据前期调查和钻探资料，在凤阳县文物管理所的协作下，对凤阳段小南山墓地进行了考古发掘。

小南山墓地位于凤阳县刘府镇南约1千米处（图一），根据钻探资料，工地布探方3个，清理出各类遗迹35处（图二），其中墓葬24座（编号M1～M24），灰沟5条（编号G1～G5），灰坑6个（编号H1～H6）。小南山墓地共出土陶器、瓷器、铜器等各类遗物60件，年代从新石器时期直到明清。

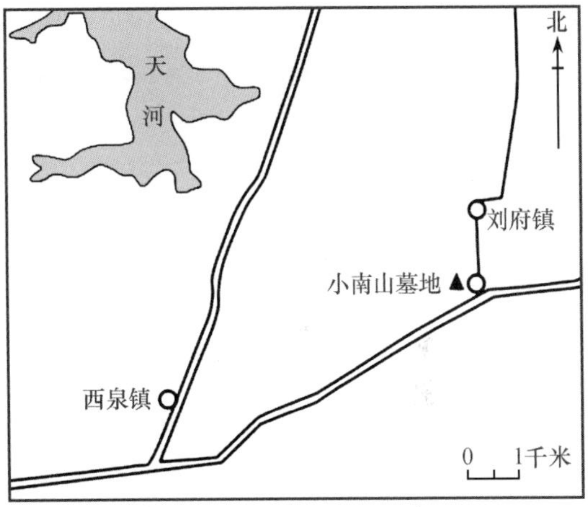

图一　小南山墓地位置示意图

一、地层堆积

小南山墓地的地层堆积，可分为3层。

第1层：表土层。厚0.2～0.35米。浅灰褐色土，土质疏松，包含大量的植物根系腐殖物、红烧土颗粒、草木灰，以及较多的近现代砖、瓦、陶瓷片、石块等。

第2层：灰褐色土，土质疏松，包含很少量砖瓦块，分布于墓地西部。为明清时期地层。

第3层：黄褐色土，土质紧密，包含很少量瓷片，分布于墓地西部。地层为明清。

第3层下为生土层，红褐色黏性土，土质紧密。

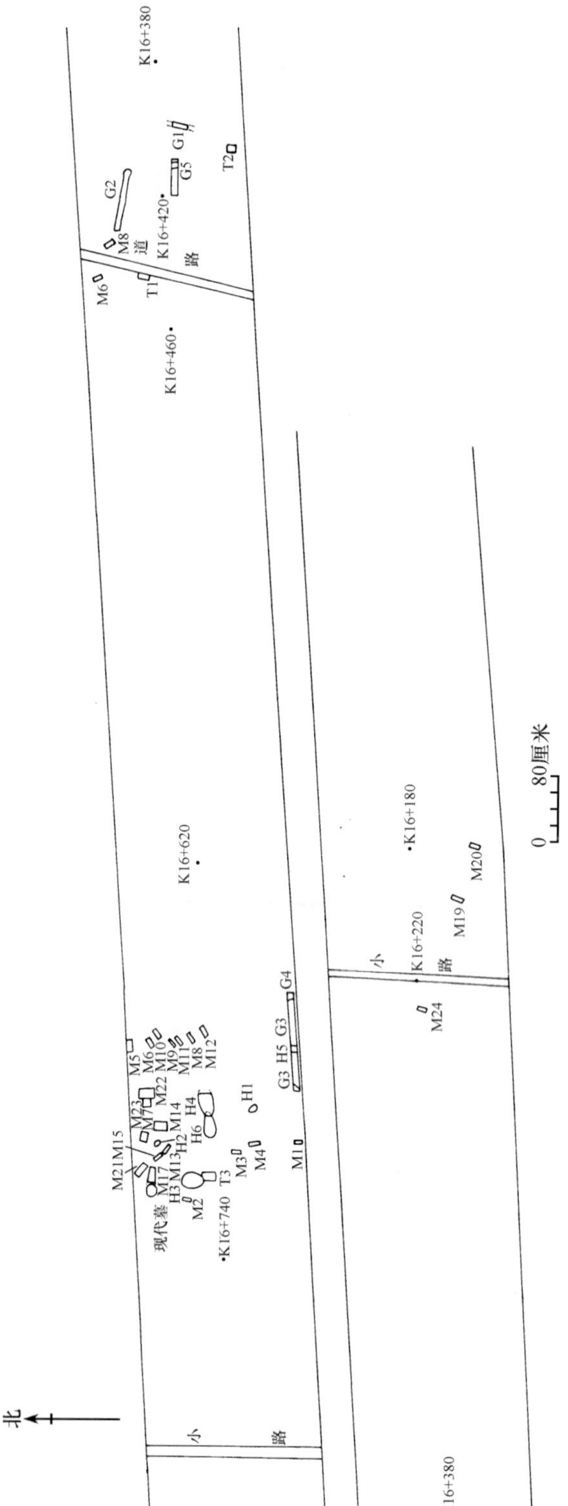

图二 凤阳小南山墓地遗迹分布图

二、新石器时代遗存

小南山墓地的西部及西南部清理了新石器时代灰坑3个（H3、H4、H6），发现大汶口文化遗物，如红褐色夹砂陶扁凿型鼎足；龙山文化遗物主要为磨光黑陶器。纹饰有绳纹、旋纹、刻纹、附加堆纹等，素面占较大比例。可辨器形有罐、鼎、鬶、盘、豆、器盖等。

H3　位于发掘区西南部，开口于第3层下，打破生土。平面形状近椭圆形，斜壁、圜底，壁底无明显加工痕迹。长9、宽4.48、深0.98米，开口距地表0.7米（图三）。

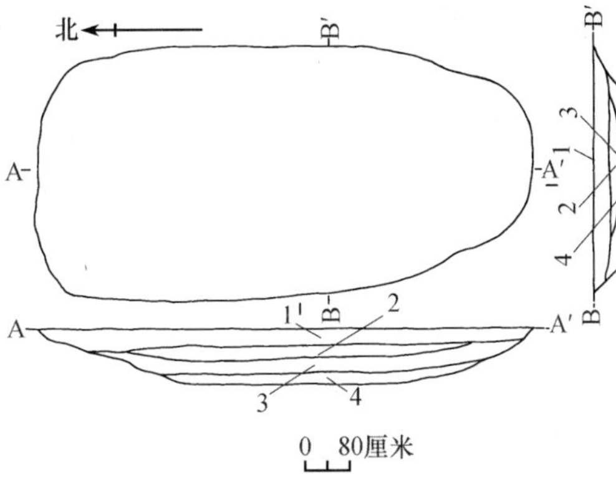

图三　小南山墓地H3平、剖面图

坑内堆积为4层。

第1层：灰褐色，砂性质软，结构疏松。

第2层：深灰褐色，质硬，结构紧密，内含少量的红烧土颗粒陶片、石块等。

第3层：深灰褐色，质硬，结构紧密，内含大量的红烧土料及少量陶片。

第4层：浅褐色，质硬，结构紧密，内含红烧土颗粒和少量陶片。

遗物情况如下。

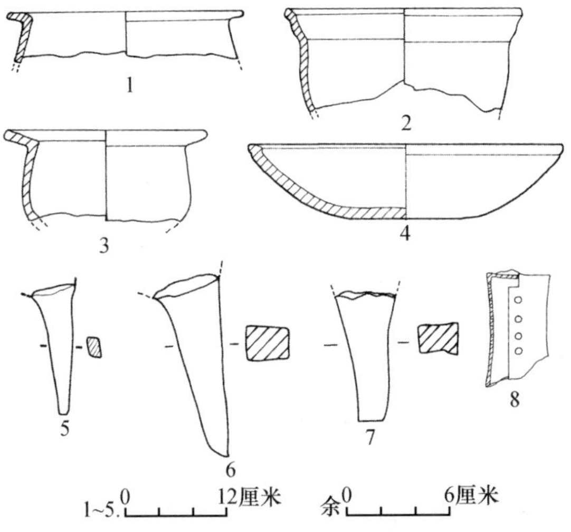

图四　H3、H4出土陶器

1. 罐口沿（H3④：3）　2、3. 鼎口沿（H3④：2、H3③：2）　4. 盆（H4：1）　5～7. 鼎足（H3④：1、H4：2、H4：3）　8. 豆柄（H4：4）

鼎口沿　2件。H3③：2，泥质灰陶。宽折沿，方圆唇，垂腹微鼓，下腹部饰绳纹。口径24.2、残高10.4厘米（图四，3；图五，1）。H3④：2，夹砂灰陶。敞口，微折斜方唇，素面。口径28、残高12.4厘米（图四，2）。

鼎足　1件。H3④：1，夹砂红陶。扁凿形。残高15.4厘米（图四，5）。

罐口沿　1件。H3④：3，夹砂灰陶。宽折沿，尖圆唇，直腹。饰绳纹。口径28、残高5.6厘米（图四，1；图五，3）。

H4　位于发掘区西部，开口于

第1层下，打破H6。平面形状近椭圆形，东部未完全发掘，斜壁、底部灰褐色，黏性土，质地紧密，包含少量木灰、烧土颗粒。出土陶片主要为夹砂红褐与夹砂灰陶，可辨器形有鼎、罐等（图六）。

陶盆　1件。H4：1，泥质灰陶。敞口，卷沿，圆唇，弧腹，平底。夹少量细砂。口径36.8、底径12.6、高8.5厘米（图四，4）。

豆柄　1件。H4：4，泥质灰陶。圆柱状，中空，柱上纵向分布三列小圆孔，每列四个。残高6.8、直径3.4～3.8厘米（图四，8）。

鼎足　2件。H4：2，夹砂红陶。扁凿形，足尖微外撇。残高10.4厘米（图四，6）。H4：3，夹砂灰陶。扁凿形，足尖较平。残高7.2厘米（图四，7）。

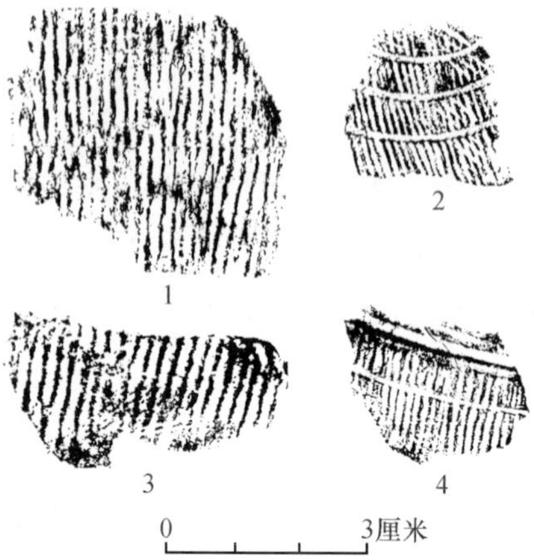

图五　H3、H6陶片纹饰

1. H3③层　2、4. H6层　3. H3④层

H6　位于发掘区西部，开口于第2层下，东部被H4打破，平面形状不规则。斜壁、平底，壁底均无加工痕迹。长8.5、宽1.4～3.6、深0.7米。坑内填土呈深灰色，黏性土，质地较硬，结构紧密，含红烧土颗粒（图七）。出土陶片以夹砂陶居多，泥质陶次之，多为素面，少量为绳纹（图五，2、4）。可辨器形有鬶、鼎、罐、盉、器盖、壶、豆等。

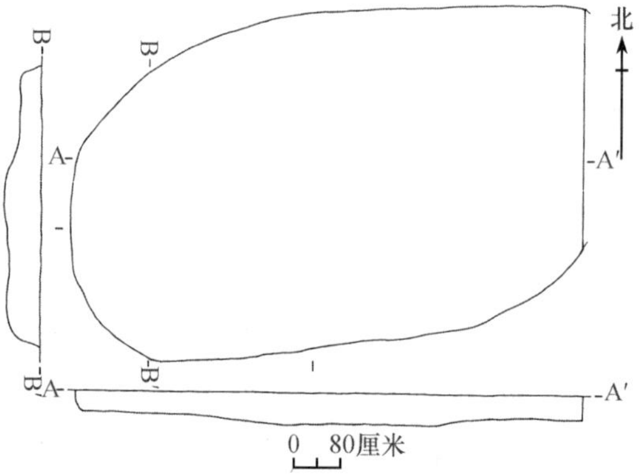

图六　小南山墓地H4平、剖面图

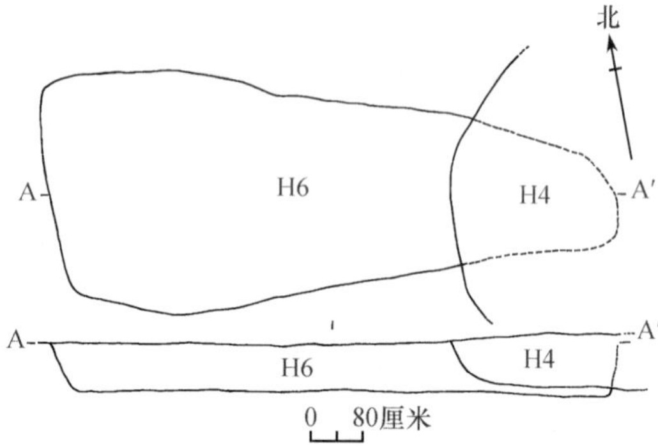

图七　小南山墓地H6平、剖面图

陶壶　1件。H6：1，夹砂红陶。口残，直颈，弧肩，斜腹内收，平底。底径4.6、残高8厘米。

残石器　1件。H6：2，片状，有圆形穿孔，青石质。残长6.3、残宽4.2、厚0.9厘米，孔径1.2厘米。

陶鼎　4件。H6：3，夹砂红陶。侈口，卷沿，尖圆唇，弧腹略垂，圜底，近平三侧装扁形足，足跟有捺窝。下腹及底饰粗绳纹。口径15.8、高17.6厘米（图八，1；彩版八，1）。H6：4，夹砂红陶。侈口，卷沿，尖唇，弧腹，圜底，三扁凿形足，鼎足外侧有凹槽。腹及底饰弦纹、隔断绳纹。口径17.2、高22厘米（图八，2；彩版八，2）。H6：5，夹砂红陶。侈口，卷沿，圆唇，弧鼓腹，圜底三扁形足。素面。口径10.2、腹径13.2、高11.8厘米（图八，

4；彩版八，3）。H6：7，夹砂红陶。侈口，卷沿，球腹，圜底，三扁凿形足。足饰三道凹槽，腹部饰附加堆纹一周，下腹及底饰粗绳纹。口径17.6、残高13.8厘米（图八，3）。

陶器盖　1件。H6：6，夹砂灰陶。圆形钮，钮面较平，敞口，呈喇叭方唇。素面。直径17、高4.8厘米（图八，7）。

鼎足　2件。H6：8，夹砂红陶。扁三角形，足根部有两个捺窝。残高11.8厘米（图八，6）。H6：9，夹砂红陶。圆柱状。残高11.6厘米（图八，5）。

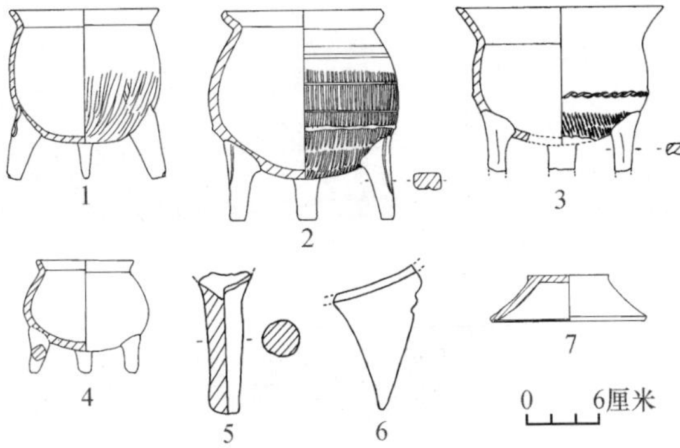

图八　H6出土陶器

1～4. 鼎（H6：3、H6：4、H6：7、H6：5）　5、6. 鼎足（H6：9、H6：8）　7. 器盖（H6：6）

三、战国时期遗存

这一时期的遗迹只有H2一个单位。

H2　位于发掘区西北部，南邻M13，开口于第3层下，打破生土。平面形状近椭圆形，斜壁，平底。长1.76、宽1.02、深0.3米（图九）。

坑内填土呈灰褐色，质地松软。出土豆柄、鬲、缸等陶器残片。

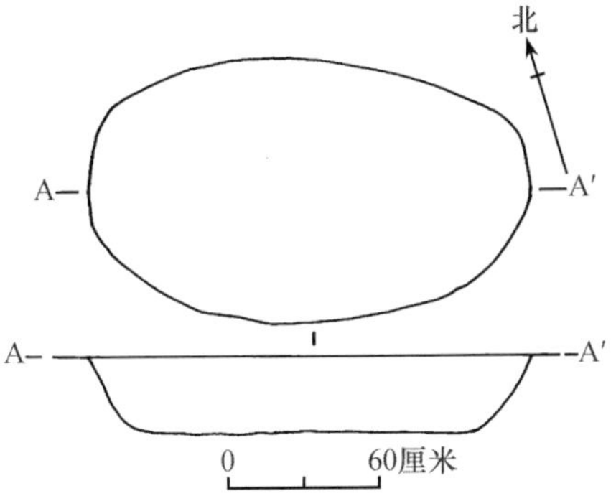

图九　H2平、剖面图

四、汉代遗存

这一时期的遗迹单位包括M1、M14、M22、M23及G4。

M1　位于发掘区西南部，北邻M4，开口于第2层下。长方形单室砖墓，方向150°，长2.4、宽0.5米。墓内填土呈黄褐色，土质较硬，内含较多碎砖块。葬具已朽，人骨保存较好，葬式为仰身直肢。地面错缝平铺，墓壁残存两组“三顺一丁”结构组砖。砖长28、宽14、厚5厘米。出土随葬品陶罐、铜钱等（图一〇）。

灰陶罐　1件。M1：1，泥质灰陶。圆唇，直口，鼓腹，平底。素面。口径10.2、底径10、高13.2厘米（图一一，1）。

铜钱　1枚。M1：2，钱文“五铢”。直径2.6、孔径0.9厘米。

M14　位于发掘西部，西邻M7开口于第1层下。长方形单室砖石墓，方向180°，长4.2、宽2.6、深0.25米。墓内填土呈黄褐色，黏性土，土质较硬。砖室被破坏严重，仅存部分砖、石混砌墓壁及铺地砖，地砖铺设方式为“人”字形。墓砖长30、宽14、厚6厘

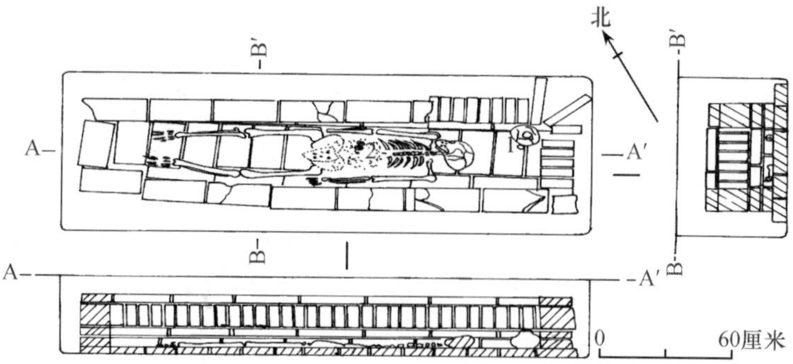

图一〇　小南山墓地M1平、剖面图

1. 陶罐　2. 铜钱

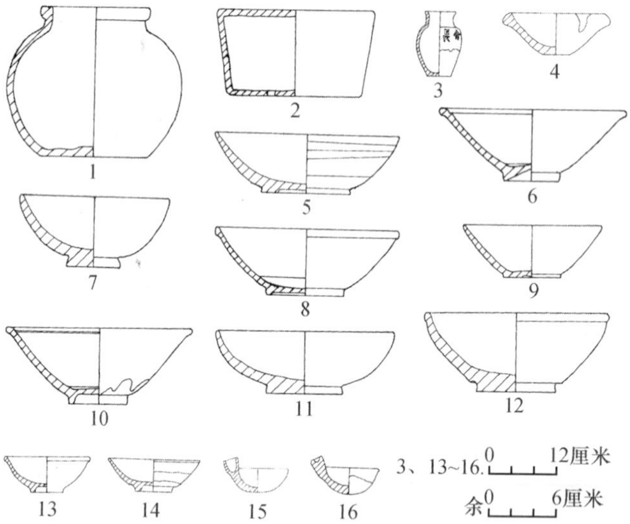

图一一　小南山墓地出土器物

1. 灰陶罐（M1：1）　2. 瓷枕（M24：2）　3. 瓷罐（M8：1）　4. 瓷盏（M2：1）　5～14. 瓷碗（M2：3、M2：4、M24：1、M4：1、M19：2、M17：2、M18：1、M18：2、M6：2、M8：3）　15、16. 瓷灯盏（M6：3、M8：2）

米。石块较规整，长56～200、宽22～34、厚20厘米。墓内出土铜钱5枚（图一二）。

铜钱　5枚。钱文“五铢”。

M22　开口于第2层下。长方形单室砖墓，方向180°，长4.6、宽2.92、深0.68米。墓内填土呈黄褐色，黏性，土质较硬。砖室被严重破坏，仅存部分墓壁及铺地砖，墓壁为条石砌筑，残存一层，地砖铺设结构呈“人”字形。墓砖长30、宽14、厚6厘米，素面；条石长164、宽24～36、厚4～9厘米。墓内出土铜钱数枚（图一三）。

铜钱　钱文“五铢”。直径2.3～2.6、孔径0.9～1厘米（图一四，14、15）。

M23　位于发掘区西部，开口于第1层下，并被M22打破。长方形单室砖石墓，方向80°，残长2.8、宽2.4、深0.66米。墓内填土呈黄褐色，黏性土，土质较硬。该墓被破坏，仅存部分墙体及铺地砖，其中南壁残存一层条石，北壁残存两组“三顺一丁”结构组砖，地砖铺设结构呈“人”字形。墓砖多为素面，部分砖侧模印菱形纺（图一五，

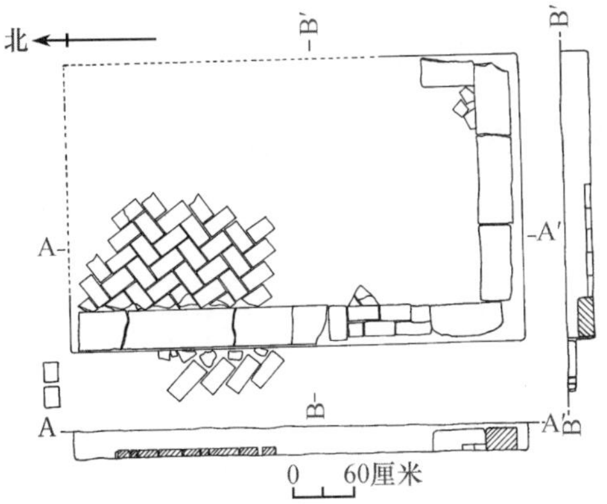

图一二　M14平、剖面图

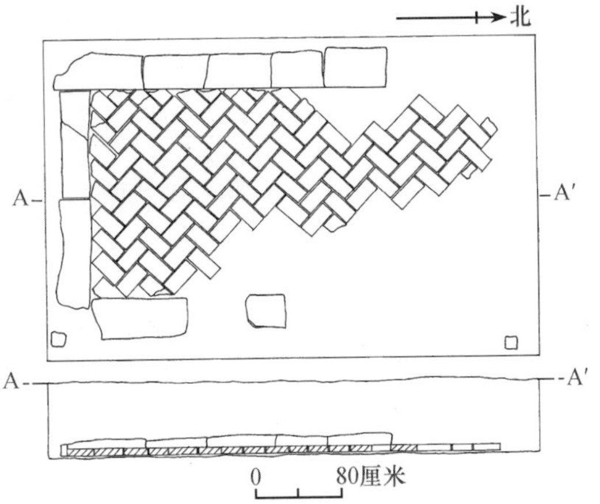

图一三　M22平、剖面图

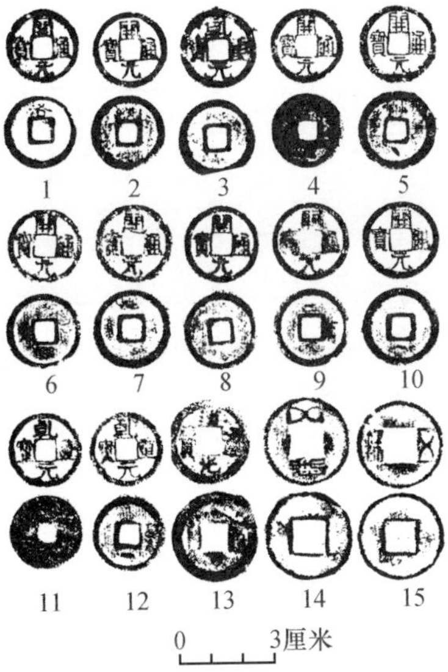

图一四　小南山墓地出土铜钱

1～10. 开元通宝（M19）　11、12. 乾元重宝（M19）　13. 道光通宝（M10）　14、15. 五铢（M22）

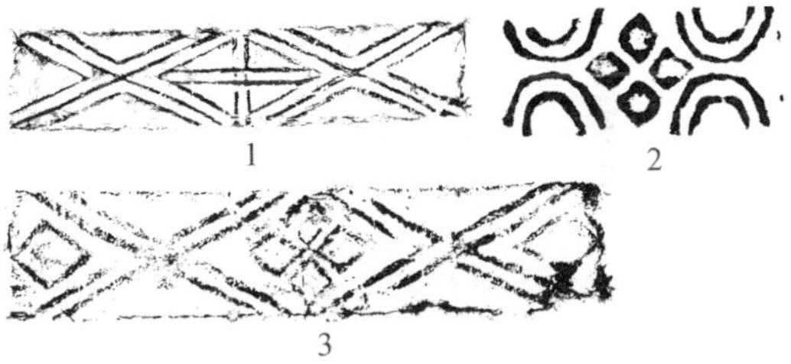

图一五　小南山墓地出土花纹砖

1. M23　2、3. M17

1），长30、宽14、厚6厘米。条石较规整，长138、宽26～28、厚20厘米。未发现遗物（图一六）。

G4　位于发掘区西南部，开口于第1层下，并被G3打破。未完全发掘，已发掘部分平面近长方形，斜壁，圜底，长3.4、宽2、深1.15米。沟内填土呈浅褐色，黏性土，质地较硬，含少量红烧土颗粒。出土为泥质红褐陶，胎体较厚，纹饰有粗绳纹与凹弦纹等，器形不可辨（图一七）。

五、五代至宋代时期遗存

清理出五代至宋代时期遗迹单位9个，均为墓葬。

M2　位于发掘区域西部，东邻H3，开口于第2层下。竖穴土坑墓，平面呈梯形，方向184°，长2.6、宽0.7～0.84、深0.25米。墓内填土呈灰褐色，土质较硬。墓内出土瓷盏、铜纽扣等（图一八）。

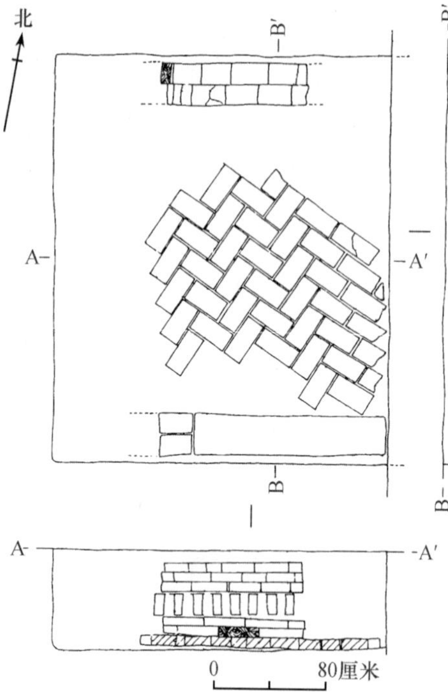

图一六　M23平、剖面图

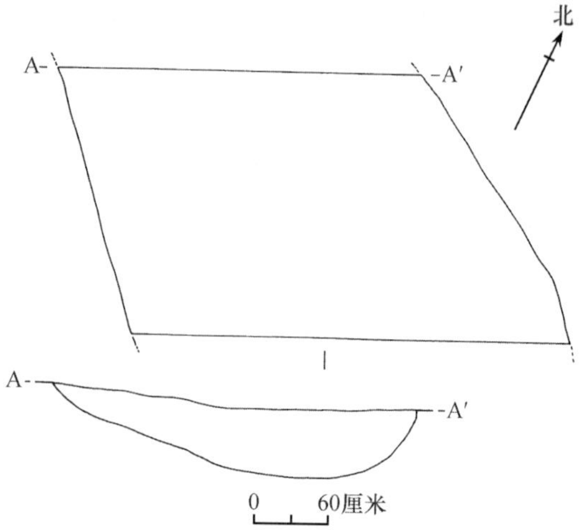

图一七　G4平、剖面图

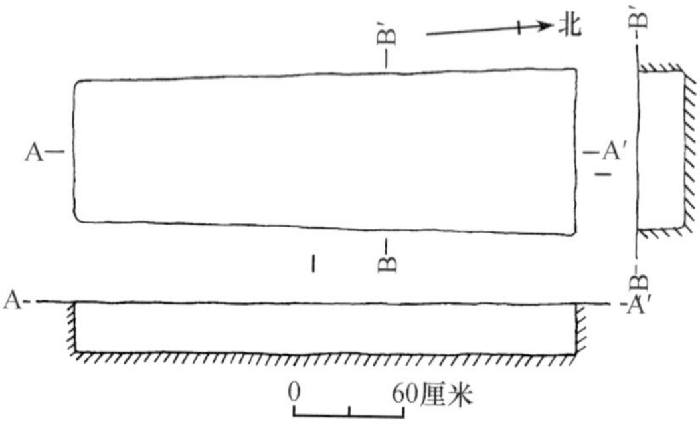

图一八　M2平、剖面图

瓷盏　1件。M2：1，褐陶胎，黄白釉。圆唇，侈口，口沿外部加厚，弧腹，小平底。器表有流釉现象。口径10、底径2.8、高3.8厘米（图一一，4）。

铜纽扣　1件。M2：2，圆球形，中空。直径0.9厘米。

瓷碗　2件。M2：3，灰白胎，黄白釉，外不及底。敞口，尖圆唇，斜腹，玉璧形底。口沿下内壁饰凹弦纹一周，腹部外壁饰几道弦纹。口径17、底径8.2、高5.4厘米（图一一，5）。M2：4，红胎，施酱釉，外不及底。敞口，圆唇，斜腹，小圈足。口沿下内壁饰凹弦纹一周。口径16.8、底径5、高6.4厘米（图一一，6）。

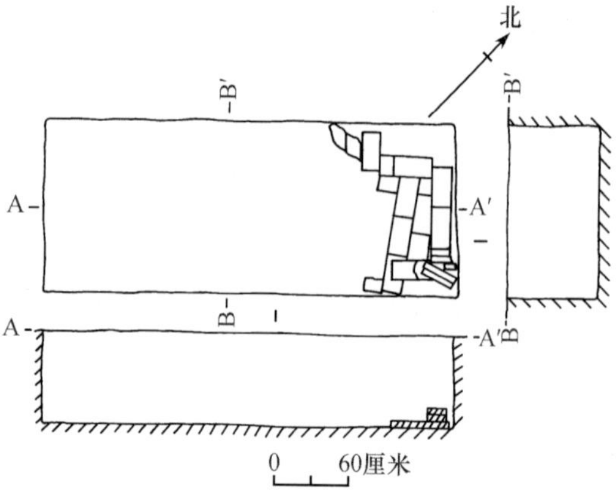

图一九　M4平、剖面图

M4　位于发掘区西部，西北为M3，开口于第2层下。长方形单室砖墓，方向5°，长3.24、宽1.3、深0.69米。墓内填土呈黄褐色，有少量浅灰褐土颗粒夹杂，土质较硬。墓底以砖错缝平铺，墓壁残存一组“二顺一丁”结构组砖。墓砖素面，长30、宽14.5、厚5厘米。墓内出土瓷碗1件（图一九）。

瓷碗　1件。M4：1，灰白胎，青黄

釉，外不及底。敞口，卷沿，圆唇，斜弧腹，矮圈足。外底饰弦纹两周。口径16.8、底7.2、高6厘米（图一一，8）。

M7　位于发掘区西北部，东邻M14，开口于第2层下。长方形单室专墓，方向275°，长2.8、宽2.4、深0.38。墓内填土呈黄褐色，黏性土，土质较硬。砖室破坏严重，仅残存部分墓壁及铺地砖，墓壁砌筑结构为“二顺一丁”，地面错缝平铺。墓砖多为素面，少量砖侧模印菱形纹，长30、宽14、厚6厘米。墓内出土铜钱2枚，残（图二〇）。

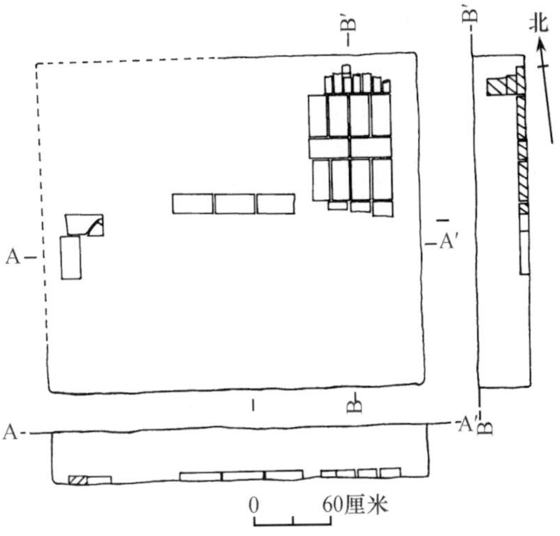

图二〇　M7平、剖面图

铜钱　2枚。一枚模铸“祥符元宝”钱文，环读。直径2.6、孔径0.6厘米。一枚模铸“天禧通宝”钱文，环读。直径2.6、孔径0.6厘米。

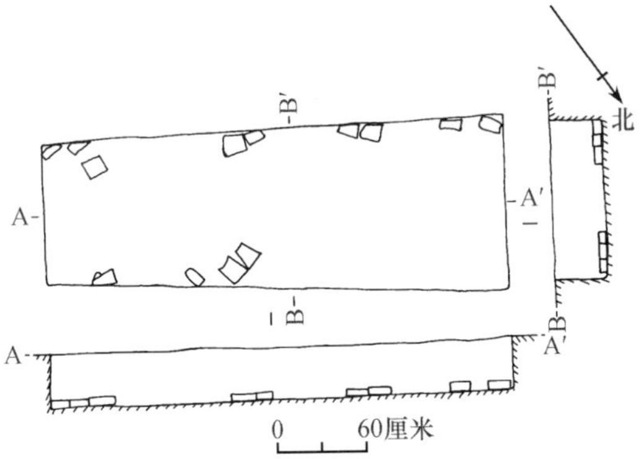

图二一　M16平、剖面图

M16　位于发掘区中东部，东邻M18，开口于第1层下。单室砖墓，平面呈梯形，方向325°，长3、宽0.92～1.16、深0.9米。墓内填土呈灰褐色，土质较硬，内含大量碎砖块。砖室被严重破坏，仅剩少量墙砖及铺地砖，砌筑结构不详。墓砖长3、宽14、厚5厘米。墓内出土铜钱2枚，残（图二一）。

铜钱　2枚。M16：1，钱文“开元通宝”。直径2.5、孔径0.7厘米。

M17　位于发掘区西部，北邻M21，开口于第1层下。单室砖墓，平面梯形，方向290°，长4.72、宽2.4～2.84、深0.3米。墓内填土呈黄褐色，黏性土，土质较硬。砖室被严重破坏，仅存部分“一顺一丁”结构墓壁。该墓用砖多为素面，少量砖侧模钱菱形纹（图一五，2、3），长30、宽14、厚6厘米。出土随葬品有陶碗、铜饰件等（图二二）。

瓷碗　1件。M17：2，红胎，酱釉，外不及底。敞口，卷沿圆唇，斜腹，圈足。口沿下内壁饰凹弦纹一周。口径16.8、底径5.4、高6.6厘米（图一一，10）。

M18　位于发掘区中东部，西邻M16、东邻G2，开口于第1层下。长方形单室砖墓，方向323°，长2.85、宽1.2、深0.25米。墓内填土呈黄灰褐色，土质较硬。被严重破坏，仅存部分铺地砖，其铺设结构呈“人”字形。墓砖素面，长30、宽15.5、厚5厘米。出土青瓷碗2件（图二三）。

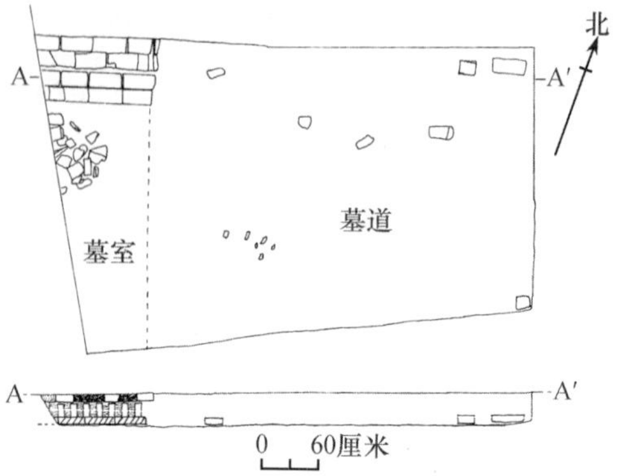

图二二　M17平、剖面图

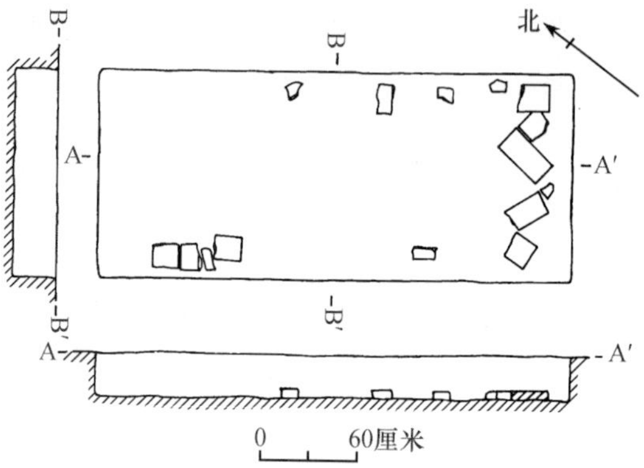

图二三　M18平、剖面图

瓷碗　2件。M18：1，灰白胎，釉脱落。敞口，卷沿，圆唇，弧腹微鼓，饼足。口径15.8、底径6.8、高5.4厘米（图一一，11）。M18：2，灰白胎，青黄釉，釉部分脱落。敞口，卷沿，圆唇，斜弧腹，饼足。口径16.6、底径7.2、高6.8厘米（图一一，12）。

M19　位于发掘区南部，东邻M20，开口于第1层下。长方形单室砖墓，方向206°，长4、宽1.5、深1米。墓内填土呈灰褐色，土质较硬。墓壁残存两组“四顺一丁”组砖，地砖铺设结构呈“人”字形，墓砖均素面，形制分两种，一种长29、宽13.5、厚4.5厘米，另一种长31、宽16、厚4.5厘米。出土随葬品有瓷罐、瓷碗、铁灯盏、铜镜、铜钱及漆器等（图二四）。

瓷罐　1件。M19：1，灰白胎，略泛红，青黄釉。侈口，圆唇，矮领，鼓腹，斜直内收，饼形平底。口、肩部饰对称双系。

瓷碗　1件。M19：2，灰白胎，青黄釉。敞口，尖圆唇，斜直，玉璧底。口径13、底径5.4、高4.7厘米（图一一，9）。

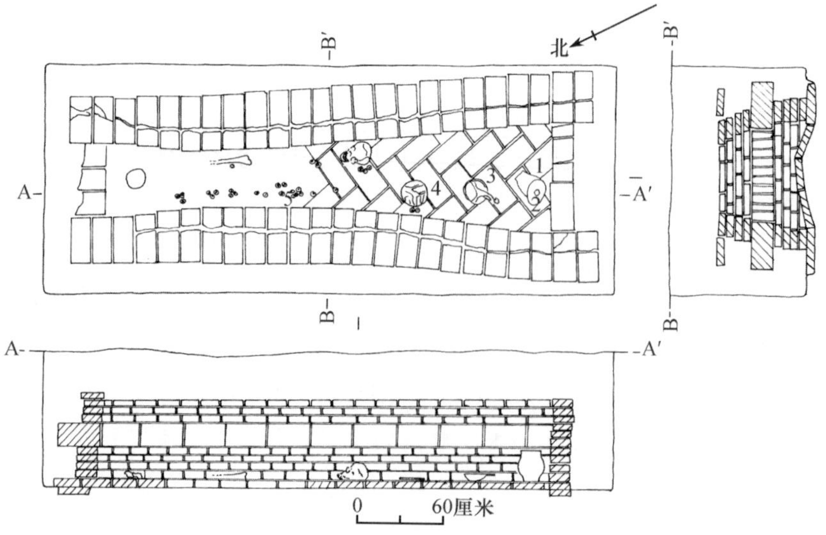

图二四　M19平、剖面图

1. 瓷罐　2. 瓷碗　3. 铁灯盏　4. 铜镜　5. 铜钱

铁灯盏　1件。M19：3，残。圆唇，弧腹，圜底，一端有柄。口径12.4、高4.6厘米。

铜镜　1件。M19：4，锈残甚，纹饰不清。直径18厘米。

铜钱　其中75枚铸有“开元通宝”钱文，直径2.4、孔径0.6厘米（图一四，1～10）。5枚铸有“乾元重宝”钱文，直径2.4、孔径0.6厘米（图一四，11、12）。

M20　位于发掘区南部，西邻M19，开口于第1层下。长方形单室砖墓，方向211°，长3.5、宽1.2、深0.6米。墓内填土呈灰褐色，土质较硬。砖室被严重破坏，仅存部分墙体及铺地砖，墙体为顺砖平砌，地砖铺设结构呈“人”字形。墓砖素面，长30、宽14、厚5厘米。墓内出土银簪1件（图二五）。

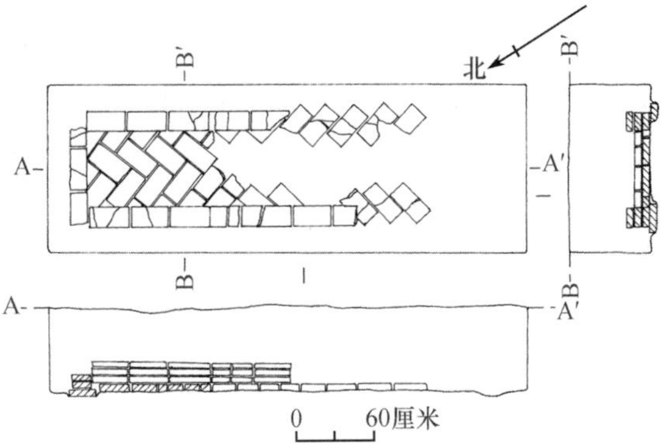

图二五　M20平、剖面图

银簪　1件。M20：1，锈残。残长5.1厘米。

M24　位于发掘区南部，东邻M19，开口于第1层下。长方形单室砖墓，方向180°，长3、宽1.1、深0.46米。墓内填土呈灰褐色，土质松软。墓壁残存一组“四顺一丁”结构组砖，地砖铺设方式为“人”字形。墓砖素面，长30、宽14、厚5厘米。出土随之葬品有瓷碗、瓷枕等（图二六）。

瓷碗　1件。M24：1，夹砂胎，略泛红，青黄釉。圆唇，敞口，斜弧腹，饼形足。口径14、底径5、高6.2厘米（图一一，7）。

瓷枕　1件。M24：2，灰白胎，外施黑釉。近长方体，上宽下窄，底部有一圆孔。底无釉。长14.4、宽11、高7.6厘米（图一一，2）。

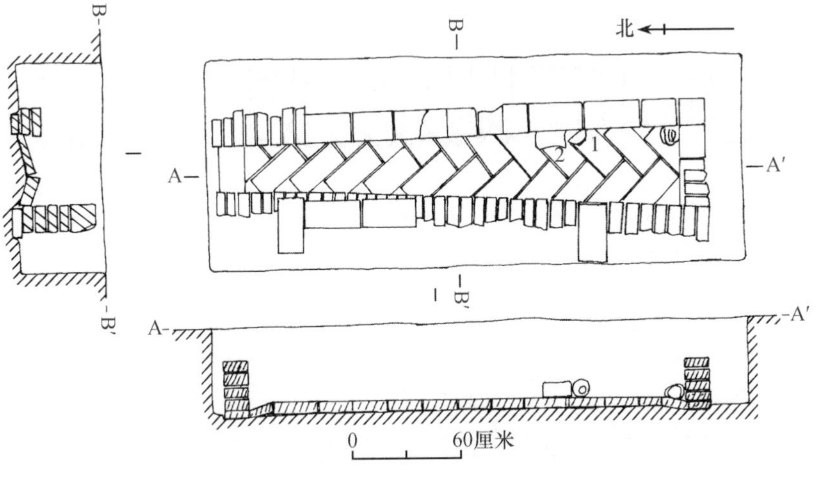

图二六　M24平、剖面图
1. 瓷碗　2. 瓷枕

六、明清时期遗存

这一时期发现的遗迹单位共12个，其中墓葬6座、灰坑2个及4条灰沟。

1. 墓葬

M6　位于发掘区西部，南邻M10中，开口于第1层下。长方形竖穴土坑墓，方向220°，长2.6、宽1.5、深0.6米。墓内填土呈黄灰褐色，土质较硬。该墓保存较完整，葬具为木棺，骨架沿存，葬式为仰身直肢，墓内出土随葬品有双系红陶罐、瓷碗、瓷灯盏、铜钱、铜纽扣等（图二七）。

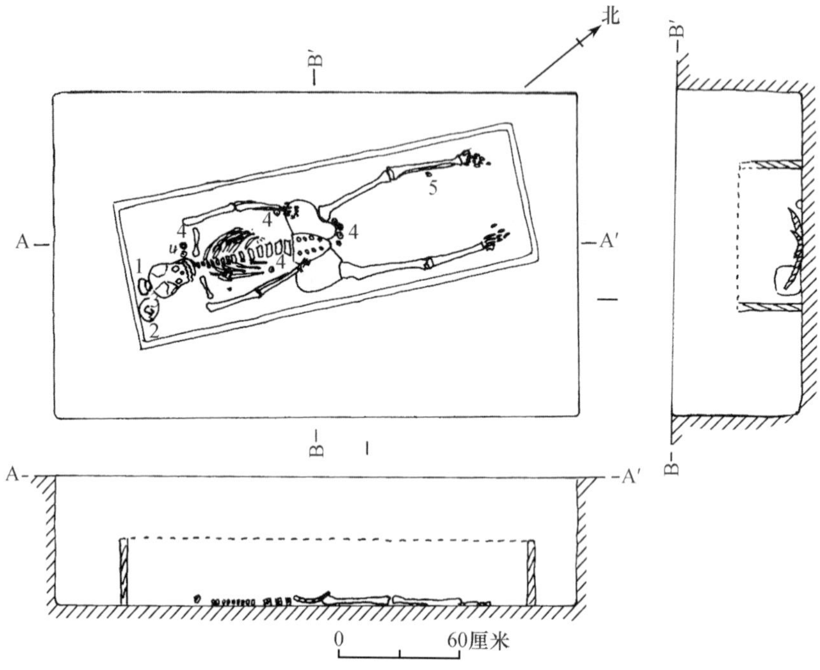

图二七　M6平、剖面图

1. 双系红陶罐　2. 瓷碗　3. 瓷灯盏　4. 铜钱　5. 铜纽扣

双系红陶罐　1件。M6：1，红胎，红褐釉，外不及底。圆唇，敞口，卷沿，圜底，斜弧腹，圈足。口径12.4、底径8.6、高16.8厘米。

瓷碗　1件。M6：2，灰黄色胎，酱釉。口径15.4、底径5.6、高6.2厘米（图一一，13）。

瓷灯盏　1件。M6：3，夹砂褐胎，外施酱釉。圆唇，弧腹，圜底，前端有流口，后端有柄，柄呈圆管形。口径9.2、高6.2厘米（图一一，15）。

铜钱　残损严重。M6：4，2枚“康熙通宝”，直径2.7、孔径0.6厘米；8枚“乾隆通宝”，直径2.4、孔径0.5厘米；1枚“嘉庆通宝”，直径2.5，孔径0.6厘米。另有11枚锈蚀严重，钱文无法辨识。

铜纽扣　1件。M6：5，球形，顶置小环钮。直径1厘米。

M8　位于发掘区西部，北邻M10，开口于第1层下。竖穴土坑墓，平面呈梯形，方向240°，长2.4、宽1～1.2、深0.52米。墓内填土呈灰褐色，土质较硬。墓葬保存较完整，葬具为木棺，骨架尚存，为仰身直肢。墓内出土随葬品有瓷罐、瓷灯盏、瓷碗、铜钱、鎏金银簪等（图二八）。

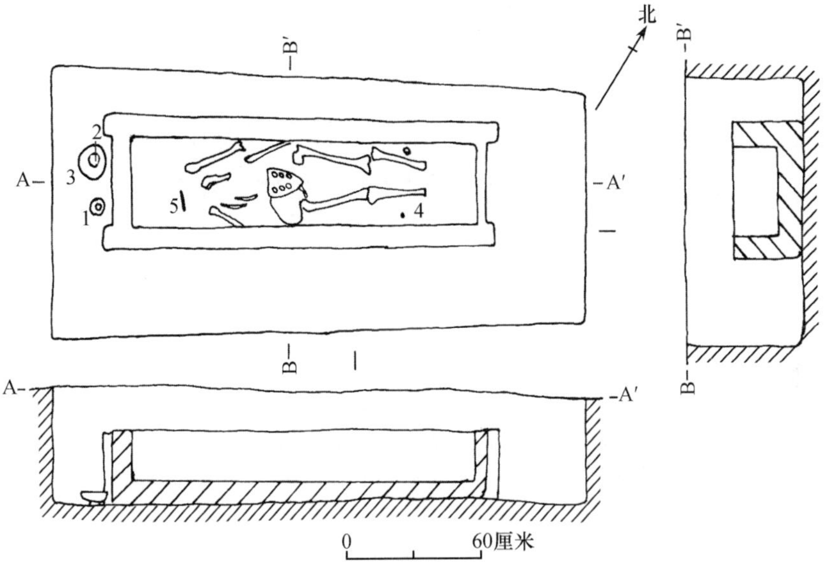

图二八　M8平、剖面图
1. 瓷罐　2. 瓷灯盏　3. 瓷碗　4. 铜钱　5. 鎏金银簪

瓷罐　1件。M8：1，灰褐胎，黑釉，有垂釉现象。圆唇，侈口，束颈，鼓腹，平底。肩部模印“金玉满堂，长命富贵”八字。口径5、底径4、高10.3厘米（图一一，3）。

瓷灯盏　1件。M8：2，夹砂褐胎，外施酱釉。圆唇，弧腹，圜底，前端有流口，后端有柄，柄呈圆管形。口径9.3、高6厘米（图一一，16）。

瓷碗　1件。M8：3，土黄色胎，施白釉，外不及底，内底垫烧处无釉。敞口，尖圆唇，斜弧腹，圈足。口径15.2、底径6、高5.1厘米（图一一，14）。

铜钱　1枚。M8：4，残。钱文“光绪通宝”。直径2.1、孔径0.55厘米。

M9　位于发掘区西部，北邻M10，开口于第1层下。长方形竖穴土坑墓，方向230°，长2.3、宽0.8、深0.45米。墓内填土呈灰褐色，土质较硬。墓葬保存较完整，葬具为木棺，骨架沿存，葬式为仰身直肢。墓内出土随葬品有瓷碗、铁灯盏、釉陶罐、铜钱、铜纽扣及铜簪等（图二九）。

瓷碗　1件。M9：1，灰黄色胎，内施白釉，内底垫烧处无釉，外壁施茶色釉。敞口外撇，弧腹，圈足。口径17.6、底径6.8、高16.9厘米（图三〇，5）。

铁灯盏　1件。M9：2，圆唇，弧腹，圜底，一端有柄。口径10.4、高7.4厘米（图三〇，15）。

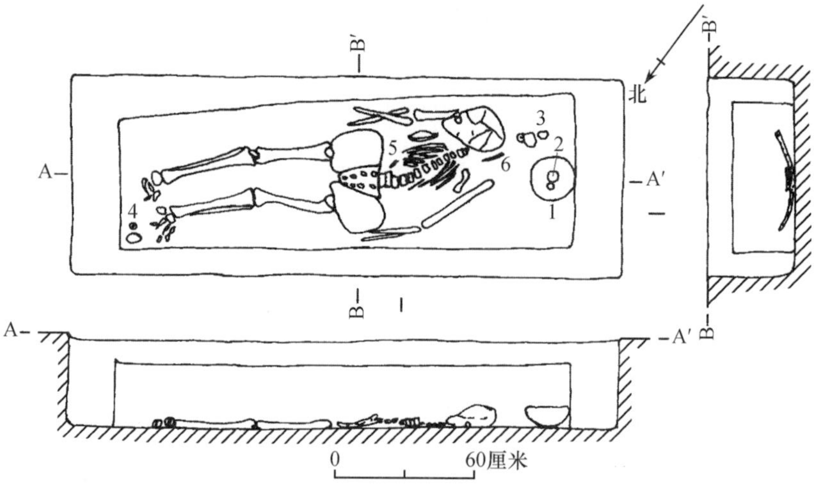

图二九　M9平、剖面图

1. 瓷碗　2. 铁灯盏　3. 釉陶罐　4. 铜钱　5. 铜纽扣　6. 铜簪

釉陶罐　1件。M9：3，夹砂红陶胎，施酱釉。侈口，圆唇，束颈，溜肩，鼓腹，平底。口径4.6、底径4、高9.6（图三〇，1）。

铜钱　M9：4，残。3枚“乾隆通宝”，直径2.3～2.6、孔径0.6厘米；3枚“嘉庆通宝”，直径2.4～2.5、孔径0.5厘米；1枚“道光通宝”，直径2.3、孔径0.5厘米。

铜纽扣　1件。M9：5，球形，顶端置小环形钮，铜质。直径1.1厘米。

铜簪　1件。M9：6，扁条形，尖首，另一端弯折。表面饰花卉纹。残长10.5厘米。

M10　位于发掘区西部，北邻M6，开口于第1层下。竖穴土坑墓，平面呈梯形，方向240°，长2.6、宽1.1～1.2、深0.36米。墓内填土呈灰褐色，土质较松软。墓葬保存较完整，葬具为木棺，骨架尚存，葬式为仰身直肢。墓内出土随葬品有釉陶罐、瓷灯盏、瓷碗、铜纽扣、铜饰件及铜钱等（图三一）。

釉陶罐　1件。M10：1，夹砂红陶胎，施黑釉。侈口，圆唇，束颈，溜肩，鼓腹，平底。口径5、底径4.6、高11厘米（图三〇，2）。

瓷灯盏　1件。M10：2，夹砂褐胎，外施酱釉。圆唇，弧腹，圜底，前端有流口，后端有柄，柄呈圆管形。口径8.6、高5厘米（图三〇，14）。

瓷碗　1件。M10：3，灰白胎，施白釉，外不及底，内底垫烧处无釉，敞口，圆唇，弧腹，圈足。口径16.2、底径6、高5.9厘米（图三〇，7）。

铜纽扣　1件。M10：4，球形，顶端置小环形钮，铜牌质。直径1.1、高1.4厘米（图三〇，6）。

铜摆件　1件。M10：5，底座圆形，中心有螺丝柱，一螺丝帽置于柱中部，一铁环套于柱上，铜质。直径2.3、高3.3厘米（图三〇，8）。

铜钱　1枚。（M10：6），“乾隆通宝”，直径2.3、孔径0.6厘米；1枚“道光通

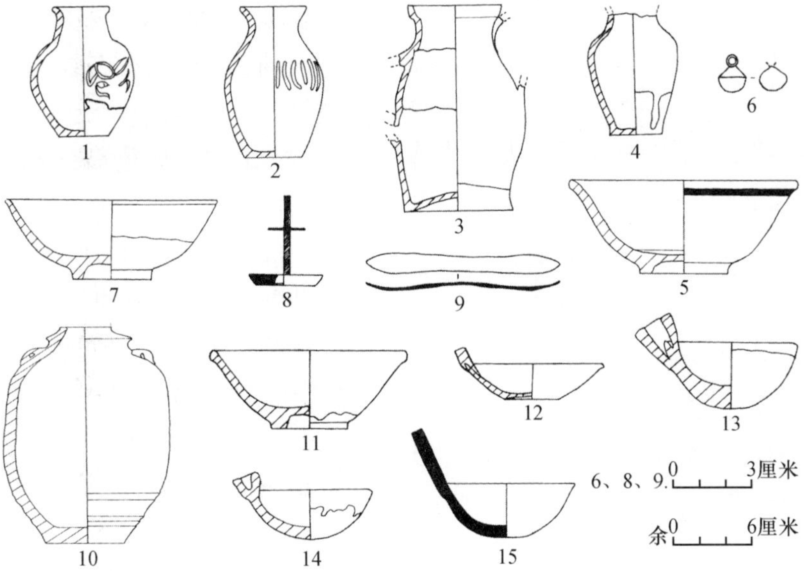

图三〇　小南山墓地出土器物

1、2、4、10. 釉陶罐（M9：3、M10：1、M12：1、H1：1）　3. 瓷执壶（M11：4）　5、7、11. 瓷碗（M9：1、M10：3、M11：1）　6. 铜纽扣（M10：4）　8. 铜摆件（M10：5）　9. 铜簪（M12：3）　12. 陶灯盏（M12：2）　13、14. 瓷灯盏（M11：2、M10：2）　15. 铁灯盏（M9：2）

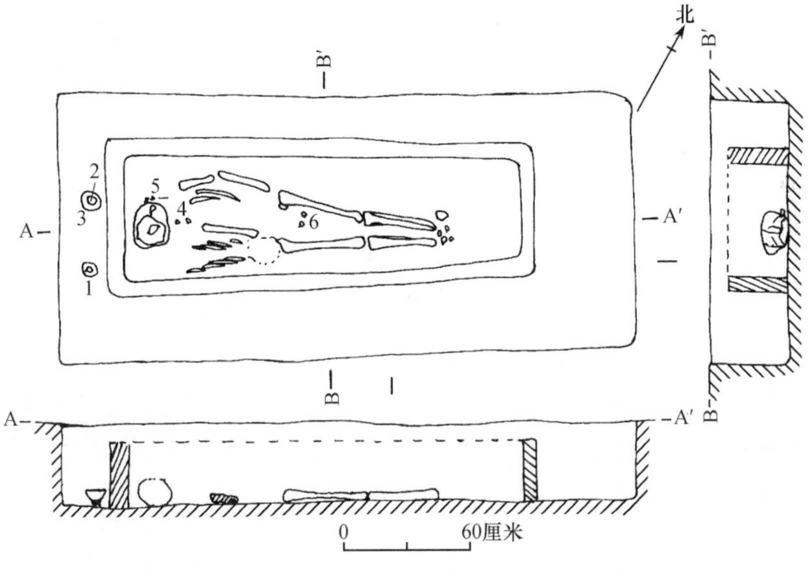

图三一　M10平、剖面图

1. 釉陶罐　2. 瓷灯盏　3. 瓷碗　4. 铜纽扣　5. 铜饰件　6. 铜钱

宝”，直径2.2、孔径0.5厘米；另2枚因锈蚀严重，钱文不可辨识（图一四，13）。

M11　位于发掘区西部，北邻M10，南邻M8，开口于第1层下。长方形竖穴土坑墓，方向231°，长2.35、宽1.1、深0.74米。墓内填土呈黄褐色，有浅灰褐色颗粒夹杂，土质疏松。墓内出土随葬品有瓷碗、瓷灯盏、瓷执壶、铜钱及铜纽扣等（图三二）。

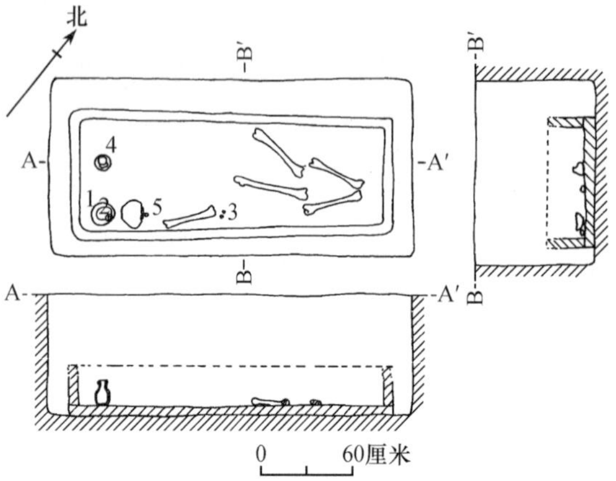

图三二　M11平、剖面图
1. 瓷碗　2. 瓷灯盏　3. 铜钱　4. 瓷执壶　5. 铜纽扣

瓷碗　1件。M11：1，灰胎略泛红，内施白釉，外壁施茶色釉。内底及外底均有支烧痕。敞口，卷沿，圆唇，弧腹，圈足。口径15.2、底径5.6、高5.8厘米（图三〇，11）。

瓷灯盏　1件。M11：2，夹砂褐胎，外施酱釉。圆唇，弧腹，圜底，前端有流口，后端有柄，柄呈圆管形。口径9.2、高7.2厘米（图三〇，13）。

铜钱　11枚（M11：3），残。其中3枚“乾隆通宝”，直径2.1～2.5、孔径0.5厘米；6枚锈蚀严重，钱文不可辨识。

瓷执壶　1件。M11：4，灰白胎，外施绿釉，不及底。浅盘口，圆唇，束颈，斜肩，直垂腹微鼓，平底内凹。流及执柄均缺失。口径7.4、底径9.2、高15.2厘米（图三〇，3）。

M12　位于发掘区西部，南邻H1，开口于第1层下。竖穴土坑墓，平面呈梯形，方向240°，长2.6、宽1～1.2、深0.4米。墓内填土呈灰褐色。墓葬保存较完整，葬具为木棺，骨架尚存，葬式为仰身直肢。墓内出土随葬品有釉陶罐、陶灯盏、铜簪等（图三三）。

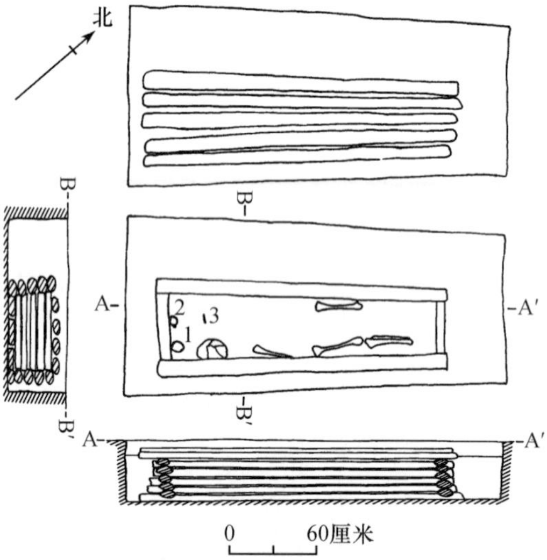

图三三　M12平、剖面图
1. 釉陶罐　2. 陶灯盏　3. 铜簪

釉陶罐　1件。M12：1，红陶胎，外施褐釉。口残缺。束颈，溜肩，鼓腹，平底。残高9、底径4.1厘米（图三〇，4）。

陶灯盏　1件。M12：2，方唇，弧腹，平底，一端有流，一端有柄。口径10、底径4.2、高3.8厘米（图三〇，12）。

铜簪　1件。M12：3，扁条状，两端呈柳叶形，中部束腰。铜质。长7.4、宽0.5～0.7厘米（图三〇，9）。

2. 灰坑

H1　位于发掘区西部，西邻M4，开口于第1层下，打破生土。平面形状近椭圆形，斜壁，平底。坑口长2.8、宽1.8、深0.4米。坑内填土呈灰褐色，质地松软，坑内出土遗物有釉陶罐等（图三四）。

釉陶罐　1件。H1：1，灰陶胎。子母口，束颈，溜肩，肩附双系，垂腹，下腹斜内收，平底。口径4、底径6、高16厘米（图三〇，10）。

H5　位于发掘区西部，开口于第1层下，打破G3。平面形状近长方形，斜壁，平底。长3、宽2、深0.85米，坑内出土遗物有陶盆、瓷碗、瓷缸、铜钱及铜簪等（图三五）。

铜钱　1枚。H5：1，钱文“元祐通宝”。直径2.6、孔径0.7厘米。

铜簪　1件。H5：2，铜质。长锥形，一端有圆形帽。长10.2厘米。

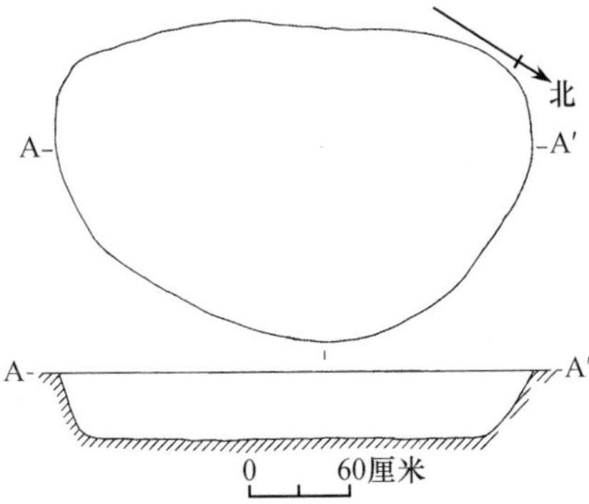

图三四　H1平、剖面图

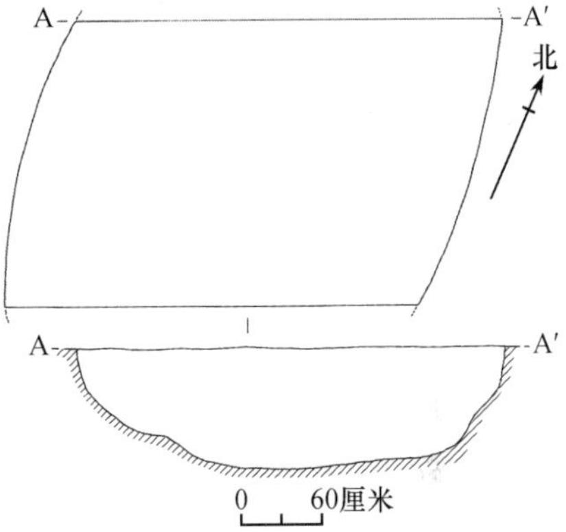

图三五　H5平、剖面图

3. 灰沟

G1　位于发掘区东部，西邻G5，开口于第1层下。平面形状近长条形，斜壁，平底近圜，长4、宽1.4、深0.36米。沟内填土呈浅灰褐色，沙性土，含少量红烧土粒、青花瓷片及青灰色碎砖。可辨器形有瓷碗、瓷杯等（图三六）。

G2　位于发掘区中部，西邻M18，开口于第1层下。平面形状近长条带形，壁稍内斜、底高低不平，长18、宽1.4～2.46、深0.14～0.68米。沟内填土呈灰褐色，沙性土，土质较硬，含少量青花瓷片及陶片。可辨器形有瓷碗、瓷罐、铜饰件等（图三七）。

铜饰件　G2：1，近椭圆形，片状。长4、宽1.8厘米。

瓷碗　6件。G2：2，灰白胎，内施青白釉，施蓝釉。圆唇，敞口，外撇折腹，圈足。口径8.8、底径3、高3.9厘米（图三八，1）。G2：4，灰白胎。敞口，圆唇，斜弧腹外撇，卷沿，圈足。饰有弦纹、花卉等青花图案。

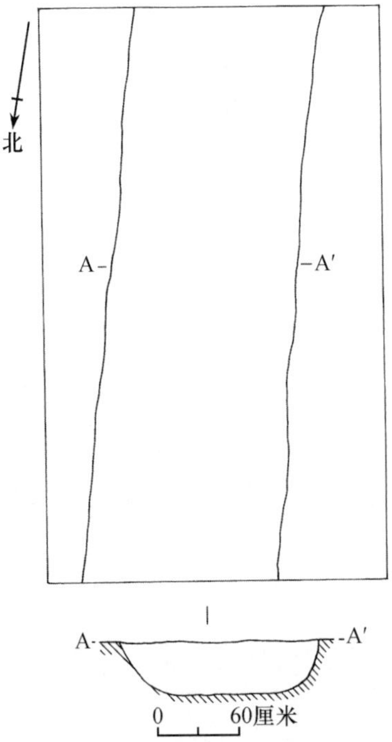

图三六　G1平、剖面图

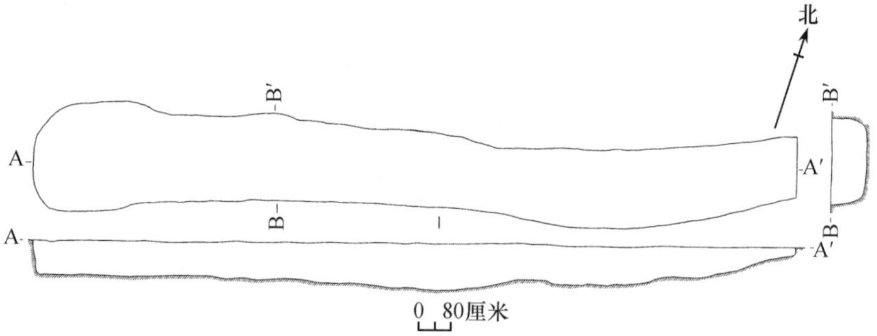

图三七　G2平、剖面图

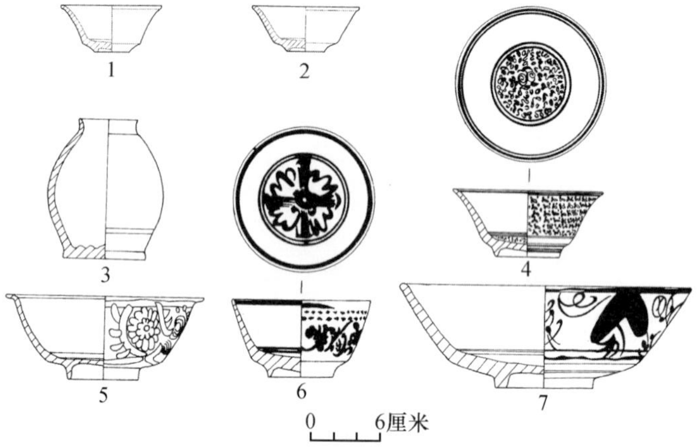

图三八　G2出土瓷器

1、2、4～7. 碗（G2∶2、G2∶6、G2∶7、G2∶4、G2∶5、G2∶8）　3. 罐（G2∶3）

口径17.2、底径6.2、高7.1厘米（图三八，5）。G2∶5，灰白胎。尖圆唇，直敞口，斜直腹，圈足。外壁及内底饰有弦纹、花卉等青花图案。口径12、底径5.6、高6.5厘米（图三八，6）。G2∶6，灰白胎，内施青白釉，施蓝釉。圆唇，敞口，外撇折腹，圈足。口径8.8、底径3.2、高3.8厘米（图三八，2）。G2∶7，灰白胎。尖圆唇，敞口，外撇折腹，圈足。外壁及内底饰有弦纹、三辨花卉等青花图案。口径13.4、底径5.8、高5.8厘米（图三八，4）。G2∶8，灰白胎，灰白釉。敞口，圆唇，折腹，圈足。外腹饰褐彩花卉图案。口径25.2、底径8.8、高8.9厘米（图三八，7）。

瓷罐　1件。G2∶3，灰白胎，绿釉。圆唇，侈口，卷沿，鼓腹，平底。内底饰有凹弦纹。口径5.2、底径7.2、高11.8厘米（图三八，3）。

G3　位于发掘区中部，西邻M1，打破G4，被H5打破，开口于第1层下。解剖部分平面形状近长方形，斜壁，底高低不平，长30.7、宽2、深1.1米。沟内堆积分2层：G3第1层灰褐色沙性土，土质较硬，含少量草木灰。G3第2层深灰色沙性土，土质较硬，含少量草木灰、陶片、瓷片。陶片以夹砂灰陶为主，可辨器形有鼎、罐；瓷片以青花瓷为主，可辨器形有瓷碗、釉陶罐、缸等（图三九）。

G5　位于发掘区中部，开口于第1层下。平面形状呈梯形，斜壁，平底，长

2.4～2.74、宽2、深1米。沟内堆积分2层：G5第1层黄褐色沙性土，土质较硬，含少量草木灰，无遗物出土坯。G5第2层灰褐色沙性土，质硬，含少量草木灰、青灰砖块、瓦、青花瓷片等，可辨器形有釉陶缸、陶瓦、青花瓷碗等（图四〇）。

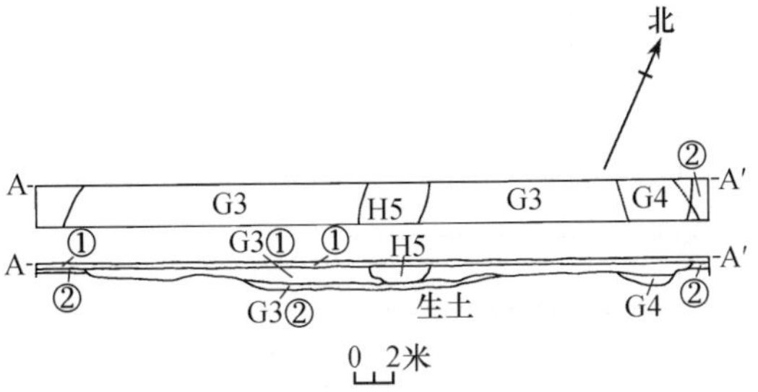

图三九　G3平、剖面图

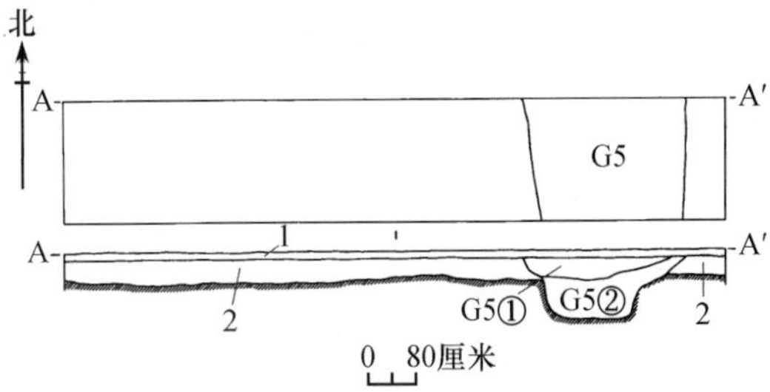

图四〇　G5平、剖面图

七、其他时期遗存

M3　位于发掘区西部，南邻M4，开口于第2层下。长方形单室砖墓，方向5°，长2.6、宽1、深0.2米。墓内填土呈灰褐色，土质较硬。砖室被完全破坏，填土内出土大量墓砖，墓砖素面，残长20、宽14、厚5厘米。未发现遗物（图四一）。

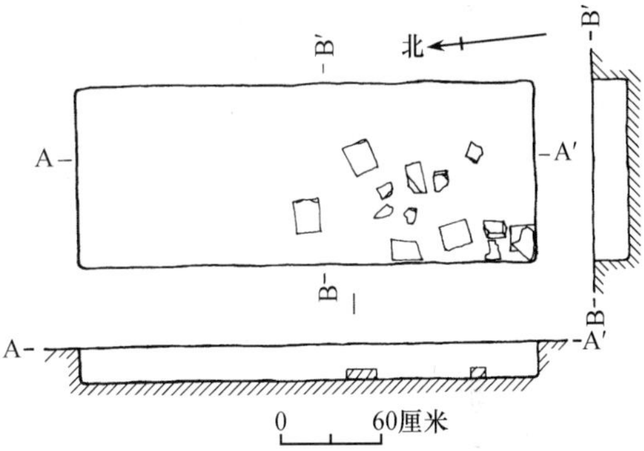

图四一　M3平、剖面图

M5　位于发掘区西部，南邻M6，开口于第2层下。长方形单室砖墓，方向255°，长3.5、宽1.7、深0.16米。墓内填土呈黄褐色，土质较硬。该墓破坏严重，仅残存部分铺地砖，其铺设结构呈“人”字形。墓砖素面，长28、宽14、厚5厘米。未发现遗物（图四二）。

M13　位于发掘区西北部，H2的南侧，开口于第1层下。长方形单室砖墓，方向110°，长2.6、宽1.2、深0.3米。墓内填土呈黄褐色，有浅灰褐色颗粒夹杂。砖室被完全破坏，砌筑结构不详。填土内出土大量砖块，部分砖侧模印菱形纹，长30、宽14.5、厚6.5厘米。未发现遗物（图四三）。

M15　位于发掘区西部，东邻M13，开口于第1层下。长方形单室砖墓，方向180°，长2.6、宽1.1、深0.15米。墓内填土呈灰褐色，土质较硬。内含少量砖块。砖室破坏严重，仅存一块铺地砖，地砖素面，残长22、宽14、厚5厘米。未发现遗物（图四四）。

M21　位于发掘区西部，南邻M17，开口于第1层下。长方形单室砖墓，方向285°，长4.6、宽1.76、深0.3米。墓内填土呈黄褐色，黏性土。砖被完全破坏，砌筑结构不详。填土内出土大量砖块，多为素面，少量砖侧模印菱形纹，墓砖长30、宽15、厚6厘米。未发现遗物（图四五）。

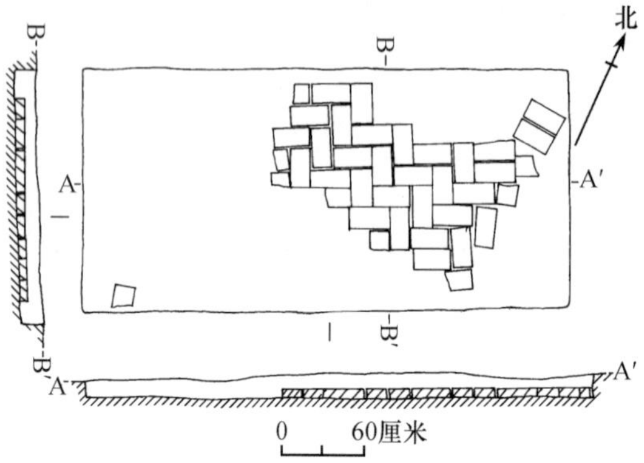

图四二　M5平、剖面图

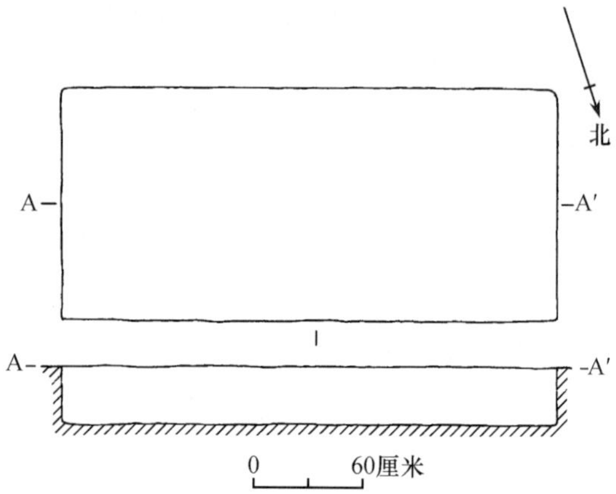

图四三　M13平、剖面图

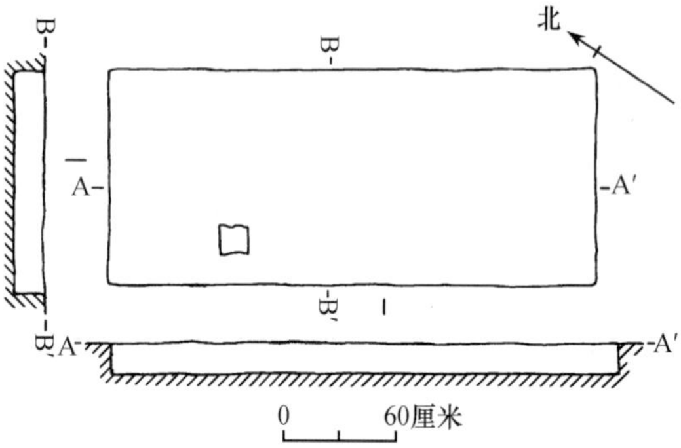

图四四　M15平、剖面图

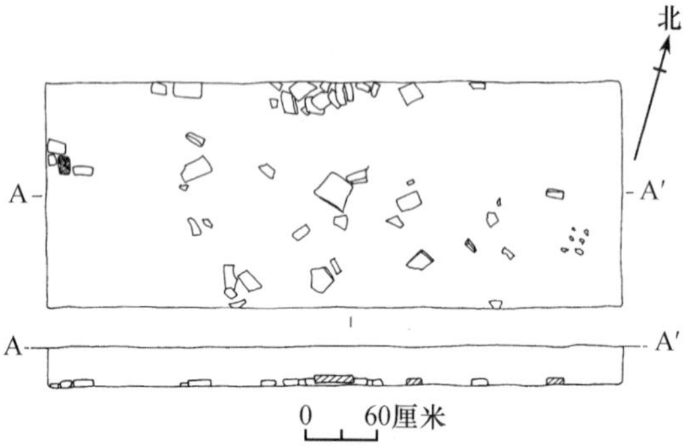

图四五　M21平、剖面图

八、结　　语

小南山墓地清理了35个不同时期的遗迹单位，其中发现有新石器时期大汶口文化、龙山文化灰坑，数量较少，其余历史时期的遗迹均未发现有明确纪年的文字材料，需要参考本区域的其他遗迹及出土的器物，以确定这些遗迹的相对年代。

M1、M14、M22墓内出土“五铢”钱，其中M22铜钱较为清晰，“朱”弧折，为东汉五铢，而M1：1陶罐与洛阳烧沟汉墓M1008：34近同①，M1、M14及M22相对时代应为东汉中晚期。M23被M22打破，但由于未出土任何遗物，其相对年代略早于M22，可能亦为汉墓。G4出土陶片的器形不可辨，但陶片的纹饰多为粗绳纹与凹弦纹，与同一区域的肥西金牛西汉中晚期墓②、舒城凤凰嘴M2③、定远侯家寨M2④等墓葬陶器纹饰相同，推测G4的相对年代应为汉代。

① 洛阳区考古发掘队：《洛阳烧沟汉墓》，科学出版社，1959年。

② 肥西县文物管理所：《安徽肥西县金牛汉墓》，《考古》1990年第5期。

③ 安徽省文物考古研究所：《舒城凤凰嘴发现二座战国西汉墓》，《考古》1987年第8期。

④ 安徽省文物考古研究所：《安徽定远侯家寨西汉墓》，《考古》1987年第6期。

M19出土“开元通宝”“乾元重宝”，M16出土“元元通宝”，M7出土北宋“祥符元宝”“天禧通宝”，而M2、M4、M17～M19、M24墓内同时出土瓷碗与连云港大成制砖厂五代、北宋墓所出器物近同①，M4、M7、M16～M20、M24墓制形制大部分近同，结合墓葬内出土的铜钱判断，以上各墓葬的相对年代应为五代至北宋时期。

M6出土“康熙通宝”“乾隆通宝”“嘉庆通宝”，M8出土“光绪通宝”，M9出土“乾隆通宝”“嘉庆通宝”“道光通宝”，M10出土“乾隆通宝”“道光通宝”，M11出土“乾隆通宝”均为清代各个时期的铜钱。M6、M8～M12墓内均发现形制近同的各种质地灯盏，而H1、H5、G1～G3、G5内出土青花瓷器，器形亦多具明清时期器物特征。综合各点分析，以上遗迹的相对年代应为明清时期。

小南山墓地的遗迹多被晚期扰乱，出土器物不多，第七部分即“其他时期的遗存”，由于墓葬被破坏十分严重，没有发现遗物，因此对于这些墓葬的年代认识不祥。作为一种墓葬形制，我们还是发表了仅存的资料信息。

执笔：张种云　唐更生　余建民

---

① 南京博物院：《江苏连云港市宋代墓葬的清理》，《考古》1987年第3期；南京博物院：《江苏连云港市清理四座五代、北宋墓葬》，《考古》1987年第1期。

安徽蚌淮高速凤阳段陈德墓地考古发掘简报

安徽省文物考古研究所　凤阳县文物管理所

［摘　要］　2011年5月，安徽省文物考古研究所对凤阳陈德墓地进行了抢救性考古发掘。在两条探沟中共清理出墓葬、窑址和灰坑等众多遗迹单位，其中M8为汉代墓葬，其余皆为宋至明清时期遗存。该墓地由于破坏严重故出土遗物不甚丰富，但仍对研究该地区汉、宋和明清时期的葬制葬俗、陶窑技术等提供了新的资料。

［关键词］　陈德墓地　汉墓　窑址

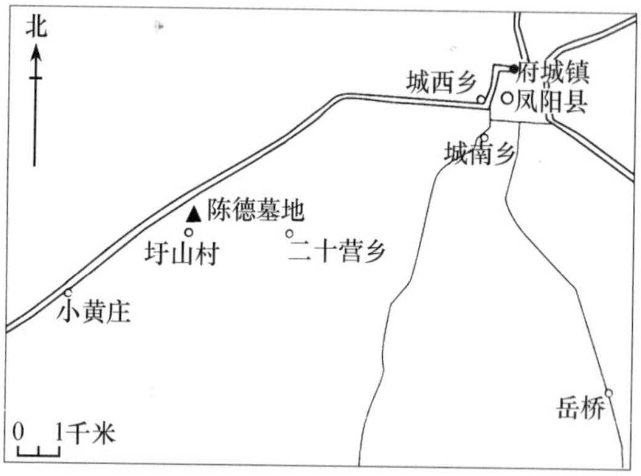

图一　陈德墓地位置示意图

2011年5月，为配合安徽省蚌淮高速凤阳段建设，安徽省文物考古研究所根据前期调查和钻探资料，在凤阳县文物管理所的协助下，对凤阳段陈德墓地进行了考古发掘。

陈德墓地位于凤阳县府城镇圩山村（图一）。工地布探沟2条，清理出古代墓葬8座（编号M1～M8），窑址5座（编号Y1～Y5），灰坑2个（编号H1、H2）（图二）。出土陶器、瓷器等遗物5件。

现将此次考古发掘情况报告如下。

一、地层堆积

陈德墓地的地层堆积仅有一层，以TG1北壁剖面为例（图三）。

第1层：表土层。厚0.2米。浅灰褐色土，土质疏松，包含大量的植物根系腐殖物和较多的草木灰、红烧土颗粒及少量的近现代砖、瓦、陶瓷片等。

第1层下为生土层，红褐色黏性土，包含少量的黑褐色水锈颗粒，不含任何遗物。各类遗迹均开口于第1层下。

二、汉代遗存

这一时期的遗迹有1座砖室墓（M8）。

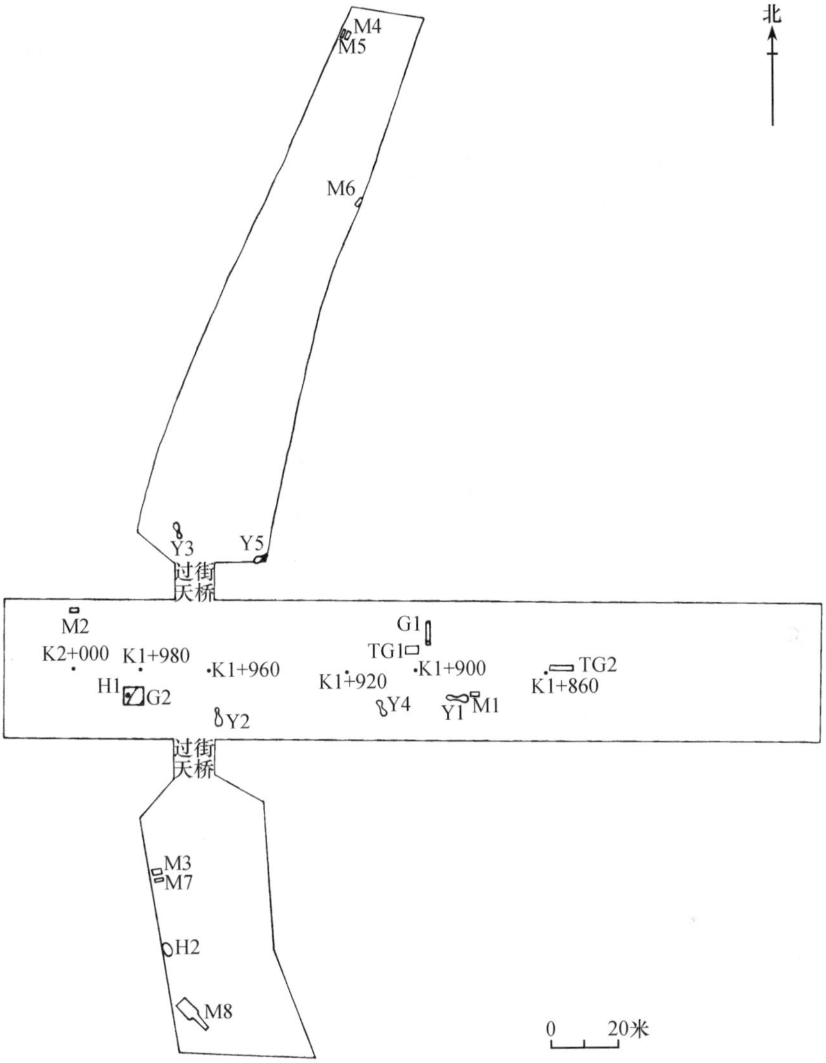

图二　陈德墓地遗迹分布图

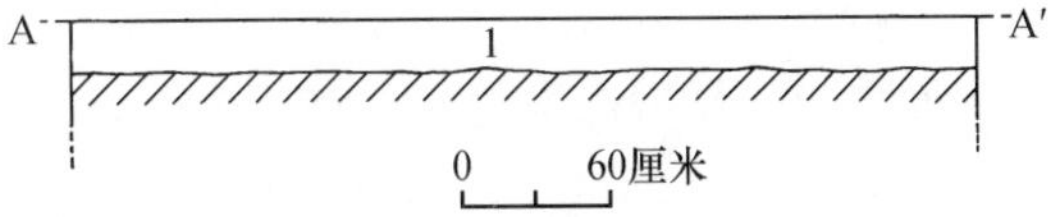

图三　G1剖面图

M8　位于发掘区西南部，H2的东南侧。“凸”字形多室砖墓（图四），方向104°。由墓道、甬道、前室、后室组成。

墓道近梯形，斜坡，坡度19°，长5.6、宽1.4～1.86、深0.1～1.3米；甬道呈长方形，长1.4～1.7、宽1、残高1.3米；墓壁双排顺砖平砌，底部残存少量铺地砖，其结构为“人”字形平铺；前室平面形状呈长方形，四壁均为顺砖平砌，底铺砖结构为“人”字形平铺，地面与甬道等高，低于后室0.35、宽2.52、进深1.78、残高0.9米；后为左右室，对称布置，平面均呈长方形，后壁及底部铺砖因破坏不存，墓壁均为双排顺砖平砌，后长2.52、宽0.8、残高0.4米。墓砖素面，有两种：一种长32、宽15、厚5厘米；另一种长30、宽15、厚5厘米。

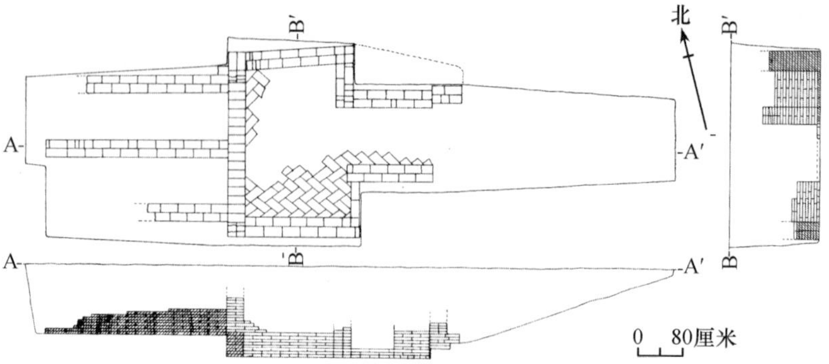

图四 M8平、剖面图

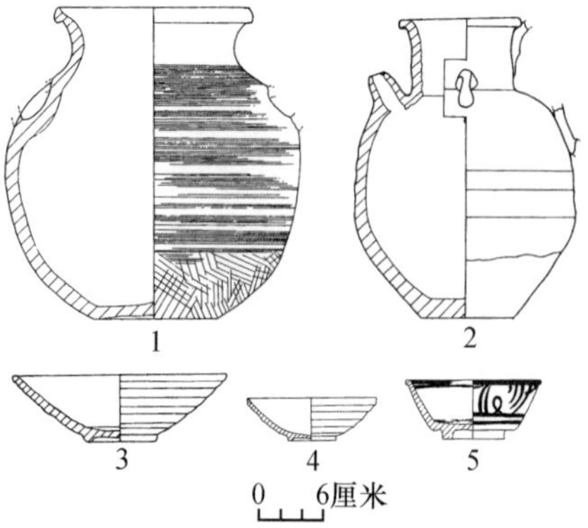

图五 陈德墓地出土器物

1. 陶罐（M8：1） 2. 釉陶壶（M5：3）

3～5. 瓷碗（M5：1、M5：2、H2：1）

墓内出土陶罐1件。

陶罐 M8：1，泥质灰陶，胎质细腻，夹杂细小沙砾。敞口，卷沿，圆唇，束颈，溜肩，弧腹近垂，平底内凹，肩部有对称双系。肩部及上腹部饰浅弦纹，下腹及底部拍印粗绳纹。口径17.4、底径10.8、高26.6厘米（图五，1）。

三、宋至明清遗存

陈德墓地清理出宋至明清墓葬2座，灰坑2座，灰沟2条。

（一）墓葬

M5 位于发掘区的西北部，东邻M4，长方形砖室墓，长2.5、宽0.86～0.96、深0.86米，方向170°（图六）。平面呈梯形，墓壁为顺砖平砌，底铺砖结构为“人”字形平铺，长2.06、宽0.24～0.5、残高0.1米。墓砖素面，长30、宽15、厚5厘米。

墓内出土随葬品有瓷碗、釉陶壶等。

瓷碗 2件。M5：1，灰白胎，施白釉，外不及底。敞口，尖圆唇，斜直腹，圈足。外壁包饰数道凹弦纹。口径19、底径6.6、高5.8厘米（图五，3）。M5：2，灰白胎，施白釉，外不及底。敞口，尖圆唇，弧腹，圈足。外壁饰几道凸弦纹。口径12、底径4.6、高3.7厘米（图五，4）。

釉陶壶 1件。M5：3，灰褐硬陶胎，施酱釉，外部施釉不及底。侈口，卷沿，圆方唇，高束颈，溜肩，下腹至底内收，平底，肩部附短流、执柄及对称双系。口径10.9、底径8.4、高25.6厘米（图五，2）。

M4 在发掘区西北部。长方形砖室墓，长2.8、宽1.1、深0.7米，方向170°（图七）。

该墓严重被扰，仅存北部墙体及铺地砖，残长0.85、宽0.34～0.38（内）、残高0.1

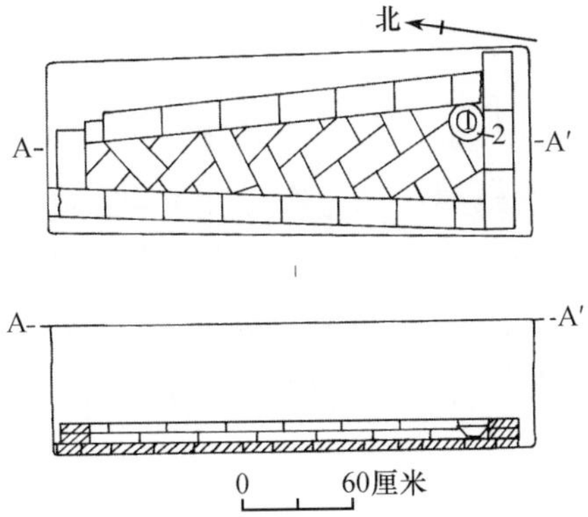

图六　M5平、剖面图

1. 瓷碗　2. 釉陶壶

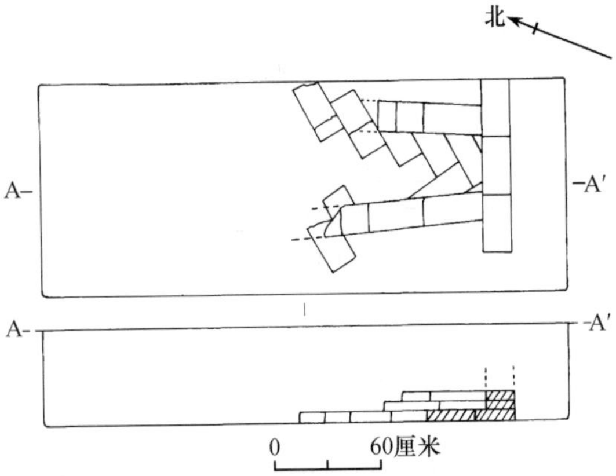

图七　M4平、剖面图

米。墙体为顺砖平砌，残存两层，墓底铺砖结构呈“人”字形。墓砖素面，长30、宽15、厚5厘米。

（二）灰坑

H1　位于发掘区中部，M2的东南侧。平面近椭圆形，斜壁，尖圜底，长1.8、宽1.6、深1.13米，坑内堆积呈深灰褐色，土质疏松，包含大量的草木灰、红烧土颗粒，以及较多的砖块、陶瓷片、瓦片、石块等（图八）。陶片以泥质灰褐陶居多，素面；瓷片均为青花瓷。可辨器形有盆、碗、筒瓦等。

H2　位于发掘区的西南部，东南临M8，平面近椭圆形（图九），斜壁，平底，坑壁底均未发现加工痕迹，长4.09、宽2.4、深0.7米。坑内堆积以灰褐色土为主，亦有大量的红褐色黏土夹杂，土质疏松，包含较多的红烧土颗粒、草木灰及少量的陶瓷片。可辨器形有碗、筒瓦等。

瓷碗　1件。H2∶1，灰白胎，灰白釉，外壁施釉不及底，底露红胎。敞口，圆方唇，卷沿，折腹，圈足。口沿及内底饰酱色弦纹，内底正中书“一”字，外壁饰褐彩。口径11.2、底径5.2、高4.7厘米（图五，5）。

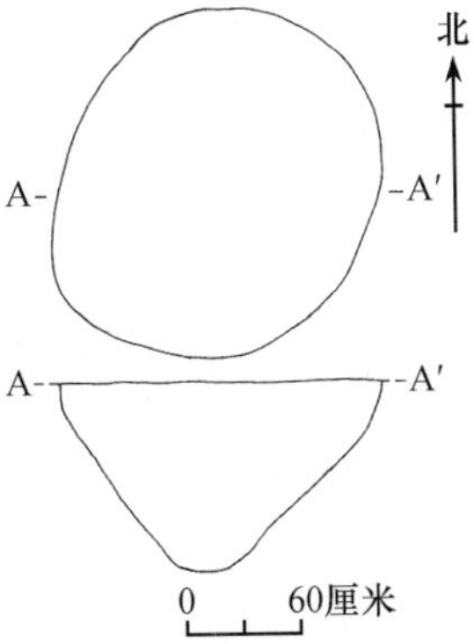

图八　H1平、剖面图

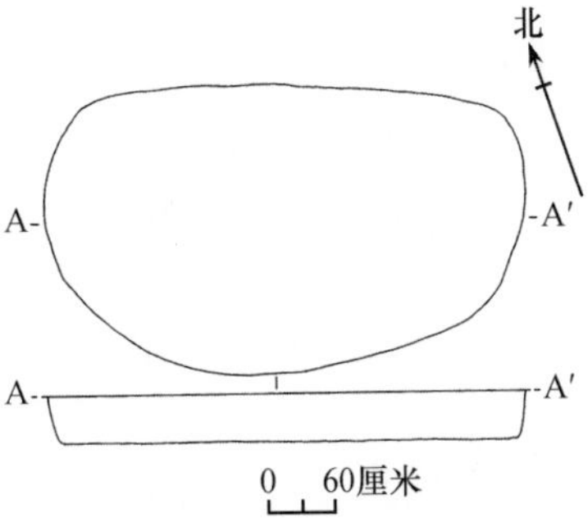

图九　H2平、剖面图

（三）灰沟

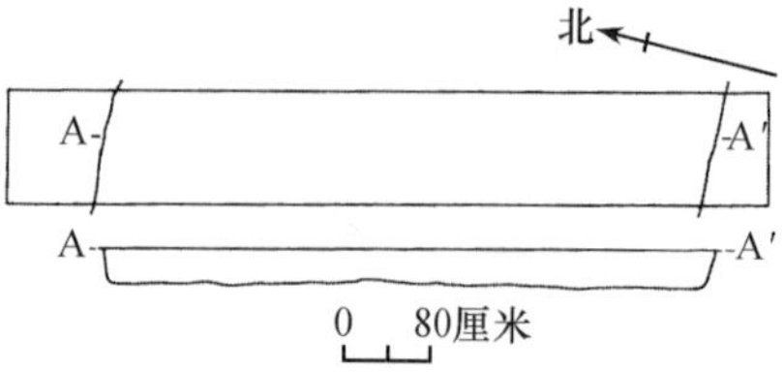

图一〇　G1平、剖面图

G1　在发掘区的中部，Y1的西北侧。剖面呈梯形，斜壁，底部不规整，长5.4、宽1、深0.28～0.32米（图一〇）。沟内堆积为红褐土，夹杂有较多浅灰褐色土颗粒，土质较松，包含少量红烧土颗粒（块）及草木灰、瓦片、陶瓷片等，可辨器形有碗、盆、板瓦等。

G2　位于发掘区的中部偏西，南邻H1。剖面呈梯形，斜壁、平底，长5.55、宽1.82～4.56、深1.4米。沟内堆积为红褐色土，夹杂有大量的浅灰褐色土颗粒，内包含较多的红烧土颗粒、草木灰及陶瓷片、碎砖瓦片、石块等。可辨器形有灰褐色泥质陶盆、青瓷碗、青花瓷碗和瓦片等（图一一）。

四、其他遗存

主要有M1～M3、M6、M7及Y1～Y5等。

（一）墓葬

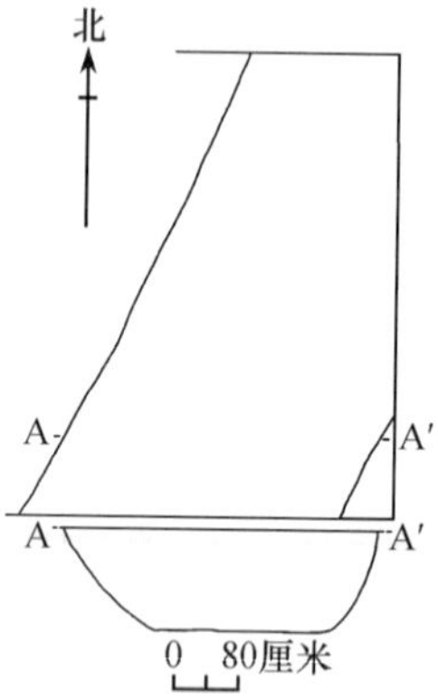

图一一　G2平、剖面图

M1　位于发掘区中部偏东，西邻Y1。长方形竖穴土坑墓，方向106°，长3.24、宽1.4、深0.98米。墓内堆积浅灰褐色，土质疏松，内含少量红烧土颗粒，被严重扰乱（图一二）。

M2　位于发掘区中部偏西。长方形砖墓，方向128°，长2.96、宽0.94、深0.76米。墓内堆积为浅灰褐色，土质疏松，包含大量的碎砖块。墓砖素面，长23、宽16、厚4厘米（图一三）。

M3　位于发掘区西南部，东南邻M7。长方形竖穴土坑墓，方向40°，长2.5、宽1.7、深0.6米。墓内堆积呈浅灰褐色，土质疏松。墓内有木棺痕迹，长2、宽1.15～1.3、残高0.06米。由于扰乱严重，除少量铁棺钉外，未发现随葬器物（图一四）。

M6　在发掘区西北部，北邻M4。长方形砖墓，方向184°，开口长2.46、宽1.1、深0.66米。墓内堆积以红褐色土为主，亦有大量的浅灰褐色土颗粒（块），土质较松，内含少量草木灰、红烧土颗粒（图一五）。墓室南部墙体被完全破坏，残长1.4、外宽0.7、残高0.25米。两侧壁为顺砖平砌，封门仅剩一层立砖。墓砖素面，长30、宽15、厚5厘米。

M7　位于发掘区西南部，西北邻M3。长方形竖穴土坑墓，方向25°，长2.2、宽0.8、深0.6米。墓内堆积为黄灰褐色花土，土质较软。该墓被严重扰乱，未发现随葬器物（图一六）。

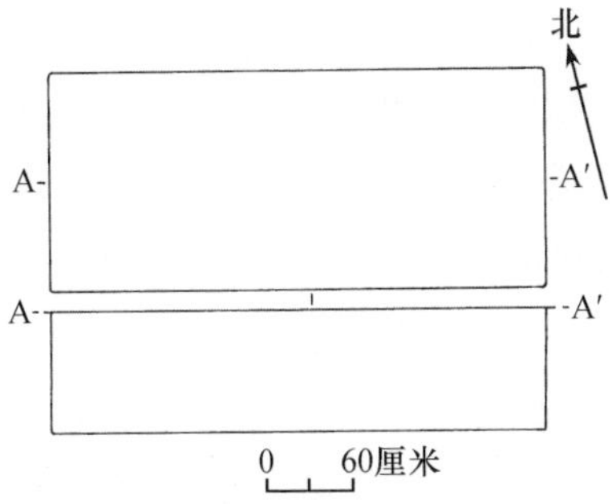

图一二　M1平、剖面图

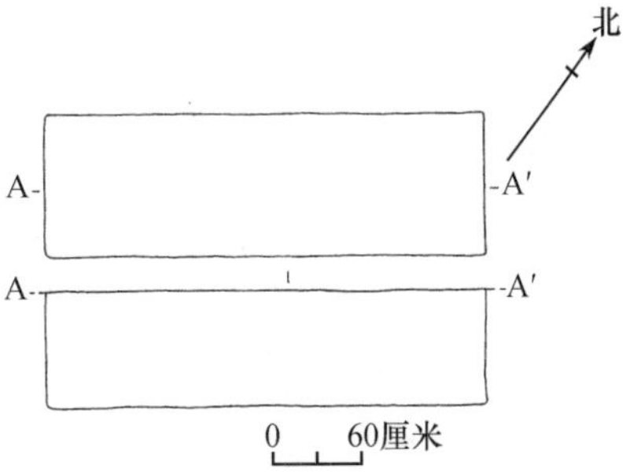

图一三　M2平、剖面图

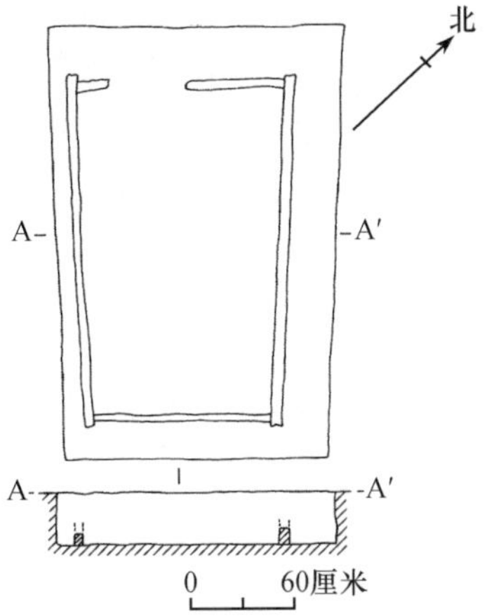

图一四　M3平、剖面图

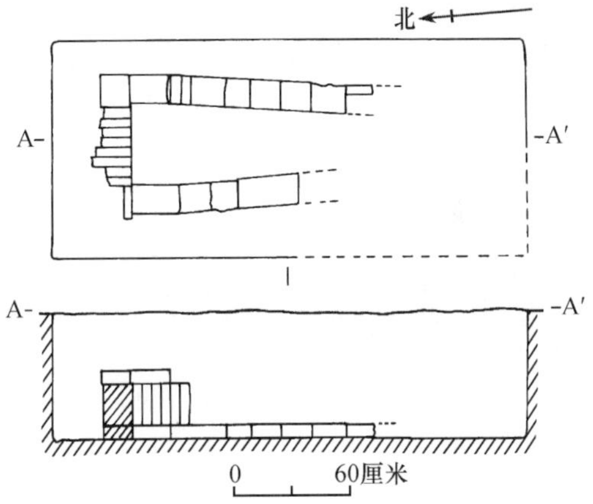

图一五　M6平、剖面图

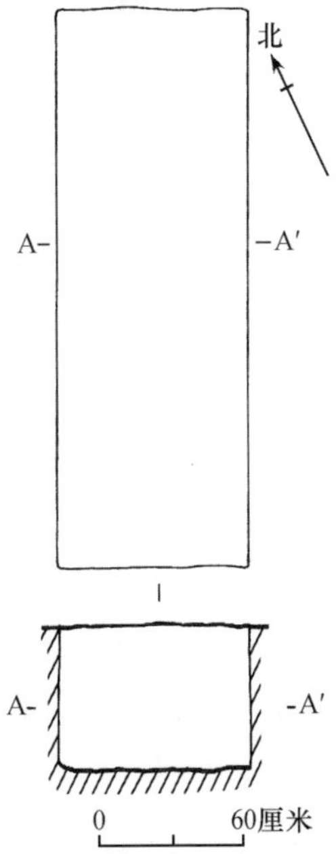

图一六　M7平、剖面图

（二）窑址

Y1　平面近长方形，长5.65、宽1.6米，方向282°。由操作间、火门、火道、窑室、烟道等5部分组成（图一七；彩版八，4）。

操作间平面近圆形，斜壁，平底，长1.3、宽1、残高0.16米；火门近方形，底部东高西低，呈斜坡状，青灰色烧烤面，其下是红烧土，南北两侧壁亦有红烧土残留，长0.9、宽0.44米；火道呈梯形，南北两壁烧烤面呈青灰色，底部为红烧土，长1.26、宽0.62～1.4、残高0.76米；窑室近长方形，底部较平整，烧烤面呈青灰色，窑壁破坏严重，烧烤面只残留烟道之间部分，其外为红烧土，长1.8、宽1.6、残高0.3米；烟道位于窑西部，两个烟道均呈长方形，烟道壁烧烤面呈青灰色，其外是红烧土，宽0.1、进深0.5、残高0.3米。

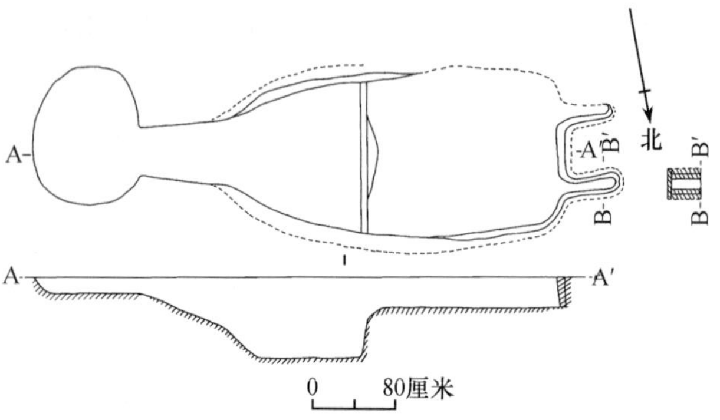

图一七　Y1平、剖面图

窑内清理出大量的青、红色的烧土块和较多的草木灰，以及少量的小青砖、碎砖块，砖残长26、宽13、厚4.5厘米。

Y2　平面近长方形，长5.75、宽1.9米，方向43°。由操作间、火门、火道、窑室、烟道等5部分组成（图一八；彩版八，5）。

操作间平面近圆形，斜直壁，近平底，直径1.45～1.54、残高0.37米；火门位于操作间东北部，近长方形，底部西南高东北低，呈斜坡状，青灰色烧烤面，其下为红烧土，长0.7、宽0.45米；火道呈梯形，两壁烧烤面呈青灰色，底部较平整，烧烤面呈青灰色，窑室的南部还残存四排立砖，间隔0～10厘米，窑室长2.1、宽1.9、残高0.3米；烟道位于窑室东北部，两个烟道均呈长方形，壁呈青灰色，其外为红烧土，宽0.1、进深0.26、残高0.3米。

Y2内清理出大量的青、红色的烧土块和较多的草木灰及砖块，未发现陶瓷片。砖残长26、宽14、厚405厘米。

Y3　平面近长方形，长6.2、宽1.83米，方向104°。由操作间、火门、火道、窑室、烟道等5部分组成（图一九；彩版八，6）。

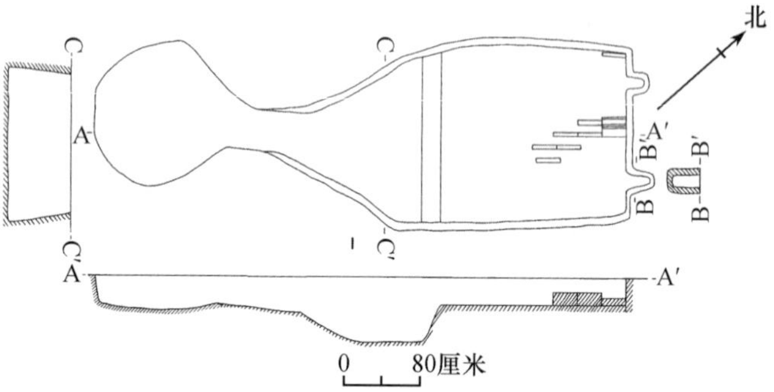

图一八　Y2平、剖面图

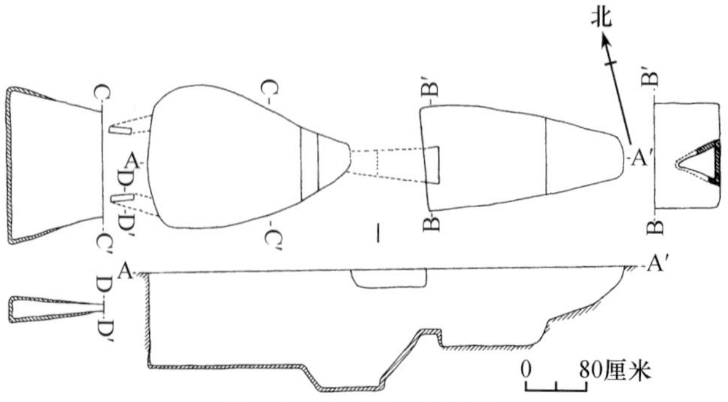

图一九　Y3平、剖面图

操作间平面近长方形，南北两壁较直，东壁倾斜，平底，长2.6、宽1.3、残高1米；火门位于操作间西侧，呈三角形，内壁有红烧土残留，底部东高西低，呈斜坡状，高0.5、底部宽0.4米；火道呈梯形，南北两壁烧烤面呈青灰色，底部残存一层草木灰和木炭灰，厚约10厘米，其下为红烧土面，长1、宽0.58～0.76、残高1.5米；窑室平面近长方形，袋状，窑壁被破坏，底部较平整，烧烤面呈青灰色，长2、宽1.9、残高1.2米；窑西壁底部南北两侧各有一烟道，烟道壁烧烤面呈青灰色，上窄下宽，上部形状呈长方形，长0.3、宽0.1米。

Y3内堆积中清理出大量的青、红色的烧土块和较多的草木灰、木炭灰，亦有少量的小砖块及极少的筒瓦片残片。

Y4　平面近长方形，长7.02、宽1.2米，方向305°。由操作间、火门、火道、窑室、烟道等5部分组成（图二〇）。

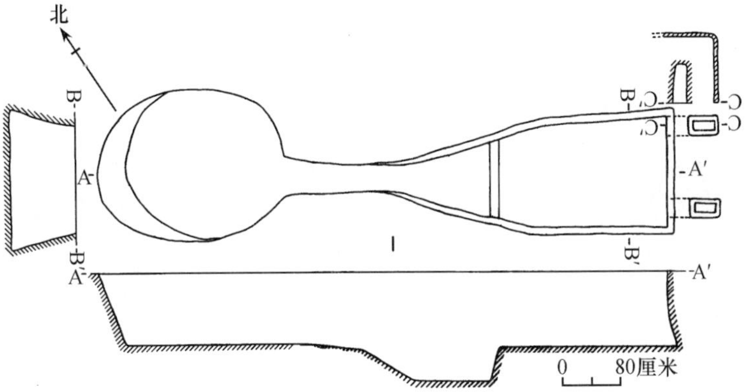

图二〇　Y4平、剖面图

操作间平面近圆形，斜壁，平底袋状，直径1.7～2.1、残高0.8米；火门呈长方形，底部西高东低，呈斜坡状，烧烤面为红烧土，长1.5、宽0.3米；火道呈梯形，底部为红烧土，长0.9、宽0.38～0.84米；窑室近长方形，口小底大，呈袋状，底部较平整，窑壁和底部烧烤面呈青灰色，长1.88、宽1.2、残高0.84米；烟道位于窑室东壁左右两侧，下方入口呈长方形，宽0.22、高0.25米，上部排烟口亦呈长方形，长0.26、宽0.1米。

Y4内清理出大量的青、红色的烧土块和较多的草木灰、木炭，以及少量的青砖块、板瓦、筒瓦残片。

Y5　窑室平面形状呈桃形，长4.5、宽2.2米，方向25°。由操作间、火门、火道、窑室、烟道等5部分组成（图二一）。

操作间呈长方形，长1.74、宽1、残高0.96米；火门位于操作间的南部，平面形状呈长方形，南部呈斜坡状，底部为红烧土，

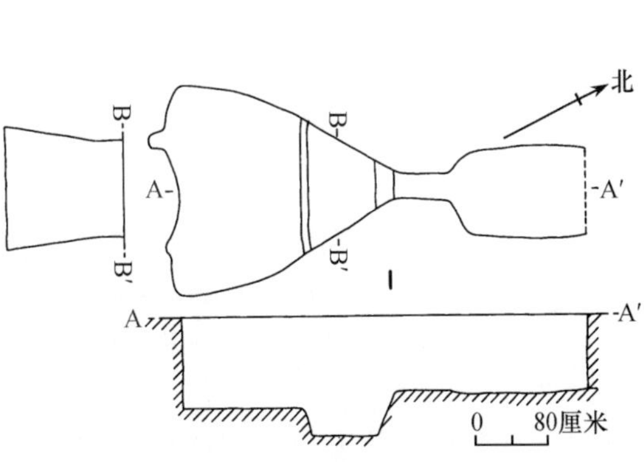

图二一　Y5平、剖面图

长0.6、宽0.26米；火道呈梯形，两壁和底部烧烤面呈青灰色，长0.8、宽0.3～1.32、残高1.26米；窑室呈桃形，斜壁，底部较平整，窑壁和底部烧烤面呈青灰色，直径1.4～2.1、残高0.96米；烟道位于窑室南壁，内壁有红烧土。

Y5内清理出大量的青、红色的烧土块，且堆积内含较多的草木灰。

五、结　　语

陈德墓地清理的8座墓葬、5座窑址及2座灰坑，均未发现有明确纪年的文字材料，15处遗迹内仅M5、M8与H2出土少量遗物，需要参考本地区的其他遗迹及出土器物，以确定这些墓葬的相对年代。

M8虽被晚期严重扰乱，但出土的双耳罐较有典型性，与肥西金牛西汉中晚期墓出土的M4：14形制相同①，同类器物还见于舒城凤凰嘴M2②、定远侯家寨M2③、定远谷堆王村M8④。金牛、凤凰嘴、侯家寨及谷堆王村汉墓的时代从西汉中晚期到东汉早期不一，陈德墓地M1、M8的相对年代亦应在西汉中晚期至东汉早期。

M5出土的瓷碗（M5：1）形制与合肥北宋马绍庭夫妻合葬墓的Ⅲ式瓷碗（M1：11）相同⑤，M5：2与同墓出土的M1：14形制相同，因而M5的年代与马绍庭夫妻合葬墓相近，应为宋代墓葬。M4墓内未发现遗物，但其与M5相邻，且方向、大小及深度近同，可能为家族墓葬，因此推测M4的相对年代应为宋代。

H1、H2、G1、G2从出土的陶瓷片推断相对年代为明清。

M1～M3、M6及M7内均未发现任何遗物，且被严重扰乱；Y1～Y5内仅出土砖与碎片等，时代特征不明显，以上这些遗迹的相对年代无法做出判断。

陈德墓地的墓葬多被晚期扰乱，出土器物不多，但对认识凤阳地区汉代至明清时期居民的社会生活、埋葬风俗等提供了一份新材料。

执笔：张钟云　余建民　唐更生

---

① 肥西县文物管理所：《安徽肥西县金牛汉墓》，《考古》1990年第5期。

② 安徽省文物考古研究所：《舒城凤凰嘴发现二座战国西汉墓》，《考古》1987年第8期。

③ 安徽省文物考古研究所：《安徽定远侯家寨西汉墓》，《考古》1987年第6期。

④ 安徽省文物考古研究所：《安徽定远谷堆王九座汉墓的发掘》，《考古》1985年第5期。

⑤ 合肥市文物管理处：《合肥北宋马绍庭夫妻合葬墓》，《文物》1991年第3期。

安徽青阳县窑嘴唐代窑址发掘简报

安徽省文物考古研究所　青阳县文物管理所

［摘　要］　2006年发掘的青阳县新河镇窑嘴窑址是唐代早中期龙窑，全长约13.8、宽4.7米，残存窑室、挡火墙和排烟室。出土陶瓷器以青釉为主，偶见酱釉和黑釉。出土器物多素面，纹饰基本不见，种类多为生活用具，有碗、壶、罐、灯盏、钵、水盂、盆等，其中碗、壶、灯盏所占比例较大，偶见生产用具，如碾槽。窑具有垫座、垫饼、托珠等。

［关键词］　青阳县　窑嘴山　唐代　龙窑

窑嘴窑址位于青阳县城西北约13千米的新河镇老山村窑嘴山的南部，西北为海拔20～200米的丘陵山地，西临七星河，西南部是一片圩区，西北2.5千米的蛤蟆岭与铜陵交界（图一）。窑嘴至蛤蟆岭一带的低缓冈丘上，地表散落大量陶瓷片和窑具，调查发现了3处古窑址遗迹，采集碗、灯盏、钵等器物陶瓷残片和窑具，3处窑址遗物特征相似，其中一件窑垫具的残片上刻有“建中元年”年款。因铜汤高速工程兴建的七星河大桥途经窑嘴窑址，2006年10月，在青阳县文物管理所配合下，安徽省文物考古研究所对该窑址进行了抢救性发掘，布5米×5米的探方8个，探方方向为正磁北，清理龙窑1处（Y1），出土一批陶瓷器和窑具标本。现将发掘情况简报如下。

一、地层堆积

布方区域位于已清除竹林后的小山包，山包南部已被施工取土破坏，形成1米多高的西北至东南向断崖，Y1暴露其上。崖壁地层堆积共分5层（图二）。

第1层：表土层。厚15～100厘米。土质疏松，呈灰黑色，包含大量的植物根茎和有机物腐殖质及废弃的陶瓷片，多素面陶和青瓷，器形有碗、盆、钵、盏等，还有一些垫柱等窑具。

第2层：Y1残窑遗迹层。厚15～40厘米。Y1①层厚5～20厘米，为窑室顶部塌落下来的砖块层，含有瓷片和部分窑具，瓷片可辨器形有罐、钵、盘、碗等。Y1②层厚10～25厘米，灰黄色土，夹有大量红烧土块，结构疏松，包含有垫柱和碗、钵等陶瓷碎片，垫柱托面朝上、口部朝下置于窑床底层；Y1③层，窑床厚14～15厘米，用纯净的红色黏土铺垫而成，其上铺一层青灰色细沙。

第3层：黄褐色土层。厚20～35厘米。土质坚硬，包含较多红烧土块，有少量陶瓷碎片。

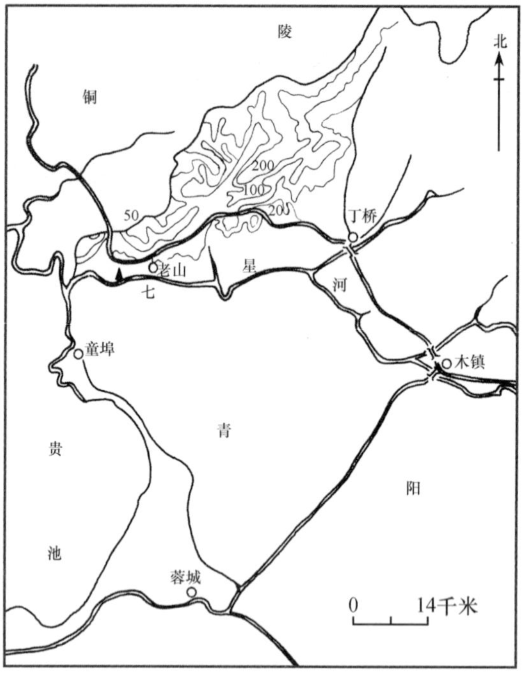

图一　青阳县窑嘴窑址位置示意图

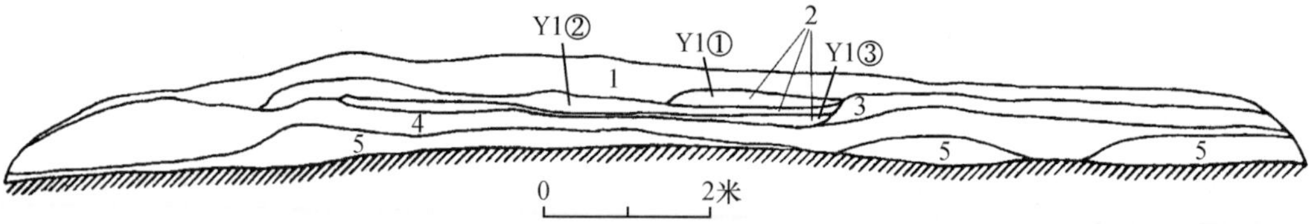

图二　西南断壁剖面图

1. 表土　2. Y1遗迹层（Y1①红烧土砖块层、Y1②灰黄土层、Y1③红色黏土细砂层）　3. 黄褐色土层　4. 灰黄色土层　5. 红褐色土层

第4层：灰黄色土层。厚10～85厘米。该层土质较纯，板结，硬度大，呈颗粒状，包含少量红烧土块、黑炭砂粒及少量陶瓷片，器形有碗、壶、盂、罐等。

第5层：红褐色土层。厚0～60厘米。堆积层厚薄不匀，土层较少，土质较松，基本上由大量排列无序的陶瓷片及少量红砖和红烧土块构成。陶器碎片的质地和可辨识的器形与第2层包含物大致相同，窑具有垫座、垫饼，陶瓷器类丰富，有碗、罐、盆、钵、盘口壶、执壶、水盂、灯盏等。

二、窑室遗迹

Y1为南北向龙窑，窑头毁坏无存，窑身位于T4、T6全方和T1的北部，窑尾位于T3的南部。窑室南北残长13.85、宽4.7米，顶部已塌入窑室，窑壁也扭曲变形，以北部最为严重，砖墙仅残留1～2层，有几处已全部损坏，残碎砖块遍布周围（图三；封二，1）。

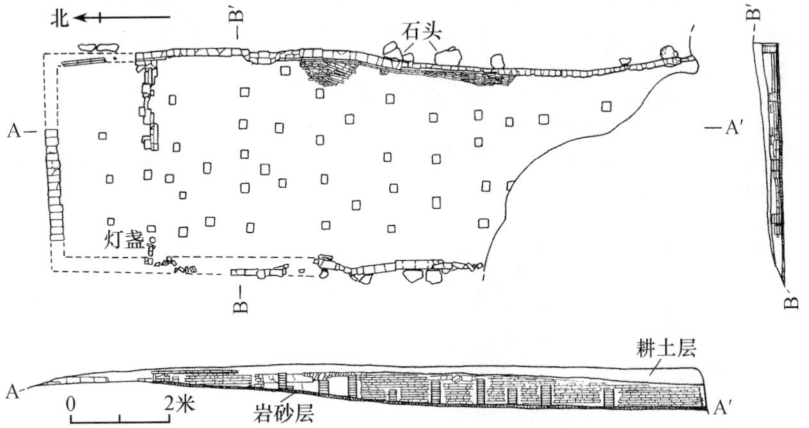

图三　Y1平、剖面图

窑壁用规格为32厘米×17厘米×4厘米的单砖错缝平砌，壁面上有厚厚一层“窑汗”，塌落的券顶平行于窑壁倾斜叠压，砖坯朝下一面呈青色，朝上半面呈红色，砖缝间夹有瓷片。

窑床南低北高，用纯净的红色黏土铺垫而成，其上铺一层青色细沙。为支撑券顶和增加窑体坚固度，在窑床上建有窑柱37个，分12行东西向排列，均单砖平砌，平面基本呈方形，长20、宽17、残高4～55厘米。窑室北部有挡火墙，挡火墙下部高出窑床10厘米处设7个排烟孔，排烟孔间距约20厘米，宽度35～40厘米不等，残高10厘米。挡火墙后是与窑室同宽的排烟室，横长方形，南北长1.75米，四壁仅残留1～2层砖，分析其可能是为避免雨水从烟孔流入窑室，支撑上部防水设施而建。

窑室内堆积可分2层：第1层是顶部倒塌的砖块层，因西部地势较低已被毁坏，主要分布于窑室东部，清理出罐、钵、盘、碗、盏等陶瓷片和窑具。第2层为夹有大量红烧土块和窑具陶瓷片的灰黄土层，垫柱多托面朝上放置。

根据发掘和地层堆积情况可复原Y1的营建过程，首先在早期窑址堆积上铺垫一层纯净的红色黏土，经整平作为窑床和基础，然后再在其上用砖砌墙起券，东西窑壁外侧先用石头加固几处，再用早期窑址堆积为基础向上培土加固，从而形成两侧墙外均向下斜收的堆积，并且压着经过平整的红褐色土层。

三、出土器物

器物主要出自T3、T5、T8及窑床下的碎陶瓷片垫层，按质地可分为陶器和瓷器，按用途分为窑具和日常生活用器。

窑具大多为夹砂灰褐陶，少量以红陶土作胎。夹砂陶，质地粗糙，胎体厚重，耐火度高，有的器表有一层薄薄的黄褐、青褐色窑汗。窑具有垫高具如垫柱，间隔具有垫座、垫饼、托珠，制瓷工具碾槽等。窑具中未发现匣钵，器物内外底多留有明显的6～15个泥

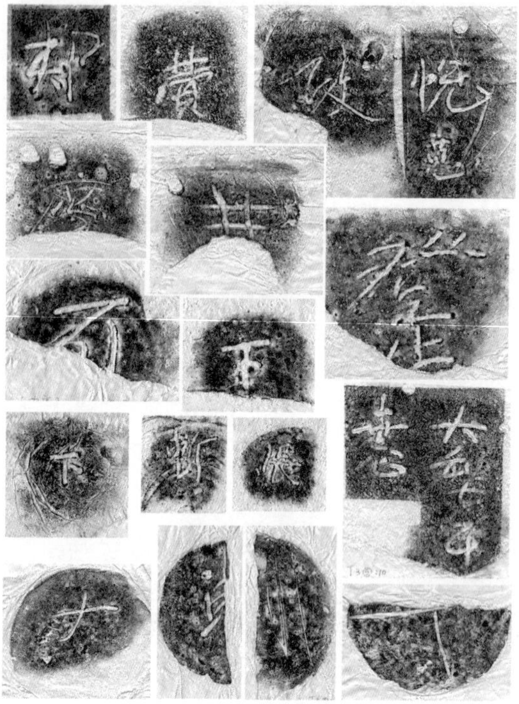

图四　窑具刻划文

点痕迹，有不少碗、钵相叠粘连的烧结体（彩版九，1～3），其装烧方法应为间隔迭装、明火焙烧。碗、钵类坯件相叠，坯件间用泥点或垫座间隔，放置于垫柱上入窑烧造。

垫柱　19件。有相当数量为带文字者，字体多行书，均为窑工随手刻划而成（图四），分三型。

A型　16件。高圆筒形。Y1②：4，腹壁高直，面径与底径相近，垫面内凹。上腹部有一圆形穿孔，外壁刻划“郏”字。面径12.2、底径10.4、高17.7厘米（图五，1；彩版九，4）。Y1①：1，腹壁略向下斜直，面径与底径相近，垫面内凹。面径13.4、底径14、高19.4厘米（图五，2；彩版九，5）。T7②：2，面径与底径相同，残壁近顶部有二对称穿孔，刻划有文字。面径13、底径13、高17.8厘米（图五，3；封二，3）。

B型　2件。矮圆筒形。T3⑤：28，垫面微凹，束颈，底部呈喇叭口形。颈部有二对称穿孔。面径13、底径14.4、高10.7厘米（图五，4；彩版九，7）。

C型　1件。T3⑤：15，下部残损。夹砂红陶。阔面束颈，柱身瘦高，面中心及颈部两穿孔，外壁刻划“下”字。面径6.4、残高9厘米（图五，5；彩版九，6）。

垫座　13件。形制相近，大小不等。圆饼圈口状，面平微凹，下腹内收，平底。面径7～16、高1.2～6厘米（图五，6～10；彩版九，9、10）。

垫钵　2件。形制相同。夹砂陶胎，胎体厚重坚硬。广口斜壁，平底微凹。T3⑤：40，口径21.2、高6.8厘米（图五，13；彩版九，11）。

垫饼　1件。T3②：2，圆饼状。径14、厚2.4厘米（图五，11；彩版九，8）。

碾槽　1件。T5①：2，残缺一半。夹砂陶胎。表面无釉。胎质坚硬，呈赭色。口沿平厚，两头微翘，状若小舟。体残长14.6、底长10、高6厘米（图五，12；彩版一〇，1）。

瓷器　完整器较少，大多残破，部分残片器形特征可辨。器形以碗、盏、钵为主，同时有少量执壶、双系罐、盆、盘和水盂。其胎质致密，呈灰白色，露胎处呈红褐色，这是胎土中所含铁质氧化所致。釉色多青黄、青褐色，由于釉料中氧化亚铁含量的不同，少数器物釉色呈酱褐色和褐色。施釉方法大体为浸釉和荡釉两种，属浸釉的器物仅口沿部分见釉，浸、荡结合者，器内满釉、器外半釉。

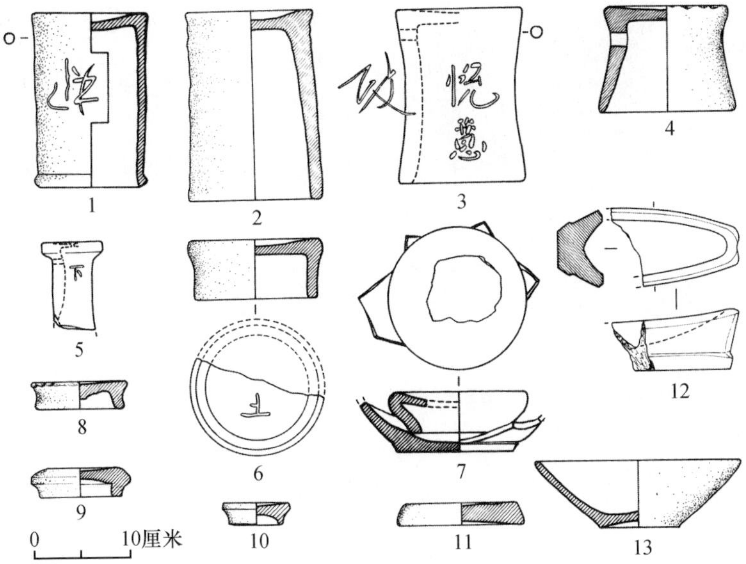

图五　出土窑具

1～3. A型垫柱（Y1②：4、Y1①：1、Y7②：2）　4. B型垫柱（T3⑤：28）　5. C型垫柱（T3⑤：15）
6～10. 垫座（T5②：10、T3⑤：37、T2①：8、T5⑤：1、T3②：1）　11. 垫饼（T3②：2）
12. 碾槽（T5①：2）　13. 垫钵（T3⑤：40）

壶　5件。分为四型。

Ⅰ型　3件。执壶，口颈稍残。撇口卷沿，粗矮颈，溜肩，深弧腹，下腹稍鼓，饼足，平底微凹，肩置对称双系，六棱或八棱短流，扁平带状鋬。胎红褐色，外施青褐或酱黄釉不及底。T4②：6，口径10.5、底径10、高22.7厘米（图六，1；彩版一〇，3）。

Ⅱ型　1件。扁腹短流壶，残损甚。T3⑤：9，敛口，宽平沿，圆唇，矮领，扁圆腹，上腹部置六棱短流，饼足平底。青灰色胎，施青釉不及底（彩版一〇，8）。

Ⅲ型　3件。盘口壶，盘口稍残。T8⑤：4，浅盘口，束颈溜肩，弧腹平底，肩置对称二个半环耳。胎红褐色，上腹部施青褐釉微闪黄。口径6.6、腹径11.5、底径8.2厘米（图六，2）。

Ⅳ型　3 件。高颈四系壶，腹底均残缺。采集，直口高颈，口沿外卷，溜肩，肩置四个对称竖双泥条系，施青褐釉（彩版一〇，2）。

罐　8件。根据口系特征分为五型。

Ⅰ型　3件。敞口，卷沿，圆唇，束颈，圆肩，腹下斜收，平底，肩置对称环形耳。器内满釉，器外半施酱褐或酱黄釉不及底。T8⑤：12，口径16.6、底径10.8、高19.8厘米（图六，3；彩版一〇，6）。T4②：20，口径16.6、底径12.8、高17.6厘米（彩版一〇，4）。

Ⅱ型　2件。敞口，卷沿，圆唇，溜肩，深弧腹，平底微凹。肩对置二个半环形耳。器内满釉，外壁施酱黄色釉至下腹部。T7⑤：6，口径8.6、底径9、高15.7厘米（图六，4；封二，4）。T3⑤：16，口径7.6、底径8、高14厘米（彩版一〇，5）。

Ⅲ型　1件。T7②：3，敞口，外卷，圆肩，鼓腹，饼足，平底微凹，肩置对称双系。器

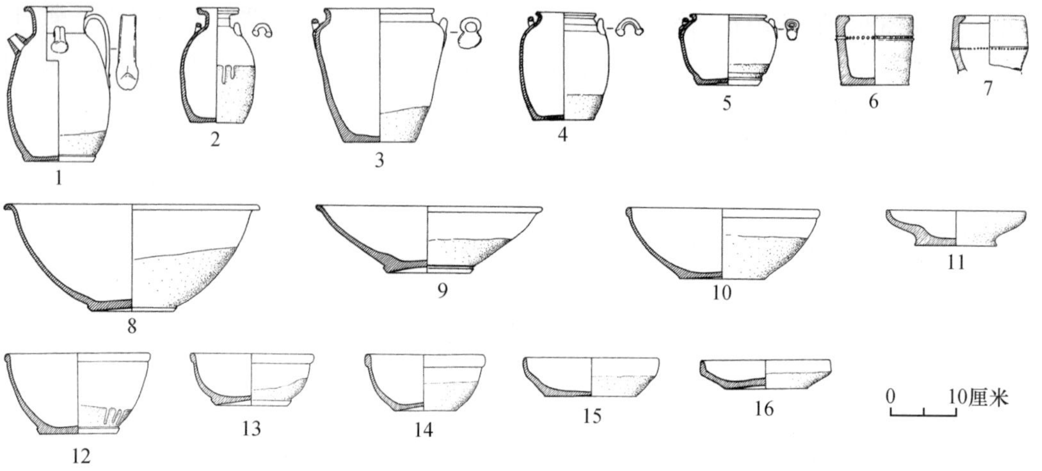

图六 出土瓷器

1. Ⅰ型壶（T4②：6） 2. Ⅲ型壶（T8⑤：4） 3. Ⅰ型罐（T8⑤：12） 4. Ⅱ型罐（T7⑤：6） 5. Ⅲ型罐（T7②：3） 6、7. Ⅳ型罐（T2⑤：9、T3⑤：51） 8. Ⅰ型盆（T8⑤：24） 9. Ⅱ型盆（T3⑤：55） 10. Ⅲ型盆（T8⑤：25） 11. 盘（T3⑤：34） 12～14. Ⅰ型钵（T8⑤：3、T8⑤：7、T3⑤：14） 15、16. Ⅱ型钵（T6⑤：9、T3⑤：11）

内满釉，外壁半施青釉微泛黄。口径11、底径9、高10.3厘米（图六，5；彩版一〇，7）。

Ⅳ型 2件。T2⑤：9，敛口，平沿，腹壁略斜直，平底，上腹壁有一周穿孔。口部施酱黄釉。口径11、底径10.1、高10.2厘米（图六，6）。T3⑤：51，敛口，平沿，腹中部凸鼓，有一周穿孔，下腹及底残缺。红褐胎，口施青褐釉。口径10.4、残高8.5厘米（图六，7；彩版一一，1）。

Ⅴ型 3件。采集，腹底均残缺。敞口，卷沿，直颈，溜肩，肩部对称置有四个横系，施青褐釉或青黄釉。

盆 5件。根据口、底特征可分为三型。

Ⅰ型 1件。T8⑤：24，残甚。撇口，外卷，斜弧腹，饼足内凹。器内满釉，器外半施酱黄色釉。口径38.2、底径12.4、高15.8厘米（图六，8；彩版一〇，10）。

Ⅱ型 2件。T3⑤：55，残甚。广口，外撇，沿下急收，斜腹，饼足内凹。施酱黄色釉，内底及饼足各一周支钉痕。口径34、底径12.4、高9.8厘米（图六，9；彩版一〇，11）。

Ⅲ型 2件。T8⑤：25，直口，厚唇，弧壁，深腹，凹底。施酱黄色釉不及底。口径28.8、底径12.7、高10.4厘米（图六，10；彩版一〇，9）。

盘 1件。T3⑤：34，残甚。直口，圆唇，折腹，腹下斜收，平底。夹砂红陶。口径21.4、底径12.6、高5.2厘米（图六，11；彩版一一，4）。

钵 28件。根据腹壁深浅分为二型。

Ⅰ型 5件。深腹。T8⑤：3，残甚。敞口，厚唇，斜弧壁，饼足，平底。胎青灰泛红色，器内满釉，外壁施酱褐釉不及底。口径22.4、底径12、高11.9厘米（图六，12；彩版一一，2）。T8⑤：7，残甚。敞口，厚圆唇，弧壁，饼足，凹底。器内满施酱黄釉，器外半釉。口径18.6、底径10.6、高7.6厘米（图六，13；彩版一一，5）。T3⑤：14，敞口，宽厚唇，弧壁，凹底。器内及外壁上部施酱黄釉。口径18.4、底径9.4、高8.2厘米（图六，14；彩版一一，3）。

Ⅱ型　23件。浅腹。T6⑤：9，直口，圆唇，折腹，平底微凹。施黄釉不及底。口径20、底径13.6、高5.6厘米（图六，15）。T3⑤：11，敞口，尖唇，折腹，凹底。青灰色胎，施酱黄釉不及底。口径19.2、底径12.2、高4.2厘米（图六，16；彩版一一，6）。

碗　52件。根据底足可分为三型。

Ⅰ型　19件。平底小碗，T4②：3，敞口，圆唇，腹壁斜直，底微凹。青灰色胎微泛红，施青褐釉。口径15.2、底径9.4、高5厘米（图七，1）。

Ⅱ型　31件。平底大碗。T3⑤：8，撇口，圆唇，斜腹，平底外缘削成实饼足状。青灰色胎微泛红，施青黄釉。口径19.2、底径11.6、高6厘米（图七，2；彩版一一，7）。

Ⅲ型　2件。璧形足。T6⑤：12，敞口，圆唇，斜弧腹，璧形足，外底中心有乳状凸起。青灰色胎，青褐色釉。口径14、底5.6、高4.6厘米（图七，3）。

盏　45件。T3⑤：36，敞口，圆唇，斜壁，浅腹，平底。夹砂红褐胎。口径11.2、底径5.2、高3.2厘米（图七，4）。T6⑤：11，敞口，尖唇，斜弧腹。酱黄釉。口径6.4、底径3.9、高3.9厘米（图七，5；彩版一一，8）。T3⑤：17，敞口微敛，上腹略折，下腹斜收至底，平底。胎深褐色，施酱黄釉不及底。口径8.4、底径4，高3.2厘米（图七，6）。T5①：2，敞口，圆唇，折腹，平底。红褐色胎，外壁半施酱黄釉。口径8、底径3.4、高3.2厘米（图七，7）。

灯盏　29件。分为二型。

Ⅰ型　28件。敞口，圆唇，斜腹，平底，器内按环状提梁，提梁较盏口平面有高低

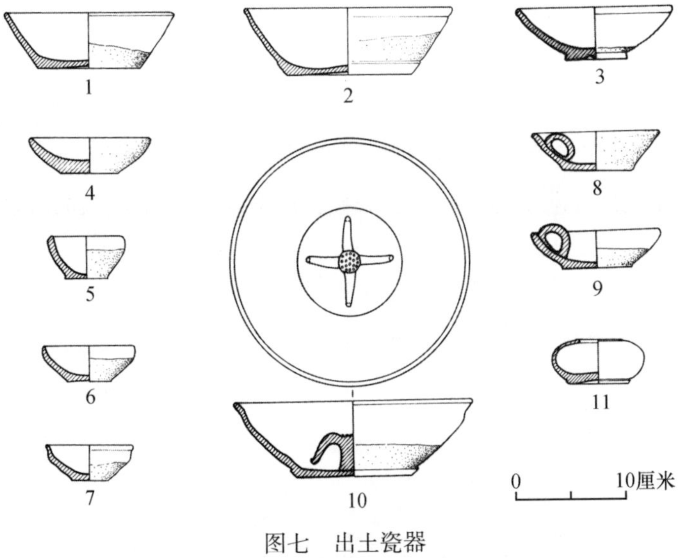

图七　出土瓷器

1. Ⅰ型碗（T4②：3）　2. Ⅱ型碗（T3⑤：8）　3. Ⅲ型碗（T6⑤：12）　4～7. 盏（T3⑤：36、T6⑤：11、T3⑤：17、T5①：2）　8、9. Ⅰ型灯盏（Y1②：5、T3④：1）　10. Ⅱ型灯盏（T8③：10）　11. 水盂（T2④：2）

之别。胎多灰白色，施青褐釉。Y1②：5，口径11.5、底径6.4、高3.4厘米（图七，8）。T3④：1，口径11.8、底径6.4、高3.3厘米（图七，9；彩版一一，10）。

Ⅱ型 1件。T8③：10，残甚。敞口，卷沿，圆唇，斜腹，饼足平底，器内灯柱有四个倒钩。青灰色胎微泛红，施青绿釉。口径22.2、底径10.6、高6.8厘米（图七，10；彩版一一，9）。

水盂 1件。T2④：2，敛口，扁圆腹，饼足，平底微凹。青灰色胎，黄褐釉大部脱落。口径3.6、底径5.6、高4厘米（图七，11；彩版一一，11）。

四、小 结

从发掘出土种类丰富的大量器物情况看，该窑址具有一定的生产规模。出土的陶瓷器多选择经过碾磨的黄土为胎，胎质细腻、坚脆，胎体厚重，呈灰白色，釉以青釉为主，偶见酱釉和黑釉。器物内部大多施满釉，外部施半釉，胎釉结合紧密，少有剥釉现象，釉层均匀有光泽，釉面有细小开片，出土器物多素面，纹饰基本不见。其种类较丰富，多为生活用具，有碗、壶、罐、灯盏、钵、水盂、盆等，其中碗、壶、灯盏所占比例较大；偶见生产用具，如碾槽等。壶多卷口，个别为盘口，有无系、二系、四系等，系又分横系与竖系，执壶置六棱和八棱形短流；罐多直口，矮肩，鼓腹，平底微内凹；灯盏呈钵形，中置一执柄，一是方便执拿，二是有利安装灯芯。碗分平底碗和玉璧底碗，平底碗有大小之分，敞口，平底微内凹，“具有显著的唐瓷风格”[①]，玉璧底碗则是唐中晚期的特征。钵与浙江象山唐代青瓷窑Ⅱ式钵和常州市平桥古井出土的Ⅱ式钵相似[②]，碗、钵与青阳三增古墓所出相似[③]。根据器物形制特征，结合Y1龙窑的形式结构、建造方式和窑具等综合分析，其年代应为唐代早中期。

皖南地区目前发现的古代瓷窑址，年代最早是晚唐的，如休宁岩前窑、歙县竦口窑、泾县琴溪窑，最多的则是五代至北宋时期窑址。此次发掘的窑嘴窑址，是皖南地区目前发现最早的唐早中期窑址，该窑址的发掘对我们研究认识“青釉瓷系”和龙窑分布情况，以及唐代早中期当地烧制陶瓷的技艺水平都有重要价值。

附记：发掘领队为叶润清，发掘人员有王强、胡荣贵、张邦启、孙爱东、查月琴等；摄影为王强、朱献雄；绘图为朱献雄、王云峰。

执笔：查月琴 孙爱东 孙 益

① 李知宴：《浙江象山唐代青瓷窑址调查》，《考古》1979年第3期。

② 李知宴：《浙江象山唐代青瓷窑址调查》，《考古》1979年第3期；常州市博物馆：《常州市平桥古井清理报告》，《东南文化》1992年第2期。

③ 青阳县文物管理所：《青阳县三增唐墓》，《文物研究》第5辑，黄山书社，1989年。

安徽繁昌县蜈蚣山唐墓发掘简报

安徽省文物考古研究所　繁昌县文物局

［摘　要］　2010年在繁昌县荻港镇蜈蚣山发掘了一座唐代晚期墓葬，为土圹竖穴砖室墓，平面呈近梯形，券顶。随葬品为6件瓷器和一把铁剪，瓷器有四系罐、水盂、粉盒、海棠杯和钵。其中，瓷水盂和绿釉瓷粉盒应为长沙窑产品。褐釉瓷钵和四系瓷罐则是皖南地区墓葬随葬品中的常见器形。

［关键词］　繁昌　蜈蚣山　唐墓　长沙窑

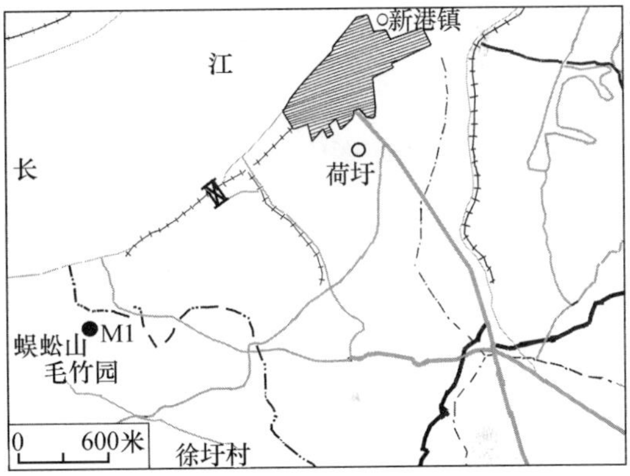

图一　蜈蚣山M1地理位置图

因芜湖核电站工程建设，安徽省文物考古研究所会同繁昌县文物管理局，先后对核电站范围内的荷圩、藕塘、毛竹园、蜈蚣山进行了考古勘探及发掘，共清理唐、宋、明代墓数十座[①]。2010年1月，在蜈蚣山清理唐代墓葬1座，编号为2010FWM1（简称M1）。该墓位于芜湖市繁昌县荻港镇徐圩村西北蜈蚣山的山脊中部。墓葬西临长江，地势西高东低呈缓坡下斜（图一）。因长年水土流失及农耕平整，原始地貌已无存，现有耕土层20厘米，之下即为墓葬开口。现将蜈蚣山唐墓发掘情况报告如下。

一、墓葬形制

墓葬为竖穴砖室墓，平面呈长条形，墓向116°，由竖穴土圹、砖室和封门三部分组成。墓圹东宽西窄，四壁较垂直，底部近平，现开口距地表0.2～0.3米，长4.1、东宽1.48、西宽1.2米，土圹底部距开口深1.35米。土圹和砖室之间用红褐色五花土填实，结构较密实，未发现夯打迹象。墓室用长条形青砖砌筑而成，因破坏和倒塌严重，拱顶基本无存，仅剩部分后壁，两侧墓壁已不完整，整体因受力不均出现墙壁变形、室底下陷。墓室

---

① 安徽省文物考古研究所、繁昌县文物局：《安徽繁昌县荷圩墓群唐宋墓发掘报告》，《文物研究》第18辑，科学出版社，2011年。

内长3.6、东宽0.92、西宽0.82、残高0.9米。墓室砌筑方法为：两侧壁和后壁在铺地砖的基础上，先用单砖错缝叠砌十层，第三层和第九层之间，两侧壁各砌留3个小龛，南北相互对称，后壁砌留1个，共计7个小龛，小龛高0.23、宽0.12～0.16、进深0.12米。再在第十层砖的基础上用残半砖侧立错位砌筑一层，其上再单砖错缝叠砌五层，之上再用长条砖竖立起券成拱顶。墓底用长条砖“人”字形平铺一层，因受力不均形成中间高两边较低。封门位于墓室东端，残高0.3、宽0.26米，采用单砖侧立竖排一层，再用单砖双排平砌一层，依次向上砌筑。墓室内填有黄褐色淤土，结构有扰乱迹象，土内发现有棺灰及个别铁棺钉，位置散乱。随葬器物位置有移动的现象，葬式及葬具不详（图二）。

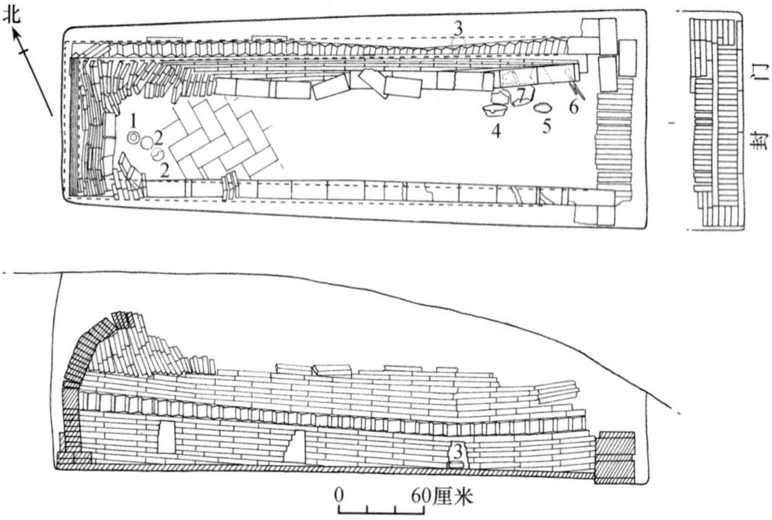

图二　蜈蚣山M1平、剖面图

1. 瓷水盂　2、3. 瓷粉盒　4. 瓷钵　5. 瓷海棠杯　6. 铁剪刀　7. 四系瓷罐

二、出土器物

M1　共出土随葬器物7件，分别位于墓室底的西南和东北位置，大部分已残。其中瓷器6件，铁器1件，现按照出土编号依次叙述。

瓷水盂　1件。M1∶1，敛口，圆肩，鼓腹，饼状底略内凹。灰白胎，胎体厚重；青黄釉，器内满釉，器外施釉不及底。器身用褐绿彩饰绘菊花纹，釉面无光泽，有脱釉现象。口径3.4、底径4.6、通高4.5厘米（图三，1；彩版一二，1）。

瓷粉盒　2件。M1∶2，盖残，盖与盒身子母口扣合。盖，直口，弧顶隆收至平顶，盖顶面饰两道凸棱纹。盒口内敛，呈子口承接盒盖，直腹，下部折收为平底。红褐胎，通体施青釉，近底处经刀削去釉，器内施一层米黄釉，器身釉面有光泽，釉层薄，局部有脱落现象。腹径7.5、底径5.1、通高6.2厘米（图三，2；彩版一二，2）。M1∶3，子母口，缺盖，盒口内敛，直腹，下部折收为平底。青灰胎，通体施青绿釉，近底处经刀削去釉，器内施一层米黄釉，器身釉面较厚有光泽。釉层薄，有脱釉现象。口径5.9、腹径6.8、底

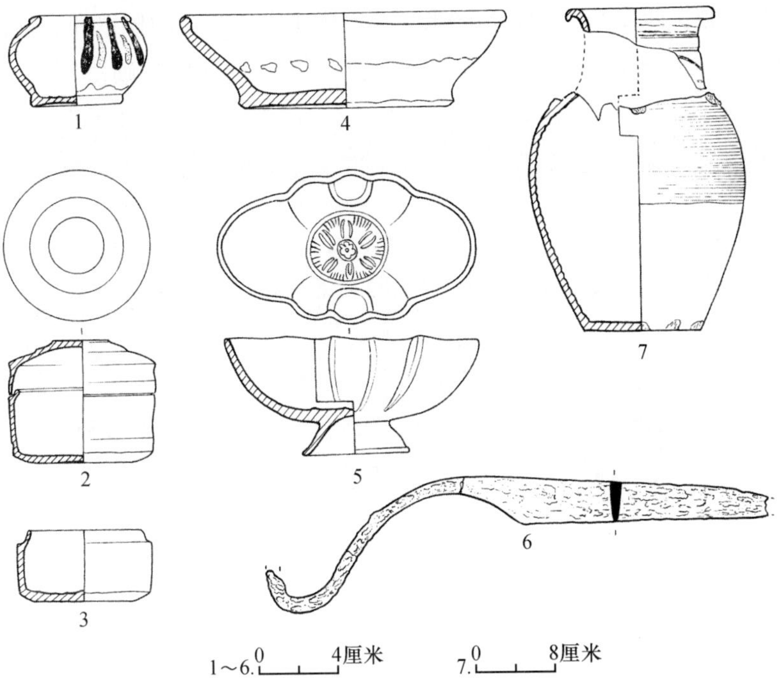

图三　蜈蚣山M1出土器物

1. 瓷水盂（M1：1）　2、3. 瓷粉盒（M1：2、M1：3）　4. 瓷钵（M1：4）　5. 瓷海棠杯（M1：5）
6. 铁剪刀（M1：7）　7. 四系瓷罐（M1：6）

径5.8、高3.9厘米（图三，3）。

瓷钵　1件。M1：4，侈口，圆唇，腹壁下斜，平底略内凹。器内残留12个支烧痕，青灰胎，胎体厚重。青褐釉，器内满釉，器表施半釉，釉面较厚有流釉现象。口径18.5、底径11.8、通高4.8厘米（图三，4）。

瓷海棠杯　1件。M1：5，杯口平面呈椭圆形，口沿微敛，弧腹，腹两侧对称压制两条内压弧线，使器物呈四对花瓣组成的八曲海棠花形，高圈足外撇，内底压印一组花卉纹饰。灰白胎，通体施青白釉，青中闪黄，釉面光泽温润。口径长12.3、底径5.5、通高5.4厘米（图三，5；彩版一二，3、4）。

四系瓷罐　1件。M1：6，小口，卷沿，颈较高，深腹，上腹微鼓，下腹斜收，平底，肩部有四个对称器耳，均残缺，器底边缘残留六处支烧痕迹。颈上饰两道凹旋纹，旋纹下刻画有其他纹饰，因残缺太多，具体样式不明。黄褐色酱釉，大部分脱落，露胎。器身仅上半部施釉，下腹不施釉，施有粉色化妆土。器内近口处施釉，内施粉色化妆土。口径11.5、腹径21、底径12厘米（图三，7）。

铁剪刀　1件。M1：7，交股剪，剪身作“8”字形相交，锈蚀严重。残长25.6厘米（图三，6）。

三、结　语

该墓平面形状呈梯形，竖穴土圹砖室，无墓道。根据繁昌地区近年来发掘的墓葬资料，这种形制的墓葬多为唐五代时期墓葬。出土器物以瓷器为主，器形均具有唐晚期特点。其中M1：1瓷水盂的器形与长沙窑谭家山T1、枫树嘴Y2所出土瓷水盂较接近，在青釉上点饰黄褐色条纹也是长沙窑产品所常见的装饰风格①，故其应是长沙窑产品。M1：3绿釉瓷粉盒从器形及釉色上也与长沙窑出土同类器物较接近。M1：5青白瓷海棠杯为压模成形，器口做海棠状，杯心模印花卉纹饰，是典型的仿金属制品陶瓷。器形上与长沙窑蓝家嘴T1、C型Ⅱ式海棠杯较接近②，只是杯心压印花纹有所不同，这种器形也见于邢窑、越窑，繁昌窑产品中至今未见，但从其釉色和瓷胎方面来看也不排除是繁昌窑的作品。M1：4褐釉瓷钵、M1：6四系瓷罐也是皖南地区常见的器形。M1：7铁剪刀为交股式，呈“8”字形，器形与洛阳龙康小区唐墓发掘简报C7M2151：7和洛阳北郊清理的一座晚唐墓C8M949铁剪较相似③。据M1所出土器形特点再结合墓葬形制，初步判断该墓葬年代约为唐代晚期。

附记：参加发掘人员有陈小春、赵卫东、郝顺利；器物修复赵卫东；摄影程京安；绘图郝顺利。

执笔：谢　军　陈小春

① 湖南省文物研究所、湖南省博物馆等：《长沙窑》，紫禁城出版社，1996年。

② 湖南省文物研究所、湖南省博物馆等：《长沙窑》，紫禁城出版社，1996年。

③ 洛阳市文物工作队：《洛阳龙康小区唐墓（C7M2151）发掘简报》，《文物》2007年第4期；洛阳市文物工作队：《洛阳北郊清理的一座晚唐墓》，《考古与文物》1998年第6期。

安徽繁昌县新港宋代砖室合葬墓发掘简报

繁昌县文物局

［摘　要］　2011年繁昌新港抢救性发掘了一座宋代砖室券顶合葬墓，由并列三室构成。墓室南侧有青砖砌筑的祭台。随葬品有金耳环、金梳背饰品、银钗、铜镜、铜钱、瓷罐、瓷盏、瓷粉盒等物。墓葬的发现为研究长江下游地区宋代葬制葬俗提供了实物资料。

［关键词］　繁昌　宋代　券顶　砖室墓　合葬墓

2011年10月，繁昌新港镇新农村实验区工地在施工时发现一处古葬墓，该墓位于新港镇街道东南约1千米的山丘南坡，县文物局随即对该墓进行了清理（图一）。

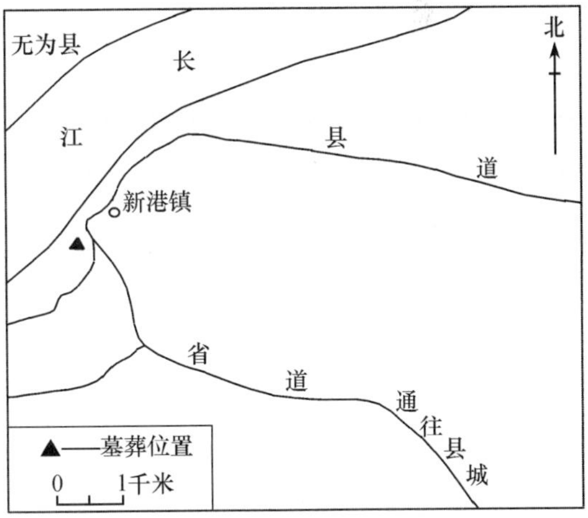

图一　墓葬位置示意图

一、墓葬形制

该墓距地表深1.5米左右，在距地表深约1米处铺有一层大小不一的碎石。该墓为一砖室券顶合葬墓，墓向南偏西55°，由并列三室组成，由东向西分别编为M1、M2、M3。家族墓总长约2.9、宽3.4米，三座墓连为一体，M2与M1、M3分别共用一堵由双砖平砌的墓壁，墓砖互相咬合（图二；彩版一二，5）。

M1　保存完整，墓室长约2.62、宽1.07米，墓口至墓底深约0.7米，券顶结构紧密，券顶高0.33米，每一道券顶由四块砖拼接而成。券顶砖砖面呈弧形，外长约0.3、内长约0.26、宽0.12、厚约0.04米。墓壁砖长约0.3、宽约0.11、厚约0.05米。南北两壁有壁龛，北侧壁龛高约0.28、宽约0.2、深约0.12米，南侧壁龛高约0.35、宽约0.27、深0.13米，壁龛内放置一个陶罐，罐口倒扣一个黑釉盏。东西两侧墓壁用顺砖平砌2层，其上用砖侧立错位砌一层，然后平砌3层，再反向错位砌一层，再平砌4层，以上起券，墓底用青砖铺底。

M2　与M1形制大致相同。除南部残留二道券顶外，其余券顶全部倒塌。券顶倒塌整齐，倒塌的墓砖在墓内整齐地排成三组。在残留的二道券顶中，仅靠近南侧墓壁的一

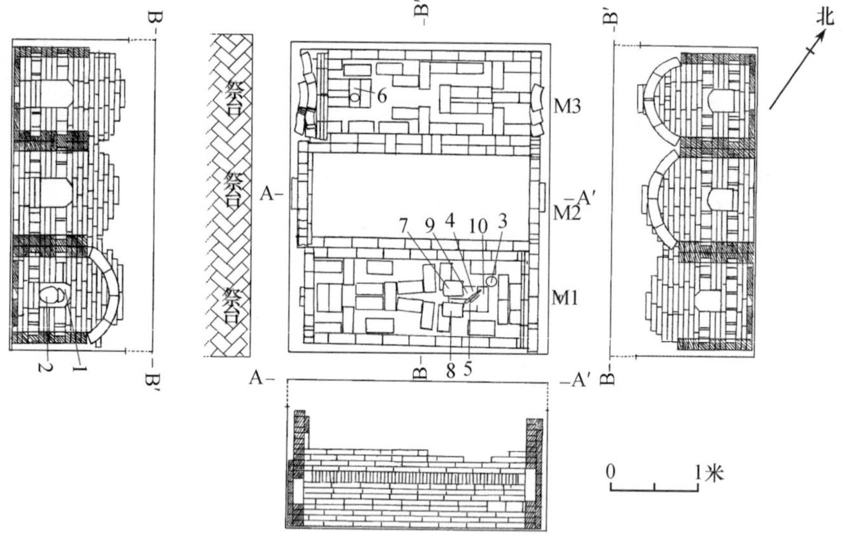

图二　墓葬平、剖面图

1. 黑釉盏（M1∶1）　2. 陶双系罐（M1∶2）　3. 铜镜（M1∶3）　4、5. 银钗（M1∶4）　6. 瓷粉盒（M3∶1）　7、8. 陶瓦（M1∶8）　9. 金耳环（M1∶5）　10. 金梳背饰品（M1∶6）

道券顶由四块砖构筑，另一道券顶由三块砖构成。墓底无铺地砖。M2西侧墓壁与M1略有不同，先平砌7层（墓底一层不计），然后侧立错位砌一层。南北两侧设壁龛，南侧高约0.35、宽约0.31、深约0.13米，壁龛上方用立砖凿成弧形。北侧宽0.23、高约0.29、深约0.12米。M2内未发现随葬器物。与M1相比，略显节俭及随意。

M3　形制也与M1大致相同，墓室内被扰乱，墓内青砖、棺钉分布杂乱，黑釉瓷片在数处散落。券顶南侧部分保存完整，北侧券顶倒塌。南北两侧墓壁砌法与M3东侧墓壁同，上部部分用多余的弧形券顶砖砌成，有些杂乱，壁龛形制、尺寸与M2大致相同。同时，券顶构筑略显粗糙，墓底铺砖图案也与M1有所不同。

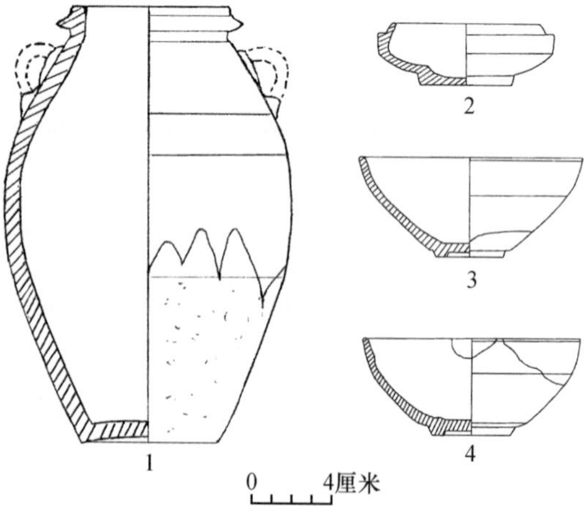

图三　出土陶瓷器

1. 陶双系罐（M1∶2）　2. 瓷粉盒（M3∶1）

3、4. 黑釉盏（M1∶1、M3∶2）

在合葬墓的南侧，发现用青砖铺筑的祭台，祭台宽约3.75米，祭台南侧部分未清理。

二、出土器物

此次发掘共出土金、银、陶瓷器16件、钱币41枚。

M1出土器物14件及部分铜钱。

陶双系罐　1件。M1∶2，南侧壁龛出土，两系残，口沿外折成棱状，唇内凹，溜肩，浅弧腹，腹略平，平底略内凹，黄褐釉，施釉不及底，下腹部有挂釉现象。口径7.2、底径8.1、通高21.8厘米（图三，1；彩版一二，8）。

黑釉盏　1件。M1：1，南侧壁龛出土，倒置于双系罐之上，口略残。敛口，弧形腹，圈足。内外施黑釉，施釉不及足。口径11.2、底径3.6、高4.8厘米（图三，3；彩版一二，7）。

铜镜　1面。M1：3，锈蚀严重，完整。圆形，素面，边缘有一圈凸起，中间有一圆形钮。直径为10.9、中间厚约0.2厘米。

银钗　2件。M1：4-1，完整，鎏金，长约19.1厘米，钗根部较粗，最大直径约0.75厘米。有花形纹饰，根底部镶嵌一圆形刻花装饰，梢部较细，直径约0.3厘米。M4：2-2 长约8.8、直径约0.3厘米。

金耳环　2枚。M1：5，完整。另一枚器形相同。每枚重约6克（彩版一二，6上）。

金梳背饰品　3件。器形相同，金箔制成。M1：6，弧形。弧径长8.9、宽约0.7厘米（彩版一二，6下）。

铜钱　36枚。M1：7，多数锈蚀严重，主要为北宋钱币，有祥符元宝、祥符通宝、皇宋通宝、绍圣元宝、元祐通宝等，另有数枚开元通宝（图四）。

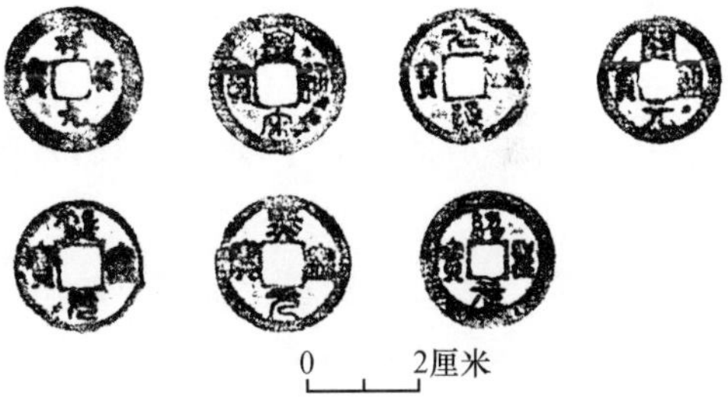

图四　M1出土铜钱

陶瓦　4块。M1：8，分两组并排放置于死者胸部，每组两块重叠，青色，瓦面略呈梯形。长约25、大头宽约22、小头宽约22、厚约1厘米。瓦剖面呈弧形。

棺钉　8枚。M1：9，铁质，位于两侧墓壁附近，成线状分布。

此外，墓内还发现尚未完全腐烂的棺木片、漆片及铜器残片，在墓室北侧（头部上方、棺木外北侧），还发现一木质柜状残片。

M3出土瓷器2件，铜钱5枚，棺钉7枚。

瓷粉盒　1件。M3：1，无盖。子母口，斜直腹、饼足，平底，除口部和足部外。内外施青白釉。内口径7.3、底径4.8、高2.9厘米（图三，2）。

黑釉盏　1件。M3：2，残，瓷片散落数处。口内厚唇，弧腹，圈足，内外施黑釉，盏内以黄釉饰花草纹，釉不及足。盏口径10.9、底径4、高约4.5厘米（图三，4）。

铜钱　5枚。M3：3，有祥符通宝、熙宁元宝等。

棺钉　7枚。

三、结　语

从M2与M1、M3分别共用一堵墓壁，墓砖相互咬合的砌法看，此次发掘的三室券顶合葬墓应为同一时间建造。从出土的部分钱币判断，该合葬墓建造时间约为北宋中期。根据墓葬规模及墓前设置祭台推测，该合葬墓属大中型墓葬。从出土的耳环及两件银钗分析，M1墓主应为女性。在繁昌地区，早年还一直流行未成年人死亡，以及其他非正常死亡后下葬时以瓦覆面的习俗，因此，从墓葬出土瓦片及墓葬所处东侧位置，以及出土器物、券顶修筑的精细程度分析，M1女性系非正常死亡且其家族地位较高。M2券顶构筑略显节俭、疏松，券顶除南侧有一道券顶由四块砖构筑外，其余每道券顶均只由三块砌成。券顶砖之间结合疏松，券顶两端与墓壁接触面较小，这可能是导致M2券顶倒塌的主要原因。该墓券顶砖倒塌整齐，除墓砖外，无任何出土物，据此分析，M2为空墓。因该墓居于中间位置，根据本地习俗，推测可能为男主人墓，且未下葬，墓主应是具有一定经济实力或社会地位的乡绅或其他人士。从出土粉盒，以及分布杂乱的瓷片、棺钉分析，M3墓主也应为女性，且墓葬被盗。从墓葬处于西侧位置及墓葬修筑比较随意和粗糙分析，该女性地位明显低于M1内女性。另根据本地习俗，一般是临近死亡或死后才修建坟墓的，由此推断，两位女性死亡时间非常接近，似乎与男墓主有关。另外，在该墓上方，有人为铺设的一层碎石，可能用于防盗。

综上所述，三室并列的券顶砖室合葬墓、墓前设祭台及墓内出土的金银铜器和瓷器等为研究长江下游地区宋代葬制、葬俗及相应的社会经济、文化状况提供了重要实物资料。

附记：摄影、绘图彭可市。

执笔：彭可市

安徽含山县张渡宋代砖室墓清理简报

含山县文物管理局

[摘　要]　张渡宋代砖室墓为一长方形竖穴双穹隆顶砖室墓，带半圆形墓道及挡土墙。墓室内壁砖饰半拱及窗，前后室之间设简易券门及门墙，做工较为讲究。随葬品仅出土两箱动物碎骨，且前室几无铺砖，后室隔空平铺，规律性较强，推测该墓与当地葬俗有关，即与祭祀、魂灵自由出入有关。

[关键词]　含山　张渡　宋代　砖室墓　穹隆顶

2013年10月28日，含山县运漕镇派出所接到黄墩行政村村民报告，在黄墩行政村张渡组西北角进行土地平整时发现一座砖室墓，现已露出一角（图一）。随即镇派出所与县文物管理局取得联系，说明了相关情况。县文物管理局于次日派员前往现场对该墓进行抢救性清理，历时3天。墓葬编号为2013HHZM1（以下简称M1）。现将清理情况简报如下。

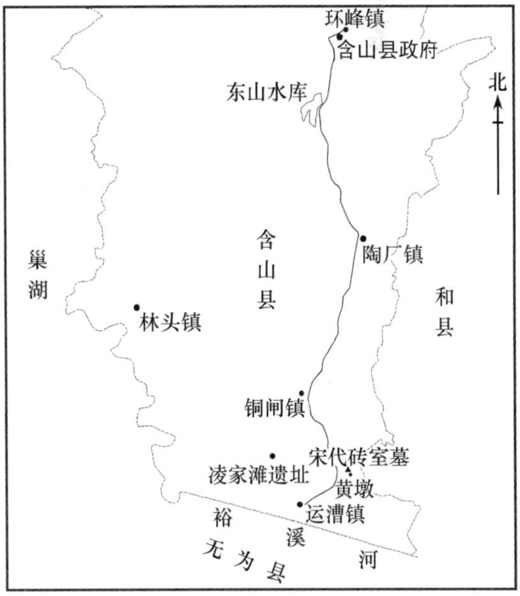

图一　含山宋代砖室墓位置示意图

一、墓葬形制

该墓保存完整，未经盗扰，为带墓道的长方形竖穴砖室墓，前后室均为穹隆顶，两室之间饰一简易券顶门。墓门亦为券顶，两侧砌有挡土墙，门前开挖半圆形墓道。砖室总长3.1、宽1.6米；前室长1.5、宽1.5米；后室长1.3、宽1.4米；两室间简易券顶门宽1.1、高1.32、厚0.24米；墓门宽1.12、高1.45、厚0.24米；东侧挡土墙上宽0.82、下宽0.16米，西侧挡土墙上宽0.72、下宽0.26米，两墙高均1.4、厚0.12米；墓道东西宽1.9、南北进深1.6米，从南向北呈缓坡状。墓葬方向40°。现就砖室各部分形制进行详述（图二；彩版一三，1、2）。

前室：顶部为四周向中心内收的砖砌穹隆顶。东西两壁为单砖平铺而成，壁厚0.12米。装饰较为讲究，其上部砖砌斗拱、下饰砖窗（彩版一三，5、6）。与斗拱同一水平

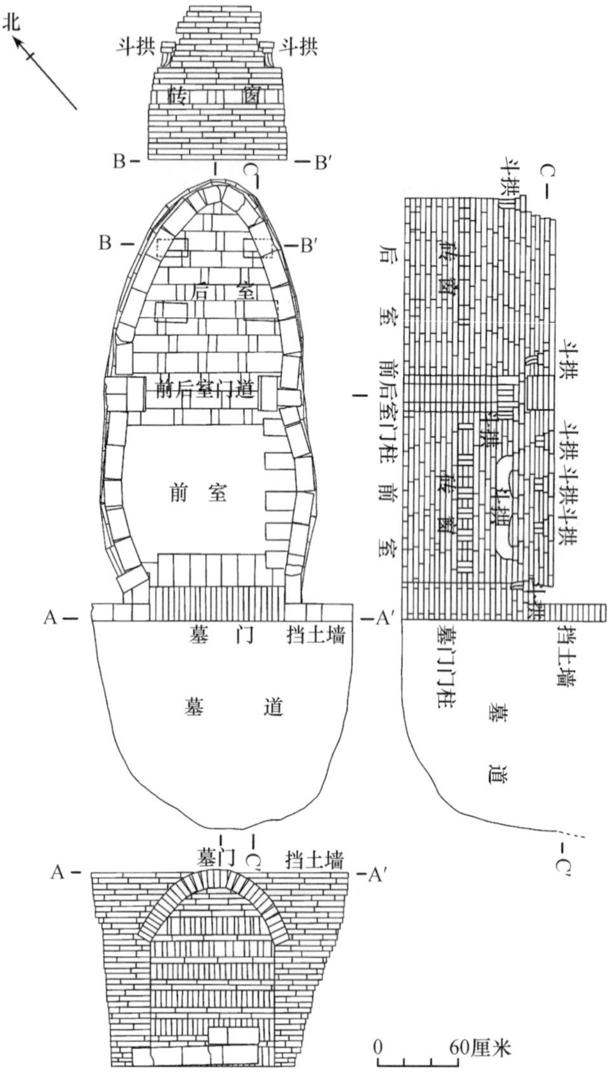

图二　M1平、剖面图

高度处，壁向室外微扩，以让出空间砌饰斗拱，上扩0.05～0.07、下扩0.08～0.1米。斗拱长0.8、高0.2米，其做法：主体为一排三横立砖，中间砖削去两角，两旁砖削去一边，均成弧形砖，其上三角再各顶二层平铺砖，从而形成灯台式斗拱。另斗拱之上及两侧再饰简易斗拱，即上顶二层平铺砖，下承两立式弧形砖。砖窗较为简易，形制为长方形，共有6个窗格，总长约1米。呈对称状，中间两小格，两边四格较大。小格宽0.08、高0.12米；大格宽0.14、高0.12米，且大格内有三层斜铺平砖将其分为两对等小格，似为直棂窗。墓底仅东侧、南侧平铺数砖，其他部位均未铺砖。

后室：顶部为四周向中心内收的砖砌穹隆顶。东西两壁亦由单砖平铺而成，壁厚0.12米。形制对称，但其形制较前室简易，上部简易斗拱仅在前后侧分布，下部仍饰砖窗，且未像前室那样让出专门空间砌饰斗拱，只是东西壁顺沿前室在斗拱相同高度处稍有外扩，不甚明显。后壁已不见外扩的痕迹，壁厚0.12米，其东西两侧上饰简易斗拱，下部饰砖窗。东、西、后壁简易斗拱制法与前室同，即下为两立式弧形砖，上顶两层平铺砖。至于长方砖窗，东、西、后壁亦与前室制法相似，处于同一水平高度，但自身高度变小，如东西壁窗亦分为六格，格与格之间均用二层斜铺平砖分开，且窗格大小不一，最外两格较小，中间四格稍大，总长0.9、高0.07米。后壁窗共分为7格，两边格稍小，中间格较大，窗格总长0.9、宽0.07米。与前室不同的是，墓底均横铺砖，但砖与砖之间具有等距空隙，且空隙分布于整个后室底部。

前、后室之间饰有简易券顶门，门内未填砖，起券处从两室间门柱顶部始，最终形成拱形券顶。同时，简易券顶亦作为两室穹隆顶之横梁，起承载两室顶部之作用。门柱宽0.24、高0.9米，向室内微凸0.07米，微凸处宽0.12米，且门柱与两侧简易斗拱处于同一水平高度时，宽度收缩为0.12米，其目的为让出空间砌饰简易斗拱。

墓门：券顶式，距墓底约0.9米处起券。门内填砖，顶部错缝平铺5层，再下以一层平铺一层竖铺的方式交错砌成，局部平铺两层。另在墓门底部紧贴两排立砖，其用意可能是加固墓门之用。墓门两侧砖砌挡土墙。

挡土墙：位于墓门两侧，起加固砖室、防范外力对砖室破坏之作用。其形制较为简易，用单砖错缝横铺而成，上宽下窄，呈倒梯形（彩版一三，4）。

墓道：在墓门及挡土墙之前开挖一近似半圆形坑，其剖面呈南北缓坡状，东西陡坡，以便棺木及人员进出砖室之用。

二、随葬器物

前后室保存完好，但随葬品极少，仅在后室后部两侧对称放置用木箱封装的动物碎骨（东西侧动物碎骨编号分别为2013HHZM1：1、2013HHZM1：2），木箱底部前后用两层砖垫平。动物碎骨较多，装满木箱，因木箱腐烂，动物碎骨铺开范围变大。初步观察，动物碎骨应多为肢骨，但属于何类动物现不明。通过测量残存木板尺寸，推测木箱长0.6、宽0.3、高0.15米。其下两层垫砖，应是起防潮之用（彩版一三，3、7）。

三、结　　语

1. 墓葬型制及年代

此墓为双穹隆顶前后室砖墓，带半圆形墓道、券顶式墓门及挡土墙，砖室内饰斗拱、窗，且在前室斗拱处东西两壁外扩以便让出空间。两室间加砌简易券门，可见其做工极为讲究、规格稍高，其形制完全仿制生前居住房屋样式，反映了“事死如事生”葬制理念。用砖规格均为宋代小板青砖，尺寸0.24×0.12－0.036米。因此，笔者认为虽未发现带有铭文等直接认定墓葬时代的随葬品，但综合上述条件，应为宋代墓葬。这主要是与宋代砖室墓多仿木结构建筑形制是相对应的，且在全国各地均有此类墓葬出现，或为砖雕或为壁画，其内容有仿生活房屋样式，有表现日常生活场景。例如，河南禹县白沙宋墓，为北宋仿木结构的雕砖壁画墓，既有仿生前居住环境，也有日常生活壁画，如宴饮图，形象地反映了墓主人生前之豪华生活[①]；安徽濉溪县董楼村一宋代墓群，仿木结构砖室墓几近半数[②]；山东青州市仰天山路宋代砖室墓亦具有较多的仿木结构砖雕（斗拱、直棂窗

① 宿白：《白沙宋墓》，文物出版社，2002年。

② 安徽省文物考古研究所：《安徽濉溪县董楼宋墓发掘简报》，《华夏考古》2009年第2期。

等）[①]；河南安阳汤阴县宋代砖室墓同样具有仿木结构[②]；扬州地区发现的宋代砖室墓[③]，较多带砖砌窗台、直棂窗、简易墓门及斗拱等。因此，该墓年代定于宋代是较为合适的。

2. 随葬器物极少的原因分析

该墓保存完好，型制结构较为复杂，双穹隆顶前后砖室，带墓道、墓门、挡土墙及砖砌斗拱、窗等，甚为讲究，非普通平民所能享用，墓主人应是具有一定经济地位的地主阶层。但令人不解的是，墓内随葬品极为少见，就连普通平民墓葬所具有的铜镜、铜钱、碗、盏、罐之类的器物亦没有，仅后室两侧放置用木箱封装的动物碎骨。与之相对应的是，墓室底部铺砖亦较为“节俭”，前室几无铺砖，仅在东侧铺就少许砖，后室虽满铺砖，但砖与砖之间横向有一定的空隙。由此可见，该墓在随葬器物、铺砖方面与砖室规模、做工方面相差较大，其用意令人寻思，笔者认为可能与祭祀、魂灵自由出入有关。理由有二：其一，墓内铺砖前室几无；后室铺砖横向隔空，规律性较强，这种情形宋代砖室墓是极少见的，上述墓葬便是如此（即墓底不铺砖或满铺）。其二，墓内出土随葬品极少，仅有两箱动物碎骨，或与祭祀魂灵有关。

3. 墓葬发掘的意义

该墓形制完备、做工讲究、雕饰精美、规格稍高，在含山县境内是不多见的。但随葬品极少，仅在后室左右两侧出土两箱动物碎骨，且前室几无铺砖，后室横向隔空平铺，与一般砖室墓有所不同，推测与地方葬俗有关，只是囿于相关墓葬材料不多，尚无法准确阐释这种墓葬的葬俗内涵，但笔者相信随着更多的此类墓葬的发现，其间关系将愈渐明晰。

附记：参加发掘的人员有郑宏、石建城、刘松林；摄影郑宏、刘松林；绘图刘松林。安徽省文物考古研究所朔知研究员对此墓的发掘提出了较多指导性建议，在此表示衷心谢意！

执笔：刘松林

① 山东青州市博物馆：《山东青州市仰天山路宋代砖室墓的清理》，《考古》2011年第10期。

② 安阳地区文管会：《汤阴宋墓发掘简报》，《中原文物》1985年第1期。

③ 资料存扬州市文物考古研究所。

安徽宣州古窑址群调查报告

朱　锐　宋黎藜

（宣城市文物局）

［摘　要］　本文在宣州区第三次全国文物普查及后续调查工作的基础上，对宣州古窑址群的分布及时代、器物分类、胎质釉色、纹饰和制作工艺等文化内涵进行了具体分析，总结了近年来关于宣州窑的发现及研究过程。第一次细致地对各窑址的分布状况、周边环境、器物特征进行了分析、比对，对“宣州窑”有了进一步的了解。

［关键词］　宣州　窑址群　宣州窑

宣州古窑址群位于宣城市宣州区东北部，1993年发现。1996年原宣州市博物馆组织专业人员对古窑址群进行了调查，共发现100余处陶瓷堆积点，采集了上百件瓷器标本。2005年5月至2006年年初宣州区结合第三次全国文物普查工作又对该处遗址进行了详细的调查，初步探明保存较完好的窑址60余处，由邵村古窑址群、幸福古窑址群、山冈古窑址群、小河口古窑址群和狸桥镇周边小的窑址组成。分布范围为南抵茅山余脉北麓，北达水阳江，东北起古泉镇邵村，西南至狸桥镇东阳村。实际跨度东西约30、南北约10千米。面积约100平方千米。

一、各窑址简介

经宣州区第三次全国文物普查及后续调查，目前宣州区境内保存较完好的窑址达60余处，散布在古泉、养贤、狸桥三镇（图一）。经对标本比对，窑址时代初步分为晚唐—五代、宋代、明代三个时期。现分别介绍如下。

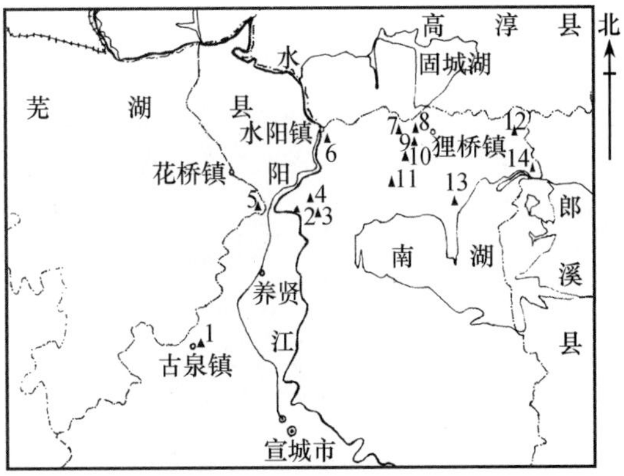

图一　宣州古窑址群分布范围示意图

1. 邵村古窑址群　2. 幸福窑址群　3. 北山窑址　4. 山冈窑址群　5. 东门渡窑址（芜湖县）　6. 小河口窑址群　7. 黄泥宕窑址　8. 小庄窑址　9. 下窑窑址　10. 窑村窑址　11. 马山窑　12. 刘家村窑址　13. 窑堡窑址　14. 徐家村窑址

（一）晚唐—五代窑址

主要集中在宣州区狸桥镇东云行政村内，有两个晚唐至五代的窑址群，即小河口窑址群和山冈窑址群。

1. 小河口窑址群

位于东云行政村小河口自然村。西北距水阳江仅200米，东南为钱家圩水塘。该窑址群分为两处。

一处位于该村西北面的小河口陶器厂内，有3处堆积，编号为小河口1、2、3号窑址。

小河口1号窑址，堆积层高约8米，堆积面积约2700平方米。原窑址被现代窑叠压（彩版一四，3）。

小河口2号窑址，堆积层高约4米，堆积面积约1800平方米。

小河口3号窑址，堆积层高约4米，堆积面积约1500平方米。该处窑内器物丰富。有瓷执壶、罐、碗、钵、盘等器。釉色以青釉为主，有少量的酱黄釉，施半釉。堆积中有窑具及红烧土出现。此处共采集标本34件，其中大部分为残片，少量器形相对完整。

瓷执壶　喇叭口，束颈或直颈，溜肩，腹部微鼓，平底微凹。长曲流，扁直柄。腹部有轮制痕迹。灰胎，施青釉或酱黄釉，施釉不及底。XLXY1：1，底径7.7、残高19.4厘米（图二，1）。XLXY3：1，底径7.1、残高17.6厘米（图二，2）。

瓷瓜棱执壶　喇叭口，直颈，丰肩，瓜棱腹，饼形足，平底内凹，短直流，扁直柄。颈部有一道弦纹。灰褐胎，施青釉，施釉不及底。XLXY3：2，底径6.4、残高12.6厘米（图二，3）。

瓷四系罐　撇口，溜肩，肩部对称捏塑四个桥形系，鼓腹斜收，平底，底部有五个托珠痕。褐胎，施青釉，施釉不及底。XLXY3：5，底径8.4、口径10.4、高17.8厘米（图二，4）。

瓷青釉盏　敞口微敛，斜腹，平底。口沿处捏塑一小流。褐胎，施青釉，内壁满釉，外壁施釉不及底。XLXY3：15，底径3.2、口径10.2、高4.2厘米（图二，5）。

窑具　为筒形垫柱，整体为筒状，支物面平微凹，腹部微束，腰部有圆孔。夹粗砂黑褐胎，有的外表有手指捏塑痕，有的器表刻划文字，如“秃”字。XLXY3：4，顶径

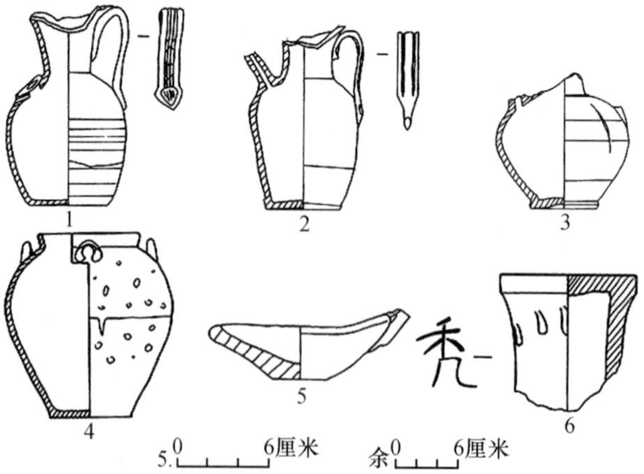

图二　狸桥镇小河口1～3号窑址采集标本

1、2. 瓷执壶（XLXY1：1、XLXY3：1）　3. 瓷瓜棱执壶（XLXY3：2）　4. 瓷四系罐（XLXY3：5）　5. 瓷青釉盏（XLXY3：15）　6. “秃”字铭窑具（XLXY3：4）

13.6、残高13.5厘米（图二，6）。

另一处位于该村东北面的砖瓦厂及周边村庄内，共有7处堆积，编号为小河口4、5、6、7、8、9、10号窑址。

小河口4号窑址，堆积层高约6米，面积约3000平方米。堆积内有大量的垫烧器具。器形以执壶、碗、盘、小盏、罐为主。釉色以青釉为主，有的器形有窑变，施釉均不到底。

小河口5号窑址，堆积层高约5米，面积约2000平方米。器形以执壶、盘口壶、罐为主。釉色以黑釉为主，施釉均不到底，一些大罐内外均施釉。

小河口6号窑址，堆积层高约5米，面积约2000平方米。器形以执壶、盘口壶、碗、盘、罐为主。釉色以黑釉为主，少量青釉器物。施釉均不到底。

小河口7号窑址，堆积层高约6米，面积约2000平方米。堆积内有大量垫烧工具、窑砖和红烧土。器形以双系罐、执壶、钵为主，罐、执壶主要施黑釉，钵施青釉，均施釉不到底。

小河口8号窑址，堆积层高约5米，面积1000平方米。器形以双系罐、执壶、钵为主，罐、执壶主要施青釉，均施釉不到底。

小河口9号窑址，堆积层高约4米，面积500平方米。器形以双系罐、执壶为主，施青釉，均施釉不到底。

小河口10号窑址，堆积层高约3米，面积1000平方米。窑址上方叠压民居，器形以双系罐、执壶、钵为主。施青釉，均施釉不到底。此处采集标本为91件，相对完整器较多。

黑釉壶　盘口，束颈，丰肩，球状腹，平底内凹。肩部对称捏塑两桥形系或四桥形系。灰胎，施黑釉，施釉不及底。XLXY5：4，底径8.6、残高14厘米（图三，1）。XLXY6：3，底径9.3、残高17.3厘米（图三，2；彩版一五，1）。

黄釉双系执壶　侈口，卷沿，直颈，溜肩，蛋形腹，平底内凹。短直流，肩部对称捏塑两环形系。有短扁直柄。灰褐胎，施酱黄釉，施釉不及底。XLXY6：7，口径10.4、底径9.8、高27.8厘米（图三，3；彩版一四，5）。

黑釉深腹罐　广口，折沿，溜肩，肩部对称捏塑两个桥形系，圆鼓腹，假圈足，平底。灰褐胎，胎体厚重。内壁施满青釉，外壁施黑釉，施釉不及底。此类器形体量较大，且均为黑釉。XLXY6：1，底径12.8、残高20.8厘米（图三，4）。

黄釉双系罐　侈口，束颈，溜肩，直腹，下腹斜收，平底。肩部对称捏塑两环状系。红褐胎，施酱黄釉，施釉不及底。XLXY7：4，底径10.7、口径17.8，高21.3厘米（图三，5）。

窑具　整体为筒状，支物面平微凹，腹部微束，腰部有圆孔。器物表面大多刻划有文字，如“何记”“元”等。XLXY4：5，顶径8.2、残高8.4厘米（图三，6）。XLXY4：7，顶径11.6、残高14.2厘米（图三，7）。XLXY4：9，顶径18、高14.3厘米（图三，8）。XLXY4：6，顶径8.8、残高16.8厘米（图三，9）。

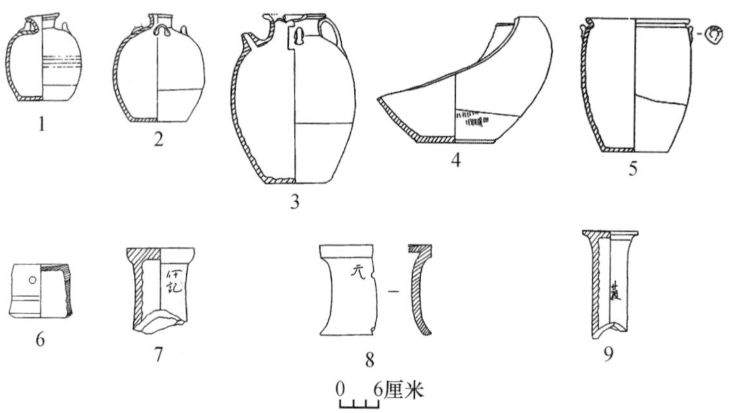

图三　狸桥镇小河口4～10号窑址采集标本

1、2. 黑釉壶（XLXY5∶4、XLXY6∶3）　3. 黄釉双系执壶（XLXY6∶7）　4. 黑釉深腹罐（XLXY6∶1）　5. 黄釉双系罐（XLXY7∶4）　6、9. 窑具（XLXY4∶5、XLXY4∶6）　7.“何记”铭窑具（XLXY4∶7）　8.“元”字铭窑具（XLXY4∶9）

2. 山冈窑址群

位于狸桥镇东云行政村新冈自然村北面50米处为莲花塘，南面100米处为貌子湖。西面150米处为水阳江支流——小河。共保存有10处堆积。编号为山冈1、2、3、4、5、6、7、8、9、10号窑址。

山冈1号窑址，堆积层高约6米，面积约1300平方米。

山冈2号窑址，堆积层残高约2米，面积约700平方米。

山冈3号窑址，堆积层高约6米，面积约5500平方米（彩版一四，1）。

山冈4号窑址，堆积层高约4米，面积约1200平方米。

山冈5号窑址，堆积层高约4米，面积约1000平方米。

山冈6号窑址，堆积层高约5米，面积约1600平方米。

山冈7号窑址，堆积层高约4米，面积约1500平方米。

山冈8号窑址，堆积层高约4.5米，面积约2000平方米。

山冈9号窑址，堆积层高约4米，面积约800平方米（彩版一四，2）。

山冈10号窑址，堆积层高约4米，面积约1200平方米。

上述窑址堆积层中均有大量窑具出现，并伴有红烧土和少量窑砖。器物以瓷执壶、碗、罐、盘为主，器形较为丰富。施青釉和酱黄釉，施釉均不及底。此处采集标本为120件，部分相对完整。

瓷碗　敞口，斜直腹，矮圈足或平底，内底中间凸起，刻划有放射状线条，内壁留有15个支钉痕迹。褐胎，胎质细密坚硬，施青釉，内壁施满釉，外壁施釉至腹部，下腹部露胎。XLSY1∶1，口径16.8、底径7.4、高5.5厘米（图四，1）。XLSY8∶14，口径16.9、底径10.2、高5.8厘米（图四，2）。XLSY2∶3，残口径15.8、底径7.2、高5厘

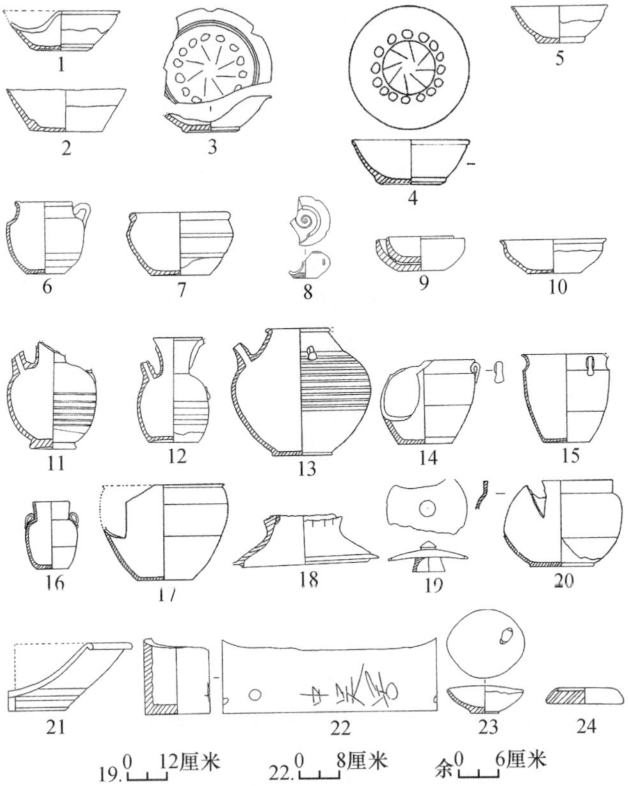

图四　狸桥镇山冈1～10号窑址采集瓷器标本

1～5. 碗（XLSY1：1、XLSY8：14、XLSY2：3、XLSY8：11、XLSY8：12）　6. 瓷鸭嘴流执壶（XLSY3：2）　7. 广口折腰罐（XLSY3：3）　8. 瓜棱罐（XLSY5：4）　9、10. 瓷钵（XLSY5：3、XLSY5：7）　11、12. 执壶（XLSY8：2、XLSY9：1）　13. 双系壶（XLSY8：1）　14、15. 双系罐（XLSY8：3、XLSY9：2）　16、20. 直口罐（XLSY8：7、XLSY3：5）　17. 广口深腹罐（XLSY9：4）　18、19. 器盖（XLSY3：10、XLSY8：13）　21. 盘（XLSY3：7）　22、24. 垫柱（XLSY8：9、XLSY5：14）　23. 青釉灯盏（XLSY5：8）

米（图四，3）。XLSY8：11，口径17.3、底径8.5、高6.4厘米（图四，4；彩版一五，4）。XLSY8：12，口径13.6、底径6.3、高5.1厘米（图四，5）。

瓷鸭嘴流执壶　直颈，卷沿，口部捏一流口，斜肩，肩部一侧有一小扁直柄，圆鼓腹，平底内凹。生烧器，无釉，外壁施一层化妆土，胎红色，器表红褐色。XLSY3：2，口径8、底径5.8、高10.6厘米（图四，6）。

瓷广口折腰罐　广口，卷沿，折腰，斜腹内收，平底，内、外底均有五个托珠痕。褐胎，施酱黄釉，内壁施满釉，外壁施釉不及底。XLSY3：3，口径13.8、底径8、高8.6厘米（图四，7）。

瓷瓜棱罐　卷沿，丰肩，瓜棱腹，下腹内收，平底内凹。生烧器，灰胎。XLSY5：4，口径3、底径3.2、高3.5厘米（图四，8）。

瓷钵　直口或侈口，圆唇，斜腹，平底微凹，近底处有四个支钉痕迹。灰胎，施青釉，内壁施满釉，外壁施釉至口沿下。XLSY5：3，口径13.5、底径7、高4.8厘米（图四，

9）。XLSY5：7，口径15.7、底径7.7、高4.7厘米（图四，10）。

青釉灯盏　敞口微敛，斜腹，饼形底。内壁口沿下残存一小钮。褐胎，施青釉，内壁满釉，外壁施釉至口沿下，釉质较好，有细微开片。XLSY5：8，口径12.4、底径4.5、高3.8厘米（图四，23）。

瓷执壶　喇叭口，溜肩，球状腹，饼形足，平底微凹，短曲流，扁直柄。褐胎，施青釉或酱黄釉，施釉不及底。XLSY8：2，底径6.6、残高15.6厘米（图四，11；彩版一四，7）。XLSY9：1，内径7.5、底径7.5、残高15.4厘米（图四，12）。

瓷双系壶　卷沿，短颈，溜肩，球状腹，饼形底，平底微凹。短直流，肩部对称捏塑两桥形系，腹部有明显的轮制痕迹。胎色泛红，施青釉，内壁施釉至颈部，外壁施釉不及底。XLSY8：1，口径10.2、底径8.6、高18.4厘米（图四，13；彩版一五，3）。

瓷双系罐　撇口，折沿，溜肩，肩部对称捏塑两扁条形系，圆鼓腹，下腹斜收，褐胎，平底，内、外底均有五个托珠痕。施酱黄釉，内壁施满釉，外壁施釉不及底。XLSY8：3，口径15.6、底径7.6、高11.6厘米（图四，14）。XLSY9：2，口径12.6、底径6.6、高12厘米（图四，15）。

瓷直口罐　直口，溜肩，圆鼓腹或柱状腹，下腹微收，平底。有的肩部捏塑两桥形系。红褐胎，施青釉，内部施满釉，外部施釉至下腹部。XLSY8：7，口径5、底径4.2、高9.2厘米（图四，16）。XLSY3：5，口径15.6、底径9.3、高12.1厘米（图四，20）。

瓷广口深腹罐　广口，卷沿，鼓腹斜收，平底，内、外底均有五个托珠痕。灰褐胎，施青釉，内壁施满釉，外壁施釉不及底。XLSY9：4，口径17.4、底径7.6、高13.2厘米（图四，17）。

瓷器盖　盖面呈覆钵形或笠帽状，盖口内壁有子母口。胎色泛红，无釉。XLSY3：10，口径20.4、高6.9厘米（图四，18）。XLSY7：17，口径5.8、高5.4厘米。XLSY8：13，口径16、高8.5厘米（图四，19）。

瓷盘　广口，卷沿，斜直腹，浅盘，假圈足，平底，内、外底均有13个支钉痕。灰褐胎，胎体厚重。施青釉，内壁施满釉，有的有窑变，外壁施釉不及底。XLSY3：7，底径13.8、高9.1厘米（图四，21）。

窑具　分两种。一种为筒状垫柱，整体为直筒状，支物面平且微凹，近底处有一圆孔，上腰部横刻“中吴窑”铭文。泥质夹粗砂灰胎。XLS Y8：9，顶径11.2、残高12.8厘米（图四，22；彩版一五，2）。另一种为覆钵式垫柱，整体为覆钵状，浅盘圆饼形，支物面平且微凹，腹部微束。夹粗砂褐胎。XLSY5：14，顶径10.3、底径7、高2.1厘米（图四，24）。

（二）宋代—明代窑址

主要集中在古泉镇邵村、养贤乡幸福村、狸桥镇昝村、慈溪村等处。

1. 邵村古窑址群

位于宣州区古泉镇邵村行政村。此处共发现5处窑址堆积。这5处堆积内夹杂大量的红烧土，有少量的纺轮，主要为四系罐、双系罐。器形单一，大部分器物施青釉，施釉不到底。

对门村窑址：位于对门自然村南150米处。东北距水阳江约1000米，东部50米处有人工开挖的池塘两处，东北100米处有一人工开挖的小河通往水阳江。此处有4处堆积，堆积层厚度在5～7米。面积约10 000平方米。该处除少量经村民种植树木破坏外，基本保存完好。

风头村窑址，位于风头自然村南250米处，北面约1500米处为水阳江支流邵村河，东北角有一人工开挖的大水塘。西南500米处为对门村窑址。该处现裸露一段窑道的窑砖，堆积厚度4米，面积约600平方米，保存基本完好（彩版一四，4）。

2. 幸福窑址群

位于宣州区养贤乡幸福行政村。共发现8处窑址堆积。小汪村吕家山1～3号窑址、小汪村大村1～5号窑址。该窑址群北面紧邻小河（水阳江支流），西距水阳江约3000米。每个窑址附近均有一人工开挖的小水塘。堆积层高2～6米，堆积总面积约20 000平方米。在遗存中有大量的红烧土。器形较单一，以四系瓶、双系瓶为主。有少量罐器，釉色以青釉为主，部分施酱黄釉。部分大罐内装饰有篦纹。在小汪村大村3号窑址上还发现少量的宋代青白瓷残片，疑为当时窑工所用器物，非本窑产品。

3. 北山窑址

位于宣州区狸桥镇东云行政村北山村民组。共有2处窑址堆积。

北山1号窑址，堆积层高约10米，面积约500平方米。

北山2号窑址，堆积层高约8米，面积约400平方米。器形以四系瓶、双系瓶为主。施青釉，大部分施釉不到底。

4. 马山窑址

位于宣州区狸桥镇东云行政村马山村民组。共有7处堆积，堆积总面积约10 000平方米。该处堆积层高7～10米，堆积夹杂窑砖和红烧土，器形以四系瓶、双系瓶为主。施青釉，大部分施釉不到底，少数器物施全釉。

5. 幸福窑址

位于宣州区狸桥镇东云行政村幸福村民组。共有2处堆积，堆积层高约10米，堆积面积600平方米，在窑址剖面发现窑砖和红烧土。器形以四系瓶、双系瓶为主。施青釉，大部分施釉不到底。

6. 徐家村窑址

位于宣州区狸桥镇昝村行政村新桥自然村西北。堆积层高9米，面积约1000平方米。器形以四系瓶、双系瓶、小罐为主，部分器物施青釉，施釉不到底。

7. 刘家村窑址

位于宣州区狸桥镇昝村行政村刘家村自然村北。堆积层高约7米，面积2900平方米。器形以四系瓶、双系瓶为主，大部分器物施青釉。

8. 下窑窑址

位于宣州区狸桥镇慈溪行政村下窑村民组。共有3处堆积，堆积层高3～7米，面积约600平方米。器形以小口平底瓶为主。部分施青釉，均施釉不到底。

9. 小庄窑址

位于宣州区狸桥镇慈溪行政村小庄村民组。窑址破坏较大，仅存少量遗存，器物以小口小平底瓶为主。

10. 黄泥宕窑址

位于宣州区狸桥镇慈溪行政村黄泥宕村民组。堆积层高约3米，面积约500平方米。器型较大，以深腹罐、钵为主，有少量小罐出现。酱黄釉，施釉不到底，胎质厚重。

11. 窑村窑址

位于宣州区狸桥镇慈溪行政村窑村村民组。共有2处堆积，窑址大部分遭破坏，仅残存少量堆积，堆积层高约1米，面积约300平方米。

上述窑址留存器物大致相同，采集标本较少，现将较典型器物做一介绍。

小口平底瓶　子母口，束颈，溜肩，直腹，下腹部内收，小平底。胎质疏松，制作粗糙。XYXY2：5，口径4.4、底径4.9、高16.2厘米（图五，1）。

酱釉双系瓶　子母口，束颈，溜肩，直腹，下腹部内收，小平底。肩部对称捏塑两环形系。胎质疏松，制作粗糙。XYX Y5：1，口径5.5、底径5.5、高32厘米（图五，2；彩版一四，6）。

瓷四系瓶　子母口，束颈，溜肩，直腹，下腹部内收，小平底。肩部对称捏塑四环形系。胎质疏松，制作粗糙。

瓷擂钵　唇口，口沿下部有一道凸棱，斜直腹，平底。器物内壁布满放射状划痕。黑胎，黄褐釉。XYXLY1：1，口径10.2、底径8.6、高18.4厘米（图五，3）。

瓷烛台　分上下两部分。上盘小，为浅盘式，敞口，卷沿，中间为一凸起的烛台盘。

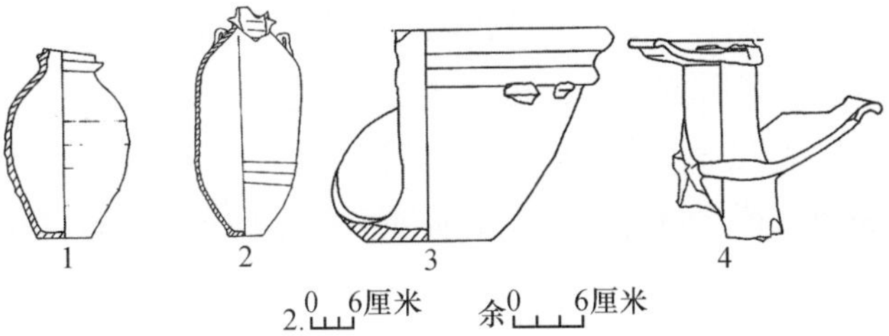

图五　其余窑址采集标本

1. 小口平底瓶（XYXY2：5）　2. 酱釉双系瓶（XYXY5：1）　3. 瓷擂钵（XYXLY1：1）　4. 瓷烛台（XLMY3：2）

下盘撇口，斜直腹，中间承以两段喇叭形圆柱连接，中空。褐胎，胎体厚重。施酱黄釉，施釉不及底。XLMY3：2，上盘口径14、残高16.9厘米（图五，4；彩版一五，6）。

二、宣州区境内窑址群的文化内涵

（一）窑址的时代

通过对采集标本的研究、对比，可以把宣州区古窑址群分为三个时期。

第一时期以山冈窑址群和小河口窑址群为代表。执壶，短颈、鼓腹、短流、扁直柄、平底或饼形底、施釉不及底，和芜湖县东门渡康王山窑出土执壶风格一致①。碗，敞口、斜直壁、平底或矮圈足、施釉不及底，和越窑系上林湖窑址中晚唐—五代的碗的形制相似②。窑址的时代应该在晚唐—五代。产品种类为日常生活用具，但不乏精品。有些釉色纯正，胎土细腻，器形规整，并不是普通百姓所用，如小河口3号窑出土的青釉瓜棱执壶、小河口6号窑址出土的黑釉大罐、山冈5号窑址出土的酱黄釉双系壶、山冈9号窑址出土的青釉卷沿罐等，可能主要供奉上层贵族或官府。各窑口间依据器物分窑烧制，有的窑口以烧制执壶和碗为主，如山冈1号、2号、4号、5号窑址，小河口1、2、3、4号窑址等，有的以烧制大件器物为主，如山冈3号窑址，主要产大件盘、罐和插钵。小河口4、5、6号窑址还专门烧制黑釉器，以黑釉大罐和壶为主。在山冈5号窑址中还出土一件青釉短颈盘口壶口沿残片，在上腹部的外壁点褐彩；一件折沿斜直壁大盘口沿残片，在上腹部的内壁点褐彩；1996年在山冈窑址上还采集到3件点褐彩的标本，表明这些窑口也生产点褐彩的产品。

第二时期以幸福窑址群为代表，时代为宋代。标本主要以四系瓶、双系瓶为主，器形较为粗犷，胎质较粗，釉色也不纯正。均为日常用品。四系罐、双系罐和东门渡营盘山宋代窑口出土的同类器物形制一致。

第三时期以古泉镇对门村窑址、狸桥镇下窑、窑村窑址为代表。主要以小口四系瓶、

① 谢小成：《“宣州官窑”探微》，《文物研究》第10辑，黄山书社，1995年。

② 林士民：《青瓷与越窑》，上海古籍出版社，1999年。

双系瓶为主，器物粗糙，釉色灰暗，不纯正，应为明代民窑器物。

从三个时期的窑址分布区域分析，可明显看出窑址群是以山冈、小河口窑址为中心，以同心圆状逐渐向外发散，时代越晚越在这个圈的外缘。同时烧制的产品也越来越粗糙。小河口、山冈窑址的产品是宣州古窑址成熟时期的代表，幸福窑址是半衰败时期的代表，而对门村、下窑窑址是宣州古窑址没落时期的产物。

（二）釉色及胎质

标本釉色相对单一，主要以青釉为主，酱黄釉次之，另有少量的黑釉产品。一些器物呈现出青灰釉和酱褐釉，施釉方式主要为浸釉，施釉前一般在器物表面施一层浅灰色的化妆土。除少量的大形罐、盘内壁施全釉外，一般内部只施釉到内口沿部。外壁施釉一般到腹部，少量器物施釉近底部，均不及底。常有垂釉现象。胎质主要以褐胎和红褐胎为主。

（三）纹饰和烧制方式

宣州境内窑址出土的器物一般以素面为主。少数碗内底中心刻划放射状线条，执壶的柄上刻划有竖条纹。一些执壶柄上还刻有“大吉”“吉利”“长命富贵”等文字和花卉纹饰。

通过分析已发现的60多座窑址，烧制方式有如下特征：由于目前宣州境内的古窑址均没有进行科学的发掘，对它的内部结构还不明确，从外形和部分窑址暴露出来的残存剖面分析和推测，认为唐—五代时期的窑址可能为龙窑，依山而建。宋代以后的窑址可能以馒头窑为主。调查发现了大量的窑柱、窑垫和纺轮，没有发现匣钵。主要的烧造方式有迭烧、套烧等方式。迭烧就是使用泥条、泥丁等作为间隔进行叠烧，在装烧中除窑具的足部直接与窑内底接触外，其顶部平面上再承以一个器物，器物之上再叠压另一件器物，中间用泥条间隔。因此，当器物成品烧好后，往往可以见到器底有支烧的痕迹，内底也有支烧的痕迹，如窑址内的碗一般均明火重叠仰烧，器物之间垫泥条，一般在9～15个。小形器物一般覆放在碗内进行套烧。壶、罐等大形器物一般下置单独窑柱垫烧。在采集的窑具上大多刻划有铭文，如“元、秃、何记、敬、宁、冯□、张、昇记、相王□、周、崔、□记、中吴窑”等，铭文大致可分两类，一类为工匠姓氏，一类为窑口记号。从铭文中可看出当时从事烧制陶瓷工匠人数众多，且人员复杂，应来自不同的地方。同时可知每一个窑口都应当有自己的窑名，如在山冈8号窑址中出土的一件窑柱上刻有“中吴窑”，疑为该窑址的原称。

（四）器物的用途

目前从发现的器物标本分析，宣州窑的产品在各个时期的用途不同。晚唐—五代的产品绝大部分是作为民间日用产品，器物多样，但大宗产品是酒具。一些器形精美、釉色纯正的产品应为贵族和进贡所用。宋、明时期的产品器物单一，仅为瓶、罐类。该类瓶、罐与江苏境内出土的“韩瓶” 相似，应为贮酒器。近几年来，宣州区境内发现的一些宋、明墓中均出土有瓶、罐，苏皖其他宋墓中也有瓶、罐出土，我们发现出土的瓶、罐形制均与宣州各窑生产的瓶、罐相同，往往盛有一种清澈的液体，可以认为是入葬时装的酒水。这些贮酒器的大量生产，应与宋、明时期的榷酒制度有关。宣州酿酒历史悠久，唐代已经酿出有名的老春酒，经过酒仙李白的宣扬，闻名遐迩，影响更大；北宋早期，宣州已置酒务七处，岁纳酒课达五万贯以上，在全国居于中上等水平。据光绪《宣城县志》载：东门渡，宋称符里镇，“居民商贾凑集，贸贩颇盛，置监酒税”，说明宋时东门渡的酒户较多，东门渡可能是宣州官办酒坊所在。北宋时期，随着古丹阳湖的围垦，江南圩田的开发，北方流民大量南迁，粮食生产迅速增长，刺激了酿酒业的发展。经过坐贾行商的贩运，盛酒器具的需要量日增，进一步刺激宣州窑的生产。我们可以说，宋代榷酒制促进了宣州窑的兴盛。同时明代嘉靖、万历《宁国府志》均载有宣州“岁贡官瓶一十二万个，内一十一万五千个解仪真（明初改真州为仪真县）抽分厂，转解工部，宣城个户造纳，复役与园户埒”，“官瓶每个五厘三毫”。这些记载也明确地表明了此处在明代确实出产瓷器，与我们在古泉对门村、风头村窑址、狸桥慈溪周边窑址发现的器物和记载相吻合。

三、结　　语

自冯先铭先生将宣州窑列入未发现尚待调查的瓷窑址之一以来，宣州窑的相关研究就一直方兴未艾。随着在古宣州境内的一些窑址的发现，如宣州区的小河口窑址、山冈窑址、幸福窑址、繁昌县柯家冲窑、骆冲窑、泾县琴溪窑址、摇头岭窑、芜湖县东门渡窑址等，对进一步了解古宣州窑提供了实物资料。

经过近几十年的调查、研究，学术界对“宣州窑”从不知到逐渐认识，过程大致经过了三个阶段：第一阶段是20世纪50年代，在安徽省繁昌县发现柯家冲青白瓷窑址。该窑址总面积约100万平方米，窑址中发现大量的青白釉和白釉瓷器标本，1958年安徽省文化局文物工作队曾在此进行过一次小规模的试掘，1978年、1983年安徽省博物馆又曾进行过两次试掘。通过试掘初步认定该窑址为宋代专烧青白瓷的瓷窑①。2002年，由安徽省文物考古研究所主持，中国科学技术大学科技史与科技考古系与繁昌县文物管理所组成联合考古队，又对该遗址进行了历时两个多月的正式考古发掘。根据发掘窑址中的出土器物分析，认为该窑址的烧造年代最早在五代时期。因繁昌县古属宣州，同时“根据黄裔的《瓷史》记载，五代的宣州窑烧造白瓷，其特征为‘卵青而微灰’，应即为青白瓷。繁昌窑产品特征与记载中的宣州窑相符，且在南唐二陵中出土有繁昌窑青白瓷，此次调查采集的器物与南唐二陵中出土的器物对比分析，有理由推测：繁昌窑应曾为南唐国烧制宫廷用瓷，很可能就是文献记载中的宣州窑”②。第二阶段是泾县的琴溪窑和摇头岭窑的发现。20世纪80

① 张道宏：《试掘繁昌瓷窑遗址》，《文物参考资料》1958年第6期。

② 杨玉璋、张居中、李广宁、徐繁：《安徽繁昌县柯家冲瓷窑遗址发掘简报》，《考古》2006年第4期。

年代在泾县的琴溪和摇头岭发现了堆积面积约15平方千米的窑址群，是一处五代至北宋时期以烧制青瓷为主的窑址，学者认为上限可能会早到唐代晚期①。因泾县也属古宣州，同时在琴溪窑址中还发现了刻有“宣”字的窑具。据此认定为宣州窑的早期窑口②。第三阶段是1985年芜湖县东门渡窑址群的发现。东门渡窑址为晚唐至北宋时期以烧制青釉瓷器为主的窑址，兼烧酱黄、酱黑釉瓷器。特别是1989年在窑址中发现了十几件在腹壁近底处钤印有“宣州官窑”字样的四系罐残片③，这个发现对宣州窑的研究起到了推动作用，明确了宣州窑的具体位置。

2009～2010年宣州区文物普查队在宣州境内开展了详细的窑址调查，第一次细致地对各窑址的分布状况、周边环境、器物特征进行了分析、比对，对“宣州窑”有了进一步的了解。从调查的情况看，宣州境内的窑址分布面积非常广泛，可见的瓷器堆积面积达上千万平方米。唐末—宋代的瓷器堆积面积也有数百万平方米以上。这个规模远远超过宣城周边已发现的窑址的面积。这种规模和“宣州窑”一个州级窑场的身份及地位相符。而且在狸桥境内的窑址分布很有规律，主要分布在三个山冲中，即茅市冲（山冈窑址）、西窑冲（小河口窑址）和南窑冲（幸福窑址、北山窑址、下窑窑址、窑村窑址）。窑址均沿着山冲底部排列，附近均有人工开凿的河道连接水阳江。茅市冲、西窑冲内窑址采集的标本时代较早，基本为晚唐—五代时期，东窑冲内窑址采集的标本时代较晚。在山冈窑址西南150米处有一人工湖，当地称为“貌子湖”，也有人称为“茅市湖”，猜测是否应为当地烧建瓷器，需要木材、茅草等原材料，在当地产生了一个木材、茅草交易的集市，后来人工开挖的湖就以此为名。同时在这一区域目前还有许多地方的名称含有“窑”“陶”等字，如“下窑”“上窑”“窑堡”“陶村”“窑墩”等，在这些地方均发现有数量不一的瓷器堆积场所。查阅地方志时也有当地烧制瓷器的记载，如在清嘉靖《宁国府志》舆地志中曾记载“北嵎岭北岁官瓶于此，慈溪出焉”，这里所指的北嵎岭北也即是现在的狸桥镇的慈溪村周边。在当地还有明代朱元璋下圣旨修建99座桥被误传为建造99座窑的传说。这些现象可以表明：①在狸桥镇周边应该分布着一个范围相当大的窑场。各个时期有相对固定的烧造区域。②当一块区域的自然环境和生产资料不能完全满足烧造条件后就近选择另一块区域重新生产。③可能存在配合陶瓷烧造生产的原材料交易市场。从时代分析，目前在这一区域内发现最早的一批标本均在唐代晚期，且烧制规模大，器形基本一致，表明此地最迟在唐末就开始大规模烧制瓷器，说明“宣州窑”时代上限不会晚于唐末。

虽然通过调查和发掘慢慢地揭开了宣州窑真面目的一角，但目前仍然无法对宣州窑的文化内涵有一个准确的定位。从古宣州境内发现的窑址看应存在两个窑系。一是沿水阳江流域形成的以东门渡窑、山冈窑、小河口窑、琴溪窑为主的青釉窑系。在近期的全国第三

---

① 李广宁：《泾县琴溪古窑址调查》，《安徽文博》1985年总第5期。

② 李广宁：《琴溪古陶瓷窑址调查初记》，《宣州文物》1984年年刊。

③ 谢小成：《芜湖县东门渡唐宋陶瓷窑址的调查——兼议“宣州官窑”》，《东南文化》1991年第2期。

次文物普查中，在宁国市、郎溪县均发现了一些和宣州境内晚唐—宋代窑址内涵相似的窑址，如宁国市竹峰办事处锚渡窑址（位于水阳江上游宁国市中津河）、郎溪县凌笪乡冈南窑址、十字镇小阳村窑址。这几处窑址的成熟产品均为晚唐—五代时期，主要分布在古宣州的中东部，顺水阳江沿线分布，原材料共用同一条瓷土矿脉。受南方越窑影响，无论从烧制方式、施釉方式还是器物的形制都带有强烈的越窑特征。在这么大的一片区域内形成的烧制地点相对集中、分布面积广泛、烧制产品相对一致、烧制延续时间长的窑址，应该不是一个单一的、民间加工制作点，而是各窑址之间存在着密不可分的联系。同时在东门渡窑址和宁国市山门中路北闸古窑址中发现了钤印的“宣州官窑”四系罐，泾县琴溪窑采集到刻有“宣”字款的窑具，这类器物均为宋代产品。从款识中也表明最迟在宋代这一区域的窑址均为官府监办生产，有目的地进行产品制作，产品销售大部分由官方组织。二是沿青弋江流域形成的以泾县窑头岭、窑峰，以及繁昌柯家冲、骆冲窑的青白釉窑系。青白釉窑系主要是在南方青釉的基础上受到了北方白釉窑系的影响形成的一个新的品种。从产品的形制分析各个窑址各有特点，器形较丰富，主要是以民间实用器的商品瓷为主，形制和制作方式更靠近景德镇窑。分布的面积也小于青釉窑系。且烧制时间短，为五代—宋代窑址，宋代以后未见窑址，也无任何证据证明窑址生产有官府监烧背景。一般来说我们把在一个在特定的区域范围内，用基本相同的制作方式、技术手段烧制相似产品特征的一些窑址统称为一个窑。而这两个窑系从地域上说处于两个独立的环境，产品形制和烧制方式也大相径庭，不能作为同一个窑场对待。

综上分析，我们可以初步认为“宣州窑”应该是指沿水阳江流域以烧制青釉产品为主的一系列时代风格相近的群窑构成的窑场，由官方监烧的民窑窑址。分布范围包括古宣州境内的宣州、郎溪、泾县、宁国。

宣州窑是在特定的社会环境、社会状况形成的产物。目前在陶瓷界还有许多争议，许多问题还得不到有力的证据去证明，如“宣州官窑”的问题、境内两个窑系之间的关系等，都需要做更深的探讨。我们主要想通过实地调查、标本的比对，进一步探求宣州窑的历史本来面目。因宣州境内的窑址均没有发掘，无法更深地探求宣州窑的全面内涵，许多问题只能有待今后考古发掘来加以证实。

附记：参加调查的人员有朱锐、芮峰、李建平、朱幸福、宋黎藜；绘图宋黎藜；摄影朱锐。

安徽宣城市溪口镇宋墓出土瓷器与铜器

王爱武

（宣城市博物馆）

［摘　要］　1999年宣城市溪口镇南宋砖室墓出土了青白釉、青釉、黑釉瓷器20余件，湖州镜1面，铜钱100余枚。分属于不同的窑系，在工艺、造型、胎釉、装饰等方面，各具风格特征，为认识研究宋代制瓷技艺和宣城历史文化提供了实物资料。

［关键词］　宣城　溪口　砖室墓　南宋　瓷器

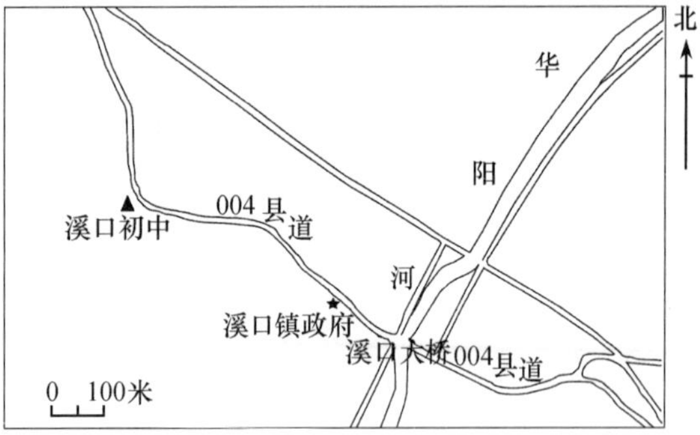

图一　溪口镇宋墓位置图

1999年7月，宣城市宣州区溪口职高建设工地发现了一座砖室墓（图一）。文物部门赶到现场后进行了调查与清理。由于施工原因，墓室已遭毁坏，形制不清，葬具不存，仅清理出土了20多件青白釉、青釉和黑釉瓷器及100多枚宋代铜钱、1件残铜镜。现将部分出土的较完整瓷器和铜器介绍如下。

一、瓷　　器

1. 青釉

有盏、罐等。

青釉盏　2件。圆唇，侈口，弧腹，假圈足，平底微内凹。盏内近口沿处和近底处各饰一周弦纹。红褐色胎，较粗松，施青釉不及底，釉色黄褐，釉面有细小开片。一件口径11.6、底径4.5、高4.5厘米（图二，1；彩版一六，3），另一件口径11.3、底径4.5、高4.3厘米。

青釉罐　2件。分二式。

Ⅰ式：1件。方唇，直口，短颈，圆肩，弧腹，下腹部斜收，假圈足，平底。灰褐色胎，较粗松，内外施青釉，釉色黄褐，釉面有细小开片。口径7.8、底径6.8、高6.6厘米（图二，2；彩版一六，9）。

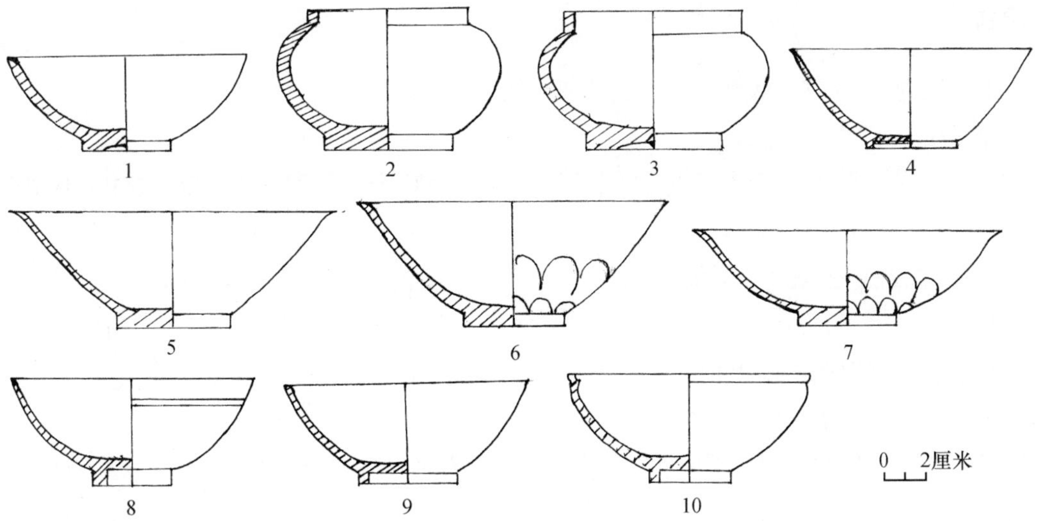

图二　出土瓷器

1. 青釉盏　2. Ⅰ式青釉罐　3. Ⅱ式青釉罐　4. 青白釉盏　5. Ⅰ式青白釉碗　6. Ⅱ式青白釉碗　7. Ⅲ式青白釉碗　8. Ⅰ式花草纹盏　9. Ⅱ式花草纹盏　10. 凤鸟纹盏

Ⅱ式：1件。方唇，直口，短颈，溜肩，扁鼓腹，假圈足，平底微内凹。灰褐色胎，较粗松，内外施青釉，外不及底，釉色黄褐，釉面有细小开片。口径8.6、底径6.5、高6.2厘米（图二，3）。

2. 青白釉

有盏、碗等。

青白釉盏　2件。圆唇，侈口，斜弧腹，矮圈足。白胎，较细腻，施青白釉，釉面光洁莹润，口部无釉。一件口径 11.7、底径4.8、高4.6厘米（图二，4；彩版一六，1），另一件口径11.6、底径3.3、高4.4厘米。

青白釉碗　4件。分三式。

Ⅰ式：2件。尖圆唇，侈口，斜壁，假圈足，平底。碗内近底处饰一周弦纹，灰白胎，内外施青白釉，釉色泛黄，釉面有细小开片，底部露胎。一件口径16、底径5.3、高5.6厘米（图二，5；彩版一六，7），另一件口径16、底径4.7、高5.1厘米。

Ⅱ式：1件。圆唇，侈口，斜壁，假圈足，平底。碗内刻划弦纹和草叶纹，外壁刻划两组莲瓣纹。内外施青白釉，釉色灰白，口沿处饰一道酱釉，足底部露灰胎。口径14.8、底径4.8、高5.7厘米（图二，6；彩版一六，2）。

Ⅲ式：1件。圆唇，侈口，斜折沿，浅弧壁，假圈足，平底。碗内饰一周弦纹，外壁刻划两组莲瓣纹。内外施青白釉，釉色灰白，足底部露灰胎。口径15、底径 4.8、高 4.5厘米（图二，7；彩版一六，8）。

3. 黑釉

器形均为盏，4件。纹饰有花草纹和凤鸟纹两种。

花草纹盏　3件。分二式。

Ⅰ式：2件。圆唇，侈口，弧腹，圈足。盏外壁饰两道凸弦纹，盏内近口沿处和近底处各饰一周凸棱纹，腹内绘花草纹。黄白胎，施黑釉泛黄，腹外近足处不施釉。一件口径11.7、底径4.3、高5厘米（图二，8；彩版一六，6）。另一件口径11.1、底径3.6、高4.6厘米。

Ⅱ式：1件。圆唇，侈口，斜腹，圈足。盏内近口沿处和近底处各饰一周凸棱纹，腹内绘花草纹。黄白胎，施黑釉，腹外近足处不施釉。口径11.7、底径4.4、高4.8厘米（图二，9；彩版一六，5）。

凤鸟纹盏　1件。圆唇，侈口，卷沿，弧腹，圈足。外口沿下饰一周凹弦纹。腹内饰一对凤鸟相逐飞舞，凤鸟间饰花草纹。黄白胎，施黑釉，釉色偏黄褐，腹外近足处不施釉。口径11.6、底径4.1、高5.1厘米（图二，10；彩版一六，4）。

二、铜　　器

铜镜　1面。残为两半，略有锈蚀。圆形。小钮，已残，钮外一侧置长方形框，框内镌刻铭文“湖州李家真炼铜照子记”，楷体，竖排两行。窄平素缘。直径18.2厘米。

铜钱　100余枚。锈蚀严重，绝大多数钱币字体模糊不清，可辨识年号的数量不多，以通宝、元宝类为主，少数为重宝钱。个别钱币正面字迹较清晰端正，素背，字体有真、隶等。分别为宋元通宝1枚、太平通宝2枚、咸平元宝1枚、熙宁重宝1枚、崇宁重宝1枚、淳熙元宝1枚、淳祐元宝1枚。

三、结　　语

（一）墓葬年代

宣州区溪口镇发现的古墓葬，虽形制不清，但随葬器物为我们推断墓葬年代提供了丰富的信息。随葬铜钱100多枚，最早的年号是北宋太祖时期的“宋元通宝”，最晚的有南宋理宗时期的“淳祐元宝”，出土的铜镜为两宋时期的湖州镜，而且墓葬中出土的遗物主要是瓷器，其造型、釉色和装饰特点等具有明显的宋代风格，其中Ⅲ式青白釉碗与淮北大运河出土的宋代瓷碗A型Ⅱ式基本一致[①]，Ⅱ式花草纹盏与安徽马鞍山市秀山新区宋墓出

---

① 安徽省文物考古研究所、安徽省淮北市博物馆：《淮北柳孜运河遗址发掘报告》，科学出版社，2002年，第112页。

土的瓷盏相似[①]。综上所述，我们认为此墓年代应为南宋中晚期。

（二）出土瓷器特点

溪口宋墓中出土了数量较多的青釉、青白釉和黑釉瓷器，种类多为碗、盏、罐类等日常用具，它们各有着不同的特点，产地也不尽相同。

根据近年来的考古发现，在唐代宣州境内的宣城、泾县两县范围内，已发现的瓷窑址就有宣州卫东窑、新河窑、狸桥窑，芜湖县东门渡窑、泾县琴溪窑等，多以烧制青釉瓷器为主，深受南方越窑瓷器的影响[②]。此次宋墓中出土的青釉瓷器有罐和碗，胎色为灰褐或红褐，胎质较粗，胎体较厚，施青釉，釉色泛黄，色泽不均匀，多有细裂纹，大都施釉不及底，多为平底，或略内凹，纹饰简单，仅青釉碗上刻有弦纹，造型规整大方，青釉罐为直口、短颈、腹部丰满，整体圆润深厚。它们在胎釉、造型及纹饰上与上述窑址所出器物类同，可以推断，这几件青釉瓷器为宣州本地窑址所生产。

宋代是我国瓷器生产的鼎盛期，其时全国窑场林立，名窑辈出。江南地区制瓷业比较兴旺的为江西景德镇窑，以烧制色质如玉的青白瓷而著名[③]。青白瓷具有青中泛白和白中显青的特点。景德镇窑北宋中期受定窑影响，一部分器物开始用“覆烧法”烧造，出现覆烧芒口器，北宋晚期至南宋器形品种多样，多直口弧壁或侈口斜壁的芒口碗，碗口、腹壁胎皆薄，仍以影青釉为主。溪口宋墓中所出土的青白釉盏，系采用“覆烧法”烧造而成的芒口器，器型较小，侈口弧腹，胎质细腻坚致、体薄透光，釉色青白淡雅、莹润净洁，是景德镇窑北宋后期至南宋产品。当时江西南丰窑、吉州窑、安徽繁昌窑及福建省泉州一带窑场，均受景德镇窑影响而烧制青白瓷，形成了一个生产青白瓷的窑系[④]。例如，江西南丰窑的青白瓷，胎骨较粗糙，釉色多为浅浅的米灰色，光洁度较差，器物均为平底或圈足，碗的造型多为斜弧壁，底足较高大，有的口沿处饰一圈酱色釉，装饰多莲瓣纹。溪口宋墓中所出土的青白釉碗，胎质较粗松，釉色白中泛黄或泛灰，不够润泽光亮；Ⅱ式、Ⅲ式青白釉碗，腹外壁所饰莲瓣纹，简洁大方，莲瓣或尖或圆，有大有小，信手而刻，排列亦无章法，随意自然，不如同时期景德镇窑产品精致规整。可以认为青白釉碗是景德镇窑系中南丰窑产品。

我国黑釉瓷器的生产和青瓷一样历史悠久[⑤]。入宋以后，由于社会上“斗茶”风行，更是兴起不少专烧黑釉碗盏的瓷窑，较为著名的有建窑、吉州窑、定窑等。其中吉州窑的

---

① 马鞍山市文物管理局：《安徽马鞍山市秀山新区宋墓发掘简报》，《文物研究》第19辑，科学出版社，2012年。

② 张宏明、沈汗青：《安徽商代以来陶瓷生产史略》，《文物研究》第12辑，黄山书社，1999年。

③ 冯先铭主编：《中国陶瓷》，上海古籍出版社，1994年，第400页。

④ 李广宁编著：《中华古玩通鉴·陶瓷器》，黄山书社，1995年，第46页。

⑤ 中国硅酸盐学会编：《中国陶瓷史》，文物出版社，1997年，第277页。

黑瓷产品颇负盛名。此次宋墓中出土的黑釉盏，胎质黄白，坯泥颗粒较细；釉层较薄，釉色不够黑，大都偏黄褐，釉面匀净润泽，内施满釉，外部施釉不及底，不见垂釉现象；盏的造型为侈口、弧腹、圈足，有的沿微向外卷，但大都是向内凸起一道棱，圈足矮小，不规整，旋削较草率；装饰纹样有花草纹、凤鸟纹等，简练生动，质朴别致。从胎釉、工艺、造型及纹饰上分析，这几件黑釉盏应为吉州窑产品。

（三）出土瓷器原因

宣城地处皖东南，历史悠久。秦始置县，汉初设郡，相沿2000多年，为历代郡、州、府城，是皖东南的政治经济文化中心，积淀了丰厚的文化遗产。近几十年来，在城乡基本建设和改造中，发现了数量可观的古墓葬，出土了大量的陶瓷、青铜、漆木器等类文物。此次溪口宋墓之所以出土数量较多、不同窑系所产的青釉、青白釉和黑釉瓷器，究其原因，有以下几个方面：一是和宣城所处地理位置及自然条件有关。位于皖南的宣城，处于中国南北两大瓷器系统的交结点上，其特殊的地理位置和相对稳定的社会环境及瓷石、黏土、木材、水运等资源优势，为本地烧制瓷器汇聚了有利的条件。据有关文献记载，宣城境内大约在晚唐五代时开始烧造瓷器。宣城市第三次文物普查结果显示，宣州区境内现保存较完好的晚唐—明代窑址就有60余处，散布在古泉、养贤、狸桥三镇。因而溪口宋墓中出土了为数不少的本地所产青釉瓷器。二是与宣城社会经济状况有关。唐宋时期的宣城是大州，也是富州，嘉庆《宁国府志·舆地志·风俗》中就有“其土乐，其民安”和“舟车繁会之乡，风俗和柔之境”的记载。这时宣城的社会经济得到了前所未有的发展，商贾兴盛，商品流通发达，百姓生活富足，人们对瓷器的需求不仅表现在数量增多上，而且对质量的追求也比较高，趋向于使用更为高档的名窑产品，如青白瓷和黑釉瓷这两种宋代瓷器中的创新品类和流行品类，因而宋墓中出土了数量可观的景德镇窑和吉州窑瓷器产品。

附记：绘图王爱武；摄影陈胜桥。

河南新郑铁岭墓地商代和战国陶窑发掘简报

郑州市文物考古研究院

［摘　要］　新郑铁岭墓地共发现3座陶窑，Y1位于双洎河旁，Y2位于Y1北300米，Y3在Y2东北40米。Y1系商代陶窑，形制上处于由升焰窑向半倒焰窑过渡的中间形态，隶属一个微聚落。Y2、Y3系战国陶窑，东南1千米有与之相应的战国贾梁遗址。Y1、Y2因时代不同，形制发生了较大变化，这是基于它们的工作原理、功用不同。

［关键词］　新郑　铁岭墓地　商代　战国　陶窑

铁岭墓地是郑韩故城外围最为重要的一处东周墓地，郑州市文物考古研究院在此持续工作近6年（图一）。自2006年6月至2012年5月，在墓地Ⅰ、Ⅱ、Ⅲ区南水北调河道经过的区域共发掘东周墓葬1300多座，晋、唐、明、清墓葬40多座，龙山、商代、汉代、唐代灰坑60多个，商代房址5座、陶窑1座，战国陶窑2座。其中东周铜器墓多已发表，现将陶窑06HZXTY1、11HZXTY2（以下简称Y1、Y2，Y3已毁）发掘情况报告如下。

图一　铁岭墓地位置示意图

一、Y1

1. Y1位置

铁岭墓地位于双洎河北岸，东西各有一条南北向支流，在其西南缘有一相对独立的台地，面积1万平方米。台地西南部靠河的地方，除了密集的东周墓葬，还发现有商代房址5座、商代灰坑20多个、商代地层及个别龙山灰坑。在这些遗存的北中部有一座陶窑Y1，应该是该微聚落的陶器烧制场所，生产自身需要的陶器（图二）。

2. 开口层位及发掘经过

Y1位于Ⅲ区T2218西南部，工作面出探方南壁。Y1开口于第2层下，打破第3层和生

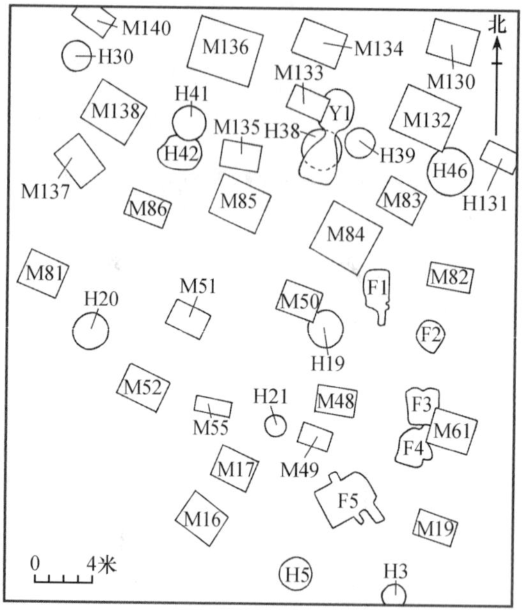

图二　Y1位置示意图

土层，这在探方南壁也有体现（图三）。探方第2层为黄褐色土，含沙量大，厚0～0.15米，时代为明清。第3层为红褐色黏土，厚0.4～0.8米，含棕红色、灰色两种陶片，器形主要有鬲和罐，时代为晚商。窑顶面清理出来后，大致呈圆形，其东部有踏踩面，土细碎，厚0.5厘米，西南角被M133打破。

M133为中型墓，长2.7、宽1.7、深5.2米，一棺一椁，未见随葬品。M133打破Y1的一个烟囱、部分窑床及火道，墓壁上能看出Y1的部分结构及窑内堆积。我们首先清理Y1的上部堆积，周围薄，中间厚，清理后露出窑的三个烟囱及坍塌的窑顶，三个烟囱除西边一个被M133毁坏一半外，其余两个保存较好。为了不伤及烟囱的构造，我们将窑的南半部（实际只有1/4强）解剖，发现窑顶中部还有一个方形烟囱，窑顶下堆积为3层。三个烟囱的外侧尚保留在窑壁上，内侧随塌顶下挫，从西边烟囱上可明显看出下挫线。因此，在随后的清理中，我们保留了三个烟囱下的堆积层以做支撑，中部方形烟囱予以收集，并清理三个烟囱间的堆积以了解窑的构造。

在清理窑的南半部的同时，我们还清理了与窑毗连的工作面。工作面西部被H34打破，大部分在探方内，内含唐代布纹板瓦、砖及陶罐耳。工作面的堆积分2层，分别对应室内堆积第1、2层。工作面清完后，发现它的下面还压着H38，内含龙山时期的罐、碗、盆残片。当探方内所有遗迹清完后，我们打掉探方南壁西半段，清理H34剩余的少半部，将Y1的工作面找全，补绘于图上，清理工作面下压的H38其余部分。

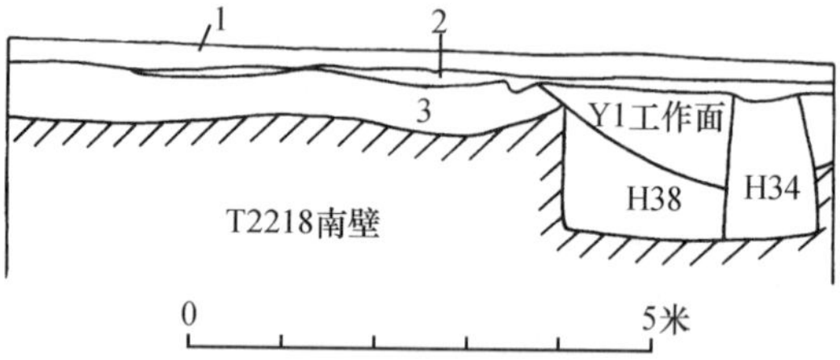

图三　Y1口开层位及打破地层

3. 窑的形制

Y1由工作面、窑门、火膛、窑床及烟囱组成，方向206º。窑系平地开挖，挖穿当时的文化层，深入生土。

工作面　大致呈梨形，东、南、西三面浅，缓坡状，中部、北部渐深，与窑门相连。南北长4.2、东西宽3.2米，北部深0.9米。

窑门　位于工作面与火膛之间，南窄北宽，略成倒梯形，实际是窑壁外延的一部分，外扩后成为窑门。南宽0.72、北宽约0.9、南北长0.55米，南端距地表0.9米，北端距地表

1.9米，窑门高度因顶塌不知。

火膛　位于窑床前部，窑门附近，与窑床界限不清。本是窑床的一部分，因本窑没有专设火膛，柴只能置于窑门及窑床前部燃烧，以免妨碍放置陶器。

窑床　大致呈圆形，中部低，四周高，直径2.4～2.5米。周壁除窑门附近外扩外，其余直壁略内收，0.84米以上急剧内收成弧顶，顶高约1.36米。

烟囱　由窑顶中部的方形烟囱和东、北、西三个长方形烟囱组成。方形烟囱，直壁，仅保留下半段。边长0.1米，复原深度0.6米。东、北、西三个长方形烟囱，口大底小，上、下口皆呈长方形，弧壁。复原上口长0.6、宽0.14～0.16米，复原下口长0.4～0.5、宽0.06米，深约1.04米（图四；彩版一七，2）。

Y1的窑门、火膛、窑床底、周壁、窑顶、方形烟囱有烧成厚0.04～0.1米的青灰面，长方形烟囱内壁几乎没有烧结。

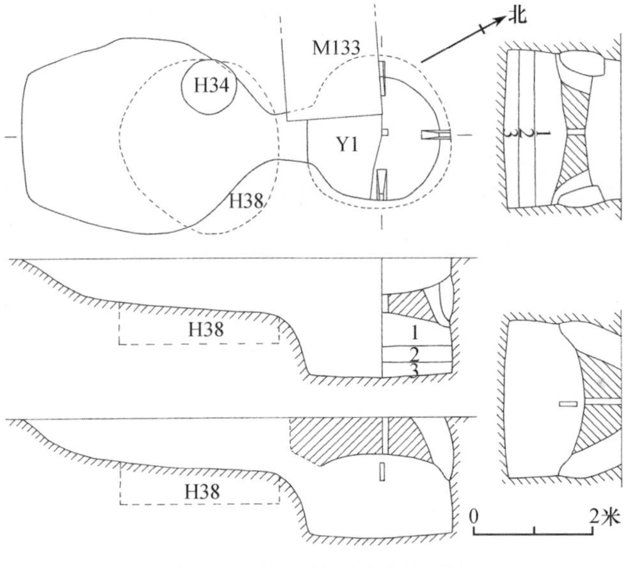

图四　Y1平、剖面图及复原图

4. 地层堆积及包含物

窑顶堆积：窑顶塌陷以后形成，黄褐色，硬度一般，厚0.3～0.6米。内含红烧土颗粒，不见其他包含物，应是窑顶的一部分，顶塌后经人扰动，且经水浸（彩版一七，1）。

窑内堆积分3层：第1、2层为自然堆积；第3层本是窑底的一部分，因窑床中部低，四周高，窑建成后，在窑底铺了一层土，略经夯实，其上也有一层烧结面。

第1层：黄褐色土。质松，含较多的烧土颗粒及少量草木灰，未见陶片。厚0.26～0.54米。

第2层：灰褐色土。质松，含较多的草木灰，因而土层成灰褐色，见少量商代鬲足、口沿及罐的残片。厚0.26米。

第3层：红烧土。顶面为青灰色烧结面，下部为细腻红烧土，土质较松，未见包含物。厚0.24米。

工作面堆积分2层，分别对应于窑内第1、2层。

第1层：黄褐色土。含少量烧土颗粒，见少量龙山时期和商代的陶片，前者器形有篮纹罐、方格纹鼎和双腹盆等，后者器形有鬲、罐、瓮、钵和陶拍等。厚0.2～0.6米。本层与窑内第1层同为窑被毁时形成的堆积。

第2层：灰褐色土。含较多的草木灰，见少量商代陶鬲口沿及罐的残片。厚0～0.3米。本层同窑内第2层同为窑废弃后形成的堆积。

5. 地层内商代器物

陶鬲　13件，皆夹砂陶。Y1①：1，棕红陶。侈口，斜折沿，方唇，唇面中部呈凹槽状，颈部略束，以下残。颈部以下饰粗绳纹，绳纹麦粒坑较浅。口径28、残高6.6厘米（图五，1）。Y1①：2，棕红陶。侈口，斜折沿，圆唇，沿面凹，沿下折棱明显，直颈，以下残。颈下部饰粗绳纹，绳纹麦粒坑浅平。口径30、残高5.5厘米（图五，2）。Y1①：3，棕红陶，局部呈褐色。侈口，斜折沿，沿面凹，束颈，以下残。颈部以下饰粗绳纹，上部绳纹被抹平，下部绳纹麦粒坑较深。口径28、残高5.7厘米（图五，3）。Y1②：1，灰陶。仅余袋足及根部。袋足较浅，胎厚，根呈短柱状。未见绳纹。残高6.4厘米（图五，4）。

陶罐　4件，皆泥质陶。Y1①：11，棕黄陶。侈口，斜折沿，沿面略凹，束颈，斜肩，深腹，以下残。肩以下饰中绳纹，绳纹麦粒坑较清晰。口径17、残高15.4厘米（图五，5）。Y1②：4，褐陶。仅余下腹及凹底。下腹饰中绳纹与细密碎绳纹。底径6、残腹径17.6、残高7厘米（图五，6）。

陶瓮　1件。Y1①：12，泥质棕黄陶。侈口，折沿，圆唇，束颈，斜肩，以下残。肩

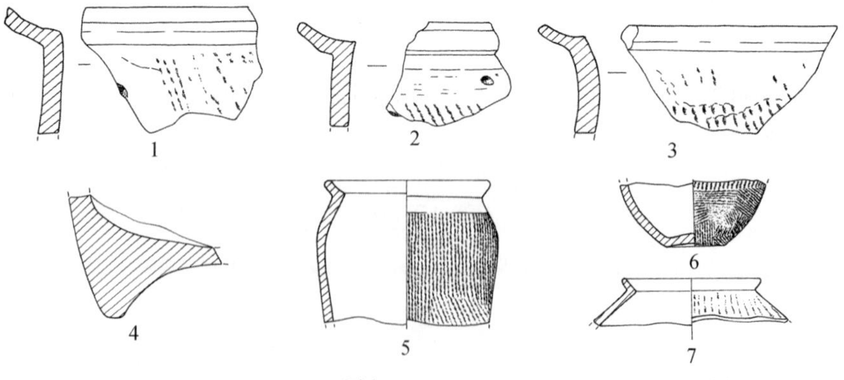

图五　Y1室内地层包含器物

1～4. 陶鬲（Y1①：1、Y1①：2、Y1①：3、Y1②：1）　5、6. 陶罐（Y1①：11、Y1②：4）

7. 陶瓮（Y1①：12）

部有不太明显的细绳纹。口径15、残高4.8厘米（图五，7）。

陶钵　2件。泥质陶。敛口，方唇，弧肩，鼓腹，以下残。肩以下饰中绳纹，绳纹麦粒坑清晰。Y1①：14，褐红陶。口径15、残高5.9厘米（图六，3）。Y1①：15，灰陶。口径16、残高4厘米（图六，4）。

陶拍　1件。Y1①：13，夹砂棕红陶。圆柱形，顶端平，略粗，下端残。顶面饰粗绳纹，制作不精。顶径6.4、残高5.4厘米（图六，1）。

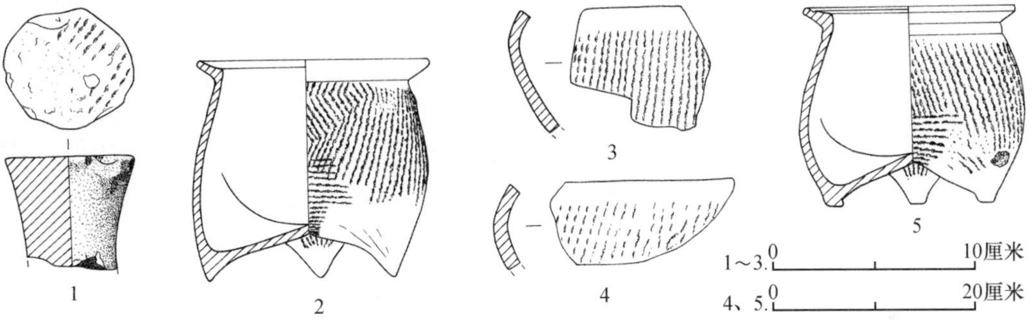

图六　Y1室内地层包含器物及参考器物

1. 陶拍（Y1①：13）　2. 灰陶鬲（T2119③：1）　3、4. 陶钵（Y1①：14、Y1①：15）　5. 棕红陶鬲（T2117③：1）

二、Y2

1. Y2位置

Y2位于铁岭墓地铁岭村西，南1.2米有一条东西向路沟。根据其深度，推测形成于明代以前，新中国成立后经平整，地势平坦。经钻探，路沟内有较多大、中型墓，小型墓均无存，而Y2东、北、西三个方向墓葬密集，大、中、小型均有，说明古代这里地势较平。

2. 开口层位及发掘经过

为了加快铁岭墓地Ⅱ区的发掘进度，我们将路沟以北的地段用铲车下挖1.2米，Y2开口距地表0.4米。

Y2窑床打破M919的东南角，工作面打破M920的东部。

首先清理窑床。填土褐色，较疏松，内含较多的烧土块，系窑顶塌落块，亦见少量板瓦、筒瓦、鼎足、罐口沿等，一种椭圆形陶拍数量较多，分布于窑床各处。下挖0.4米，窑床东缘见青灰色烧结面，底上有一层红褐色泥胎器，器形不明，仅能看出分层。烧结面以西，又下挖0.1米见底，但没有烧结面，窑西北角亦见到泥胎器，发现一块陶片，似盆的口沿。窑床清理干净后，中部有一船形扰坑，内多烧土、泥胎陶器黏结块，下挖0.4米见底。窑床中、西部低于东缘，是窑床塌陷所致。下陷所形成的直线，系M919的东壁线。

随后清理火膛、工作面。火膛建在M919、M920之间的生土上，东西壁上有散乱的工具痕。火膛、工作面的填土与窑床填土同，难以分层，内含砖块、空心砖块、石头、兽骨。工作面、火膛接近底部，有较多的椭圆形陶拍。当工作面上不再见陶拍时，已是M920的填土，未见明显的踏踩面，推测窑床中、西部及工作面同时遭到破坏。火膛底北部也有一道明显的分界线，是M919的南壁线。

3. 窑的形制

Y2由工作面、窑门、火膛、窑床、烟道及烟囱组成，方向190º。窑在未推土前，窑床距地表1.3米，为窑的中、下部，则窑顶应该高于现今地面。这有两种情况：一种是自当时的地面起，人工堆土封起窑顶，因窑床上的塌落块是烧土块；另一种是建窑时这里地势稍高，窑顶也建在生土上。

工作面　大致呈梨形，东、南、西三面浅，缓坡状，中部、北部深，与窑门相连。南北长1.76、东西宽1.52、北部深1米。

窑门　位于工作面与火膛之间，南窄北宽，倒梯形。南宽0.45、北宽0.62、南北长0.1、深1米，高度不明。

火膛　位于工作面与窑床之间，倒梯形，南、北两壁较直，东、西两壁略外扩，平底。上口南宽0.62、北宽2.15米，底南宽0.56 、北宽1.9米，南北长1.06、深1.2米，火膛底低于窑床0.7米。

窑床　近方形，直壁，平底，北壁底部设有三个烟道。南北长2.3、东西宽2.4、深0.5米。窑床的南缘在使用过程中崩塌，用残砖修补。窑后期遭破坏，砖仅留一层。砖残长0.08～0.18、宽0.16～0.22、厚0.08米。窑床中部扰坑长1.38、宽0.58、深0.4米。

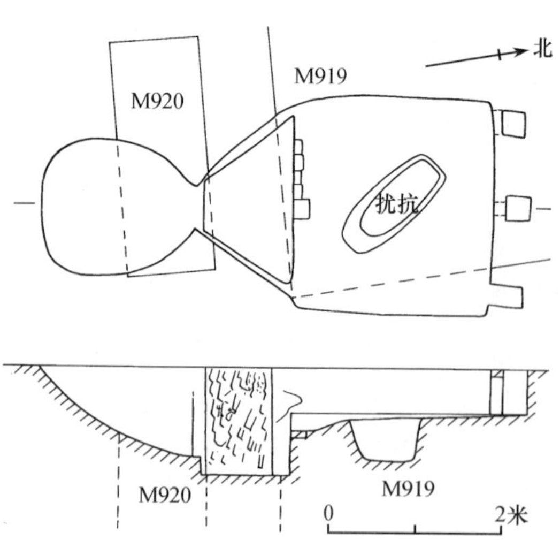

图七　Y2平、剖面图

烟道　位于窑床与烟囱之间，顶部砖砌，与烟囱隔开。西烟道，南北长0.1、东西宽0.28、高0.42米。中烟道，南北长0.14、东西宽0.14、高0.42米。东烟道，顶砖无存，东西宽0.22米，南北长不明，高应同中烟道。

烟囱　位于窑床后，竖井状，大致呈方形，下部通过烟道与窑床相连。西烟囱，南北长0.26、东西宽0.28、残深0.5米。中烟囱，边长0.28、残深0.5米。东烟囱，东西宽0.22米，南北长不明，根据西、中烟囱的情况，它的长度可能是0.22、残深0.4米（图七）。

4. 出土物

工作面与窑内堆积不分层，出土物较杂，烧土块、烧土颗料较多，器物以陶拍为大宗，另见少量板瓦、筒瓦、砖块、石头、兽骨，零星发现鼎、壶、空心砖碎块，窑床底的泥胎器未能清出。

陶鼎　1件。Y2：1，泥质灰陶。子口，圆唇，唇外有凹槽承盖，耳失，弧腹，近平底，蹄足中空且矮。腹饰两周凸弦纹，弦纹间饰褐色三角网纹。口径16、腹径20.8、残高14.2厘米（图八，1）

陶壶　1件。Y2：2，泥质灰陶。仅见颈、肩、腹、底的残片，无法修复。束颈，弧肩，鼓腹，平底略内凹。肩、腹部有凹弦纹四周。

板瓦　10件。皆残。泥质灰陶。正面饰粗绳纹，背面无纹。Y2：3，一端饰五道凹弦纹，绳纹无麦粒坑。残长14、残宽15.8、厚1厘米（图八，2）。Y2：4，绳纹麦粒坑较显，背面有火烧痕。残长14、残宽16.6、厚1.4厘米（图八，3）。

筒瓦　1件。Y2：13，泥质灰陶。残块较大。正面饰七组纵向中绳纹，背面饰布纹。残长27.8、宽13、厚1.2厘米（图八，5）。

空心砖碎块　1件。Y2：14，泥质灰陶。为正面小残块。饰较浅的中绳纹，背面无纹。残长12.2、残宽0.08、厚2.4厘米（图八，4）。

陶拍　89件。大部分为泥质灰陶，少量为泥质褐陶（以下描述，褐陶标明）。根据陶拍的形状、厚度分为二型。

A型　3件。截锥体，顶面稍小，底面略大，厚度一致。根据绳纹的有无，分为二亚型。

Aa型　1件。顶面、侧面、底面均无绳纹。Y2：15，褐陶。顶面、底面略凹，侧面较光滑。顶径5.5、底径7.4、厚3厘米（图九，1；彩版一七，3上左）。

Ab型　2件。底面饰绳纹。Y2：16，顶面切割不齐，沾有泥巴，底面略凹，饰一行麦粒状粗绳纹。顶径6、底径8.5、厚2.8厘米（图九，2；彩版一七，3上中）。Y2：17，略残。顶面凹凸不平，底有浅疏的中绳纹。顶径7.8、底径9.4、厚2.2厘米（图九，3）。

B型　86件。斜截锥体，顶面小且倾，底面大而平。根据绳纹部位的不同，分为六亚型。

Ba型　大者6件，小者9件。顶、侧、底均无绳纹。Y2：18，顶面、侧面及底面光滑，底面有一铲形坑。顶径7.3、底径7.8、厚1～3.2厘米（图九，4；彩版一七，3上右）。Y2：19，顶面、侧面及底面光滑，顶面一铲形坑。顶径5.8、底径6.7、厚1～2.5厘米（图九，5；彩版一七，4上中）。Y2：20，顶面光滑，有数处工具摁压痕，侧面、底面较糙。顶径6.7、底径7.3、厚1.6～3.9厘米（图九，6；彩版一七，4上右）。

Bb型　3件。底面饰绳纹。Y2：33，褐陶。顶面用刃部不齐的木刀类工具自右向左刮割，右侧厚，左侧薄，左侧有一略凹的槽。底面略凹，饰中绳纹。底径6.9、顶径6、厚

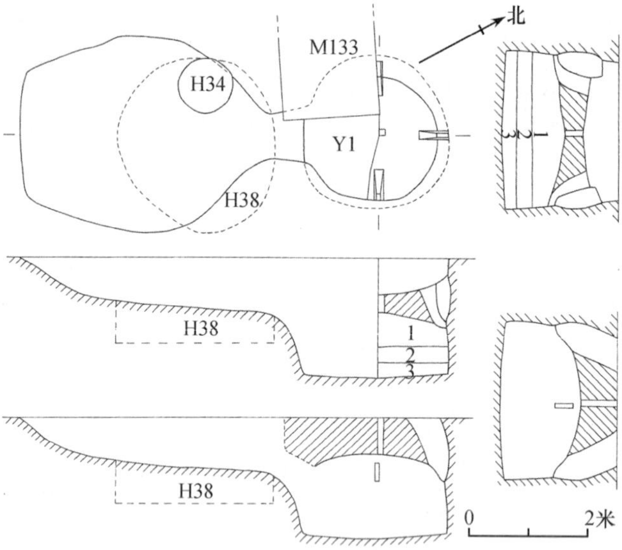

图八　Y2出土器物

1. 陶鼎（Y2：1）　2、3. 板瓦（Y2：3、Y2：4）　4. 空心砖残块（Y2：14）

5. 筒瓦（Y2：13）

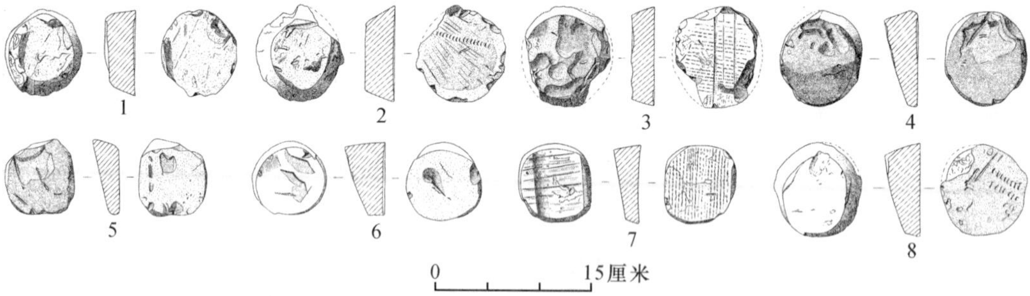

图九　Y2出土陶拍

1. Aa型（Y2：15）　2、3. Ab型（Y2：16、Y2：17）　4～6. Ba型（Y2：18、Y2：19、Y2：20）

7、8. Bb型（Y2：33、Y2：34）

0.8～2.8厘米（图九，7）。Y2：34，顶面、侧面光滑，底面粗糙，饰有两行麦粒状粗绳纹。顶径6.3、底径8.5、厚1.5～3.2厘米（图九，8）。

Bc型　2件。底面及侧面饰绳纹。Y2：36，略残。顶面光滑，上部并列两个凹坑，侧面中绳纹较显，底面中绳纹很浅，几乎不见。顶径5.8、底径7、厚3.3厘米（图一〇，1）。Y2：37，烧成青灰色，顶面一大凹坑，侧面、底面饰中绳纹，较清晰。顶径6.3、底径7、厚2.2～3.3厘米（图一〇，2）。

Bd型　大者26件，小者20件。顶面、侧面及底面均有绳纹。Y2：38，褐陶。顶、侧面中绳纹清晰规整，底面中绳纹较浅。顶径7.6、底径8.2、厚1.7～3.1厘米（图一〇，3；彩版一七，3下左）。Y2：39，顶面、底面各有一浅坑，周身饰粗绳纹。顶径6.3、

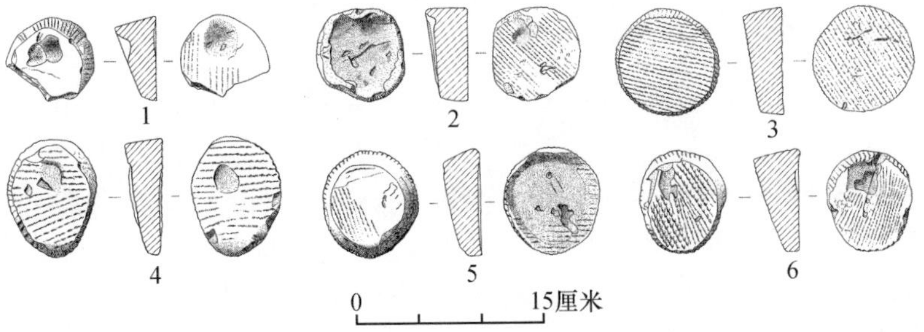

图一〇 Y2出土陶拍

1、2. Bc型（Y2：36、Y2：37） 3～6. Bd型（Y2：38、Y2：39、Y2：64、Y2：65）

底径7.2、厚1～3厘米（图一〇，4；彩版一七，4上左）。Y2：64，顶面左侧中绳纹较显，侧面下部饰中绳纹，底面略凹，边缘饰中绳纹。顶径6、底径7.6、厚1.8～2.9厘米（图一〇，5）。Y2：65，顶面、侧面饰粗绳纹，底面一坑，饰细绳纹。顶径7、底径、厚1～3.7厘米（图一〇，6）。

Be型 5件。顶面有纹饰。Y2：84，褐陶。顶面中粗绳纹十分规整，侧面、底面有草本植物叶、籽留下的痕迹。顶径7、底径8.1、厚1.2～3厘米（图一一，1；彩版一七，3下中）。Y2：85，顶面有稀疏粗绳纹，底面一凹坑。顶径5.8、底径7.1、厚1.4～3.3厘米（图一一，2；彩版一七，4下中）。

Bf型 15件。顶面、侧面有纹饰。Y2：89，略残，顶面崩落两块，顶面、侧面饰粗绳纹。顶径7、底径8.2、厚1.9～3厘米（图一一，3；彩版一七，4下左）。Y2：90，顶面与侧面的下半部饰较浅的细绳纹。顶径6.5、底径8.8、厚1.2～3.2厘米（图一一，4；彩版一七，3下右）。Y2：102，体型较小。顶面、侧面饰深峻的粗绳纹，底面一凹坑。顶径5.2、底径6.2、厚1.1～3.4厘米（图一一，5；彩版一七，4下右）。Y2：103，体型较小。顶面饰粗绳纹，侧面饰横向中绳纹，底面光滑，上部有一凹坑。顶径5.3、底径6.6、厚1.1～3.3厘米（图一一，6）。

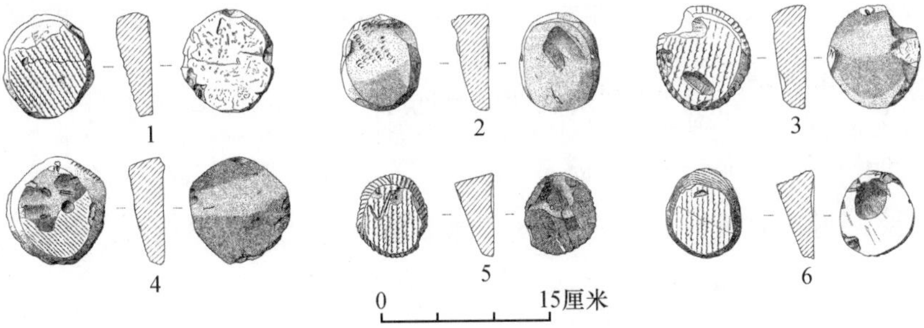

图一一 Y2出土陶拍

1、2. Be型（Y2：84、Y2：85） 3～6. Bf型（Y2：89、Y2：90、Y2：102、Y2：103）

三、结　　语

1. 时代

Y1西部被M133打破，M133无随葬品，与M133同时代的M84、M132、M136出土有春秋晚期的小陶鬲、小陶罐，因此Y1不会晚于春秋晚期。Y1工作面打破T2218的第3层，第3层内包含有商代晚期的鬲、罐残片，因此，Y1的上限不能超过商代晚期。从Y1室内第2层包含物来看，所出陶鬲与T2218第3层内陶鬲的胎质、胎色、口沿特征完全相同。这些陶鬲的完整器形可参考T2219第3层内的一件夹砂灰陶鬲（图六，2）、T2217第3层内的一件夹砂棕红陶鬲（图六，5）。这两件器物属于殷墟三、四期，考虑郑州地区西周早期器物与商晚期器物不易区分，将Y1的年代定在殷墟三、四期至西周早期较为合适。

Y2下压M919，该墓出土有春秋晚期的小陶鬲、小陶罐，因此，Y2的上限不会早于春秋晚期。Y2室内出土物较多，板瓦、陶壶、空心砖过于破碎，无法断代。仅有的一件陶鼎与铁岭墓地战国早期陶鼎有较大区别，时代可能晚至战国中期。陶拍只能适用于圜底罐底部，而圜底罐一般出现在战国晚期，所以，Y2年代可能为战国中、晚期。铁岭墓地东南1千米有贾梁遗址，地表散见板瓦、筒瓦、空心砖、罐、豆等器物，Y2或与之有关。

2. 形制

Y1的形制较为特殊，既不同于仰韶[①]、龙山时期的横穴式升焰窑[②]，也不同于商代的竖穴式升焰窑[③]，更不同于战国以后直至汉唐的那种半倒焰馒头窑[④]。它介于升焰窑与半倒焰之间，是一种过渡形式的窑，理由如下。

（1）升焰窑的火膛、窑床不在一个室内，火膛状若土洞，在窑床的前下方或正下方。窑床为圆形，周壁为生土，窑床底上有圆形和长条形火眼，火眼、窑床多被烧成青灰色。

（2）半倒焰窑的火膛、窑床在同一个室内，火膛多为半月形坑或倒梯形坑，位于窑床前部，低于窑床，窑床后壁底部有烟道连通烟囱。

（3）如果Y1下部作火膛，上部作窑床，则窑床的周壁应自当时的地面（有踏踩面）起用土夯建并封成馒头顶（费工费时，且不结实），窑床直径接近2米，容量够大，而下边的火膛直径2.5米，熊熊烈火势必将烟囱内壁及窑床底烧成很厚的青灰色。问题在于，考古中还没见到用土夯建的窑床壁，发现的多是残存的生土壁，高0.2～1.3米。Y1顶部遭

---

① 郑州朱寨遗址陶窑，系郑州市文物考古研究院内部资料。

② 殷墟孝民屯考古队：《河南安阳市孝民屯新石器时代窑址发掘简报》，《考古》2007年第10期。

③ 河南省文物考古研究所：《河南荥阳市关帝庙遗址商代晚期遗存发掘简报》，《考古》2008年第7期。

④ 郑州市文物工作队：《河南密县西关瓷窑遗址发掘简报》，《考古》1995年第6期。

扰乱，扰乱形成的堆积中未见青灰色烧结块，三个长方形烟囱内壁只有薄薄的一层青灰色，说明燃柴点在窑门附近。窑底中部略凹，烧窑时垫土夯平，正是为了放置陶器，若用作火膛，完全不用垫平。如此，Y1的火膛、窑床都在窑的下部，烟囱顶部可能略高于当时的地面，以防进水。

（4）Y1使用时，柴在前部燃烧，火焰直升窑顶，从中部的方形烟囱冒出，烟稍多时从略低的长方形烟囱再逃逸一部分。中部烟囱窄小，长方形烟囱下口也窄于上口，如果火势较大，来不及冒出的一部分烟会下沉，形成半倒焰。上引T2219第3层内那件灰陶鬲裆部、足根为棕红色，正是烧窑时火大烟多，烟中没有充分燃烧的炭落在陶鬲表面、内壁，使得原本应烧成棕红色的陶鬲变成了上灰下红。Y1工作面堆积中的许多棕红色陶鬲残片，胎是棕红的，口沿、外壁往往局部成褐色，都是烟大渗碳所致。

（5）Y1与半倒焰窑差别较大，它的火膛、窑床共处一室但没有分离，三个长方形烟囱开口低于中部方形烟囱，但没有接近窑床底部并封闭中部烟囱，所以严格来说还属于升焰窑，但已经向半倒焰窑过渡。

Y2属于典型的半倒焰窑，此不赘述。

3. 陶拍

Y2出土的陶拍，显然不能拍出长绳纹，曲度较大的圜底罐底部绳纹有可能用它拍出。素面陶拍适合修胎，也可用来抹平绳纹，个别陶拍上有凹坑，疑与手持的方式有关。

附记：本次发掘领队为郝红星；参加发掘人员有袁国林；绘图郝红星。

执笔：郝红星　黄文兵

河南中牟县宋庄遗址汉代和宋代陶窑发掘简报

郑州市文物考古研究院

河南省文物管理局南水北调文物保护办公室

［摘　要］　宋庄遗址位于河南中牟县张庄镇宋庄村西。2010年郑州市文物考古研究院对遗址进行考古发掘，清理出保存较完整的汉代陶窑2座、宋代陶窑1座。汉代陶窑出土陶盆、壶、瓮、筒瓦，宋代陶窑出土陶盆、罐和瓷碗。本次发掘为研究汉代、宋代陶窑的形制结构提供了新的实物资料。

［关键词］　中牟县　宋庄遗址　陶窑　汉代　宋代

一、遗址概况及发掘经过

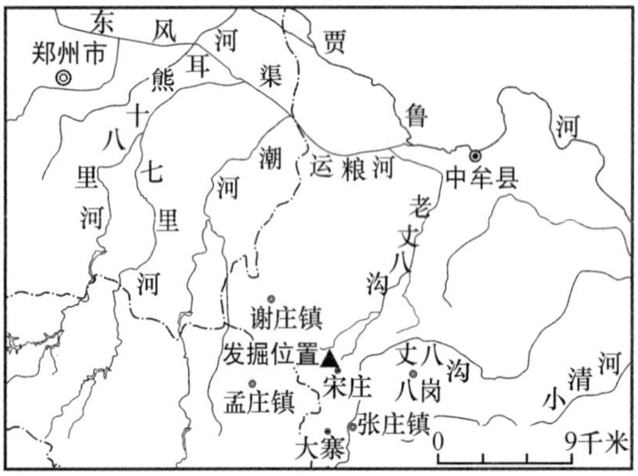

图一　遗址位置示意图

宋庄遗址位于河南省中牟县张庄镇宋庄村西约250米，宋湛公路以南，东北距中牟县城约16.5千米，西北距郑州市约27千米（图一）。该遗址由中牟县文管所在南水北调干渠沿线文物调查中发现。随后，郑州市文物考古研究所又对之进行了勘察与复核，确认了遗址范围。宋庄遗址东西长约250、南北宽约200米，占地面积约5万平方米，南水北调干渠从该遗址区中穿过，河道占压面积3.5万平方米。

2010年8～11月，受河南省文物管理局南水北调文物保护办公室委托，郑州市文物考古研究院对渠道占压的宋庄遗址进行钻探、发掘。根据遗址分布范围采用象限法统一布方，本次发掘位于第一象限即Ⅰ区内。共发掘探方23个，发掘面积为2300平方米，清理各类遗迹106处，其中包括3座形制清晰、保存较完整的陶窑，编号Y1～Y3。鉴于大批的发掘资料仍在整理之中，现将宋庄遗址陶窑的发掘情况简报如下（为方便叙述，下文省略了探方、遗迹及遗物编号前的“2010ZZS”）。

二、地层堆积

宋庄遗址为高低起伏的沙丘岗地，从发掘情况看，遗址区域文化地层堆积厚薄不一，南部较薄，随地势向北逐渐变厚。Y1、Y2所在探方的地层堆积情况存在明显差异，现分别举例予以说明。

Y1所在探方T1203西壁剖面地层堆积（图二）。

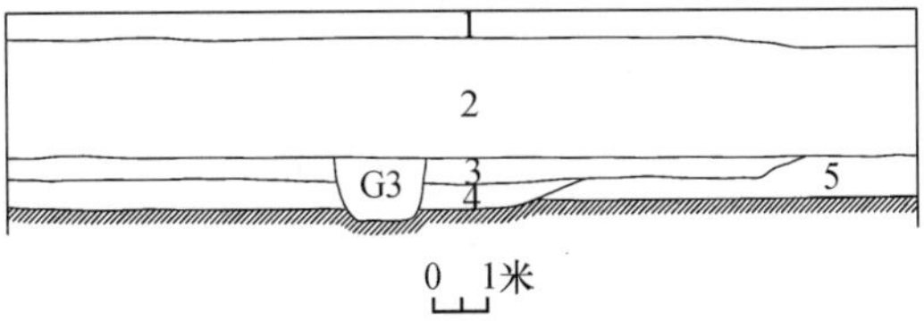

图二 T1203西壁剖面图

1. 浅灰色耕土 2. 黄色沙土 3. 浅黄色黏土 4. 褐色黏土 5. 红褐色土

第1层：浅灰色耕土。土质疏松，内含有植物根须及现代生活垃圾等。厚0.25～0.35米。出土有瓷片、砖块等。

第2层：黄色沙土。土质松软，较为纯净。深0.25～0.35、厚1.05～1.15米。出土有白釉、黑釉瓷片与陶片等，为明清文化层。

第3层：浅黄色黏土。含沙，土质较疏松，内含少量烧土颗粒。深约1.4、厚0～0.25米。出土有青瓷片、泥质灰陶片等，为宋代文化层。Y1开口于该层下。

第4层：褐色黏土。含沙量较小，结构较致密，内含少许烧土块、炭粒等。深1.6～1.65、厚0～0.3米。出土有绳纹瓦片等，为汉代文化层。该层分布于探方南部。

第5层：红褐色土。结构致密，土质黏硬，内含炭粒及烧土颗粒等。深1.4～1.6、厚0～0.4米。出土有红褐色夹砂陶片，为裴李岗文化层。该层分布于探方北部。

第5层下为浅黄色沙土，即生土。

Y2所在探方T0111南壁剖面地层堆积（图三）。

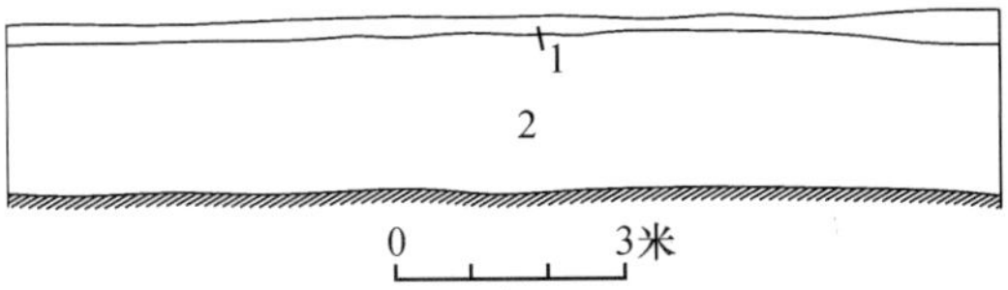

图三 T0111南壁剖面图

1. 浅灰沙土 2. 黄色淤沙土 3. 生土

第1层：浅灰沙土。土质疏松，含有植物根系及现代生活垃圾等。厚0.1～0.4米，无出土物。

第2层：黄色淤沙土。土质疏松，含植物根系。深0.1～0.4、0.75～1.1米。出土遗物有白釉瓷片、泥质灰陶片、兽骨等，为明清文化层。Y2开口于该层下，为宋代。

第2层下为黄白色沙土，即生土。

三、陶 窑

（一）汉代陶窑

Y1 位于T1203探方的东部，开口于第3层下，口部距地表深约1.6米，坐落在生土上，方向195°。由工作间、火门、火膛、窑室、烟道五部分组成（图四；彩版一七，5）。

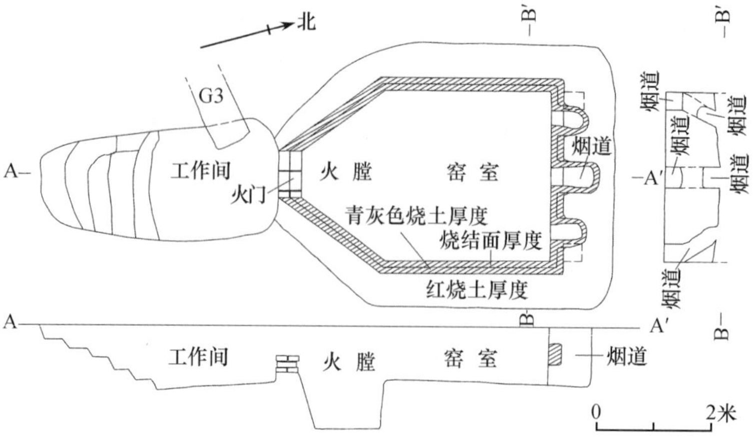

图四　Y1平、剖面图

工作间　位于Y1的南部。平面呈椭圆形。口部南北长4.2、东西宽0.6～1.9、深0.24～1.1米。壁面加工较为规整，南部有台阶进入工作间。台阶高低、宽窄不等。西部被开口于第2层下的G3打破。底部北高南低，南北2.1、东西1.6米。

火门　位于工作间北部。平面呈长方形，东西长0.8、南北宽0.4米，用砖横砌竖向封堵。砖墙现残存3层，高0.8米。

火膛　位于火门的北部。呈南窄北宽的喇叭形，东、西壁长1.8米，南壁宽0.8米，北壁长2.9、深1.8米。壁面加工规整，东、西两壁自口部向下逐渐外扩，北壁从窑室底部向下内收，南壁从火门底部向下斜收。底部平整。

窑室　位于火膛的北部。平面形状近正方形，东西长3.4、南北宽3.1、深0.9～0.98米。窑壁陡直，加工规整，底部略呈南高北低状。窑壁烧结面厚约0.1米，红烧土厚约0.7米。

烟道　3个，分别位于窑室北壁的东部、中部、西部，建造在生土之上。烟道上部已残，深0.85米。进烟口呈正方形，直径0.3、进深0.7米。

窑内填土分为两层：第1层为红褐色杂土，质地较硬，厚0.4～0.84米，内含有较多的烧土块。出土有砖块、陶片等，陶器器形有盆、罐、瓮等。该层填土应为窑顶及窑壁坍塌所至。第2层为深灰色土，质较硬，厚0.6米，内含有草木灰、烧土块等。出土有少许陶片、砖块等，可辨器形有罐等。该层填土应为灰烬与碎砖块混合堆积而成。

Y3　位于探方T0604西北部。开口于第2层下，口部距地表0.4米，坐落于生土之上，方向195°。由于西部大都延伸出南水北调干渠西边线，未能扩方发掘，仅清理出部分火膛、窑室及烟道。

火膛　位于Y3的南部，暴露部分平面形状呈三角形，北壁残长0.9、东壁残长0.6米，向下清理至1.4米，未及底。

窑室　位于火膛的北部，北壁残长2.5、东壁残长4.2、深1.05米。窑壁陡直，加工规整，底部平整。

烟道　3个，分别位于窑室北壁的东部、中部、西部。建造于生土之上。中部为主烟道，平面形状呈不规则形。上部宽0.2、进深0.44、高0.4米；中部为生土，高0.28米；下部为进烟口，高0.38、宽0.2、进深0.4米。东、西烟道形制相同，宽0.2、进深0.32、残高1.05米；中部为生土，高0.22米；下部为进烟口，高0.3、宽0.2米，进深不详。

窑室填土分为两层：第1层为黄褐色花土，较为致密，厚0.9米。出土遗物有陶盆、罐、板瓦等残片。第2层为红褐色烧土，其中拌有较多的草木灰，质地较硬，厚0.15米。出土有较多的陶罐、盆等残片。

（二）宋代陶窑

Y2　位于T0111的东南部。开口于第2层下，距地表深1.1米，坐落于生土上，方向285°。由工作间、火门、火膛、窑室、烟道五部分组成，整体平面形状呈东西向“8”字形，为地坑式窑（图五；彩版一七，6、7）。

工作间　位于Y2的西部。生土面下直接挖坑而成，平面形制近椭圆形，口大底小。口部东西长2.2、南北宽2.8、深0.7～1.3米。壁面略直，加工不规整。西部留有供人上下的台阶，用红褐色黏土修筑而成，经多次踩踏后已近似坡形。在台阶的南、北部底面残留有灰土踩踏面，北部踩踏面内夹有较多的红烧土块。底部平整，南北长2.8、东西宽0.6～1.3米。工作间与火门连接处砌有砖坯。该砖坯由东向西倾斜，南北并排三块，砖立面上平砌有窄砖坯，再由西向东倾斜，推测其应为挡火墙（彩版一七，8）。

火门　位于工作间东壁，至火膛连接部。平面呈长方形，南北长1.05、东西宽0.7米，由15层砖平砌封门。底部中间留有进燃料口，由西向东呈斜坡状。口部立面呈梯形，上窄

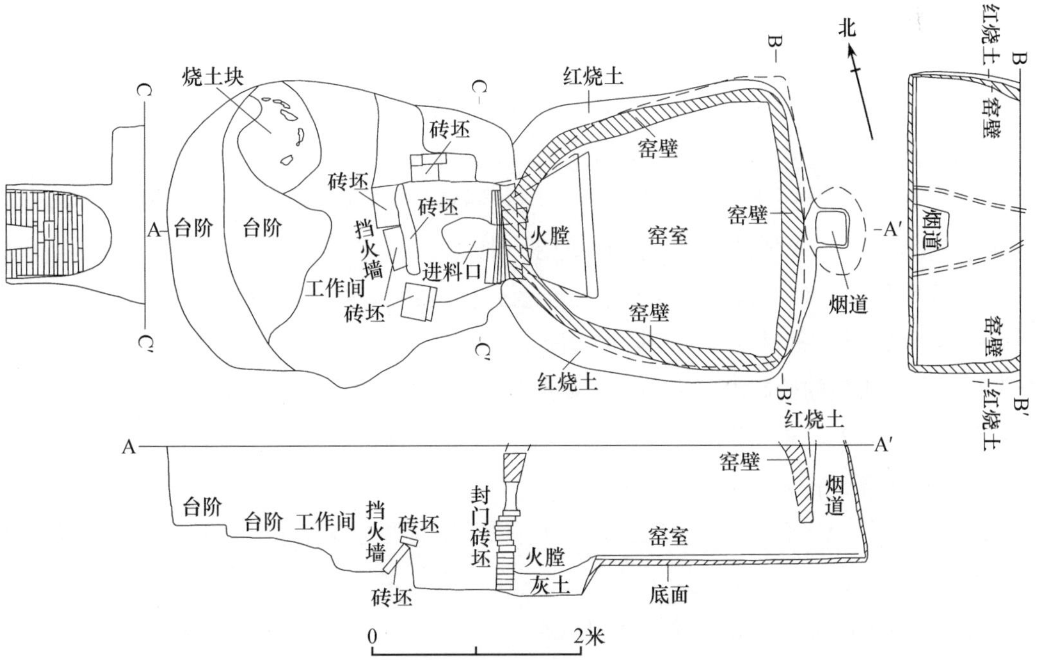

图五　Y2平、剖面图

下宽，其内残存有黑色柴灰（彩版一七，8）。

火膛　位于火门与窑室之间，为西窄东宽的喇叭形通道。南、北两壁长0.8、东壁长1.35、西壁长0.8、深1.38米。南、北壁由上而下呈弧形外扩，东壁由窑室底部至火膛底部斜直内收呈斜坡形。底部近平，低于窑室底部0.35米，南、北两边长0.6米，东边长1.36米。

窑室　位于火膛的东部。平面形状呈铲形，口部东西长2.5、南北最宽处约2.5、残存深度1.1米。窑壁经火烧呈青蓝色，不规整，表面凹凸不平，北、东、南部下端均已坍塌。内壁自上而下弧形外扩，呈袋状。底部平整，东西长2.66、南北最宽处2.67米，经火烧呈蓝色烧结面。

烟道　位于窑室的东部，距窑壁0.3米，在生土上下挖而成。口部平面形状呈方形，边长0.3、深1.05米。口部、烟道壁经火烧呈红色烧结面。由上而下斜直外扩呈口小底大状。底部平整，南北长0.7、东西宽0.5米。

窑内填土分两层：第1层为黄褐色淤沙，质松软，厚1米。内含有窑壁坍塌的蓝色烧结土，夹杂有窑顶塌陷的残砖块及砌窑顶的黏合泥片，出土有陶、瓷片等，可辨器形有陶盆、陶罐、瓷碗等。第2层，即窑室底面层，厚0.05米，为青灰色沙和碎陶片堆积，应为烧制陶器时的残破器物残留和窑壁脱落的沙粒。

四、遗　　物

出土遗物以陶器为主，另有少量瓷器。器形以陶盆、陶罐为主，均为残器，没有可复原者。

（一）汉代遗物

陶盆　均为口沿残片，皆泥质灰陶，素面。根据口沿形态之差异，可分为二型。

A型　折沿。依据唇部形态的不同分为二亚型。

Aa型　双唇。Y3火膛：2，残。敞口，腹壁斜直，器表有明显的轮旋痕迹，内壁饰有均匀的平行直线纹。口径约48、残高6.3厘米（图六，1）。

Ab型　方唇。Y1：1，残。敞口，腹壁斜直。器表有明显的轮旋痕迹，口沿下2厘米处有一周较浅凸棱。口径约47、残高5.9厘米（图六，2）。Y3火膛：3，残。敞口，斜腹内收。器表有明显的轮旋痕迹，口沿下4厘米处有一窄凹槽。口径约47、残高5.6厘米（图六，3）。Y1：2，残。敞口，口沿略凸起，腹壁斜直。器表有明显的轮旋痕迹。口径53、残高5.7厘米（图六，4）。

B型　卷沿。Y1：5，残。圆唇，束颈，弧壁，有明显轮制痕迹。口径39、残高6.3厘米（图六，5）。

陶壶　根据沿部形态之差异，分为二式。

Ⅰ式：沿面无凹槽。Y1：4，残。泥质灰陶。平折沿，方唇，束颈。素面。口径18、

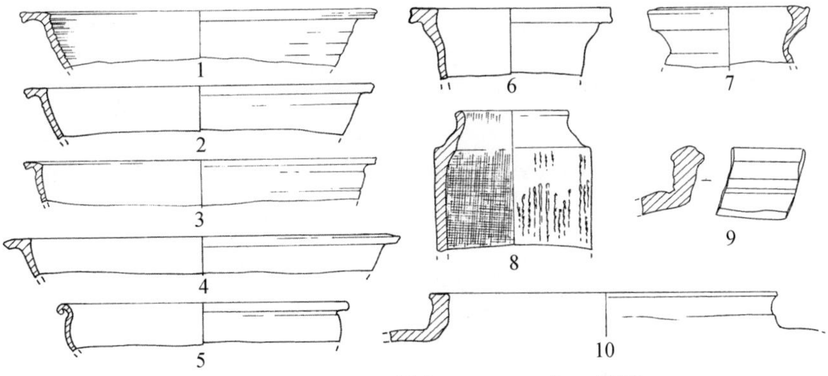

图六　出土陶器

1. Aa型盆（Y3火膛：2）　2～4. Ab型盆（Y1：1、Y3火膛：3、Y1：2）　5. B型盆（Y1：5）　6. Ⅰ式壶（Y1：4）　7. Ⅱ式壶（Y3：1）　8. 筒瓦（Y3②：1）　9. A型瓮（Y3火膛：1）　10. B型瓮（Y1：3）

残高6.4厘米（图六，6）。

Ⅱ式：沿面有凹槽。Y3：1，残。泥质灰陶。平折沿，沿面有一周较深的凹槽，方唇，束颈。素面。口径18.8、残高7.7厘米（图六，7）。

筒瓦　Y3②：1，残。泥质灰陶。瓦头抹平。外饰绳纹，内饰布纹。残高14.2厘米（图六，8）。

陶瓮　均为口沿残片。皆泥质灰陶，素面。据口部形态之差异，可分为二型。

A型　敛口。Y3火膛：1，方唇，矮领，广肩。残高6.4厘米（图六，9）。

B型　直口。Y1：3，圆唇，广肩。口径47、残高6厘米（图六，10）。

（二）宋代遗物

陶盆　均为口沿残片。皆泥质灰陶，素面。据整体形态之差异，可分为二型。

A型　折沿，斜腹或斜直腹。Y2：4，沿面无折痕，圆唇，腹部较直。口径40、残高5.7厘米（图七，1）。Y2：2，圆唇，唇部加厚。口径57、残高6.9厘米（图七，2）。Y2：3，沿面饰有折痕，圆唇，腹部较直。器表有明显的轮制痕迹。口径51、残高8.4厘米（图七，3）。

B型　卷沿，鼓腹。Y2：5，沿面有一周凹槽，圆唇，下腹部内收较甚。外壁距口沿2厘米处有一周凸棱。口径26、残高10.3厘米（图七，4）。

陶罐　1件。Y2工作间：1，泥质灰陶。卷沿，圆唇，溜肩，沿面有两周浅凹槽。口径20、残高6.4厘米（图七，5）。

瓷碗　1件。Y2：1，仅残存碗底。灰胎。假圈足，下部不见釉。底径21、残高3.9厘米（图七，6）。

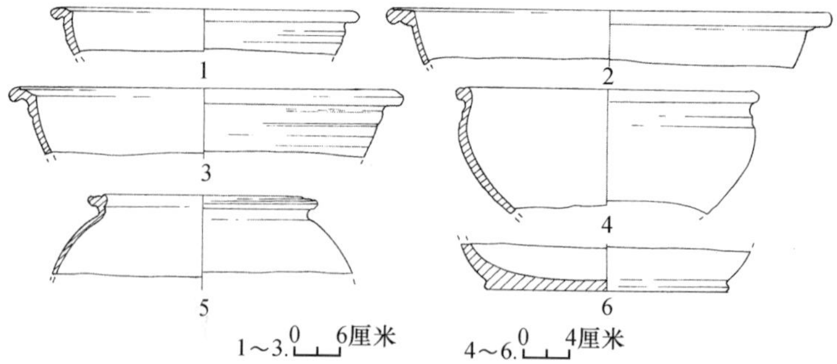

图七　出土器物

1～3. A型陶盆（Y2：4、Y2：2、Y2：3）　4. B型陶盆（Y2：5）　5. 陶罐（Y2工作间：1）　6. 瓷碗（Y2：1）

五、结　　语

从陶窑的形制结构来看，中牟宋庄遗址汉代陶窑与南水北调中线工程焦作苏蔺段Ⅲ式陶窑[①]、鹤壁1990年发现的Y13[②]较为接近，其时代为东汉时期。从出土遗物分析，中牟宋庄遗址Y1出土的Ab型陶盆（Y1：2）同荥阳市后真村遗址出土的Ab型陶盆（H5：2）[③]较为接近；Ⅰ式盘口壶（Y1：4）与洛阳东北郊Ⅲ式壶（C5M860：44）[④]的口部形态基本相同，皆为东汉时期。中牟宋庄遗址宋代陶窑出土的瓷碗（Y2：1）与白沙宋墓M1随葬的瓷碗[⑤]底部形态较为接近，为北宋时期遗物。

制陶业是古代一种重要的手工业，探索当时的制陶工艺也是一个很有意义的课题。这次发掘的中牟宋庄汉代、宋代陶窑保存状况良好，为研究汉代、宋代陶窑的形制与结构的发展提供了新的实物资料。

附记：本次发掘领队为张松林；参加发掘的人员有鲍颖建、张吉民、曹铁良；摄影鲍颖建；绘图李杨、王庆丽。

执笔：鲍颖建　王庆丽

① 焦作市文物工作队、河南省文物管理局南水北调文物保护办公室：《南水北调中线工程焦作苏蔺段汉代窑址发掘简报》，《中原文物》2013年第4期。

② 张长安：《河南鹤壁古代陶窑遗址浅析》，《华夏考古》2003年第3期。

③ 郑州大学历史学院考古系、河南省文物管理局南水北调文物保护办公室：《河南荥阳后真村汉代遗存发掘简报》，《华夏考古》2013年第2期。

④ 洛阳市文物工作队：《洛阳东北郊东汉墓发掘简报》，《文物》2000年第8期。

⑤ 宿白：《白沙宋墓》，文物出版社，2002年，第61页。

安徽凤阳县乔涧子明代琉璃窑发掘收获

罗　虎[1]　唐更生[2]　朱　江[2]

（1. 安徽省文物考古研究所　2. 凤阳县文物管理所）

［摘　要］　凤阳乔涧子琉璃窑遗址发现了两种类型的半倒焰式琉璃窑，一类为馒头窑，一类为马蹄窑，均由操作间、窑门、火膛、窑室和烟囱五部分组成。出土遗物主要为灰陶或琉璃瓦当、滴水、鸱吻、板瓦、筒瓦和雕花砖等。其中琉璃成品较少，以琉璃制品的素坯占绝大部分。琉璃窑址的燃料为柴薪。该琉璃窑址是明代早中期为修建明中都城和明皇陵提供琉璃砖瓦的官窑。

［关键词］　凤阳　乔涧子　明代　琉璃窑　明皇陵　官窑

乔涧子琉璃窑遗址位于安徽省滁州市凤阳县府城镇齐涧村乔涧子自然村南约1000米，西北距凤阳县古堆桥商周遗址约327米，西南距明皇陵约3000米，俗名“窑顶头”，面积约6万平方米。发掘前为低缓的丘陵地貌，地表为旱地。距遗址北部边缘约260米，濠河的一条支流自西南向东北流过（图一）。

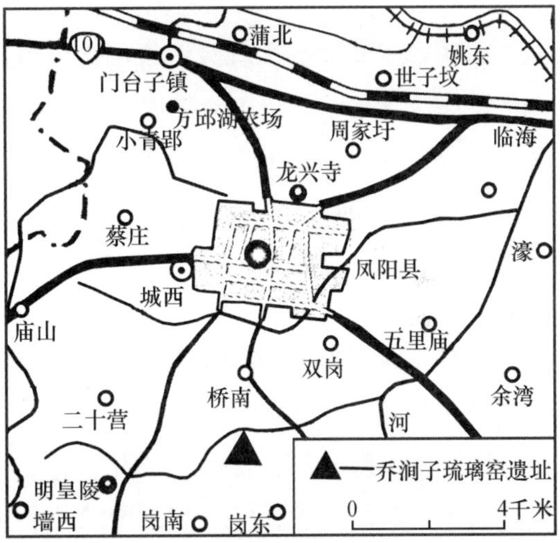

图一　乔涧子琉璃窑遗址位置示意图

为配合蚌淮高速至宁洛高速连接线工程建设，2013年7月初至10月底，安徽省文物考古研究所和凤阳县文物管理所联合组成考古队，对凤阳县乔涧子明代琉璃窑遗址与春秋、汉代墓葬群进行了抢救性考古发掘，共发掘明代早中期琉璃窑12座、汉墓3座、春秋墓1座、明清墓2座。现将本次发掘的明代琉璃窑的主要收获报告如下。

一、发掘情况

此次发掘琉璃窑12座，均为半倒焰窑，根据平面形状可分两种类型：一类为馒头窑；一类为马蹄窑。除窑顶坍塌外，绝大部分陶窑均保存较好，结构基本完整。

馒头窑　4座，平面近长勺形，全长10～15米，窑室宽4～5米，深1.2～1.8米，形制基本相同，由操作坑、窑门、火膛、窑室和烟囱五部分组成（彩版一八，1；封三，1）。操作坑平面近长方形，宽约1.5、深约0.8米，两壁用青砖包砌，底部残留有柱洞。发掘中，近操作坑底部均发现有厚5～25厘米的灰烬层，土色灰黑，质地松软（彩版一八，6）。窑门平面近梯形，长约1.3、残深约1.7米；窑门与火膛交界处为一道双砖平砌而成的砖墙，墙中部开一个拱券的弧形火门，高约1.4米（彩版一八，7）。火门外残存有2或3层封门砖。火膛平面略呈扇形，底部比窑床约低0.6米，为烧结的青烧土硬面，呈圜底状。窑室平面为圆形，直径4～5米，口大底小（彩版一八，8）。窑壁为烧结的青烧土硬面，厚5～15厘米。窑床一般用青砖平铺一层，也有的窑床底部不铺砖，仅为青灰色烧结硬面（彩版一八，3）。窑室外围有一圈红烧土烧结面，环径0.2～0.7米。青砖砌筑的长方形烟囱紧接窑室后部，内有隔墙两道，形成3条烟道和3个上口，隔墙的中部或近底部均有长方形缺口，使烟道之间相互联通。接近窑床处有烟囱下口5个，其中两侧的2个烟囱下口各共用一条烟道，中部的烟囱下口则专用一条烟道（彩版一八，4）。

马蹄窑　8座，组成部分同馒头窑，全长10～12米（彩版一八，2）。操作坑平面近长方形，宽2～2.6米，残深1～1.8米，两壁用青砖包砌，接近坑底部位亦发现有松软的灰烬层，坑底残留有柱洞，沿两侧壁分布。操作坑外有门道或斜坡通向坑内，应为窑工进出操作坑的通道。窑室平面为马蹄形，宽2.5～3.2米，残深1.2～1.8米。窑壁由砖坯砌筑，由外向内略倾斜。窑床则为青灰色烧结面。有的窑床平面上还残留有一道道平行分布的灰白色或红褐色条状印痕，应为吸火孔痕迹（彩版一八，5）。窑室外围亦有一圈红烧土烧结面，环径0.2～0.4米。砖砌烟囱与窑室后部共用一道砖墙，烟囱上口和下口均为3个，形成各自独立的3条烟道。

窑内堆积多为红烧土颗粒、黄褐土和碎砖瓦组成的混合土，红烧土颗粒含量较多。出土遗物有较多陶或琉璃瓦当、滴水、鸱吻、板瓦、筒瓦、花卉纹雕花砖、瓦当印模（彩版一九，4）、青瓷碗、青瓷盘、香炉和动物骨骼等，亦有零星青花瓷片出土。瓦当质地有琉璃素坯和黄釉琉璃两种，以琉璃瓦当素坯占绝大部分。装饰有四爪或五爪团龙纹、花卉纹、乳钉纹、狮形兽面纹等，以团龙纹数量最多（彩版一九，1～3；封三，2）。滴水上有龙纹、牡丹纹、卷云纹、如意云纹等，其中龙纹和云纹数量占绝大部分（彩版一九，5～7；封三，3）。鸱吻上装饰鱼麟纹。雕花砖上则多为模印缠枝梅花（彩版一九，8）。板瓦和筒瓦均为素面灰陶，内面有布纹。青瓷碗多为青黄釉，内底刮釉。青瓷炉为直壁、矮兽蹄足。动物骨骼经初步鉴定，可能为牛的下颌骨。操作坑内的堆积和窑室内堆积基本相同，出土器物类似。大部分操作坑底部均发现有一层厚5～30厘米的草木灰烬层。由此推断，这些陶窑的燃料应为柴薪。

马蹄窑出土器物中的瓦当和滴水占绝大部分，而馒头窑内出土器物不分主次，瓦当、滴水、板瓦、筒瓦和雕花砖等均有。从陶窑形制结构及窑内出土器物判断，这些陶窑应为砖瓦窑，产品包括琉璃素坯和琉璃成品。其中，马蹄窑应为琉璃瓦窑，而馒头窑可能是砖瓦混烧的琉璃窑。琉璃制品一般均需经历两个烧制阶段：第一阶段先烧制素坯；第二阶段将烧好的素坯施釉，然后再入窑装烧。本次发掘出土的陶瓦当和滴水，以第一阶段的产品最多，而琉璃成品则发现较少。这种现象可能与琉璃成品在当时多已转运和利用，而废弃的则多与第一阶段的残次品有关。

二、主要收获

乔涧子琉璃窑遗址是安徽省首次发现并经科学考古发掘的明代官琉璃窑遗址，在研究窑址考古、明中都及皇陵建筑历史等方面都具有重要学术价值。

乔涧子琉璃窑遗址面积达6万平方米，规模大，窑址密集。在高速公路路基范围外，我们经过全面钻探，又发现了22座同类性质的琉璃窑。遗址距离明皇陵仅3千米，出土的龙纹、花卉纹瓦当，龙纹、云纹和牡丹纹滴水及花卉纹雕花砖均为高等级建筑的用材，以龙纹为主的瓦当和滴水更表明其与皇家建筑有着密切关系。例如，龙纹和云纹瓦当及牡丹纹滴水均与明中都遗址出土的同类器物基本相同，与南京聚宝山琉璃窑遗址出土的龙纹瓦当和滴水也非常相似，而聚宝山琉璃窑遗址就是明初专为官府烧造琉璃砖瓦的官窑。据《大明会典》卷一九记载，洪武二十六年定："凡在京营造，合用砖瓦，每岁于聚宝山置窑烧造，……其大小、厚薄、样制及人工、芦柴数目，俱有定例。"史载明朝初年，凤阳境内先后大规模兴建中都城和明皇陵。洪武八年（1375年）四月丁巳"诏罢中都役作"后，同年十月乙未"筑凤阳皇陵城"。此后，明皇陵在明朝一代，不断兴工修缮，始终保持着很大的规模。从遗址规模、与皇陵和中都遗址的距离、出土遗物的特征并结合历史记载可推断，乔涧子琉璃窑址应为明代早中期为修建明中都和皇陵所建的官府窑场。

明代砖瓦窑虽然发现不少，但确切判定为官窑的并不多，乔涧子琉璃窑遗址性质明确，窑址保存基本完整，为探讨明中都及皇陵建筑用材的来源、形制，以及明代琉璃窑址形制结构、分布规律、窑业生产工艺等提供了珍贵的实物资料和科学资料。由于经费和发掘时间限制，本次乔涧子琉璃窑遗址的发掘仅限于高速公路路基范围，且集中在揭露琉璃窑址本体上，而对淘泥、制坯、晾坯等窑业生产工序及窑工生活方面的遗迹未进行揭露。高速公路路基边界南北两侧，经过补充勘探，我们又发现了22座琉璃窑。因此，在高速公路路基范围以外，乔涧子琉璃窑遗址尚有大片分布区域。在以后的调查或发掘中，我们需特别注意对窑炉之外窑业生产的其他工序和窑工生活遗迹的确认与揭露，以便更加全面、深入地认识明代琉璃窑的生产工艺、技术、窑工生活和生产组织等方面的情况。

古建保护与文物科技

安徽潜山彭岭出土一件战国晚期青铜鼎的焊接工艺分析

李世彩[1] 姚政权[2] 许应媛[1] 秦 颍[1]

（1. 中国科学技术大学科技史与科技考古系 2. 安徽省文物考古研究所）

［摘 要］ 安徽潜山彭岭墓地战国晚期墓葬M50出土了一件青铜鼎，鼎足焊接在鼎身上。经过对提取样品的合金成分XRF分析、锈蚀产物物相分析、金相观察和焊接工艺分析后认为：该青铜鼎是分铸焊接而成，采取铸铆焊工艺，焊料是含铅的铜锡合金。

［关键词］ 潜山 彭岭 铜鼎 战国晚期 焊接工艺

分铸技术相对于早期的浑铸技术既是一场技术上的进步，也是社会发展的选择。分铸连接技术总体来说包括铸接、焊接和简单的机械插接（或称“榫铆接”），以及这几种连接方式的组合。焊接技术的产生可能与早期的铸造缺陷的补铸，使用损坏铜器的修补、补接有关。到春秋战国时期有意识地作为一种焊接连接技术已经相当普遍。用于焊接的材料包括与本体相近的高温青铜焊（所谓的“大焊”）及低温铅锡焊（所谓的“小焊”）。不少学者对铅锡焊料做过研究①，对青铜焊料及其焊接工艺研究比较少。1992年，安徽省潜山彭岭M50出土了一件带直立双耳深腹圜底圆鼎（M50：11），该鼎的三足就是焊接上去的，焊接口淤溢铜犹存于器外。出土时一足已脱落，器物上留下一孔洞（彩版二〇，1），这为研究其焊接工艺提供了契机。

---

① 孙淑云、梅建军：《中国古代铅锡焊料的分析》，《北京科技大学学报》2009年第1期，第54～61页；何堂坤、靳枫毅：《中国古代焊接技术初步研究》，《华夏考古》2000年第1期，第61～65页；金普军：《中国先秦钎焊技术发展规律的探讨》，《自然科学史研究》2009年第1期，第91～98页。

一、考古背景

潜山县位于安徽省的西南部，为山区、丘陵、平原三者兼有的地形，地势由西北向东南倾斜，西北高山屏列，为大别山区的余脉地带。彭岭墓群位于该县的南部，县城北2.5千米的潘浦乡彭岭村的低山丘陵岗地上。彭岭墓群，墓葬分布密集，由于农田基本建设，地下墓葬不断发现，1992年以前，陆续出现的墓葬由当地文物部门进行了抢救性发掘（M1～M13）。1992年秋，经国家文物局批准，安徽省文物考古研究所对该墓群进行了发掘工作，发掘墓葬42座（M14～M55）。

M50位于墓区的南部。墓向100°，墓口暴露在地表，长2.7、宽2.05、墓底距残墓口深0.9米。填土为五花土。近底部填青膏泥。有一棺一椁，南为边箱，北为棺室。随葬铜镜、铜鼎，陶器有鼎、盒、壶、杯、匝、熏炉等18件。鼎1件（M50：11），敛口，附耳，深鼓腹，平底，三高足外撇，足的一面扁平，一面有棱。三足根部与鼎体焊接粗糙明显。近口沿处有凸弦纹一周。高17.4、口径13.5、腹径16、足高8厘米（图一）。根据墓葬形制及出土器物特征，M50墓属战国晚期，具有楚文化风格①。

图一　M50青铜鼎

二、样品特征

器物通体灰绿色，鼎身和鼎腿明显是分铸后焊接在一起。出土时一足已脱落，器物上留下一孔洞。器身外面焊接口周围有淤溢铜，气孔比较多。焊料质地坚硬，新鲜断面呈略带淡黄的灰白金属色。器物内部焊接处均留有浇注口。器身和焊料之间残有黑色粉状物质。共采集焊料样品4件、鼎身基体样品1件，表面灰绿色锈蚀物1件，黑色粉状物质1件。

三、样品检测分析

1. 合金成分XRF分析

样品表面锈蚀打磨掉，清洗干净。实验在中国科学技术大学理化测试中心X荧光分析室进行，测试仪器为日本岛津公司WD-1800波长色散型X荧光光谱仪。该仪器配有4kW

① 安徽省文物考古研究所、潜山县文物管理所：《安徽潜山彭岭战国西汉墓》，《考古学报》2006第2期，第231～277页。

端窗铑（Rh）靶X光管，管口铍窗厚度为75μm，并配以最大电流140mA的X射线电源及发生器，高精度的$\theta \sim 2\theta$独立驱动系统，双向旋转的10位晶体交换系统，3种狭缝可交换灵敏自动控制系统，为获取高可靠性的成分数据提供了保证。对于青铜合金，其检出限可达0.11～1μg/g，误差小于1%。电压、电流分别为40kV和95mA。测试结果见表一。从表一分析结果看，鼎身是含铅的青铜合金，焊料也是含Pb的Cu、Sn合金，即所谓的"大焊"，但组成上还是有差异。鼎腿1和鼎腿2处焊料的组成相近，和已脱落的另外一鼎腿处的差异显著，说明它们不是同一锅焊料浇铸。

表一 焊料及鼎身基体合金成分XRF分析（%）

样号	样品	Sn	Cu	Pb	As
Akq-1	鼎腿1周围焊料	10.28	77.26	13.42	0.1234
Akq-2	鼎腿2周围焊料	8.17	78.26	12.49	0.1473
Akq-3	鼎内腿1浇口处焊料	10.43	79.48	9.87	0.1735
Akq-4	脱落鼎腿外焊料	31.44	60.12	4.79	0.1257
Akq-6	鼎身基体	17.39	73.34	5.99	

注：少量Si、Ca、Al、P等未列出

2. 锈蚀产物物相分析

表面锈蚀样品研磨成粉末，在中国科学技术大学理化科学中心进行物相分析。XRD分析（X射线衍射）所用仪器为日本理学电机公司生产的D /max- rA型转靶X射线衍射仪。X光源为Cu Kα辐射，工作管压和管流分别为40kV和100mA，扫描角度范围（2θ）为20°～70°，量程为2000计数/分钟。结果见图二、图三。鼎身灰绿色锈蚀物主要是锡石、自然铜等，焊料附近黑色物质只分析出锡石。为进一步查看有无其他物相，对黑色物质进行了Raman光谱分析，仪器采用LABRAM-HR型显微共焦激光拉曼光谱仪。工作条件：氩离子激光器，激发光波长为514.5nm。波数在100～1800cm^{-1}范围内，波数精度为

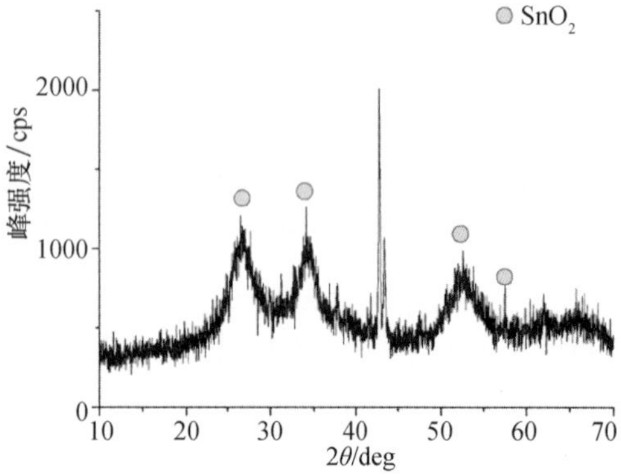

图二 黑色物质XRD谱

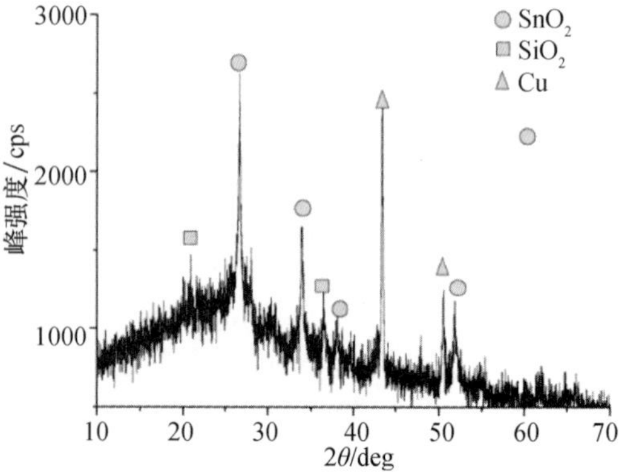

图三 基体表面锈蚀物XRD谱

±1cm^{-1}，物镜为50 ×，光斑尺寸为1μm。Raman谱如图四，显示有无定形碳的峰存在。

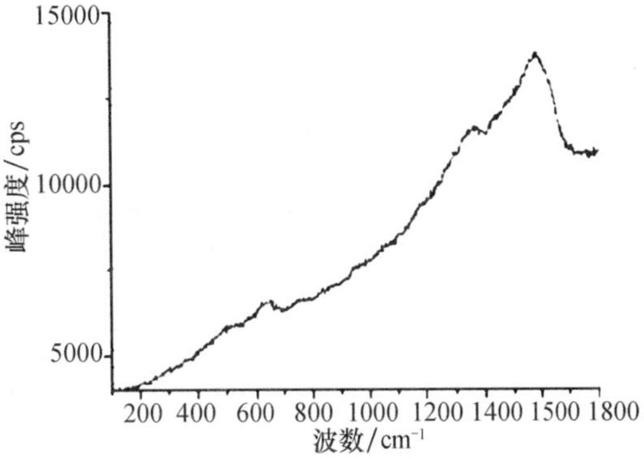

图四　黑色物质RAMAN谱

3. 金相观察

金相分析在中国科学技术大学科技考古实验室进行，样品经切割、镶样、磨样、抛光等程序后，用3%$FeCl_3$的盐酸酒精溶液侵蚀，金相观察使用卡尔蔡司的Axio Observer A1m型研究级倒置万能材料显微镜，观察结果见彩版二〇，2～6。不管是青铜基体还是焊料都显示为铸造组织，主体是铜锡合金α相、α+δ相，少量的硫化物、铅颗粒，腐蚀孔洞中沉淀有自由铜颗粒。4件焊料样品除Akq-4外，都出现了细小的针状或竹叶状新物相。从磨制、腐蚀和观察情况来看，若操作得当，Akq-4也可能会出现这种组织。由于没有古代铜锡焊料金相组织可以对比，这种在古代铜锡青铜本体中尚未见过，仅出现在本次研究的古代青铜焊料中的新组织在古代焊料中有无共性？和青铜本体相比，这种组织是因为工艺问题还是焊料中加入了其他尚未检测的微量物质等问题都值得进一步研究。

四、焊接工艺分析

先铸好鼎身和鼎腿，鼎身留有卯口，鼎腿插入卯口，之间留有一定的间隙（焊缝），在器物外部焊缝周围用泥料等贴附（类似于铸型），烘干泥料后，从器物内部沿器腿与器身之间的孔隙浇注青铜液，依靠被焊件与焊料的黏附及相互扩散而结合，实现腿与器的焊接，故可称为铸铆焊。焊料中气孔较多，显示泥范可能尚未完全烘干，导致浇注时尚有气体产生。由于铸型材料和鼎腿之间有一定缝隙，浇注时焊料沿缝隙外溢，故造成连接处周围有颇多的淤铜存留。

五、结　　论

潜山彭岭出土的M50：11青铜鼎是分铸焊接而成，采取的工艺是铸铆焊，焊料是含铅的铜锡合金。细小的针状或竹叶状新物相是由于焊料中加入了助熔剂还是其他原因值得深入研究。

一件战国青铜簋的保护与修复

李瑞亮　靳　鹏

（安徽博物院）

［摘　要］　本次修复的战国青铜簋为芜湖市文物管理所藏，出土时腹部、耳和圈足残缺。本文利用易于操作的化学方法对簋的表面锈蚀物进行了检测分析，在此基础上，对文物的病害情况进行了认真的评估。最后，采用补配、打地子、作旧等传统青铜器修复技术对其进行了保护修复，再现了青铜簋原有的历史风貌和艺术价值。

［关键词］　青铜簋　传统修复　保护　焊锡补配

一、引　言

簋是商周青铜礼器中最为重要的器类之一，其使用几乎贯穿了整个青铜时代的始终，也基本上代表了青铜礼器从发展、繁盛到衰退的历程。就青铜器铸造中的铸型技术而言，簋的形制也可以代表青铜容器中最为常见的圆体圈足类盛器①。本文运用常用的化学分析方法对一件青铜簋的锈蚀产物进行了分析，在科学分析基础上，采用青铜器传统修复技术进行修复。该青铜簋为安徽芜湖市文物管理委员会办公室馆藏，编号C-118，时代为战国时期，口径21、高19.5厘米，出土时腹部、耳和圈足部分残缺（彩版二〇，7）。

二、病害分析与保护修复路线的制定

青铜簋表面的锈蚀层颜色为浅绿色，比较致密。本文从口沿、腹部、圈足三处分别采样，用硝酸银滴定法测定是否存在有害锈，用5%的稀硝酸将样品溶解，过滤至澄清，用1%的硝酸银滴定，结果显示，三份溶液基本澄清，说明无氯离子存在。此检测方法操作简单，不需要大型设备，易普及。

青铜簋保护修复的目的是为了展览和观赏，因此，修复后的青铜簋应尽量复原器物的原貌。修复过程中所用的材料必须具有稳定的性质、良好的效果和可再处理性，尽量减少对文物的干预。

---

① 张昌平、丹羽崇史、广川守：《论商周时期青铜簋的铸型技术》，《考古》2012年第10期。

根据器物的破损程度和病害分布制定相应的修复方案和病害分析（彩版二〇，8）。从青铜簋残缺部位的断面可以看出其铜质较好，这对修复方案的制定，特别是对焊接和补配操作提供了先决条件。裂隙的部位只是表层，金属本体完好，结合锈蚀产物的分析结果制定如下保护修复方案：①档案记录，②清洗，③补配，④打地子，⑤作旧，⑥封护。

三、保护修复过程

（一）档案记录

在修复前，对青铜簋进行拍照，并做好器物保存现状、病害、分析检测数据等文字记录工作。此外，在修复过程中，也应做好修复档案工作，包括修复所用的材料、操作步骤、修复的位置等信息。待文物修复后，对文字记录和影像资料进行认真的登记整理，形成一套完整的文物修复档案。

（二）清洗

用毛刷蘸上去离子水和无水乙醇（两者比例为1∶1），反复清洗青铜簋表面的泥土和污垢，着重清洗残缺部位的断面，使青铜簋断面的杂质和泥土全部除掉，这样便于后续的补配。

青铜簋口沿的部位有若干处硬结物，经分析为土和铜锈的混合物。选用脱脂棉蘸上去离子水敷在表面，待硬结物软化之后，用手术刀或刻刀将其去除。

（三）补配

补配是青铜簋修复工作中的难点，补配时应考虑青铜簋的整体造型和纹饰，并根据青铜簋的残缺情况、位置和大小，来选择合适的补配方法。

青铜簋腹部有两道弦纹，残缺的部位较大，本文选用焊锡进行补配，这是一种快速补配方法，适用于纹饰较简单的器物。首先打磨缺口四周，露出金属光泽，再磨若干个燕尾槽。然后用黄泥贴在一侧完整的部位，制成内模，贴在残缺处，并用502胶将内模与簋粘在一起（彩版二〇，9）。

为了隔离空气防止氧化，增加补配的牢固性，在磨好的断口处涂上一层松香和焊锡膏，用电烙铁将焊锡排于断口处，待焊锡冷却后，再用电烙铁将焊锡沿排于残缺处，焊锡尽量厚一些，便于后续的弧度打磨（彩版二〇，10）。

焊锡补配后，按照青铜簋腹部的弧度进行打磨，使焊锡层略低于器物的表面，并用锯片或刻刀将表面做成毛刺状。然后将腻子和固化剂按照一定的比例调制，根据器物的底色，添加矿物颜料进行调配，调好后，用皮刮子或油灰刀上地子，并用特制的小刀抹在接缝处。待地子凝固后，用粒度较小的水磨砂纸进行打磨，使地子和器物保持一个平面（彩版二〇，11）。

腹部残缺的部位有两道弦纹，本文选用两种快速补配法进行补配。第一种：将青铜粉按照旁边弦纹的弧度撒在补配处，并滴入502胶，凝固后，用锉刀进行打磨修饰；第二种：用黄泥在完整的部位进行翻模，将青铜粉撒入泥模中，滴入502胶，待凝固成型后，用剪刀进行裁剪，并粘在残缺处，然后用锉刀进行修饰（彩版二〇，12）。

焊锡补配法适用于纹饰简单或素面青铜器缺失部位，对于特殊的如器物的耳足等附件，就要用翻模铸造的方法补配。翻模铸造补配法是一种直接在器物上做模具，然后铸造出铜胎、铅锡胎或灌注树脂胶，最后将其焊接或黏接在缺失部位的一种工艺。本文选用铅锡合金进行补配，圈足大部分残缺，只有约1/4部位是完整的。翻模时，用石膏在完整的部位做模具，然后用铅锡合金铸造四块铅锡胎，最后根据残缺部位的形状进行裁剪，并焊接在圈足残缺部位（彩版二〇，13）。待四块铅锡胎全部焊接在圈足上，用电磨对补配区域进行打磨，并打地子。

青铜簋裂隙的部位只是表层，金属本体完好，按照器物表面的颜色将腻子、固化剂和矿物颜料进行调配，调好后，用皮刮子或油灰刀补在裂隙处。

（四）作旧

作旧即青铜器修复技术的表面修饰工艺，是对焊缝、补配、复制过程中锈蚀色泽的加工。青铜器作旧有别于工业品和金属工艺品的着色工艺，它是一种独特的着色方法，工艺要求高，难度大，操作自成系统。根据使用材料和工艺的不同，青铜器做旧可分为烧古法和冷古法两类，前者是用一些化学试剂制成溶液后浸渍或涂布的化学着色法，后者则是用各种颜料、漆及黏结剂上色的涂色法[①]。本文使用冷古法进行作旧。

作旧前，由于器物补配部位不平整或有缝隙，影响作旧效果，因而需对修复处理过的部位进行修饰。具体操作是用腻子和固化剂按照一定的比例调制，根据器物表面不同层次的颜色，添加相应的矿物颜料进行调配，调好后，用皮刮子或油灰刀抹在修复处，用刻刀将地子修平。待固化后，用不同粒度的水磨砂纸进行打磨，使地子和器物保持一个平面。

作旧时，选用漆片和乙醇作为黏结剂，根据青铜簋各层颜色，添加不同的矿物颜料，通过弹、点、抹、拉等技法上色（彩版二〇，14），在颜色与周边接近时，用排笔蘸上黄泥抹在上色的位置，待黄泥干透后，用清水洗掉。

（五）封护

B-72（Paraloid B-72）是现今世界文物保护领域中使用最广泛的一种聚合物材料，它

---

① 路甬祥、周宝中等：《中国传统工艺全集：文物修复和辨伪》，河南教育出版社，2007年。

是由66%的甲基丙烯酸乙酯和34%的丙烯酸甲酯构成的聚合物①，化学性能较稳定，透明性能好，附着力强，防腐效果好、坚固持久。本文选用3%的B-72丙酮溶液对青铜簋进行封护保护，以阻止空气中水分等有害物质的侵入，引起青铜簋的再次腐蚀。至此，整个修复过程就全部结束（彩版二〇，15）。

四、结　论

本文对锈蚀成分进行了分析，结果显示锈蚀成分无氯离子存在，即该青铜簋不存在有害锈。根据分析结果，采用经长期考验证明行之有效的青铜器传统修复技术进行修复，并选用了国内外文物修复领域最常用的B-72进行封护，修复所用材料和工具常见易得，方法简单实用，易于推广。

本文运用现代分析方法与传统修复技术相结合的方法再现了青铜簋的历史风貌，提升了青铜簋的艺术欣赏价值，从远处看很难看到修复的痕迹，但在细微处可以识别，符合文物保护与修复的可识别原则，达到了展览要求和预定目标，为更好地研究其历史价值和艺术价值提供了实物资料。

附记：本文得到安徽博物院院级课题（编号：AB2012014）的资助。

① 杨璐、王丽琴、王璞、唐丽琼、王芳、黄建华：《文物保护用丙烯酸树脂Paraloid B72的光稳定性能研究》，《文物保护与考古科学》2007年第3期。

安徽九华山元末明初古石屋建筑初探

何翔彬[1]　刘　英[2]

（1. 九华山风景区文物管理所　2. 九华山历史文物馆）

［摘　要］　在第三次全国文物普查工作过程中，九华山风景区累计登录建筑类文物点117处，在新发现的文物点中，九华山古石屋用花岗岩石材根据木结构建筑的结构特点来模仿建设，不仅柱子用石材，其梁架、枋、屋面桁条等为全花岗岩石材仿木结构榫卯拼接，在檐口、元宝柱上均有仿木雕花，有着较为特殊的建筑特点，在国内并不多见。

［关键词］　九华山　石屋　仿木结构　元末明初

一、前　　言

花岗岩在地表分布很广泛，是人类最早发现和利用的天然岩石之一。

中华民族对花岗岩的开发利用可以追溯到距今1万年前后的新石器时代。在山西省怀仁鹅毛口石器制作场遗址①，有遗迹表明当时人们已在河谷谷坡上开采裸露的花岗岩来制作石器。在广东南海西樵山也有这类发现。辽宁海城析木巨石大棚建筑，是新石器时代晚期人们利用花岗岩的例证。在两汉时期的陵墓建筑、魏晋时期石窟造像、隋唐时期的陵墓石雕等众多文物中都可以见到古代利用花岗岩的遗迹。宋代以后，开发利用花岗岩已很普遍，如高达48米的福建泉州开元寺塔完全用花岗岩建造。

在第三次全国文物普查中，九华山共登录各类文物点210处，新发现162处，复查48处，其中有古建筑117处。在这些古建筑中，大多为木结构古寺庙和民居建筑，但在九华山转身洞景区，我们新发现了一处全石结构的建筑，为花岗岩仿木结构，梁、柱等搭接部位均采用榫卯的方式，横梁外侧采用仿木结构雕刻。这种建筑形制较独特，国内并不多见，2007年作为新发现文物点，在《记忆安徽——第三次全国文物普查新发现》上刊载。

二、九华山古石屋简介

古石屋位于九华山风景区转身洞分水岭北侧，朝圣古道的西侧，坐西朝东。正面

① 贾兰坡、尤玉桂：《山西怀仁鹅毛口石器制造场遗址》，《考古学报》1973年第2期。

（东）对七贤峰，南望分水岭，西倚西边大岗（山名），北为三天门大堡。龙溪河从石屋前自南向北流过。古石屋为石质仿木结构框架结构，面阔9.4、进深8.9米，建筑占地面积83.66平方米（图一；彩版二一，1）。目前仅存中间一间结构完整，北侧及后檐部分由于花岗岩风化导致石质梁枋断裂而坍塌。四至范围清楚，地基及基础仍清晰可辨。九华山古石屋建筑不同于其他常见石质建筑类型，如平担石桥、石拱桥、石牌坊等，它是一种模仿木构建筑的结构特点用花岗岩石材建造的建筑，基本不考虑石材本身受力特性，而是单纯地将石材代替木材来使用。

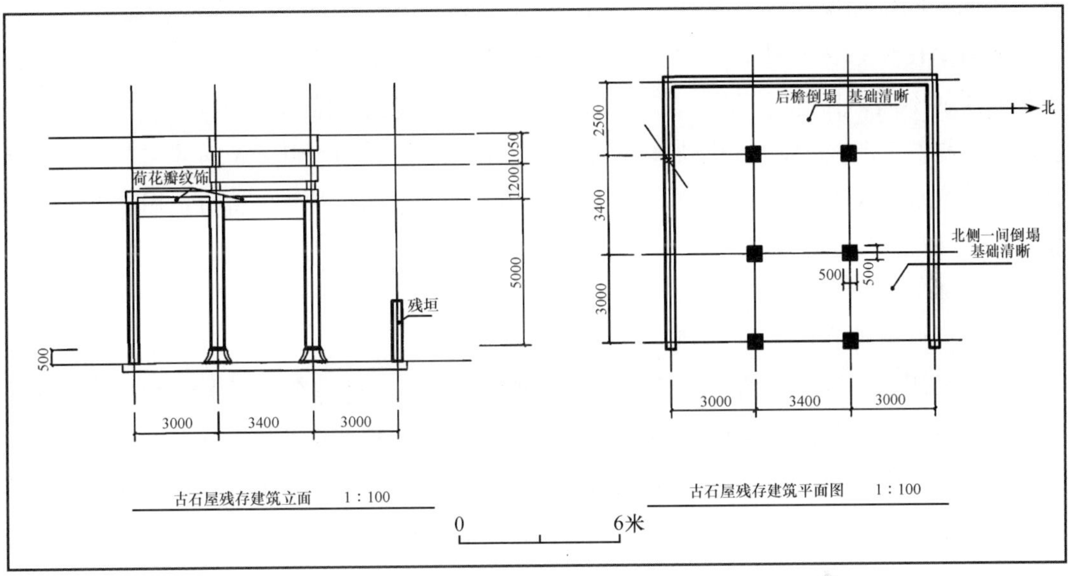

图一　古石屋建筑平面和立面图

三、九华山古石屋的体量及造型

（一）九华山地区花岗岩的主要特点

花岗岩是一种火山爆发的熔岩且受到相当的压力在熔融状态下隆起至地壳表层之构造岩，属于火成岩之一种。九华山地貌由花岗岩组成，其主体是由花岗岩体组成强烈断隆带，它的边缘地区除部分为沉积岩外，大部由花岗岩长岩组成的褶皱断块轻度隆起带，主要矿物为钾长石、斜长石，还含有少量黑云母和角闪石等[①]，九华山地区花岗岩质地比较坚硬，其表面普遍表现为颗粒较粗、易于脆裂，同时受自然环境影响较大，有不耐风化的特点。因此，九华山地区的花岗岩在建筑利用上，更适宜作为道路建设、跨度不大的桥梁、石拱桥、房屋地基和基础、柱础、廊柱等建筑构件使用，不适宜作为大跨度承重受力结构使用。

① 九华山志编纂委员会编：《九华山志》，黄山书社，1990年，第2页。

（二）古石屋建筑造型特点

在古代建筑中，采用花岗岩作为建筑材料的可谓比比皆是。出于对地基基础稳固的要求，柱础、墙基础等部位基本采用石质结构。部分古建筑为防潮、防止白蚁侵蚀，也有采用石柱的形式。在佛教建筑中，用石质材料建筑的佛塔、经幢及石窟寺并不鲜见①，但整幢建筑全部以石头作为结构的在国内并不多见，《中国古代建筑史》及《中国建筑史》均未提及这种石质仿木结构建筑。由于建筑年代久远，古石屋北侧及后檐石梁风化坍塌，目前仅中间一间结构保存较为完整，其檐口高为5.2米，屋脊高7.25米。中间开间为3.4米，第二桁石梁长为3.4米，截面高0.76、宽0.43米。根据花岗岩密度计算（九华山地区花岗岩根据石质的不同，其密度一般在2.72～3.27g/cm^3，这里取平均值），其重量至少在3.33吨左右。石柱高5米，截面为50厘米×50厘米，根据测算，其重量达到3.74吨左右。古石屋建筑经过数百年风雨，加上九华山花岗岩石质颗粒较粗、风化严重，部分坍塌，古石屋的整体外形已难以复原，但从现存的结构、雕刻、体量、形制等内容分析，古石屋建筑有以下特点（图一）。

一是石材用料硕大，表达粗犷、豪放的气概。

二是采用逼真的手法仿制木结构。其造型特点为用石材完全按照木结构特点建筑，梁、枋、檩的外形完全按照木结构式样加工。特别是在梁柱搭接部位，均采用木结构榫卯结构手法来处理（彩版二一，2），檐口横梁与枋直接叠压，横梁正立面錾刻有荷花瓣纹饰（彩版二一，3）。抬梁（三架梁）雀替虽已不存，但从石柱与梁搭接部位下有榫卯凹槽可以推断出，底部采用了木结构雀替（南方木结构建筑通常将梁底部类似于北方雀替的构件称之为“梁垫”，梁垫通常比北方建筑的雀替要小，撑在梁的底部，饰以雕花，起顶托、增加减压面、减小梁的净距、在艺术上起过度和美观的作用）的手法，以减小梁的跨度（彩版二一，4），在现场坍塌部位没有找到雀替的石质碎片，推测当时的雀替有可能采用木头雕刻而成。从前檐伸出的石质挑梁推断，古石屋的前檐应有廊檐或是采用卷棚式出檐（廊轩）。

三是在细部处理上灵活多变。由于石质结构不可能像木材那样具有重量轻的特点，古石屋由于其屋脊横梁自身荷载较大，所以，体量较小的仝柱、脊柱、脊瓜柱等结构形式完全不能顶托屋脊的重量。于是，古石屋采用了元宝柱的形式来顶托屋脊横梁自身荷载（彩版二一，5），以增加屋脊横梁的稳定性与可靠性。另外，石质材料与木材比较起来，纹理不够清晰，颜色不如木材亲近，所以，在细部装饰上，工匠们将建筑物的横梁雕刻出与木结构相同的式样，近似于木构建筑的构件，以满足建筑整体的审美需要。

① 中国科学院自然科学史研究所主编：《中国古代建筑技术史》，科学出版社，1985年，第230页。

四、建设年代、目的、建造方法及建筑用途

由于古石屋建筑缺少资料，《九华山志》①不见记载，因此，古石屋的建设年代、目的、建造方法及用途都无法弄清，我们根据房屋的结构形式、地理环境、细部工艺等方面做一些推测。

（一）建设年代及目的

九华山花岗岩仿木结构建筑古石屋，由于这种建筑形式所见不多，且体量较大，仿制技术成熟。我们根据其柱础造型特点（彩版二一，6）、梁架特点、檐口雕花等因素综合分析和推测，其建筑年代大致应在元末明初。其建设初衷和建设目的应有以下几个原因。

（1）元末明初，九华山及长江中下游地区为朱元璋农民军与陈友谅争夺天下的主战场，长期兵荒马乱，兵患与匪患迫使建筑的主人产生自保的心理诱因，为凸显自己的与众不同，彰显实力，以石材结构的粗犷、豪放气势，警示别人不要轻易冒犯。

（2）另外，长期战乱导致九华山地区大型木材奇缺和难以运输上山，只能退而求其次，采用就地取材的方式，用石头代替木材。

（3）九华山地处长江中下游的梅雨区，古石屋所处位置海拔在800米左右，空气湿度很大，木结构建筑极易出现蚁害及糟朽问题，而建造石质建筑则可规避以上问题。

（二）古石屋主要用途

古石屋所处位置为九华山朝圣古道的南入口主干道旁，这条道路是进出九华山的主要道路之一，所以推测其主要用途应为宗教建筑（佛教或道教），推测理由如下。

（1）古石屋建筑虽地处深山，但建在朝圣古道南线主干道旁，这条道路不仅是徽州及江西以南香客游人朝拜九华山的必由之路，而且还是徽州以南地区的商人、过往游客到达长江的最近的一条道路。建筑物主人在此建殿堂，不具备以隐身或遁世为目的，而明显有方便香客游人朝拜、参观之目的。

（2）遗存建筑的中间殿宇部分保存完好，且内部结构石刻雕工精巧、线条严整、风格简洁，应以作为佛堂或道观的殿堂使用最为适宜。同时，这种风格最能突出宗教的神圣和庄严。

（三）建造方法

我国古代对于建筑的记载很多，但大多仅限于对建筑的历史沿革、造型等进行描述，极少有对建筑施工过程及建筑工匠进行详尽记录。古石屋的梁、柱、檩均达到3吨左右，

① 清光绪二十七年版，民国二十二年版。

即使在今天，在深山之中要建成这样的房屋亦非易事。中国古代起吊大重量建筑构件的历史悠久，“辘轳”在建筑中的运用可追溯到东汉①，明代已经出现了“千斤顶”和“手摇卷扬机”等起重机械，古代在建设大的桥梁工程时，大多采取堆土或搭架的形式。但古石屋大型石柱的树立、横梁的架设采用堆土的形式明显行不通，在当时的生产工艺及施工条件之下，推测应是采用“卷扬机”之类的初级起重设备进行拼装起来的。

五、结　　语

古代建筑是中国人民勤劳智慧的集中体现，各种建筑形制和式样都与当地的气候条件、人居环境及建筑材料的获取有着密切的关系②。传统建筑遗产的价值不只是它作为古老的东西而存在，它更承载着当时社会、文化、审美等宝贵信息，因此切实保护好传统古建筑尤为重要。

九华山古石屋完全利用花岗岩仿木结构建筑建造，为研究此类石质古建筑的特点、性质、建造方法和建筑艺术等提供了珍贵的实物资料。从目前保存现状看，当初的建设者只是将其材质进行替换，没有考虑木材和石材两者之间的力学差异，因此，此类建筑在建成初期一般不会出现问题，但随着时间的推移，石结构的自身重量大、抗拉强度低、受力不合理等问题就会充分暴露③，如不采取保护措施，若干年后将会坍塌。由于年代久远，花岗岩自然风化等原因，古石屋的三架梁榫卯搭接部位已经出现严重风化，因此，我们有必要加强对古石屋建筑的修缮与有效保护，以便对其艺术价值及结构特点做进一步研究与探索。

摄影、绘图：何翔彬

① 中国科学院自然科学史研究所：《中国古代建筑技术史》，科学出版社，1985年，第518页。

② 刘敦桢主编：《中国古代建筑史》，中国建筑工业出版社，1984年，第1页。

③ 朱向东、魏憬璐：《中国传统建筑中石仿木结构现象探析——以山西建筑为例》，《古建园林技术》2008年第4期。

安徽当涂黄山塔始建和重建年代考辨

李　军

（马鞍山市三国朱然家族墓地博物馆）

［摘　要］　据史料记载，当涂黄山塔始建于南朝刘宋年间，但在2002年黄山塔勘探测绘中，通过现存黄山塔的形制、材料、建筑特点等分析，认为现存黄山塔并非南朝刘宋时建筑，即当涂黄山塔历史上存在“始建”和“重建”两个年代。通过史料和建筑形制的分析，本文认为黄山塔始建于南朝初期，重建于北宋末至南宋初，前后两个时期黄山塔的功能不尽相同。

［关键词］　当涂　黄山塔　始建　重建　年代

黄山塔位于当涂县城北2.5千米，原名不详，因处黄山山巅而得今名，现为安徽省重点文物保护单位，也是马鞍山市现存最古老的古建筑（图一）。黄山海拔54米，山如初月，因旧时长江流经山脚下，又名为黄江山。黄山上旧有凌歊台、誓清堂、深云馆、极目亭、广福寺等建筑，现仅存黄山塔。其与城东南的凌云塔（1911年因暴风雨倾圮）、城西南的金柱塔合称为“当涂三塔”，三塔“鼎峙三垣，形家谓作镇乾方，为三邑之主星”①，清初荷兰来华使团成员尼霍夫所著《荷使朝华录》中便将“当涂三塔”作为太平府府城的标志（清太平府辖繁昌、芜湖、当涂三县，府治设当涂县）。

图一　黄山塔位置示意图

黄山塔确切的始建年代，史志均不见记载，相传为南朝宋武帝刘裕所建。民国《当涂县志稿》记载：清康熙三十五年（1696年）和光绪年间，该塔曾进行过修缮。2002年元月，安徽省考古研究所和当涂县文物管理所联合对该塔进行了勘测，发现塔体内残存的木构件有火灸痕迹，认为“后期的重修改动使黄山塔的面貌变化较大”②，并可能因雷击引发过火灾。该塔在清代维修前，塔檐各层均叙为四铺作重栱，出双杪，补间壹垛，慢栱

① 祝元敏：《重建黄山塔记》，时任当涂县令，三邑指当涂、芜湖、繁昌三县。

② 张辉：《当涂黄山塔勘测简报及探讨》，《文物研究》第13辑，黄山书社，2001年。

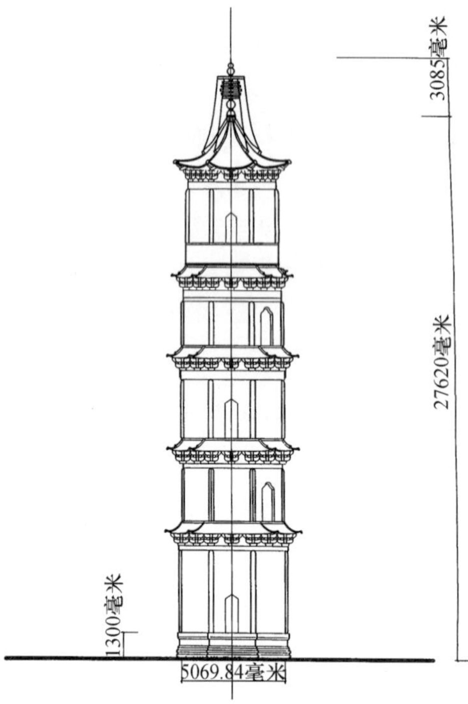

图二　黄山塔东立面复原图

呈交首状；华栱承托承椽枋，枋上用椽，用望板盖筒瓦，翼角有升起；平座出单跳，补间壹垛，木华栱承托木枋，上覆砖。

2004～2005年，鉴于该塔残破严重，安徽省文物局、安徽省考古研究所和当涂县人民政府在黄山塔勘测基础上，根据塔体内残存的木椽、斗栱、楼板等构件尺寸、造型，以“恢复原样”的方案对黄山塔进行了修缮，恢复了黄山塔旧有的挑檐、斗栱、平座、塔刹、楼板（图二；彩版二一，11）等，外观上与维修前有较大变化。黄山塔“恢复原样”后，与南朝时期的塔在形制、建材、结构上都有很大区别，这说明史志记载现存黄山塔为南朝刘宋时所建的说法不准确，黄山上应该先后建有两座“黄山塔”，即黄山塔存在“始建”和“重建”的问题。本文就黄山塔始建年代和重建年代做一些探讨。

一、黄山塔现状

黄山塔按“恢复原状”方案维修后，为砖木结构楼阁式佛塔，塔体下为碎砖土夯实层，夯实层直接叠压于山体毛石上。塔座为青石束腰须弥座，直出地面无放脚。平面八边形，外五层、内九层，通高29米，塔向（门轴线方向）南偏西30°。塔内平面方形，间隔相错（即上层角点从下层方形四边中点起，形成另一方形）。塔体多为一层顺砖一层丁砖相间而砌，各层塔身均有收分，但收分较小，各层檐角系风铎。

底层面阔220厘米，以单层木斗栱挑檐、覆瓦，檐上以单层木斗栱出平座。塔西南、西北、东南三面各辟一门，门宽78、深176、高185厘米。东北面外壁砌宽128、深18、高185厘米盲门，其余各面为素面，倚柱为瓜棱柱，无础。底层塔心室平面方形，边长200厘米，维修前塔心室地坪40厘米下的中心位置，有一直接在山体毛石凿出的长70、宽51、深16厘米的地宫。地坪与地宫之间为一隔层。东北面内壁上有一龛，宽90、深51.5、高184厘米，应为供佛像的佛龛。

二层面阔217厘米，挑檐、斗栱、平座形制同底层。塔南面辟一门，门宽64、深147、高167厘米，距券门两边18厘米处各有一高167、宽21、深2～3厘米的长方形嵌入（类似对联状），其余各面为素面，倚柱为瓜棱柱，无础，下接平座。二层塔心室平面方形，边长210厘米，与底层平面呈45度平面角。距二层地坪220厘米有一砖叠涩挑出的、边长205厘米米隔层（G1），距三层地坪186厘米。

三层面阔210厘米，以双层木斗栱挑檐、覆瓦，檐下为四铺作重栱出二秒，补间一垛，慢栱呈交首状。檐上以斗栱挑出平座。塔西南面辟一门，门宽63、深138、高156厘米，其余各面为素面，倚柱为瓜棱柱，无础，下接平座。三层地坪平面呈方形，边长200厘米，与G1呈45度平面角，四壁向上呈弧状收分（高264厘米，上口边长158厘米），空间整体呈下宽上窄的鼓状。距三层地坪264厘米处（即弧壁收口处）有一个隔层，其上形成长方体空间（G2），其平面边长158厘米，G2地坪距四层地坪234厘米。

四层面阔206厘米，挑檐、斗栱、平座形制同三层。塔南面辟一门，门宽51、深127、高150厘米，其余各面为素面，发现多块“太平州”“多宝塔”铭文砖。倚柱为瓜棱柱，无础，下接平座，维修前倚柱为圆柱，但在修复中发现圆形倚柱与壁砖不咬，应为清康熙年间维修时所改。四层地坪平面呈方形，边长160厘米，与G2呈45度平面角，四壁先向外出18厘米，然后向上呈弧状收分（高276厘米，上口边长143厘米），空间整体呈削去锥顶的锥状。在弧壁收口处有一个隔层，其上形成长方体空间（G3），其平面边长143厘米，G3地坪距五层地坪285厘米。

五层面阔185厘米，挑檐、斗栱形制同三层。塔东北、东南、西北面外壁上均有破子直棂假窗，宽105、高78.5厘米，其余各面均为素面。多处出现“太平州”“多宝塔”铭文砖。倚柱为瓜棱柱，无础，下接平座，维修前倚柱为圆柱，同四层旧有倚柱，应为清康熙年间维修时所改。五层地坪平面呈方形，边长143厘米，与G3呈零度平面角，层高285厘米。

塔刹高660厘米，作宝瓶相轮式，檐口出檐深远，檐角以浪风索与宝盖相连。整个塔刹显得线条流畅，端庄雄健。需要说明的是，2004年维修前的塔刹作清式宝顶式样，其特征与塔身不符，应为清代维修时所建。

二、黄山塔始建年代

黄山塔始建的确切年代，历代史志均不见记载，《太平府志》曾记载黄山塔始建年代早于当涂建县一百多年，当涂建县为隋开皇九年（589年），以此推算，黄山塔应始建于5世纪左右，即东晋末期至南朝中期，但祝元敏在《重建黄山塔记》中认为黄山塔“建置未详”。其后的乾隆十五年《当涂县志》、民国二十六年《当涂县志稿》均继承了《太平府志》所述，认为“（黄山塔）前志以为圣主刘裕建，无考”，所以说黄山塔始建时代历来不详。

值得注意的是，唐李白在《登黄山凌歊台送族弟溧阳尉济充泛舟赴华阴》一诗中曾有句“送君登黄山，长啸依（一作上）天梯”，此黄山为“凌歊台”所在地，故是指当涂的黄山。古代通常将深入云霄的高山或高耸的塔类建筑喻为“天梯”，那么，李白诗句中的“天梯”指的是黄山山体，还是黄山塔呢？笔者认为此处“天梯”应当指黄山塔：其一，唐代诗人常将高山比喻成“天梯”，如智亮喻戴云山[①]、李商隐喻玉山[②]，但黄山海拔仅50余米，坡度较为平缓，在高度和山势上无法与戴云山、玉山相比，因此李白不可能将黄山喻为“天梯”；其二，如果“天梯”指的是黄山，那么这两句诗在内容上几乎雷同。这是诗歌创作的忌讳，李白作为著名诗人不可能犯这种常识性错误。所以，李白诗中的“天梯”应当是指黄山塔，也就是说，最迟在754年（即李白作这首诗时），黄山上应当有塔耸立，但这座塔是否就是“宋武帝刘裕所建八丈佛塔”？这需从中国早期佛塔产生的历史和宗教背景中予以分析。

魏晋南北朝的300多年是中国历史上的动荡期，随着佛教在中国的传播和推广，历代统治者为了长治久安、永享太平，多半提倡佛教，为此营造了大量的寺庙，“北魏正光（520～524年）以后，都城洛阳的佛寺就达1367所。这段时期，在一座寺院里，总体布局必须要有塔，一般小型寺院没有大塔，仅作小塔”[③]，佛塔作为“佛陀身体或精神的寄寓处”[④]，时为佛教徒的主要崇拜对象，因此，大量融合了印度、西域佛教建筑风格和中国传统高层楼阁建筑艺术的中国式佛塔应运而生，洛阳甚至出现了“招提栉比，宝塔骈罗，争写天工之姿，竞模山中之影”[⑤]的建塔盛况。佛教在北朝黄河流域广泛流行的同时，在南朝也迅速普及，晚唐诗人杜牧便在《江南春》中云“南朝四百八十寺，多少楼台风雨中”。根据魏晋南北朝时期“有寺就有塔，有塔就有寺”的论断[⑥]，南朝时期黄山是否建有佛寺，就成为佐证黄山塔是否始建于南朝的关键。

当涂（时称姑孰）作为都城建康的畿辅之地，早在三国吴赤乌年间，康里国僧会法师便在姑孰建化城寺（康里国僧所建三处选佛场之一，南朝宋孝武帝南巡驻跸于此，另两处为秣陵的长干寺和海盐的金粟寺），由此可见，当涂是江南地区受佛教影响最早的地区之一。及至南朝时期统治者对佛教的大力推崇，佛教不可避免地在全境风靡。宋刘子澄云：“当涂塔庙昉于六朝者，多附丽于异薮名岩，亦一时好尚使然也。”[⑦]黄山作为“太平主脉，阴阳家以为有黄山而后可以有太平……非诸山可并论也”[⑧]，因此在黄山建有佛寺符合六朝时的尚佛风气。根据明清《太平府志》和《当涂县志》统计“（南朝时期）寺庙并不只限于当涂城关（今姑孰镇），全县各名山、乡镇都相继建起了寺院，南朝宋在黄山建

① 智亮：《全唐诗》第823卷030首《戴云山吟》：“人间谩说上天梯，上万千回总是迷……戴云山顶白云齐，登顶方知世界低……”

② 李商隐：《玉山》：“玉山高与阆风齐，玉水清流不贮泥。何处更求回日驭，此中兼有上天梯……”

③ 张驭寰：《中国佛塔史·绪论》，科学出版社，2006年。

④ 徐华铛：《中国古塔造型》，中国林业出版社，2007年，第33页。

⑤ （北魏）杨炫之：《洛阳伽蓝记》。

⑥ 徐华铛：《中国古塔造型》，中国林业出版社，2007年，第33页。

⑦ 刘子澄，北宋太平州人，著《太平图经》，今佚。

⑧ 倪嵩：《重修黄山东岳庙记》，（民国）《当涂县志》，黄山书社，2011年。

眼香庙、黄江庵，南朝齐在丹阳镇建禅那院，南朝梁在多福乡建净居院”①。

这里与黄山有关的南朝寺庙是眼香庙和黄江庵。眼香庙位于黄山广福寺（北宋建，黄山东麓）之西，而黄江庵在眼香庙西，故而，黄江庵应在临江的黄山西麓（早期佛教中，寺庵一体，寺为僧人修行、生活，给香客讲经、排解忧难的地方，庵是指僧人禁止外人入内的清休场所，而并非后来所指女性僧侣居住和修行的地方）。旧志载：“刘宋武帝微时，泊舟夜宿，住僧适在牛渚夜观乾象，见紫气直罩庵中，急归，晨拜榻下；（帝）惊问，具告所以，因与交好，即位后，遣使斋金帛建寺。居僧圆寂，埋塔下。”②旧时经黄山脚下流过的这段长江又称“黄江”，黄山脚下临江处的“黄江渡”是当时长江南北的重要渡口，宋武帝刘裕称帝前“泊舟”黄江渡，“夜宿”黄江庵完全是有可能的。魏晋南北朝时期皇帝多信佛教，刘裕称帝前先后平桓玄、灭南燕、灭后秦，杀戮甚重，为求江山永固，加之“泊舟夜宿”黄江庵得到住僧“具告所以”，其称帝后在黄山建寺符合封建统治者心态。既然建寺，必然有塔，所以后世推断黄山建塔始于南朝刘宋时期不无道理，按黄江庵建寺缘由，以及“中国早期（唐以前）佛塔没有地宫，而是直接把舍利（或遗骸）石函埋在塔基夯土中”③的说法，“黄山塔”应始建于南朝宋永初年间（420年6月至422年5月），其塔基下夯土中应有盛放“居僧”舍利或遗骸的（石）函。

李白诗中的“天梯”是不是就是刘裕称帝后所建的“黄山塔”？因为李白作此诗时，毕竟与刘裕建塔相隔330年了。黄山塔北侧为南朝宋孝武帝刘骏于大明七年（463年）巡视南豫州时所建离宫（凌歊台），李白在中年时期所作《凌歊台》一诗中说：“闲云入窗牖，野翠生松竹。”可见当时凌歊台的部分台馆尚在，那么，与凌歊台建筑年代相去不远的“黄山塔”其时尚存是完全可能的。

三、黄山塔重建年代

令后世疑惑的是，黄山塔作为当时当涂县城周边的高层建筑，自李白以后的中唐至北宋文人墨客，路过当涂或登陟黄山，均未留下关于黄山塔的文字，直至南宋，黄山塔才在韩元吉、陆游等人作品中出现。对这一现象较为合理的解释是，唐代中期以后黄山塔已倒塌，最迟在南宋初年方才重建，这一点也可以通过现存黄山塔形制分析得到确定。

其一，从塔身结构和建材上看，现存黄山塔与南朝佛塔完全不同。黄山塔主建材为砖，但2004年维修黄山塔时，在塔外壁的层与层交接处的粉刷层下发现大量嵌入塔体、排列整齐的木质檐椽椽头，其中四、五层还发现木质斗栱栱头；塔内也多处发现残存木质楼板，甚至在四层壁角还留有较为完整的木角柱，所以该塔应为“砖木混砌结构”，即

① 当涂县地方志办公室编：《当涂揽胜》，黄山书社，2001年。

② 《当涂县志》卷十三，乾隆十五年（1750年）版。

③ 徐华铛：《中国古塔造型》，中国林业出版社，2007年，第32页。

“在砖砌塔壁中楔入木梁、木枋，并挑出木结构的塔檐、平座、栏杆，形成飞檐翘角造型”①，这种砌法是唐以前的佛塔结构所不具备的。据历史文献记载，中国早期的塔大都是木结构，从东汉第一座佛寺白马寺的塔开始，到三国徐州的浮图祠，都是木质塔。罗哲文先生认为所谓“南朝四百八十寺”中的塔也都是木塔②，“砖木混砌结构”是楼阁式佛塔由木塔转化为砖石塔过程中的一种结构形式，这种结构在宋塔中极为普遍，如上海松江方塔、杭州六和塔、苏州瑞光塔等。

其二，从塔的外观上看，现存黄山塔为楼阁式塔，已具（赵）宋塔的特点。唐以前楼阁式佛塔均已不存，但通过敦煌、云冈、龙门等石窟，以及一些汉至南北朝的明器和画像砖上的北魏、隋唐时期楼阁式塔的绘画和雕刻，我们可以看到，唐以前的楼阁式塔平面均作方形；而现存的唐代楼阁式塔（如西安大雁塔、玄奘墓塔）平面也都作正方形。因此说，唐及唐以前的楼阁式佛塔平面均作方形③。楼阁式佛塔发展到宋代“建筑平面上出现了六边形、八边形和十边形，其中最普遍的是八边形。与唐塔端庄、质朴的风格相比，宋塔则要华丽、灵秀得多，因此也更世俗化了”④。现存黄山塔平面呈八角形，符合宋塔建筑平面形制，从外观上看，现存黄山塔“恢复原状”后，出檐深远、塔刹高耸，较之唐及唐以前的楼阁式佛塔确实要轻灵秀气得多。

其三，在黄山塔的四、五层出现多块“太平州”“多宝塔”铭文砖。“太平州理当涂县，本宣州当涂县。周世宗画江为界之后，伪唐于县立新和州，又为雄远军，迨至开宝八年平江南为平南军。太平兴国二年升为太平州，割当涂、芜湖、繁昌三县以隶焉。”⑤由此可知，太平州为北宋太平兴国二年（977年）新设置的行政区域，辖今天的当涂、芜湖、繁昌三县，州治当涂县，宋以后则称“太平路”“太平府”。可见，现存黄山塔建筑年代不会早于977年。“多宝塔”铭文砖则证实现存黄山塔应为佛塔，曾供奉有佛像（塔内佛龛亦是证明），并藏有佛经，因此，现存黄山塔应属寺庙的“藏经”塔。977年后，最早出现“黄山塔”的文学作品，是南宋韩元吉的《凌歊台》⑥、陆游的《黄山塔》⑦和

---

① 徐华铛：《中国古塔造型》，中国林业出版社，2007年，第25页。

② 罗哲文：《中国古塔》，中国青年出版社，1985年，第24页。

③ 张驭寰：《中国佛塔史》，科学出版社，2006年，第39页。

④ 徐华铛：《中国古塔造型》，中国林业出版社，2007年，第39页。

⑤ 《太平寰宇记》卷之一百五《江南西道三》，宋乐史撰，北宋地理总志。

⑥ 韩元吉《凌歊台》：“山到西江势却回，倚山楼殿更高台。天容水色望中见，帆影车尘窗际来。桑枯棋分千里迥，波涛壁立两峰开。登临拟问兴记如，白塔亭亭锁翠苔。”

⑦ 陆游《黄山塔》：“风吹旗脚西南开，挂帆槌鼓何快哉！转头已失望夫石，黄山孤塔迎人来。黄山劝汝一杯酒，送往迎来殊耐久。明年我作故乡归，还对黄山一搔首。”

《明日再游又赋》[①]。根据陆游两首诗的风格和意境，两诗应当是乾道五年（1169年）七月，陆游赴任夔州（今重庆奉节）通判路过当涂时所写，从《明日再游又赋》的“依然十年前”可知，最迟在1159年，“黄山塔”已“突兀暮烟里”了。

根据现存黄山塔的功能和体量推断，其应当为977～1159年黄山上规模较大寺庙的寺塔，它虽然从寺庙的中心部位退至山顶，但符合“唐宋以后，佛塔逐渐从中心部位退出，立身到寺院的园林自然环境中……达到天人同构”[②]的塔、寺布局。

977～1159年的182年间，黄山有两座寺庙，一为宋仁宗皇祐二年（1050年）于黄山东南麓所建，祭祀山神的东岳庙；一为东岳庙北邻、嘉祐三年（1058年）僧惠通所建寿圣院，后改称“广福寺”。郭祥正[③]在元祐四年（1089年）告老还乡至去世的23年间，曾游黄山广福寺，赋《广福禅寺》[④]一诗，作为李白的崇拜者（曾多次追和李白诗）和本籍诗人，他在该诗中却只字未提被李白喻为“天梯”的黄山塔，及至其去世（1113年）也未留有关于黄山塔的文字，这是不合常理的。那么只有一种解释，即郭祥正去世时，黄山塔仍未重建。结合郭祥正生平和陆游的两首诗，我们可以推断，黄山塔重建年代应该在北宋末年至南宋初年的46年间（1113～1159年）。

通过第一部分黄山塔的现状描述，我们发现现存黄山塔一、二层檐下斗栱均为单层，而三、四、五层檐下斗栱均为双层，这种做法不仅少见，而且不符合营造规制，笔者认为这与黄山塔重建的历史背景有关。北宋末年金兵时常扰乱边境，社会矛盾尖锐，宋徽宗为求政权巩固、国泰民安，极力提倡佛道两教，一时兴起建塔风潮，黄山塔便是在这种历史环境下开始重建的。黄山塔重建之初，因逢北宋末期社会混乱、经济萧条，塔资可能不足，所以斗栱设计均为单层，一、二层建成后，恰逢金兵南下、北宋灭亡，黄山塔重建工程因此而停工，且停工时间长达数年（或者更长）；及至南宋建立，宋金议和后，南宋经济复苏方才复工，并以费用较高的“双层斗栱”续建三至五层。因此，黄山塔斗栱做法的不同，也是黄山塔重建于北宋末至南宋初年社会动荡期的佐证。

四、结　　语

现存黄山塔的个别部件上仍留有宋以前的建筑遗风。

① 陆游《明日再游又赋》：“舟中如甑炊，端坐畏暍死。未能踏增冰，且复呼艇子。纤纤新月低，玉浆沈野水。微风生苹末，尘抱真一洗。可怜黄山塔，突兀暮烟里，依然十年前，看我行万里。两浆且勿摇，横舟小滩尾。得诗偶长吟，宿鹭为惊起。”

② 徐华铛：《中国古塔造型》，中国林业出版社，2007年，第73页。

③ 郭祥正（1035～1113年），字功父（甫），号谢公山人、漳南浪士、净空居士等，北宋当涂县人，著名诗人，被北宋诗坛泰斗梅尧臣誉为“太白后身”。

④ 《广福禅寺》：“寺与人寰隔，西轩更远瞻，云烟生卷箔，星斗半垂檐；山对双眉碧，江空镜一奁，旅魂招不尽，愁向酒中添。”

一是每层的瓜棱倚柱。宋代《营造法式》未做瓜棱柱记载，但瓜棱柱在汉魏时期已显雏形，其外形和做法与汉代出现的束竹柱相类似，很可能两者存在渊源关系。江苏徐州贾汪石室墓的仿木柱便做成四瓣、八瓣和十六瓣瓜棱形式①，说明两晋南北朝时期瓜棱柱作为一种柱子样式和做法已经成熟。在现存的宋代建筑中，尤其是南方建筑中瓜棱柱较为常见，如浙江临安南屏塔（北宋熙宁年间）、福建福清南涧寺水南塔（北宋宣和年间）、福建莆田广化寺释迦文塔（南宋乾道元年）等都有石构或砖砌瓜棱柱遗迹。

二是五层的破子直棂窗。直棂是中国古代窗棂的主要做法，但黄山塔的窗棂“与明清的窗棂不同，它是将（砖仿木窗棂的）方断面沿对角线斜破两半作为棂子，使棂条呈三角形断面在内侧”②。这种破子窗棂的做法在宋及宋以前的石刻壁画、砖塔遗物中常见，如马鞍山朱然文化园馆藏第033号东汉石墓窗。

需要指出的是，重建的黄山塔之所以千年岿巍不圮，主要是因为塔体的结构。黄山塔体为砖木混砌，塔壁较厚（150～176厘米），具有负载量和承重力大的特点，再者其平面呈八边形，符合结构力学原理：其一建筑物的锐角和直角部分经受地震时受力集中，容易破坏，而八边形塔的两壁夹角都呈钝角，受力较均衡，增强了抗震能力；其二八角塔塔壁与方形塔相比，对地基压力更均匀，塔基的受力情况良好，从而使塔的刚度和整体性有所增强；其三八边形高塔受风压力比四方形要轻得多，减轻了塔身承受的风压。

综合上述，笔者认为黄山塔始建于南朝宋永初年间，为木建方形楼阁式佛塔，塔基下埋有“居僧”舍利或遗骸，属黄江庵寺塔，最迟不晚于唐后期倒塌或火灾损毁；黄山塔的重建应于北宋政和三年（1113年）至南宋绍兴二十九年（1159年），为八角形楼阁式砖木混砌佛塔，基址可能与前塔不合，属于广福寺藏经塔。

① 南京博物院：《徐州贾汪古墓清理简报》，《考古》1960年第3期。

② 罗哲文：《中国古代建筑》，上海古籍出版社，1990年，第266页。

安徽六安观音寺出土彩绘孔雀明王经概述

许良杰[1]　姚政权[2]　龚德才[1]　胡　援[3]

（1. 中国科学技术大学　2. 安徽省文物考古研究所　3. 六安市文物局）

［摘　要］　2010年安徽六安市观音寺天宫内出土清道光彩绘经书一部，石函上题刻“大力明王孔雀佛经一部 永镇塔顶 道光十四年十月吉日敬□”的字样，书籍残缺不全，但内部书页的画面清晰，色彩绚丽，是一本不可多得的古籍彩绘经书。本文主要从出土情况、材料及原料分析、装帧方式、孔雀佛经的源流及现存状况、文物价值这五个方面来介绍该彩绘经书。

［关键词］　六安　孔雀明王经　彩绘　道光　清代

2010年10月，在安徽省六安市观音寺塔修缮过程中，其顶部（又称天宫）发现了的一件石函，并在石函内藏有一部彩绘经书。石函顶盖题刻“大力明王孔雀佛经一部 永镇塔顶 道光十四年十月吉日敬□”的字样（彩版二一，7）。书籍残缺不全，四周有疑似火烧的痕迹，书籍的周围有棉絮状物质，已经无法用肉眼分辨是何种材料（彩版二一，8）。但是一部分书页的画面及其色彩仍清晰可见。经初步整理，发现该彩绘经书包括残片共约528片。原书页宽约16、高约36厘米，实际页数和厚度暂无法知晓。该经书的书页以蝴蝶装的形式装订而成，前后黏结以丝织品包裹的厚纸板作为封面和封底。封面和封底基本已经不存，仅见部分为丝织品所包覆的竹纤维残块。

从石函顶盖上的题刻知该彩绘经书名为《大力明王孔雀佛经》，残存书页上的文字部分也大体与现今传世的经文相吻合。初步整理过程中，尚未对经文内容做具体考证，故其与现今传世经文的具体关系，尚须进一步研究。但此书插图为多种颜料绘制而成，已发现有蓝、绿、黑、大红、白、橘红、金等多种颜色的颜料，色彩丰富、画面生动、技艺高超，画法细腻，人物形象栩栩如生，具有中国工笔画的特色，是不可多得的古籍彩绘珍本。

一、材料及颜料分析

我们利用现代科技手段如视频显微镜、纤维仪、红外光谱（FT-IR）、扫描电镜（SEM）、拉曼（Raman）等，对此彩绘经书的封面纺织物、封面纸张、内页纸张、颜料进行了详细而严谨的分析和研究。具体情况如表一所示。

表一　六安南门塔彩绘经书分析结果汇总

分析对象	分析项目	分析方法	分析结果
纸张	纤维鉴定	红外光谱（FT-IR）、纤维仪	经书书页为树皮纤维，经书封面为竹纤维
	纸张填料、污染物分析	视频显微镜、扫描电镜能谱（SEM-EDS）	纸张填料中含有大量钙、硅等元素，推断纸张以二氧化硅、碳酸钙为主要填料成分。污染物中钙，硅等元素含量较高，推测污染物为二氧化硅及钙盐
	书写材料、颜料鉴定	视频显微镜、扫描电镜能谱（SEM-EDS）、拉曼（Raman）	书写材料主要含有碳，为石墨类材料，即炭黑。红色颜料为朱砂，橘红色颜料为铅丹，绿色颜料为绿铜矿，蓝色颜料为蓝铜矿，白色颜料为白铅矿，金色颜料为金粉
	微生物病害分析	扫描电镜（SEM）	扫描电镜下观测到的菌落与放线菌类似，因此推测样品中含有放线菌
	老化程度	纤维仪	大部分纸张纤维存在断裂、分丝严重等现象，且纤维表面附着有大量污染物，结合经书的实际情况表明，经书纤维老化严重
		扫描电镜（SEM）	通过扫描电镜高倍数观察显示，纸张纤维表面附着大量颗粒状物质，纤维表面粗糙，且存在断裂现象，表明纸张纤维老化严重
纺织物	组织结构分析	超景深三维显微光学系统	8号样品组织结构变形严重，无法准确绘制出组织结构图。9号样品的组织结构为五枚缎纹
	纤维鉴定	扫描电镜（SEM）、红外光谱	经书封面附着织物是桑蚕丝作为纺织原材料
纺织物	污染物分析	超景深三维显微光学系统	8号样品表面附着大量彩色颗粒，9号样品表面分布红色颗粒及大片白色附着物
		扫描电镜（SEM）	8号样品表面附着大量经书矿物颜料，9号样品表面附着白色污染物为放线菌的微生物
	老化情况	扫描电镜（SEM）	纤维表面有大量附着物存在，附着物形态大小均不一致，有的呈团状，有的在纤维表面出现大范围的聚集。纤维样品保存状况不佳

根据以上分析，我们对该部经书大致可以获得以下几方面的信息。

第一，该经书的封面是以竹纤维做原料制成的厚纸板来制作的，表面以五枚缎纹的丝织品包覆。

第二，书页纸张是以树皮纤维做原料制成的，纸张填料可能是二氧化硅和碳酸钙等。在埋藏过程中，纸张纤维已经发生了严重的老化，霉菌和其他污染物也在不断地侵蚀着经书。这些病害的存在不仅严重影响了经书的外观，而且存在进一步发展的趋势，严重威胁经书的长久保存。

第三，经文的书写材料主要为石墨类材料，即炭黑。彩绘颜料主要有朱砂、铅丹、绿铜矿、蓝铜矿、白铅矿等，其中红色颜料为朱砂，橘红色颜料为铅丹，绿色颜料为绿铜矿，蓝色颜料为蓝铜矿，白色颜料为白铅矿，金色颜料为金粉。可以看到清代人对颜料的掌握和运用技术已经到了相当成熟的地步，这为我们探索当时的彩绘技术提供了精确可靠的依据。

二、装帧方式

六安观音寺出土的彩绘经书在装帧方式上属蝴蝶装。蝴蝶装简称“蝶装”，又称“粘页”，是中国古书装帧形式之一。因书页展开如蝴蝶展翅而得名（图一）。雕版印刷的书籍出现以后，由于书籍生产方式发生了变化，引起书籍装帧方法和形式也相应发生变化。雕版印书不同于用手写书或抄书。写书或抄书，可以不受任何限制，一纸接一纸地写下去。而后连接起来，或卷起成为卷轴装，或折叠成为经折装[①]。雕印书籍要受版面制约，即每版只能雕印一定的行款字数，且通常都有边栏界行。这样印出的书叶[②]，都是以版为单位的单叶。这种书叶若是仍然沿用卷轴装或经折装，就必须将书叶先行首尾粘连，还要设法去掉或掩盖每叶的左右边栏，如此耗费人力且浪费时间，造成了极大的不便。而且人们在长期翻阅经折装书籍的过程中，经折装书籍的折缝处常常断裂，而断裂之后就出现了一版一页的情况，这给人以启示，于是为了适应雕版印书的特点，创造了蝴蝶装[③]。蝴蝶装大约出现在唐代后期，盛行于宋朝，是把书页依照中缝，将印有文字的一面朝里、对折起来，再以中缝为准，将全书各页对齐，用糨糊黏附在另一包装纸上，最后裁齐成册的装订形式。五代雕版印刷的监本经书[④]，上呈时是一百三十策（册）。既然称策，必为书之方册，因卷轴装称“卷”，不称册，加之唐时唐人写经已有个别为蝶装，五代之后的古代经书均为蝴蝶装[⑤]。清代时的书籍装帧方式种类繁多，有旋风装、蝴蝶装、包背装、线装、毛装等。但清代的经书还是主要以经折装和蝴蝶装为主[⑥]。

① 李致忠：《中国古代书籍的装帧形式与形制》，《文献》2008年第3期，第10页。

② “叶”通“页”。

③ 朱赛虹：《古籍修复技艺》，文物出版社，2001年，第112页。

④ 各朝国子监所刻印书籍统称“监本”，是版本类型，官刻本的一种，也是官刻本的代表。

⑤ 张光华：《我国估计装帧形式演变论述》，《河池学院学报（哲学社会科学版）》2006年第4期。

⑥ 李致忠、吴芳思：《中国书史研究中的一些问题》（之二）“古书梵夹装、旋风装、蝴蝶装、包背装、线装的起源与流变”，《图书馆学通讯》1987年第2期。

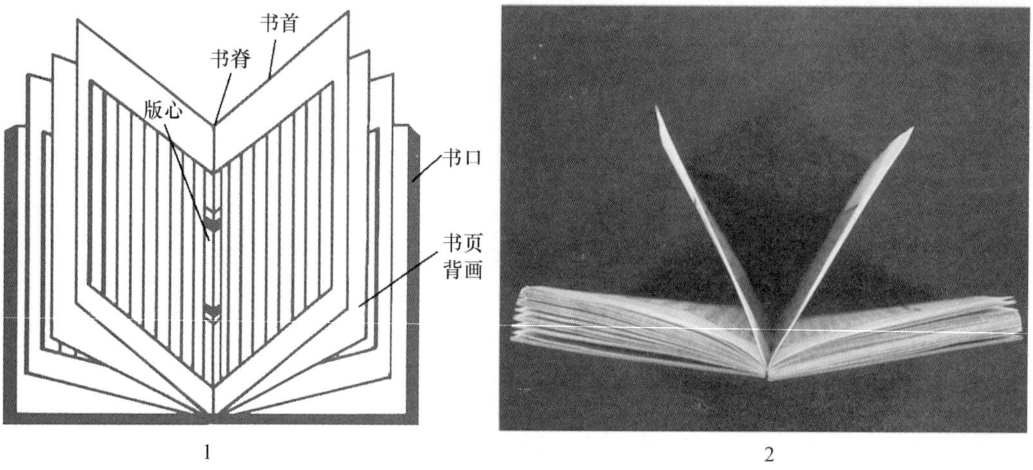

图一 佛经装帧方式

1. 蝴蝶装（俯视） 2. 蝴蝶装（侧视）

三、孔雀佛经的源流和现存情况

佛教和道教中均有《孔雀明王经》，且道教中的《孔雀明王经》是由佛教的《孔雀明王经》发展而来。此次出土彩绘本《孔雀明王经》属佛教本。根据《孔雀明王经》记载，佛陀在世时，有一位莎底比丘遭到毒蛇咬螫，不胜其苦，当阿难向佛陀禀告之后，佛陀于是教导一个可以消除鬼魅、毒害、恶疾的修持法门，这就是《孔雀明王经》的主要内容。在这部经典中，也记载了佛陀在过去久远前的本生中曾经修持过孔雀明王的法门。可见孔雀明王的法门，不是第一次由佛陀宣说，早在比佛陀本生更早之前就已经有了。另外，“金曜孔雀王”是释迦牟尼佛的本生之一，曾经修持过“孔雀明王”法门，在称号上也有“孔雀”与“王”三个字，但不是“孔雀明王”。“孔雀明王”一般来说是多罗菩萨的化身。当然诸佛菩萨的法身都是相同的，但在实现上来说还是有历史上的差别①。

《孔雀明王经》是一部比较有代表性的杂密佛典，是佛教显密圆融的重要经典，也是佛母大孔雀明王法门的根本要典，系“五护秘经”之一。该经书除多部汉译外，还有梵文、西夏文、藏文、日文等版本存世，在佛教史上有一定的地位。佛母大孔雀明王是大日如来的化身，又名佛母护世金刚。佛教认为大日如来的智慧之光恒常遍照世间万物而无阻碍，众德圆满，其光明无有增减，更能恒常遍照十方法界，平等开发无量众生之善根，乃至成就世间、出世间种种殊胜事业。佛家认为诵习此经能熄灭灾难、增长福慧、众人敬爱、一切调顺，世间安稳等诸多功德，特别是在熄灭自然灾难（如旱涝、地震、瘟疫等）方面效果尤为显著。

《孔雀明王经》传入我国的时间较早，今仅存6部汉译本：①僧伽婆罗《孔雀王咒

① 胡文和：《四川道教佛教石窟艺术》，四川人民出版社，1994年，第1页。

经》二卷。②义净《佛说大孔雀咒王经》三卷。③不空《佛母大孔雀明王经》三卷，以上3部为同本异译。④鸠摩罗什《孔雀王咒经》一卷。⑤《佛说大金色孔雀王咒经》一卷，此经在高丽本大藏经中题失译者名，而在元、明本大藏经中题帛尸梨蜜多罗译（如元初完成的《碛砂藏》）。⑥失译者名《大金色孔雀王咒经》一卷（今附《秦录》）。实际上，“罗什本与所谓失译（者名）二本原为一个译本”。另外，经录中还记载昙无兰译有《孔雀明王经》一卷。敦煌遗书中只发现了3件《孔雀明王经》写本：其一为《敦煌遗书总目索引》之散120号，北京图书馆，编为《敦煌劫余录续编》第332号，共5纸，首题“《佛说大孔雀明王咒经》卷中”，止于“有四药叉大将住在东面，拥护东方所有众生，令离忧（下缺）”，为义净译本。其二为《敦煌遗书总目索引》之散726号，入藏于日本大谷大学，首缺尾全，共9纸，始“尖火神龙王七里”，系鸠摩罗什译本。其三为今藏于法国的P2368号，共存9行，始“罗娑大仙”，止于“帝释大仙、岁星大仙”①。

《孔雀明王经》在藏经密部里面有非常重要的作用，同时它又是一部护世护国的经典。目前所知道的仅有6本流传于世，所以本次六安观音寺出土的彩绘版《孔雀明王经》就更显得弥足珍贵。

四、文物价值

《孔雀明王佛经》是一本是佛教显密圆融的重要经典，也是佛母大孔雀明王法门的根本要典，其在佛教史上的地位可见一斑，但由以上资料分析得出现存于世的《孔雀明王经》极其稀少，有如本次六安观音寺出土的《大力明王孔雀佛经》这样齐全的更是凤毛麟角。该彩绘经书彩图部分为手绘工笔画。工笔画是以精谨细腻的笔法描绘景物的中国画表现方式。我们一般从三个方面鉴赏工笔画：一是线条，该彩绘经书中工笔画用中锋笔较多，线条工整、细腻、严谨；二是色彩，该经书彩绘图案色彩艳丽、沉着明快，同时又有着统一的浓郁的佛教审美意趣；三是装饰性与平面感，经书中描绘的人物与场景从构图、线描、设色到形象设计的细部处理都有极强的平面感和装饰性（彩版二一，9）。如此大量绚烂、传神的彩绘出现于经书中是极为罕见的，并伴随有大量的文字记载（彩版二一，10），为我们探索和研究《孔雀明王经》的内容提供了直接的证据，所以我们说这是一本不可多得的彩绘经书珍本。

我国古代的能工巧匠创造了如此丰富的色彩绚丽的彩绘经书文物，它与当时人们的宗教文化信仰密切相关，并蕴含着古代人们认知构图的丰富信息，同时也为我们更深一步研究佛教经典提供了不可或缺的第一手资料。该经书的出土为研究道光年间的宗教、文化、艺术、彩绘技艺等提供了重要的参考，具有极为重要的历史、艺术和科学价值。

---

① 王惠明：《论〈孔雀明王经〉及其在敦煌、大足的流传》，《敦煌研究》1996年第4期。

安徽泗县刘圩遗址2012年度植物遗存浮选结果与分析

王育茜[1]　张小雷[2]

（1. 安徽博物院　2. 安徽省文物考古研究所）

［摘　要］　通过浮选安徽泗县刘圩汴河故道遗址采集的土样，对收集的炭化种子进行鉴定，发现有稻、粟、黍亚科、蓼科、藜科、豆科、唇形科和苋科植物种子。稻种子的发现是安徽淮北地区汉代水稻种植的最直接实物证据。刘圩遗址植物考古样本的采集和分析，是了解安徽淮北地区，尤其是皖东北地区汉代农业发展状况的一次有益尝试。

［关键词］　泗县　刘圩遗址　植物遗存　浮选　稻

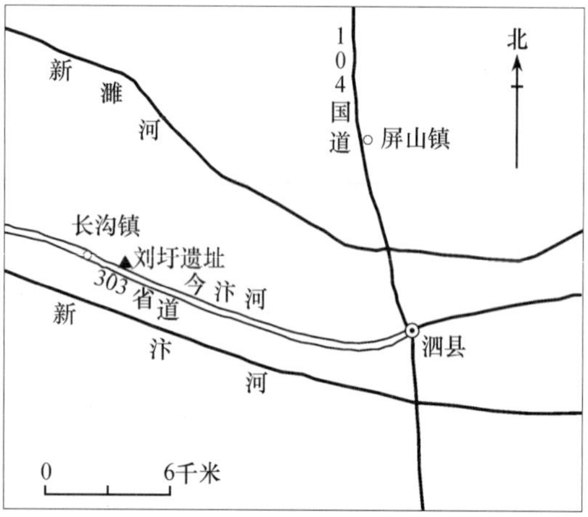

图一　泗县刘圩遗址位置图

刘圩遗址位于安徽省宿州市泗县长沟镇洋城湖行政村刘圩自然村东南100米处，东南距泗县县城15千米。该遗址东西长约800、南北宽约400米，总面积约32万平方米，地表可见较多的汉代瓦片。隋唐大运河（汴河）故道穿过该遗址南部（图一）。

遗址所在的泗县地处淮北平原东部，为安徽省东北边缘县，东部与江苏省宿迁市泗洪县、北部与江苏省徐州市睢宁县接壤，南部与安徽省蚌埠市五河县、西部与安徽省宿州市灵璧县为邻。泗县境内大部分为坦荡平原，属暖温带半温润季风气候，适于各类农作物生长，尤其是农林牧生产条件得天独厚。粮食作物主要有小麦、水稻、大豆、玉米、山芋、绿豆等；经济作物主要有棉花、芝麻、西瓜、蔬菜等。森林覆盖率达25%，是皖北地区重要林业县。

因徐（州）明（光）高速公路建设和大运河保护申遗的需要，安徽省文物考古研究所于2011年春和2012年春对该遗址进行了两次发掘①。

① 安徽省文物考古研究所、泗县文物保护管理所：《安徽泗县刘圩汴河故道遗址发掘简报》，《东南文化》2011年第5期。

第二次发掘面积约400平方米。共发现汉代水井6个、灰坑2个、墓葬1座、沟1条，并揭露了唐宋汴河的完整形态。发掘过程中，我们对土壤样品进行了收集和浮选，并采集了肉眼可见的木炭样品。

一、材料与方法

遗址共收集浮选土样7份①，来自灰坑和地层等3个单位。其中T1⑥、T2⑥年代为宋—明，H2年代为西汉。考虑到浮选土样量较少，且当地水资源有限，采用小水桶浮选方法对土样进行浮选②，选择0.2毫米的分样筛，收集炭化种子果实标本。标本收集阴干后对其进行分类和植物种属鉴定③，在Nikon SMZ-645显微镜下进行观察和测量，参考《植物考古——种子和果实研究》等专著及现代植物标本进行鉴定。

二、鉴定结果

浮选样品发现稻（*Oryza sativa* L.）、粟[*Setaria italica*（L.）Beauv.]、黍亚科（Panicoideae）、蓼科（Polygonaceae）、藜科（Chenopodiaceae）、唇形科（Labiatae）、豆科（Leguminosae）、苋科（Amaranthaceae）等植物种子共计84粒，其中50粒可以鉴定植物种属④（表一）。

表一　刘圩遗址炭化种子果实鉴定结果一览表

出土单位	种子重（克）	稻	黍亚科	蓼科	藜科	唇形科	豆科	苋科	未知
T1⑥	0.005		1		1				
T2⑥	0.03		1	2		3			
T3H2	0.192	2	25	6	4		3	1	1
总计	0.227	2	27	8	5	3	3	1	1

农作物发现稻2粒，均残，表面具有2条纵棱，残长和粒宽分别为2.3、1.9毫米，4、2.6毫米（彩版二〇，16左）。粟1粒，种子近圆形，表面似有纵棱，有光泽，爆裂严重，

① 除了浮选土样，遗址还采集了3份肉眼可见的木炭样品，木炭外观形态较为完整，来自灰坑和地层等单位，在Nikon ECLIPSE LV150显微镜下观察横、径、弦三个切面，并参考《中国木材志》等专著进行鉴定，由于尚未拍摄木炭显微结构照片，所以该遗址木炭鉴定结果将另文发布。

② 赵志军：《植物考古学的田野工作方法——浮选法》，《考古》2004年第3期。

③ 鉴定过程中对比现代植物种子标本，并参考相关书籍，如刘长江、靳桂云、孔昭宸：《植物考古——种子和果实研究》，科学出版社，2008年。

④ 共发现84粒种子，其中34粒种子因炭化严重、过于残碎而难以鉴定种属，为了保证样品分析数据的有效性，这34粒种子暂不纳入炭化种子总数的统计，因而最终统计的种子数量为50粒，即种子数量百分比计算的基数为50。

长1.5、宽1毫米（彩版二〇，16中）。

杂草类种子48粒。黍亚科27粒（彩版二〇，16右），占种子总数的54%，其中狗尾草属15粒，种子呈椭圆形，背部拱凸状，腹部平，胚区长约为颖果长的4/5，粒长1.1～2.3毫米，宽0.8～1.2毫米；马唐属（Digitaria sp.）2粒，种子呈椭圆形，平凸状，粒长0.9～1.1毫米，宽0.6～0.7毫米。

蓼科8粒，其中酸模属1粒，种子呈卵形，三棱状，棱脊较钝，三面较凹，基端钝，顶端残，果脐位于基部，圆形，残长0.6、宽0.4毫米。其余均近圆形、双凸透镜状，表面略见3～4条细纵纹，果顶钝，具花柱残基，果基圆，具圆形果脐，长1.4～1.7、宽1～1.2毫米。

藜科5粒，种子多呈扁圆形，两面呈凸透镜状，表面具放射状或颗粒状点纹。此外还发现少量唇形科、豆科和苋科的种子。

三、结　　语

受农作物的生长习性及区域生态环境的影响，早在新石器时代，我国就逐渐形成了以长江中下游地区为中心的南方稻作农业区和以黄河中下游地区为核心的北方旱作农业区。伴随着南北方农业的迅速发展，南方水稻的种植技术进一步提升，与此同时，麦的种植也在北方迅速推广，并逐渐改变着人们的饮食习惯。位于南北交界地带的淮河流域，其农业的种植情况也变得更加复杂而多样，皖北地区早在大汶口文化晚期至龙山文化时期就形成了稻旱混作的农业生产方式①。

两汉时期是农业发展水平的一个高峰，铁犁、耧车、翻车、扬扇等机械性的农具逐渐在农耕生产中普及，不断改进的牛耕方式使得农业生产效率大幅提高，同时统治者施行的“薄赋”政策又进一步刺激着农业的迅速发展。在这种情况下土地的耕作质量和粮食产量都有了大幅度的提高。

泗县刘圩遗址位于淮河以北，发现2粒稻，说明汉代该地区可能存在稻的种植。这也是安徽淮北地区汉代稻种植的最直接实物证据。早在新石器时代，该地区就曾多次发现稻作遗存，位于泗县东部约50千米的江苏泗洪顺山集遗址，发现了疑似野生稻芒刚毛植硅体，表明早在8500年前顺山集先民可能就已经进行水稻栽培，并且这些水稻还保存着某些野生性状②。蒙城尉迟寺遗址在1989～1995年发掘过程中就发现了数量可观的大汶口文化

① 中国社会科学院考古研究所、安徽省蒙城县文化局：《蒙城尉迟寺》（第二部），科技出版社，2007年，第335页。

② 罗武宏：《江苏顺山集遗址8500年稻作农业的植硅体证据》，“农业起源于传播国际学术讨论会暨中国植物考古学新进展”会议，中国济南，2013年。

和龙山文化时期的水稻植硅体①，2002年度浮选中更发现309粒稻粒，占该遗址谷物总数的40%，仅次于粟，并且粟和稻的出土概率显示，从大汶口文化晚期到龙山文化时期稻作在农业生产中的比例有逐渐增强的趋势②；1957年濠城镇遗址在T2坑烧土层的炭土中发现有烧焦的稻粒③。距刘圩遗址西北100余千米的徐州奎山西汉墓也出土了稻谷④。稻属植物作为一种半水生的热带植物，其主要生长期对土壤含水量的需求高达100%⑤。泗县年均气温14℃左右，年降水量800毫米左右⑥，为稻作农业的发展提供了基础条件。汉代，尤其是汉武帝时期全国大兴水利，今江苏睢宁西南的蒲姑陂、今江苏泗洪北的蒲阳陂保证了淮河北岸稻种植所需要的水源⑦。在王景治河的影响下，黄河长期未决，也使得淮北地区农业生产顺利发展。《氾胜之书》载“种稻，春冻解，耕反其土”，“三月种秔稻，四月种秫稻”，“稻，地美，用种亩四升”。《四民月令》载：“三月，……时雨降，可种秔稻；稻，美田欲稀，薄田欲稠”，“五月，……是月也，可别稻及蓝。尽至后二十日止”。由此可见，当时北方地区水稻栽培的技术已经相当高了。有学者认为颍、涡、濉、汴等河之间的稻作农业是在东汉逐渐发展起来的⑧。

除了水稻的种植，粟、黍仍是当地传统的农作物，而麦的种植也在逐渐增多。刘圩遗址发现了1粒爆裂严重的粟，尉迟寺遗址出土了443粒粟和28粒黍⑨，位于淮河东（南）岸的蚌埠禹会村遗址不仅出土了水稻，还发现了小麦和粟⑩。江苏睢宁双沟汉墓⑪、泗洪重岗汉墓⑫等出土的牛耕图画像石，显示了犁耕技术在旱作农业种植中的运用⑬。作为旱地高产作物的麦类（以小麦和大麦为主，还有燕麦等），特别是小麦，是中国也是欧亚大陆

① 王增林：《尉迟寺遗址植物硅酸体分析报告》，《蒙城尉迟寺——皖北新石器时代聚落遗存的发掘与研究》，科学出版社，2001年，第442～449页；王增林、吴加安：《尉迟寺遗址硅酸体分析——兼论尉迟寺遗址史前农业经济特点》，《考古》1998年第4期。

② 中国社会科学院考古研究所、安徽省蒙城县文化局：《蒙城尉迟寺》（第二部），科学出版社，2007年，第328~337页。

③ 修燕山、白侠：《安徽寿县牛尾岗的古墓和五河濠城镇新石器时代遗址》，《考古》1959年第7期。

④ 徐州博物馆：《江苏徐州奎山西汉墓》，《考古》1974年第2期。

⑤ 赵志军：《海岱地区南部新石器时代晚期的稻旱混作农业经济》，《东方考古》第3集，科学出版社，2006年，第253～258页。

⑥ 泗县地方志编纂委员会：《泗县志》，浙江人民出版社，1990年，第15～26页。

⑦ 李修松：《两汉时期淮河流域农业生产述论》，《农业考古》1999年第1期。

⑧ 游修龄：《中国稻作史》，中国农业出版社，1995年，第272、273页。

⑨ 中国社会科学院考古研究所、安徽省蒙城县文化局：《蒙城尉迟寺》（第二部），科学出版社，2007年，第328～337页。

⑩ http://www.kaogu.cn/cn/detail.asp?ProductID=13449

⑪ 江苏省文物管理委员会：《江苏徐州汉画象石》，科学出版社，1959年，图版四。

⑫ 尤振尧、周晓路：《泗洪重岗汉代农业画像石刻研究》，《农业考古》1984年第2 期。

⑬ 李修松：《两汉时期淮河流域农业生产述论》，《农业考古》1999年第1期。

多数地区当代最重要的农作物之一，但是关于中国早期麦类作物的种植，学术界尚有不少争论：一种观点认为中国早期小麦是由西亚经过中亚传播过来的①，有学者运用DNA分析方法，认为杂草*Aegilops tauschii*和栽培的普通小麦（cultivated common wheat）一起由伊朗经丝绸之路传入中国②；另一种观点认为，中国小麦是本地起源，或者起源于黄河上游及高原地区③，或者起源于黄河下游山东地区④；还有一种观点认为，小麦是从西亚传播过来的，而大麦则是中国本土起源的⑤。在甘肃天水西山坪⑥、民乐东灰山⑦、山东胶州赵家庄⑧、青海互助丰台⑨、河南洛阳皂角树⑩、西藏贡嘎昌果沟⑪等遗址都曾发现过麦类遗存。汉代麦类作物的种植已经非常普遍，湖南长沙马王堆和江苏邗江的西汉墓中都出土过小麦⑫，《淮南子·坠形训》说东方“其地宜麦”，可见小麦的种植已经扩展到长江流域。作为汉代主要的粮食作物，本次鉴定仅发现1粒粟，没有发现黍或者是麦，这可能是与样品量较少有关，仅4份汉代浮选土样。

安徽幅员广阔，地形复杂，从南到北跨纬度5°左右，各地的气候因地理位置的不同、地形条件的不同等，而有着显著差异。淮河以南地区水量较大，热量资源丰富，冬季气温较高。淮河以北地区，年降水量则相对较少，热量也相对较少，冬季较寒冷。受气候环境的影响，安徽境内南北的植物种类有着明显差异，人们种植的农作物及生活习惯也有着明

---

① 董玉琛、郑殿升：《中国小麦遗传资源》，中国农业出版社，2000年。

② Wei H, et al. Relationships of Aegilops tauschii revealed by DNA fingerprints: The evidence for agriculture exchange between China and the West，Natural Science，2008，(18) :1525–1531.

③ 李璠：《中国栽培植物发展史》，科学出版社，1984年。

④ 张佩琪:《小麦的起源与华胥氏——中华文明的摇篮与白家文化》，《农业考古》1993年第3期。

⑤ 昝维廉:《正视我国古代的五谷》，《农业考古》1982年第7期。

⑥ Li X Q, et al. The record of cultivated rice from archaeobiological evidence in northwestern China 5000 years ago，Chinese Science Bulletin，2007，52(10): 1372–1378.

⑦ 李璠、李敬仪、卢晔等：《甘肃省民乐县东灰山新石器遗址古农业遗存新发现》，《农业考古》1989年第1期；李水城、莫多闻：《东灰山遗址炭化小麦年代考》，《考古与文物》2004年第6期；甘肃省文物考古研究所、吉林大学北方考古研究室：《民乐东灰山考古——四坝文化墓地的揭示与研究》，科学出版社，1998年，第187、190页。

⑧ 靳桂云、燕生东、刘长江：《山东胶州赵家庄遗址发现龙山文化小麦遗存》，《中国文物报》2008年2月22日。

⑨ 中国社会科学院考古研究所、青海省文物考古研究所：《青海互助丰台卡约文化遗址浮选分析报告》，《考古与文物》2004年第2期。

⑩ 洛阳市文物工作队：《洛阳皂角树——1992～1993年洛阳皂角树二里头文化聚落遗址发掘报告》，科学出版社，1995年。

⑪ 傅大雄：《西藏昌果沟遗址新石器时代农作物遗存的发现、鉴定与研究》，《考古》2001年第3期。

⑫ 湖南农学院、中国科学院动物研究所、植物研究所：《长沙马王堆一号汉墓出土动植物标本的研究》，文物出版社，1978年，第1～8页；侯良：《西汉文明之光 长沙马王堆汉墓》，湖南人民出版社，2008年，第72～76页。

显的差异。这些差异在古代社会中也同样存在，复原人类的生活环境、探讨农作物的选择及变化，可以加深对古代社会的认识，对恢复历史原貌有着重要的意义。这次泗县刘圩遗址植物考古样品的采集和分析，是对了解汉代安徽淮北地区，尤其是皖东北部地区农业发展情况的一次有益尝试。当然，伴随着植物考古工作的进行，许多疑问会随之产生，比如皖东北部汉代的农作物究竟有哪些？人们在生产中更加倾向于种植哪种农作物？淮河北部的尉迟寺遗址暂时还没有发现麦，而位于淮河东（南）岸的禹会村遗址却出土了小麦，这是什么原因造成的？从新石器时代到汉代，农作物种植的选择及变化情况如何？诸多的疑问有待植物考古资料的进一步补充，更有赖于系统性的植物样品采集在考古发掘中的普及。

附记：感谢中国社会科学院考古研究所赵志军研究员、杨金刚工程师在种子鉴定和拍照方面给予的帮助！感谢山东大学历史文化学院靳桂云教授对研究工作给予的支持！

文物研究

中国古代澄泥砚的产生与流传

沈晓筱　方晓阳　张居中

（中国科学技术大学科技史与科技考古系）

［摘　要］　澄泥砚是中国古代最具代表性的非石质砚，它完全由人工烧制而成，色彩造型多变，极具实用性与艺术性，本文通过对古代文献的系统整理分析，结合现存实物证据，得出澄泥砚初创始于唐代，但得名于宋代的结论，并进一步对澄泥砚的初创地进行了考辨，理清了澄泥砚制作工艺的发展及历代流传分布的脉络。

［关键词］　澄泥砚　命名　产地　流传

一、引　　言

澄泥砚是中国最具代表性的非石质砚，它完全由人工烧制而成，在很长的时间内都以其“贮墨不耗，积墨不腐”“呵气生津，触手生晕”“发墨而不损毫”等特点为历朝文人墨客所喜爱，在中国名砚中具有非常重要的地位。澄泥砚制作工艺源远流长，色彩造型多变，极具实用性与艺术性，至今仍和端砚、歙砚、洮河砚被人们并称为中国的“四大名砚”，也是其中唯一的非石质砚。

然而，正是由于澄泥砚是使用泥料烧制而成，质地不依赖于天然石材，所以关于其与陶砚、瓦砚的区别划分，以及最初产地和后来各个历史时期流传分布的情况，也一直扑朔迷离，甚至导致后人的争论不休。

二、唐——澄泥砚的初创

唐代是中国历史上文化高度发达的一个时期，澄泥砚可以说是人们对各类文房用具的质量及精细程度有了更高要求条件下的产物之一。唐代以前，陶砚是人们最为广泛使用的砚台之一，然而自汉代以来陶砚无论是作为殉葬品还是作为直接使用的文房用具，缺点都是显而易见的，陶砚吸水率较大、质地不够坚硬的特点使其一直难成砚中佳品。直至魏晋时期，一些以秦砖汉瓦为材料雕琢的砚台开始出现，其质地坚硬、吸水率小，较之传统陶砚要好很多，这为唐时期传统陶砚的品质改进提供了思路。从澄泥砚制作中所采用的"澄泥工艺"来看，当时人们很可能是将秦砖汉瓦所使用的澄泥工艺用于陶砚的制作，并加以改良，澄泥砚便应时而生。

目前，在文献记录、博物馆藏及考古发现中，最早的澄泥砚实物均为唐代之物，据此推断，澄泥砚应初创于唐代时期。在清乾隆时期的《钦定西清砚谱》中，就收录了两款唐代精品澄泥砚，分别是唐澄泥六螭石渠砚和唐八棱澄泥砚，其中唐澄泥六螭石渠砚实物现存放于台北"故宫博物院"（彩版二二，1，2）[①]，另北京故宫博物院中也藏有一方唐澄泥"唐天策府制"铭三足风字砚，均为唐代澄泥砚为数不多的存世珍品。20世纪80年代，洛阳隋唐故都遗址也曾出土了一件唐代早期龟形澄泥残砚，该砚"表里呈青灰色，质地细腻坚硬，是为澄泥砚……此种形制的唐代泥砚，在洛阳地区是首次发现"[②]。然而澄泥砚创制之初，应是有其物而无其名的，最明显的表现是在唐时期的文献中，没有任何"澄泥砚"之名的出现。正是因为澄泥砚制作工艺与陶砚、砖瓦砚制作工艺之间密切的联系，所以唐代的澄泥砚，大多直接以陶砚或砖瓦砚命名。在被人们广为引用的韩愈《瘗砚文》中有如此叙述"土乎质，陶乎成器。复其质，非生死类。全斯用，毁不忍弃。埋而识，之仁之义。砚乎砚乎，与瓦砾异！"[③]这里可以看出，韩愈所惋惜的这一方烧制而成的砚台，他虽感其与传统陶砚瓦砚的不同，但却没有称呼和命名。也正由于这样的原因，使得澄泥砚自从诞生之日起，便和陶砚、砖瓦砚的界限一直模糊至今。这在历代相关文献中均有体现，如宋代米芾《砚史》中，就曾将澄泥砚直接记为陶砚，而在清代《钦定西清砚谱》中，则将砖瓦砚和澄泥砚都归于陶之属，等等。从广义上来说，这样的分类自有道理，毕竟，无论是澄泥砚还是陶砚、砖瓦砚，都是属于以土质为原料，再经过烧制而成的砚台。但是，这样广义的陶砚，并不是真正意义上的澄泥砚。

澄泥砚其名，直观看来是源自制作工艺中所采用的"澄泥"工艺。因此理解澄泥砚与陶砚、砖瓦砚的区别联系也必然从工艺入手。宋代苏易简《文房四谱》（以下简称苏谱）是最早详细记载澄泥砚制作工艺的文献，后世澄泥砚相关文献多参考其中记录。苏谱："作澄泥砚法，以墐泥令入于水中，挼之贮于瓮器内，然后别以一瓮贮清水，以夹布囊盛其泥而摆之，俟其至细，去清水，令其干。入黄丹团和，溲如面。作二模如造茶者，以物击之，令至坚，以竹刀刻作砚之状，大小随意。微阴干，然后以刀手刻削，如法曝過，间

① 图片来源于台北"故宫博物院"：《西清砚谱古砚特展》，台北"故宫博物院"出版，1997年。

② 洛阳市文物工作队：《隋唐东都城遗址出土一件龟形澄泥残砚》，《文物》1984年第8期。

③ （宋）高似孙：《砚笺》，明万历四十二年潘膺祉如韦馆刻本。

空埰于地，厚以稻糠并黄牛粪搅之而烧一复时，然后入墨蜡，贮米醋而蒸之五七度，含津益墨，亦足亚于石者。”[①]可见为澄泥砚者，其一是其制作土料必须经过精细的淘洗，这也就是所谓的“澄泥”工艺。例如，苏谱中所提“以夹布囊盛其泥而摆之，俟其至细”、米芾《砚史》中的“以熟绢二重，淘泥澄之，取极細者”[②]，以及张洎《贾氏谭录》中的“缝絹囊至汾水中，踰年而后取，沙泥之细者，已实囊矣，陶为砚”[③]等。这其中的“夹布囊”“熟绢两重”和“绢囊”都是人们淘洗泥料所采用的不同材质的工具。姑且不论这些材质不同的淘洗工具和不同的“澄泥”方式对澄泥砚的品质有何影响，但可以肯定的是，没有此道工序者，实难称澄泥砚了。其二是“入黄丹”。苏谱中对澄泥砚工艺的记载就明确有“入黄丹，团和，溲如面”的过程，“溲”意为用液体调和，即在制作澄泥砚的泥料中加入黄丹，再加适当的水调和。这个过程用现代的语言理解，就是在泥料中加入了添加剂。而黄丹又名铅丹、红丹，是一种铅的化合物，模拟实验表明，将其以一定比例加入土料中，通过高温焙烧，可以降低烧成温度并提高澄泥砚的致密度和硬度。“入黄丹”可以说是在传统陶砚制作工艺基础上做的又一技术改进。其三则是先制砚坯，后烧制。苏谱中“作二模如造茶者，以物击之，令至坚，以竹刀刻作砚之状，大小随意。微阴干，然后以刀手刻削”记载的便是制作砚坯的过程，砚坯制成后方才烧制，这也是澄泥砚与直接在秦砖汉瓦上开凿砚堂并雕琢而成的砖瓦砚的最显著区别。

在澄泥砚初创的唐代，常有 “以州名物”的习惯，也就是说将某处特产以该处州名来命名，在唐时期出现的端砚、歙砚就是均以州来命名的。然该时期出现的澄泥砚却是以工艺命名，除了因为其工艺的特殊性以外，也隐含了另一原因——即当时澄泥砚的产地已不止一处。

关于唐代澄泥砚的产地，普遍的认知有“山东的青州潍州，山西的绛州以及河南的虢州”[④]，然而根据文献记载分析，有确切记录的唐代澄泥砚产地，应只有绛州、虢州二处而已。

绛州，即绛县，今山西新绛，位于黄河第二大支流——汾河之畔。南唐张洎《贾氏谭录》中“绛县人善制澄泥砚”[⑤]便是指这里。虢州，河南省境内，历史上的虢州包括如今的灵宝、卢氏全境。欧阳修在所著《砚谱》中曾赞曰“虢州澄泥，唐人品砚以為第一”[⑥]。从地理上看，绛州与虢州都位于黄河中下游地区，也是华北沉积泥土矿床区，这无疑便于取得优质的泥料，可以说地理位置上就具备了制作优质澄泥砚的客观条件。另

① （宋）苏易简：《文房四谱》，明龙山童氏刻本。
② （宋）米芾：《砚史》，明弘治十四年华程刻本。
③ （南唐）张洎：《贾氏谭录》，明抄本。
④ 章放童：《泥砚遗韵》，浙江大学出版社，2008年，第11～13页。
⑤ （南唐）张洎：《贾氏谭录》，明抄本。
⑥ （宋）欧阳修：《砚谱》，《文忠集》卷七十二。

外，这两地位于陕西与河北之间，而最著名的砖瓦砚产地就在陕西、河北。陕西的咸阳是秦时都城，阿房宫遗址所在地，在程先贞《海右陈人集》中载："秦阿房宫碶甒砖，蜜蜡色，肌理莹滑如玉，厚三寸，方可盈尺，最发墨。不知何时取以为砚。"①而河北的临漳是古相州、邺城所在地，这里是自三国曹魏起到隋400余年间，后赵、冉魏、前魏、东魏、北齐6个割据王朝的都城，著名的铜雀台瓦砚便出于此处。关于铜雀台瓦砚的记载屡见于文献，如宋代何薳的《春渚纪闻》中"相州魏武故都所筑铜雀台，其瓦初用铅丹杂胡桃油捣治，火之，取其不渗，雨过即干耳。后人于其故基掘地得之，鑱以为砚"②。前文已经提到澄泥砚与砖瓦砚的密切联系，很可能是人们发现砖瓦砚发墨不损毫，便想到直接将制作古瓦之法用于传统陶砚制作工艺的改良。先制砚坯，再烧制，工序更为合理，也使得砚台的艺术性、观赏性都有了很大的提高。而位于陕西与河北之间的绛州与虢州，在唐代成为澄泥砚最初的发源地，可以说不是一种偶然，而是在各种客观条件都具备的情况下产生的必然。

然而对于绛州与虢州哪一处才是澄泥砚的最初产地，一直以来议论纷纷、莫衷一是。其实，绛州与虢州相距不远且彼此间有水路相连，这通常是古代工艺技术传播的非常便捷的途径。所以很可能在澄泥砚创制之初产地便不止一处，但是在唐澄泥砚初创时期，应以绛州所造为佳。《旧唐书·柳公绰传附弟公权传》中便有柳公权"论砚"之说，柳公权"所宝唯笔砚图画，自扃鐍之。常评砚，以青州石末为第一，言墨易冷，绛州黑砚次之"③。绛州历代所产砚台，知名者唯澄泥砚与角石砚而已，其中角石砚"色如白牛角，有花浪，顽滑不发墨"④，因此可以判断柳公权所说的"绛州黑砚"便是澄泥砚，柳公权此评澄泥之语在后世各类《砚谱》描述澄泥砚之时常被引用（最早引用的亦是最早记载澄泥砚工艺的苏易简《文房四谱》），可见尚未有澄泥砚名之时，绛州所产的澄泥砚曾以产地州名命名。南唐进士张洎在他的《贾氏谭录》中所说擅制澄泥砚的地点也为绛县，而未有其他地点提起。由于《贾氏谭录》是作者张洎"为李煜使宋时，录所闻于贾黄中者故曰贾氏谭录"⑤，即张洎作为南唐使者出使宋时，由接待使贾黄中处传载资料编辑而成，可见当时绛州所作澄泥砚已颇有盛名。并且唐时期绛县制作澄泥之名也流传后世，如在《钦定西清砚谱》中收录的唐八棱澄泥砚，砚背便镌乾隆御题铭一首："汾水澄泥绛县制，贾氏谭录详纪事。建武庚子分明识，海马飞鱼出波际。佐我文房之五艺，挥毫只欲书亥字。"至于虢州澄泥也渐为人所知，甚至声名一度超过了绛州，应为宋时之事了。

山东的青州潍州，唐时期盛产石末砚，将其误载为澄泥砚产地的原因是将石末砚亦看

① （民国）马丕绪：《砚林脞录》卷三，民国二十五年马氏心太平斋排印本。

② （宋）何薳：《记研》，《春渚纪闻》卷九。

③ （五代后晋）刘昫、张昭远等：《韦夏卿传·柳公绰传附弟公权传》，《旧唐书》卷一百六十五。

④ （宋）高似孙：《砚笺》，明万历四十二年潘膺祉如韦馆刻本。

⑤ 《贾氏谭录·提要》，《四库全书》子部小说家类·杂事之属，上海古籍出版社，1987年。

作澄泥砚的一种。而事实上关于石末砚制作的古文献记载有两类：第一类最早出自欧阳修《砚谱》："石末本用潍水石，前世已记之，故唐人惟称潍州，今而州所作皆佳，而青州尤擅，名于世矣。"[①]第二类最早出自朱长文《墨池编》："潍州北海县石末砚，皆县山所出烂石，土人研澄其末，烧之为砚，即唐柳公权所云青州石末砚者。潍乃青之故北海县，而公权以为第一，当是未见歙砚以上之品，而以今参较，岂得为然。且出于陶灼，本非自然，乌足道哉。"[②]这里可见石末砚的原料无论是"潍水石"还是"县山所出烂石"，都和澄泥砚所采用的泥料不同，更无论"澄泥"工艺和"入黄丹"的工艺过程了。宋高似孙《砚笺》中曾引苏东坡及宋代书法家蔡君谟对石末砚的评价，其中"苏东坡曰'青州易得无足珍，唐人做羯鼓[③]鞚，岂砚材乎？'蔡君谟直接评价曰'青州石末，受墨而费笔'"[④]。可以看出石末砚的品质与澄泥砚还是有很大差距的，前文所提到柳公权《论砚》，亦将其与绛州黑砚的澄泥砚分开，足见其两者之间的不同，因此将石末砚划归澄泥砚之属显然是颇为牵强的。

唐代澄泥砚的出现代表着当时手工制砚的工艺达到了很高的水平，从唐澄泥砚现存实物来看，唐代虽为澄泥砚的初创时期，但其工艺技术已经非常熟练，虽然唐代端砚、歙砚等名砚均开始出现，但澄泥砚仍然以其上佳的砚品为文人墨客所称道。

三、宋——兴盛时期的澄泥砚

宋代是澄泥砚的兴盛时期，"澄泥砚"之名便首见于宋代文献中。最早提及澄泥砚及其制作方法的是苏易简的《文房四谱》和张洎的《贾氏谭录》，这两部书均成书于宋代早期，由其记载的工艺方法非常详细可见由唐至宋澄泥砚的工艺已经日趋成熟且也为文人所知，"澄泥砚"之名在此时出现，也是理所当然。在《钦定西清砚谱》中，宋澄泥砚的数量高达25方，宋代澄泥砚形制多样、品质上乘，在各类文献中多有赞誉。宋代澄泥砚上开始出现了标明产地、制砚者的印款，这一时期澄泥砚制作工艺的流传范围更广，制作澄泥砚的地点数量也达到了历代的最高峰，并且制砚名家也开始出现。

如宋代澄泥砚产地分布图所示（图一），绛州、虢州在宋代仍然是澄泥砚的最主要产地，但是到了宋代虢州澄泥的声名逐渐超过了唐时期独领风骚的绛州。最早记录于欧阳修《砚谱》中的"虢州澄泥，唐人品砚以为第一"[⑤]的评价应是出于这一时期。宋代虢州澄泥存世实物不少，天津博物馆就藏有一方宋虢州裴氏澄泥抄手砚，砚色灰黑，砚底有"虢

① （宋）欧阳修：《砚谱》，《文忠集》卷七十二。

② （宋）朱长文：《墨池编》，明隆庆二年李向永和堂刻本。

③ 羯鼓：乐器的一种，唐时期流行。

④ （宋）高似孙：《砚笺》，明万历四十二年潘膺祉如韦馆刻本。

⑤ （宋）欧阳修：《砚谱》，《文忠集》卷七十二。

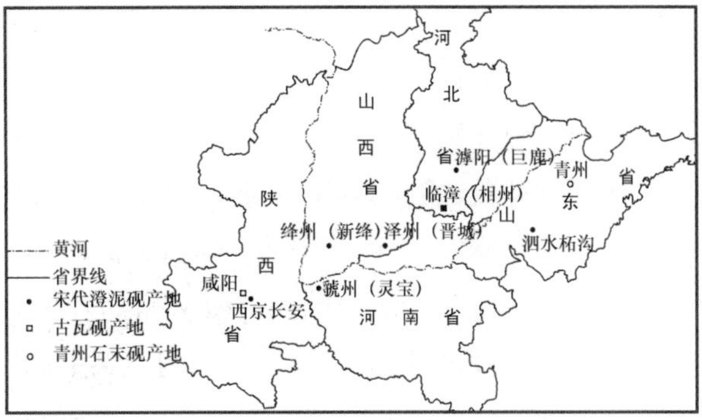

图一　宋代橙泥砚产地分布图

州裴第第三箩（罗）土澄泥造”十一字印记，有同样印记的澄泥砚在《文物》所辑《砚史资料》中亦有收录。《砚史资料》还收录一方宋虢州法造澄泥抄手砚，砚底同样有印记，为“虢州法造閆金砚子”八字[①]。而目前发现最早有年代可考的虢州澄泥砚亦是为宋代时期的，此方虢州澄泥砚实物出土于洛阳白居易故居中的宋代地层，砚为长圆形，有残，色灰，质地细腻，砚底印有“魏家虢州，澄泥砚瓦”八字，字体雄浑苍劲[②]。从这些现存虢州澄泥砚上的印记可见当时的虢州澄泥砚制作已很有规模，这些不同澄泥砚制作者留下的印记也恰恰记录了当时虢州澄泥砚的辉煌。

山西省境内的泽州，也是宋代澄泥砚的主要产地之一，这里的澄泥砚因为制砚名家“吕道人”而闻名于世。“泽州吕道人砚”可以说是宋代澄泥砚的典型代表，宋代澄泥砚的制作在吕道人手里达到一个巅峰。在米芾的《砚史》中，吕道人砚被单独列类称为“吕砚”进行了描述：“泽州有吕道人陶砚，以别色泥于其首纯作吕字，内外透，后人效之，有缝不透也。其理坚重与凡石等，以沥青火油之坚响，渗入三分许，磨墨不乏，其理与方城石等。”[③]这段话也成为描述澄泥砚的一段经典文字，在后世著作中被多次引用，可见“吕砚”影响之广泛。然据《春渚纪闻》所载：“高平[④]吕老，造墨常山，遇异人传烧金诀，煅出视之，瓦砾也。有教之为研者，研成坚润，宜墨，光溢如漆，每研首必有一白书‘吕’字为志，吕老既死，法不授子，而汤阴人盗其名而为之，甚众。”[⑤]正因吕道人澄泥砚名声之响，为诸多文人墨客所好，所以甚至有仿品出现，然而真正的“吕道人砚”制法为不传之秘，因此泽州澄泥砚在吕道人之后便再无盛名了。

宋代西京长安的澄泥砚制作虽在文献中未有人提及，但从现存实物看来，当时西京的澄泥砚制作颇具规模，西京澄泥砚底部亦多有印款，可见不同砚家。天津博物馆收藏的西京澄泥砚背铭“西京东关作监砚瓦”，首都博物馆收藏的西京澄泥砚背铭“西京南关史思言罗土澄泥砚瓦记”[⑥]。《砚史资料》中也收录有底部印款为“西京□关□刘砚瓦”的西

① 《砚史资料》（七），《文物》1964年第7期，图版一七、一八。
② 中国社会科学院考古研究所洛阳唐城队：《洛阳唐东都履道坊白居易故居发掘简报》，《考古》1994年第8期。
③ （宋）米芾：《砚史》，明弘治十四年华程刻本。
④ 高平：属泽州辖。位于山西东南部，泽州盆地北端，太行山西南边缘。
⑤ （宋）何薳：《记研》，《春渚纪闻》卷九。
⑥ 章放童：《泥砚遗韵》，浙江大学出版社，2008年，第30页。

京澄泥砚[①]。

宋代澄泥砚的产地还有河北滹阳（滹沱河南岸，今巨鹿所在地）和山东泗河流域的柘沟。古滹阳砚实物曾于民国八九年间巨鹿城内大量出土，盖皆大观二年（宋徽宗赵佶年号）河决时埋覆之物，其中有印款者较少，但发现有砚底为“滹阳刘万功夫法砚”印款的古滹阳澄泥砚[②]。天津艺术博物馆亦收藏有同款印记砚台。刘万应为滹阳制砚者名，在蔡鸿茹《澄泥砚》一文中也提及留有“刘万功夫法砚”“墨刘万造”等印款的澄泥砚制品[③]。而泗水流域的柘沟产黏土，制陶业发达，这为制作澄泥砚提供了得天独厚的条件，如《砚史资料》所载宋代“东鲁柘砚”，砚底有“东鲁柘砚”四字印款[④]。其他印款还有“柘沟刘家石泥砚子”“柘沟徐老功夫细砚”等[⑤]。不过从实物看来，这两处所出澄泥砚明显较之其他澄泥砚略为粗糙，很可能是民间产物工艺较为粗糙的原因，这也使得这两处所出澄泥砚在古文献中并未被提及。

总体来说，宋代澄泥砚流传分布较唐时广泛很多，是产地最多的繁盛时期，澄泥砚的制作已成规模、工艺成熟，从此成为历代砚史、砚谱记载中不可或缺的一类。

四、元——被人遗忘的澄泥砚

元代尚武轻文，关于元代澄泥砚的制作与流传，没有在任何文献或方志中发现记载，然而存世实物表明，元代澄泥砚的制作并未停止。元代澄泥砚在工艺上基本延续了宋代，但其形制带有鲜明的时代特征和蒙古族文化特点，多以动物型、花卉型、人物型等纹饰为雕刻制作的主题，有典型的元代器物制作的粗犷劲逸的风格（彩版二二，3）[⑥]。

在《钦定西清砚谱》中收录元澄泥砚3方，其中澄泥龙珠砚实物现存台北“故宫博物院”（彩版二二，7、8）[⑦]，该砚整体呈蟠龙抱珠形，砚背作龙腹，刻篆字铭一首，十六字缺一字，为“乾魁至文，阴阳既分，爱此龙□，曰美斯闻”。款属“鲁宜”，钤印“圭仲”系元吴镇字，其人善书画，此砚盖其所宝者[⑧]。

正因为元代澄泥砚存世稀少且无相关文字记载，所以元代澄泥砚常常被人遗忘，鲜少提及。

---

① 《砚史资料》（八），《文物》1964年第8期，图版一九、二十。
② 范建宏：《宋河北地区制作的一种澄泥砚》，《文物春秋》2004年第3期。
③ 蔡鸿茹：《澄泥砚》，《文物》1982年第9期。
④ 《砚史资料》（七），《文物》1964年第7期，图版十七、十八。
⑤ 章放童：《泥砚遗韵》，浙江大学出版社，2008年，第22页。
⑥ 图片来源于蔡鸿茹、胡中泰等：《中国名砚鉴赏》，中国教育出版社，1992年。
⑦ 图片来源于台北“故宫博物院”：《西清砚谱古砚特展》，台北“故宫博物院”出版，1997年。
⑧ 台北“故宫博物院”：《西清砚谱古砚特展》，台北“故宫博物院”出版，1997年，第138页。

五、明——多姿多彩的澄泥砚

关于明代澄泥砚工艺的评价，一直以来专家学者看法不一，根据文献记载及现存实物来看，明代澄泥砚在继承宋代工艺的基础上有所创新，尤其体现在澄泥砚的色彩和雕刻工艺上。

宋代澄泥砚虽然制作技艺纯熟，但鲜少有人在其呈色着色上下功夫，多顺其自然，但对于澄泥砚颜色的关注已经开始出现，如米芾《砚史》中所载“有色绿如春波者，或以黑白填为水纹，其理细滑，着墨不费笔，但微渗”[①]。这其中所提 “黑白填为水纹”的绞泥工艺可以说是明代创制出更多颜色造型的澄泥砚的一个工艺基础。明之前的文献中，关于澄泥砚颜色的记录唯米芾《砚史》此条而已，明之后，此类记录开始大量出现在关于澄泥砚的文献中，如清林在峩辑《砚史》中有鸭绿澄泥砚的记载：“秀可餐，翠欲滴，文而明，理而泽，兹泥之姿，温如璧。”[②]朱栋《砚小史》更是评价：“澄泥之最上者为鳝鱼黄，其次为绿豆砂，又次为玫瑰紫……然不若朱砂澄泥之尤妙。”[③]朱砂澄泥乃明代所创，传世精品有故宫博物院所藏牧牛澄泥砚、天津艺术博物馆藏朱砂澄泥荷鱼砚（彩版二二，6）[④]。该砚“雕刻线条流畅，造型生动活泼，为了突出鱼的形象，在鱼的四周及托鱼的荷叶上，烧制前都着上黑色，在黑红相交处可见墨点。黑红两色相映，衬托出艳丽的红色。这种着色工艺，增强了艺术效果，使作品达到了更加完美的境界”[⑤]。该砚无使用痕迹，可以看出此时的明代澄泥砚的用途已经不仅仅是实用文具了。

明代澄泥砚的产地，在文献及逐渐被砚铭所取代的印章款中并未有切实证据，较之前文所提及历代澄泥砚产地，明代新出现的澄泥砚产地名为河南的陕州。陕州，今河南陕县，位于灵宝东北方，在《明一统志》《河南通志》里出现有“澄泥砚，俱陕州出”[⑥]的记载，在民国二十五年的《河南陕县志》卷十三物产类目中，土属第一便是澄泥砚。从地理位置上看，陕州西靠虢州，北临黄河，从地理位置上看很有制作澄泥砚之便利，只可惜文献中除记载此处有产澄泥砚以外，并无其他，而且存世实物中未见陕州澄泥砚精品，因此其声名自不能与前世绛州、虢州等相比。

总体说来，明代澄泥砚色彩多样、造型多变，雕刻纹饰较唐、宋、元时期更为丰富，极具艺术性与观赏性，带有文学色彩的砚铭也开始被铭刻在砚台之上，这都使得明代澄泥砚不仅仅是实用文具，而开始步入收藏品和艺术品的行列。

---

① （宋）米芾：《砚史》，明弘治十四年华程刻本。

② （清）林在峩：《砚史》，清抄本。

③ （清）朱栋：《砚小史》，清嘉庆五年楼外楼刻本。

④ 图片来源于蔡鸿茹、胡中泰等：《中国名砚鉴赏》，中国教育出版社，1992年。

⑤ 蔡鸿茹：《澄泥砚》，《文物》1982年第9期。

⑥ 《明一统志》，《四库全书》史部地理类·总志之属，上海古籍出版社，1987年；《河南通志》，《四库全书》史部地理类·都会郡县之属，上海古籍出版社，1987年。

六、清——昙花一现的仿古澄泥砚

至清时期，前朝澄泥砚技艺已经失传，民间已无澄泥砚制作。然清高宗乾隆偏爱澄泥砚，这从其主持编写的《钦定西清砚谱》中仅澄泥砚就占40余方之多就可窥见一斑。乾隆自乾隆四十年开始使用澄泥砚，发现甚为好用并留下《澄泥砚铭》："欲善其事，先利其器，卌（四十）年始用（以乾隆年计之，1775年），澄泥習字，日实踈乎，斯亦有义，初缘弗知，兹知乃试，偶命求之，不胫而至，汾水之泥，墨池之制，色古质润，体轻理緻，比玉受墨，较石宜笔，临池虽助，書法实愧，更予戒哉，玩物丧志。"该砚铭本刻在"旧澄泥玉堂砚"背，此砚也收入《钦定西清砚谱》（后流落日本，曾收入《古名砚》乙书）[①]。

翌年，乾隆开始"谕旨仿照贾氏谭录于汾河试取澄泥砚材，每年九月间预令绛州及稷山、河津二县各制绢囊安放河流渟缓之处收取澄泥"[②]，后制成澄泥砚若干，在《钦定西清砚谱》中收录，其中澄泥碌砚、澄泥墨砚（彩版二二，4、5）[③]实物现存台北"故宫博物院"，此两方澄泥砚形制大小质地完全相同，合放一匣，澄泥墨砚砚背有乾隆御题砚铭："绛县得材偶仿古，余制二砚砚匣贮，临池五合之一助，逮忆苏言意则怃。"两方砚台均款题"乾隆丙申御铭"（乾隆丙申为乾隆四十一年，1776年），可见此二砚均为绛县得到的材料，于乾隆四十一年仿古制作而成。乾隆四十三年还制有仿澄泥伏虎砚等，俱为清仿古澄泥砚的珍品。虽然清时仿古澄泥砚的制作是乾隆御令倾能工巧匠之力而为之，自不乏珍品，可其制作并不是澄泥砚制作古法，而是绛县所得的材料由苏州织造制作完成的，如乾隆在《咏澄泥仿唐石渠砚》中所说："澄泥易细不易坚，既坚而润斯为全，是在火候精陶甄，吴中近来得法便，奚必远溯吕翁传，石渠唐制兹肖焉，益毫起墨佐翰筵，用彰厥美摛文篇。"[④]无论此时澄泥砚品质如何，但仿古澄泥砚和前世澄泥砚自是不同了，乾隆时期仿古澄泥砚昙花一现之后，曾经辉煌的澄泥砚更是渐渐衰落直至失去踪迹。

七、结　　语

澄泥砚作为中国名砚中难得的非石质砚，初创于唐、兴盛于宋、多变于明、衰落于清。澄泥砚制作工艺源远流长且复杂多变，是中国古砚中最具工艺技术史研究价值的一种，追溯其创制发展流传分布的历史，是了解澄泥砚工艺发展变化直至衰落的必须。

---

① 嵇若昕：《乾隆朝澄泥砚研制》，《（台北）故宫学术季刊》，第五卷第1期，1987年秋季号。

② （清）乾隆朝宫中档：雅德奏折，台北"故宫博物院"藏。

③ 图片来源于台北"故宫博物院"：《西清砚谱古砚特展》，台北"故宫博物院"出版，1997年。

④ 清《御制诗集》，《四库全书》集部别集类，上海古籍出版社，1987年。

安徽省铜陵市博物馆藏东汉铜镇

吕予惠

（铜陵市博物馆）

［摘　要］　本文介绍了铜陵市博物馆收藏的3件东汉铜镇，其中一件铜镇的造型为熊，另两件为同范浇铸的人形铜镇。铜镇周身泛铁锈色，符合铜陵本地历年出土青铜器的特征。人形铜镇右手施无畏印，有着非常显著的佛教造像特征，但束腰长衣的服饰具有东汉服饰风格，不同于一般的佛像衣饰。

［关键词］　铜陵　东汉　铜镇　佛教造像

1991年，安徽省铜陵市文物管理所（铜陵市博物馆前身）联合市公安局刑警二大队追缴了一批文物，其中有3件东汉时期的铜镇，与江苏邳州纪年东汉墓出土的人形铜镇有相似之处①。此类造型在全国各地均有发现，如河南新安墓葬中出土4件西汉时期铜镇②，河北满城汉墓出土2件铜镇③，另外河南义马④、江西南昌⑤、甘肃灵台⑥、广西西林县⑦皆有，且一组四枚同出，旧金山美术馆藏4件⑧。现将铜陵市博物馆藏东汉铜镇介绍如下。

铜镇　3件，分二型。

A型　2件。通高8.25厘米。属同范浇铸。身体端直，跽坐于圆台之上，圆台底座高1、底径6.1厘米。铜镇右手微屈，上举于胸前，手指自然舒展，手掌向外，左手摸膝触地。发束于头顶部，面部表情严肃，杏仁眼，双眼圆睁并微凸，眉骨上方有四道褶皱。身着长衣，

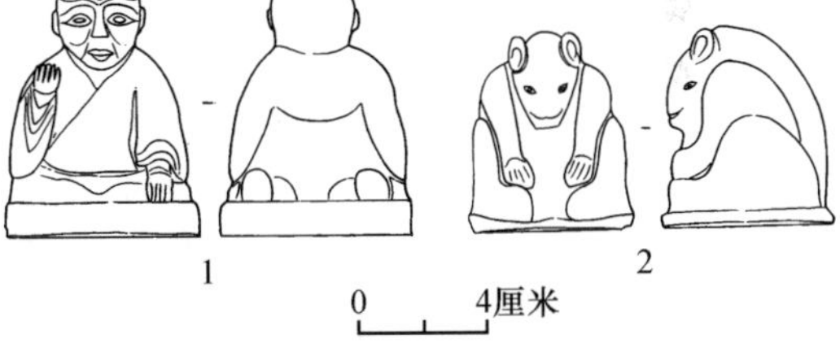

图一　铜镇

1. 人形铜镇　2. 熊形铜镇

① 孙赟、刘照建：《江苏邳州纪年东汉墓出土铜人造像考辨》，《青铜文化研究》第6辑，黄山书社，2009年。

② 刘富良、范新生：《河南新安出土汉代铜镇》，《文物》2005年第8期。

③ 中国社科院考古研究所、河北省文物管理处：《满城汉墓发掘报告》，文物出版社，1980年。

④ 洛阳市第二文物工作队：《义马新市区5号西汉墓发掘简报》，《文物》1995年第11期。

⑤ 江西省博物馆：《南昌东郊西汉墓》，《考古学报》1976年第2期。

⑥ 灵台县文化馆：《甘肃灵台发现的两座西汉墓》，《考古》1979年第2期。

⑦ 广西壮族自治区文物工作队：《广西西林县普驮铜鼓墓葬》，《文物》1978年第9期。

⑧ 孙机：《坐席镇与博镇》，《文物天地》1989年第6期。

束腰，宽大袖口上铸刻数道衣纹（图一，1；彩版二一，12）。

B型　1件。通高6、底径5.2、底座高0.5厘米。此件铜镇的造型为熊，呈半球形轮廓，用盘踞姿势，前爪搭在后肢上，缩脖头略前倾，憨态可掬（图一，2；彩版二一，13）。

铜镇具有相当的实用性。汉代人就座时，在长方形榻或比榻还小的正方形枰上铺席，为避免起身落座时折卷席角而在席四角放置的压席之物，称之为“镇”。随葬时如放在死者袖口，称压袖；如放在墓内幔帐四角，则称压帐。镇的造型有虎、豹、辟邪、羊、鹿、熊、龟、蛇等。为避免牵挂衣物，此类器物一般呈半球形轮廓，动物常用盘踞姿势，体积一般不大，一般通高3.5～7.5、底径6～9厘米，重600～800克①。

这3件铜镇均采用范铸法铸造，器物铸造略显粗糙，砂眼不少，周身泛铁锈色，这种情况在铜陵地区出土的青铜器中经常可见，如1983年12月在铜陵县西湖乡童墩村一次水利建设中出土了两件商代前期的珍贵文物——爵和斝，器物表面都呈铁锈色。此外，铜陵本地出土的铜鼎、编钟等青铜器表面都有呈铁锈色这一现象。有学者对此进行过数次科学测试，结果表明，皖南地区出土的青铜器（或铜坯），与中原地区出土的青铜器有明显的差异②。中原地区的青铜器属于锡青铜，铜的含量一般在80%左右，锡的含量在10%以上，铅的含量一般在3%～5%。皖南部分出土的青铜器含铁量高，如贵池出土的一批铜坯，经冶金部金属研究院进行光谱定性分析和化学分析，铜约占60%，其余绝大部分含量为铁；南陵大工山古矿冶遗址出土的铜锭，表面都成铁锈色，其化学成分，一块含铜28%、含铁18.66%、含锡0.17%；另外一块含铜38.6%、含铁35.8%、含锡0.02%。学者们认为皖南出土含铁量较高的青铜器，其产地应该就是皖南的铜陵、南陵、繁昌一带③。这种看法是与文献记载和考古发现相吻合的，属于皖南的铜陵、繁昌、青阳、贵池等地，目前已发现西周至唐宋时期的采矿、冶炼遗址60余处，总分布范围近2000平方千米④。

铜陵市博物馆藏的人形铜镇与江苏邳州纪年东汉墓出土的铜人造像非常相似，陈永清、张浩林二位先生撰文考证，确认为铜佛造像⑤，也有人对此提出了疑义。因此，笔者认为这是一个值得进一步探讨的问题。东汉时期是佛教传入中国的初传时期，时人对于佛教究竟是什么样性质的东西也不甚明白，因此往往将之作为黄老神仙方术的一种，或是作为祭祀参拜的内容之一。关于这一时期的佛教造像，见于文献记载的并不多。文献记载中有汉桓帝于宫中奉祀老子、浮屠像，笮融于彭城大造佛寺，又以黄金涂像，衣以锦彩等记录。

---

① 孙机：《汉镇艺术》，《文物天地》1983年第6期。

② 王书敏：《宁镇与皖南地区商周青铜器比较研究》，《青铜文化研究》第6辑，黄山书社，2009年。

③ 宋永祥：《试析皖南商代青铜器的几个地方特征》，《东南文化》1988年第5期。

④ 刘平生：《安徽南陵大工山古代矿冶遗址发现和研究》，《东南文化》1988年第6期。

⑤ 陈永清、张浩林：《邳州东汉纪年墓中出土鎏金铜佛造像考略》，《东南文化》2000年第3期。

铜陵市博物馆藏人形铜镇右手微屈，上举于胸前，手指自然舒展，手掌向外，结施无畏印。《守护国界主陀罗尼经》中说："右手展掌，竖起五指，当肩向外，名施无畏。此印能施一切众生安乐无畏。"左手覆于左膝，指头触地，以表示降伏魔众的意思。这一印相称为"降魔印"，又因结此印需以手指触地，所以又称为"触地印"。这两件铜像确实有着佛教造像的某些特征，且非常显著，但也不尽然，它是双膝着地的"跽坐"，而不是佛教造像的"结跏趺坐"。一般常见的佛像衣饰，基本多是身着通肩大衣，或偏袒右肩，而该铜像身着束腰长衣，应是东汉时期的着衣风格等。汉地佛教造像的起源，与汉地佛教发展紧密相关。佛教传入中国之后，佛教造像艺术因之也很快传入汉地，并与本土文化迅速融合。有关东汉时期佛教造像的资料并不多，佛教造像遗存为数极少，关于此类铜像的争论随着考古工作的不断深入终将揭开神秘的面纱。

莲花纹样在元青花装饰中的两种表现形式

李　湘

（安徽博物院）

［摘　要］　莲花纹样在元青花瓷装饰中有两种表现形式：一种是“塑”出来的莲花造型；另一种是“绘”出来的莲花纹样。前者在于突出器形本身，呈现一种动态美；后者更富于变化，体现了一种静态美。这两种表现形式存在融合的方面，随着时间地推移，“塑”出来的莲花造型逐渐被“绘”出来的莲花纹样取代。

［关键词］　莲花纹样　元青花　造型　塑　绘

在元青花装饰纹样中，莲花纹样使用最为普遍，与其他纹饰相比，几乎占据半壁江山。它们或隐匿于碗盘之外壁，或被修饰于瓶罐之腹部，或被画于碗、盘之中心，或悬于器物之颈部，花样随装饰位置而变，千姿百态，形态各异。笔者考察了目力所及的十几件元青花瓷藏品，并对这些瓷器上莲花装饰纹样进行了比较与分析。在此基础上，总结出元青花瓷装饰中莲花纹样的两种表现形式，即“塑”出来的莲花造型与“绘”出来的莲花纹样，并对这两种表现形式的区别、联系和演变进行了分析。不妥之处，敬请专家斧正。

一、“塑”出来的莲花造型

“塑”，顾名思义，与器形相关，即用特定的工具将器物的某些部位凸塑出莲花的模样，制作工艺包括刻划、印花、堆塑、模印等。从目前的考古资料看，莲花纹样被运用于陶瓷装饰，出现于东晋晚期①，在越窑青瓷罐上就能寻见其踪迹，当时的制瓷工匠用竹签之类的工具，在器物的肩部、腹下部刻划出一组仰覆莲瓣纹，个别器腹还贴印朵莲装饰②（图一，1）。这种装饰风格似乎备受民众青睐，到南北朝时期，莲花纹样装饰之风空前绝后，从佛教礼器到民间日常生活用具，几乎随处可见。

历史在前进，来到青花“泛滥”的元代，这种通过凸塑成型的莲花实体造型似乎并没有被普及，我们只能在个别青花盘的口沿或器身窥见其缩影。它保留了原来的制作工艺，却受到简化：如依旧是将器物凸塑成莲花花瓣，却只局限在青花盘上。从器物的口沿开

---

① 冯先铭：《中国陶瓷》，上海古籍出版社，2001年。

② 熊海棠、徐菁、程立宪：《青瓷器莲花纹饰渊源溯源》，《江西历史文物》1982年第3期。

始，经外壁直到接近圈足，这些部位分别被塑造成莲花的瓣尖、瓣肩、瓣身和瓣蒂。然而，大部分莲花的瓣身是不明显的，基本与器身融为一体，并无凹凸感。也有个别瓷盘外壁刻划出莲花瓣身的轮廓。无论是哪种制作工艺，其器物的俯视图都做莲花盛开状，花瓣瓣数一般为偶数。首都博物馆馆藏的松竹梅纹菱口盘①（图一，2），就采用了“塑”的手法，口沿是仿魏晋南北朝时期特有的莲花造型装饰风格，共计有八片莲瓣围绕盘心的主题纹饰。

此外，莲花实体造型还出现在器盖盖钮上，常见器形有罐、执壶，如繁昌县元代窖藏出土的孔雀纹大罐②（彩版二三，6），其盖钮就采用了这种装饰手法，先将罐的器盖捏成花苞状，然后用简练的线条勾勒出花苞轮廓。罐身纹饰由肩部的缠枝莲纹、腹上部的如意云头纹，内绘凤穿菊花纹、腹下部的孔雀牡丹纹、近底处为仰覆莲纹等纹样组成。显然，其器身繁密的纹饰构造与器盖上朴实娇小的花苞形成强烈对比，给人一种超脱之美。

二、“绘”出来的莲花纹样

如果说莲花纹样在陶瓷装饰上的使用是一个创举，那么用钴料将莲花图案绘制于青花瓷上，似乎更能吸引世人的眼球。青花瓷中的莲花纹样几乎囊括了前朝莲纹的所有类型：仰覆莲、折枝莲、缠枝莲、团花、束莲纹、莲池纹等，其中，以束莲纹和莲池纹居多，特别是束莲纹，一直延续到明清时期。下面对几种比较常见的莲花纹样做简单介绍。

1. 缠枝莲纹

作为边沿装饰的二方连续缠枝莲纹样，主要装饰于罐的肩部、碗外壁近口沿处、盘内壁上。该纹样的每个单元由叶片、曲形茎和莲花组成。叶片多呈葫芦形或卷云状，一般为2或3片，呈左右或上下式分布于曲形茎的两侧。茎上有莲花两朵，或莲花与西番莲组合，双方朝向相反，一般采用对不同莲瓣留白的方式来表达观测莲花的角度（图一，4；彩版二四，2）。

2. 折枝莲纹

除纹样本身具有元代典型特征外（见

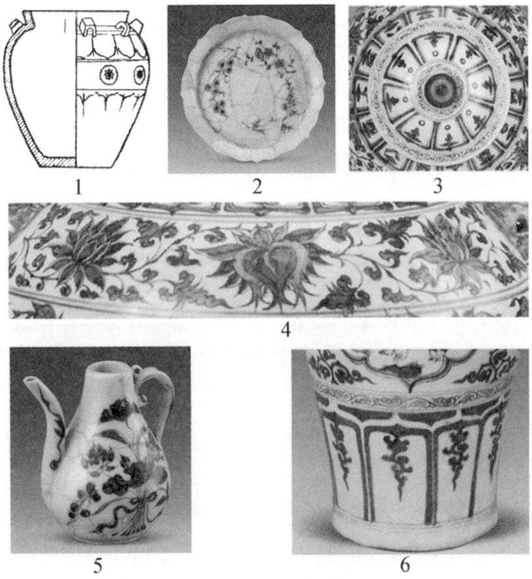

图一　元青花瓷中的莲花纹样

1. 仰覆莲瓣纹青釉罐　2. 松竹梅纹菱口盘　3. 覆莲纹　4. 缠枝莲纹　5. 束莲纹梨形壶　6. 瓣尖相对式仰覆莲瓣纹

① 北京艺术博物馆：《元青花》，河北教育出版社，2009年，第125页。

② 北京艺术博物馆：《元青花》，河北教育出版社，2009年，第53页。

缠枝莲纹、叶片形状简介），折枝莲纹构图方式继承和延续了前朝的风格，似乎没有多大改变。要说到创新，则体现在折枝莲纹与其他纹样的组合上。

一种是作为单独的适合纹样绘于罐肩部、壶腹、盘心等部位的开光内，与牡丹、菊花、石榴、灵芝等折枝花卉进行组合，如2004年当涂县出土的青花折枝花卉纹八棱象耳瓶[①]（彩版二四，3），器身上的主体纹饰为折枝灵芝、折枝石榴、折枝牡丹、折枝莲、折枝芙蓉与折枝菊等花卉的组合。

另一种是折枝莲作为变形莲瓣纹中的填充纹样与其他折花卉纹加入到杂宝类适合纹样中进行有规律的组合，如伊朗国家博物馆馆藏的杂宝双凤纹大盘盘心的主体纹样[②]（详见变形莲瓣纹中填充纹样介绍）。

3. 束莲纹

束莲纹，又称“把莲纹”，图案为一束用锦带系成的植物组群，包括莲花、莲叶、莲实、花苞、慈姑、红蓼等，这种纹饰在北宋晚期耀州窑青瓷中比较普遍，当时采用刻花或印花等装饰手法将束莲纹装饰于青瓷碗或盘的中心位置。

笔者考察了江苏溧水永阳镇窖藏的青花印泥盒[③]、龙泉窑青瓷盘[④]，首都博物馆馆藏的束莲纹匜[⑤]，以及广德县夫子庙窖藏出土的元代龙泉窑青花瓷盘[⑥]，发现束莲纹装饰位置与纹样组合存在以下情况：①与其他折枝花卉做无规律状排列，主要装饰于罐肩部，如辽宁省博物馆馆藏的开光松竹梅纹八棱罐[⑦]（彩版二四，1），其肩部的八个开光内就绘有束莲纹与其他折枝花卉纹的组合。②作为单独适合纹样装饰于器物的显眼部位，如器盖、器心，以及器物的外壁（图一，5）。

束莲纹中组群之间的纹样组合分均衡式与对称式两种，前者由莲花、花苞、莲叶、慈姑、莲实等组群构成，每类组群数量为单数[⑧]（彩版二三，3）；后者由莲花、莲叶、红蓼等组群构成，莲叶作单数或双数，且分大小两片，大莲叶居中，小莲叶在一侧或稍微靠后（也许通过此种比例与排列来表达远近），两片莲叶均做内卷或外翻状。红蓼只绘出两片对称式眉形叶，无花。两朵莲花分别置于红蓼的两侧，呈对称分布（彩版二三，4）。

---

① 王丹丹：《元瓷之珍》，文物出版社，2012年。

② 北京艺术博物馆：《元青花》，河北教育出版社，2009年，第135页。

③ 高茂松：《江苏溧水永阳镇元代窖藏出土的瓷器与初步认识》，《东南文化》2011年第2期。

④ 此盘是印花工艺，为弄清束莲纹装饰组群结构特纳入考察范围内。

⑤ 北京艺术博物馆：《元青花》，河北教育出版社，2009年，第86页。

⑥ 广德县文物管理所：《广德夫子庙元代窖藏》，《文物研究》第13辑，黄山出版社，2001年，第177～180页。

⑦ 北京艺术博物馆：《元青花》，河北教育出版社，2009年，第54页。

⑧ 未找到能如实反映均衡式束莲纹青花盘的俯视图，故此处选用广德夫子庙元代窖藏出土的青瓷盘代替。

4. 莲池纹

元青花装饰中较为常见的适合纹样之一，一般是在罐、壶腹部及盘、碗中心等比较开阔的部位，绘上2～4丛莲花及池中嬉戏的鸟禽，其构图元素与束莲纹并无多大区别。装饰方式有三种：①若干丛莲花绕器腹一周，做重复排列，每丛莲花花样相同，仅对莲叶的形状或数量稍做调整，如湖北省博物馆馆藏玉壶春瓶腹部的莲池纹饰[①]（彩版二三，1）；②作为单独的适合纹样填充于器物开光内，与其他纹样进行组合，如辽宁省博物馆馆藏的开光松竹梅纹八棱罐[②]（彩版二四，5），其腹部有八个菱花形开光，内绘松树、竹、梅、鸳鸯莲池图四组不同纹饰；③作为单独的适合纹样装饰于器心，如伊朗国家博物馆收藏的莲池纹大盘[③]（彩版二四，4），盘心绘一莲池，内有四丛莲花，分别置于东西南北四个方向，两两对称。中间留白处以浮萍、水草填充。池中莲叶向内翻转，慈姑摇曳，莲花迎风盛开，清香四溢。它似乎描绘的是盛夏季节江南地区特有的塘头池边常见之景象，意境十分优美。

5. 变形莲瓣纹

变形莲瓣纹似乎比任何一种莲花纹样都要复杂。莲瓣用单或双线勾勒，双线线条里细外粗，内、外线中心收口处均有针状凸起，构成莲瓣瓣尖。每个莲瓣之间排列紧凑，共边或不共边（不共边的占绝大多数），后者有既定的可控间距。莲瓣的瓣蒂略窄于瓣肩，或与瓣肩同宽，整个花瓣随器身的收口或收底而呈喇叭状。

根据瓣尖的朝向，可分为仰式莲瓣和覆式莲瓣纹。二者在器物上的装饰组合与分布存在三种情况：①单独的仰式莲瓣或覆式莲瓣纹（指单层莲花瓣），前者主要装饰于青花瓷盘的盘心或罐的近底处，如伊朗博物馆收藏的杂宝双凤纹青花大盘（彩版二三，5）。后者主要装饰于瓶、罐器盖外壁（图一，3）。②瓣尖相对式仰覆莲瓣纹，绝大多数情况是覆式莲瓣纹分布于器物肩部，仰式莲瓣纹分布于器物近底处，中间为主题纹饰隔开，仰莲莲瓣数一般为覆莲莲瓣数的倍数。此类组合常见于瓶壶上（彩版二三，2）。另外还存在一种罕见组合，即覆莲与仰莲呈交错状分布于器腹下端的转折处，覆式莲纹已经简化成以瓣尖代替整个花瓣，两者的数量相等（图一，6）。③瓣尖相悖式仰覆莲瓣纹，此种情况多见于玉壶春瓶、执壶中，仰覆莲花衔接紧密，前者居于器物近底处，后者则分布于器物圈足，且覆莲瓣为双层花瓣结构，两层莲瓣交错平铺，外层花瓣稍大于内层，每个花瓣采用双线勾勒，略呈三角形或半圆弧形，瓣尖不带芒。花瓣瓣数为偶数，内外层数量一致（图二，1）。

---

① 北京艺术博物馆：《元青花》，河北教育出版社，2009年，第30页。

② 北京艺术博物馆：《元青花》，河北教育出版社，2009年，第55页。

③ 北京艺术博物馆：《元青花》，河北教育出版社，2009年，第128页。

莲瓣纹的内部往往填充其他装饰图案，比较常见的是葫芦形叶片纹（一说为如意云头纹，笔者认为称葫芦形叶片纹似乎更切合实际）与滴珠组合纹样（图二，2），滴珠为实心或空心，一般装饰在瓶的肩部或近底处。此外还有忍冬纹、石榴莲花组合纹样、火焰珠、折枝花卉（如莲花、牡丹、菊花等）。这些纹样在莲瓣中没有造型或组合变化，只是同一题材重复排列。另一种填充装饰纹样为杂宝纹，一般装饰于大花盘中心、罐、瓶肩部。例如，蚌埠市博物馆馆藏的青花缠枝牡丹纹兽耳盖罐①（图二，3），其肩部的覆式莲瓣共计十四瓣，内填充的就是杂宝纹样，有海螺、犀角、方胜等，每两个杂宝之间用火焰纹相隔。伊朗国家博物馆馆藏的杂宝双凤纹青花大盘十分特别②，其盘心绘有一朵硕大的莲花，莲瓣内的填充纹样为方胜、珊瑚、书卷、火焰珠、十字杵等杂宝与折枝花卉的组合。

三、两种表现形式之间的区别、联系与演变

从莲花纹样的装饰历史来看，早期主要是通过“塑”的形式体现在器物上。莲纹被凸塑在陶瓷上绝不是先例，而是仅次于动物纹样后出现的植物纹样之一，它们的创作灵感都来源于对三维自然的简单模仿。在釉色清纯的年代，尤其是在佛教盛行的魏晋南北朝时期，似乎再也没有一种合适的方式能比得上这种立体的莲花造型更能带给人安全感。可是这朵孤傲的莲花，又让人有一种“只可远观而不可亵玩焉”的沮丧。在遭遇唐宋辽金时期的冷落，到元代莲花纹样因青花瓷的出现而得以重生，其风格也变得活泼多样。

“塑”出来的莲花造型，在于突出器形本身，使其呈现一种动态美。青花盘口沿上的莲花造型，与以往相比，多了几分洒脱与顽皮，似乎这种菱形的花口盘比圆形花口更能衬托和体现出主体纹饰，尽显灵动之美。例如，伊朗博物馆收藏的云肩凤纹大盘③（彩版二四，6），盘内装饰分五层，依托口沿处的莲花造型，外壁饰缠枝牡丹作为点缀，接下来，从内底中心依次往外分别是双重六瓣小花、六瓣式变形莲瓣纹、如意形云头纹开光，这三组纹样与菱形盘口相呼应，形似一朵硕大的莲花正悄然绽放，六只凤鸟展翅穿梭于花间，意境十分优美。

“绘”出来的莲花纹样，更富于变化，却体现的是一种静态之美。从器盖到器肩、器腹、器胫，直到圈足，随处可见莲花纹样的身影。它或是与茎叶组合，缠绕于器壁之上。或是与其他花卉组合，绕器肩一周；或是截取池间的某个场景装饰于器心。可见，我们将元青花上的莲花纹样切开之后，它竟是一个如此美妙而丰富多彩的莲花纹样世界：此时的莲纹装饰似乎更注重与其他纹样组合，注重将莲花置于它所生长的自然环境。以此来表达和寄寓的是一种社会和谐的情感。

其实，“塑”与“绘”之间也存在相互融合的一面，如青花盘口部沿器唇用粗线勾

---

① 王丹丹：《元瓷之珍》，文物出版社，2012年。

② 北京艺术博物馆：《元青花》，河北教育出版社，2009年，第134页。

③ 北京艺术博物馆：《元青花》，河北教育出版社，2009年，第132页。

勒出来的菱形口沿。带盖青花罐上对花苞式盖钮轮廓的简单描绘。无一不是“塑”与“绘”完美结合的典型例证。通过这种方式更能体现纹样之美，与此同时，动静结合的浪潮再次将莲花纹样推向了元青花装饰纹样的顶峰。

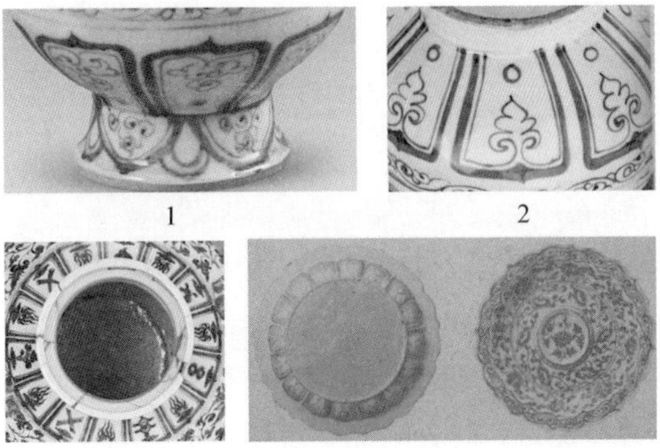

图二 元青花瓷中的莲花纹样

1. 仰覆莲瓣纹 2. 仰莲瓣内纹样组合 3. 罐肩部八宝纹样组合 4. 青花缠枝牡丹纹菱花式盘

任何事物都会有消亡的过程，“塑”出来的莲瓣造型也是，它势必会被“绘”出来的莲花纹样或其他纹样造型所取代。这种趋势已经在慢慢渗透，如菱口盘盘沿上已简化成莲花的瓣肩和瓣尖，不见瓣身。这并不意味着这种莲花造型会完全消失，还存在一段造型复古的时期，如明洪武年间的一件青花缠枝牡丹纹菱口盘的盘胎上就塑造有一圈排列规矩、凹凸节奏明显的仰式莲瓣纹（图二，4）。洪武以后，特别是清代，随着装饰纹样的增多，修饰于口沿处的莲花实体造型逐渐淡出历史舞台。

四、余　　论

滥觞于南北朝时期的莲花实体造型，到元代只在器物的边角留下一个简单的缩影，这似乎是停留在器形上关于莲花纹样与前朝渊源的唯一联系。然而，它们并没有因此戛然而止，到明洪武、永宣，甚至是雍正时期仿制的青花菱口大盘上，我们依然能看见它的存在。实际上，那些绘制在瓷坯上的仰覆莲瓣纹，其本身不就是对莲花实体造型的一种极力模仿吗？最后之所以没有被选择凸塑成立体效果，这是由器形本身，也是当时社会的审美情趣所决定的，这种古老的装饰手法与当时人们认定的关于美的范畴产生了隔膜。但是，他们并不排斥这种古老的美是可以换一种处理方式让它延续下去的。也许这就是莲花纹样与器物本身所必须经历的一个相互磨合的过程，这种情况似乎也同样发生在莲花纹样与其他纹样身上，它们一直在努力地寻找：究竟有没有一种能够让彼此可以共存的最佳组合状态？终于，这种默契在元青花上得以体现与释放。

学术动态

书　讯

《中国文物地图集·安徽分册》

国家文物局主编，主编李修松、副主编何长风、杨立新、李虹、张宏明，编辑组长宫希成。前期由安徽省文物局进行初步整理，1999年转由安徽省文物考古研究所负责编辑，次年通过国家文物局初审，2003年通过终审，在按终审意见进一步修改后，2006年完成了付印终审稿。中国地图出版社2014年12月出版，定价 680元。全书分上下两册，上册为各类序图、专题文物图、全国重点文物保护单位和省文物保护单位名录，以及市县文物图、重点文物图，353页；下册为各文物点的文字说明及各类附表，正文536页，文后附有提供资料的单位名单。该分册资料是以第二次全国文物普查资料做基础，从调查到出版共历时30年。

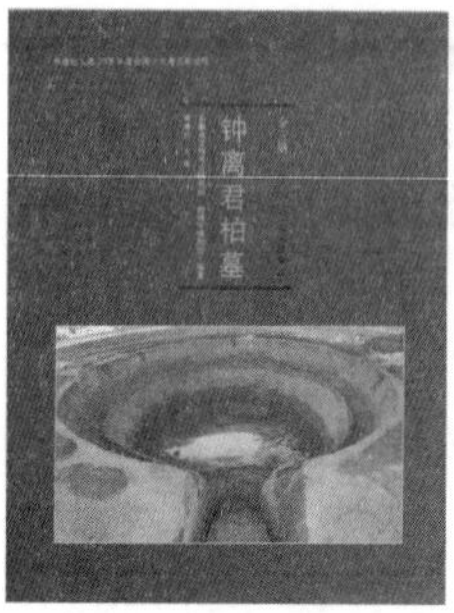

《钟离君柏墓（上中下）》

阚绪杭主编、安徽省文物考古研究所和蚌埠市博物馆编著。文物出版社2013年9月出版，定价860元。详细整理编撰了2006年12月至2008年8月发掘的蚌埠双墩一号春秋时期钟离君柏墓葬材料，为研究钟离国的历史、钟离王室世系，淮夷文化和地域文化提供了不可多得的珍贵材料，填补了有关钟离国历史的空白，是国家文物局“苏鲁豫皖先秦考古重点课题”的重要成果。

《潜山林新战国秦汉墓》

叶润清主编、安徽省文物考古研究所编著。文物出版社2013年9月出版，定价200元。翔实系统地报道了2005年11月至2006年6月在潜山林新发掘战国至秦汉时期墓葬96座，为研究安徽江淮西部地区战国中晚期至两汉时期的历史文化提供了一批重要的实物资料，也为战国时期安徽地区的楚文化分区研究提供了重要线索。

《庐江汉墓》

王峰主编、安徽省文物考古研究所编著。科学出版社2013年9月出版，定价298元。发表了2007～2008年对安徽庐江县董院、松棵两个汉代墓地135座墓葬发掘的全部考古资料，并以陶器为核心，对墓地进行了分期和年代判断；同时对墓地的合葬墓及家族墓现象进行了初步考察。

《天长三角圩墓地》

张钟云主编、安徽省文物考古研究所编著。科学出版社2013年8月出版，定价328元。全面报道了天长市三角圩墓地清理的战国晚期—汉代墓葬27座，为研究该地区战国晚期至东汉早期，尤其是西汉时期的经济、文化和社会发展水平等内容提供了丰富而翔实可靠的资料。

《岳西古建筑》

储成发主编、岳西县文物局编著。黑龙江美术出版社2013年1月出版，定价420元。从岳西的民居、祠堂、牌坊、影壁、禅宗建筑、亭、桥、寨址八个部分选出有代表性的古建筑本体予以介绍，图文并茂、印刷精美，展示了岳西丰富的文物资源和深厚的古建筑文化内涵。

《寿州窑》

沈汗青主编、淮南市博物馆编著。文物出版社2014年1月出版，定价360元。提供了很多新材料，提出了很多新的论断，让人看到了一个全面的、立体的、内涵丰富的古代寿州窑。

会　议

第四届黄淮七省考古论坛在江苏举办

2014年12月5～8日，由江苏省文物局、南京博物院主办的第四届黄淮七省考古论坛在南京举办，来自中国社会科学院考古研究所、国家博物馆、陕西、山西、河北、江苏、河南、安徽等七省文物界的领导、专家学者近90人参加了本次论坛并做了精彩的学术报告与交流。

安徽省古陶瓷研究会成立

2013年12月10日，安徽省古陶瓷研究会在安徽繁昌召开成立大会。研究会由安徽省文物考古研究所和繁昌县人民政府共同发起，以全省文物、博物馆界专业人士为骨干，同时吸纳了一些在安徽各地具有重要影响力的民间收藏人士，并特别邀请了省内有关领导及资深专家学者担任名誉会长或顾问。

中国博物馆协会出版专业委员会成立

2014年11月24日，中国博物馆协会出版专业委员会（PCCMA）在厦门正式成立，并在成立大会之后召开了一届一次会议。

中国博物馆协会出版专业委员会是经中国国家博物馆、上海博物馆等数十家文博单位倡议，由中国博物馆协会批准成立的第35个专业委员会。主要由文博单位所属的从事编辑出版的学术团体及个人组成，挂靠在中国国家博物馆。业务范围为组织博物馆期刊编辑、出版、发行、推广与研究工作，加强博物馆期刊，与出版社沟通、交流与合作，整合信息资源，扩大社会影响，推进博物馆期刊建设，促进博物馆事业发展。目前加入出版专业委员会的有《中国国家博物馆馆刊》、《文物》、《考古》、《考古与文物》、文物出版社、故宫出版社、《文博》等近50家文博期刊和出版社，个人会员92人。

出版专业委员会成立大会暨一届一次会议是按照中国博物馆协会的要求和安排，在“中国博物馆协会第六届会员代表大会暨2014博物馆及相关产品与技术博览会”期间召开。大会审议并通过了《中国博物馆协会出版专业委员会章程》《中国博物馆协会出版专业委员会业务发展规划》（草案）。产生了第一届组织机构，主任委员为中国国家博物馆副馆长陈履生；副主任委员分别为文物出版社社长张自成，上海博物馆馆长陈燮君，中国文物报社总编辑曹兵武，河南博物院院长田凯，人民美术出版社副总编辑欧京海，中国国家博物馆学术研究中心主任铁付德、副主任李维明，故宫博物院出版部副主任何笑聪和《东南文化》编辑部主任毛颖；秘书长为中国国家博物馆学术研究中心副主任朱万章，副秘书长2名，常务委员40名，委员38名。陈履生代表出版专业委员会向副主任委员及秘书长颁发了聘书。陈燮君代表副主任委员讲话，认为出版专业委员会的成立遇到了良好的发展背景，同时也是一个具有时代性的深刻挑战，应该借助自身学科综合性和资源整合性的优势，下一步做好业务钻研、期刊交流、评审活动、网络平台建设等工作。中国博物馆协会理事长宋新潮和副理事长兼秘书长安来顺先后到会，并代表中国博物馆协会对出版专业委员会的成立表示祝贺和欢迎，希望出版专业委员会能充分发挥活力和潜力，推动文博出版工作的开展。

《中国国家博物馆馆刊》编辑部

校　勘

《文物研究》第20辑刊发的《古崖刻石刻的文化价值与保护实践——九华山风景区古崖刻石刻的文化内涵与保护方法初探》一文，作者之一焦健的工作单位应为“九华山风景区文物管理所”，因校对疏忽误写为“黄山市黄山区文物局”。特向作者与读者致歉。

《文物研究》编辑部

1. 铜台子遗址标本

2. 黄老墩遗址标本

3. 灵台遗址标本

4. 老古堆遗址标本

5. 王拐子遗址标本

6. 刘老庄墓地

7. 双堆湖墓群

颍上县“三普”发现的标本与墓地

彩版二

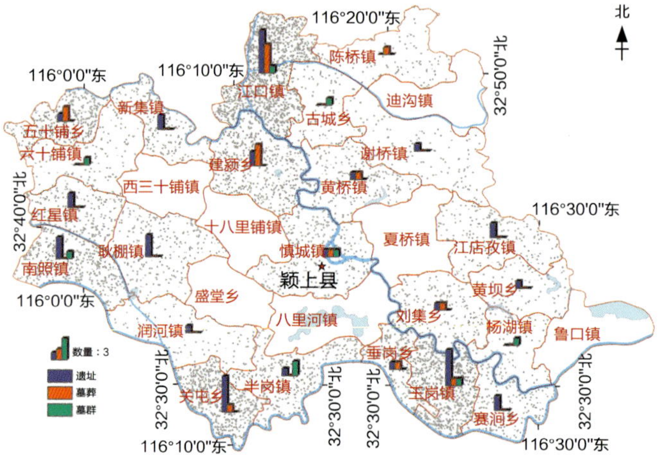

1. 颍上县文物点数量点密图

2. 颍上县文物点占地面积点密图

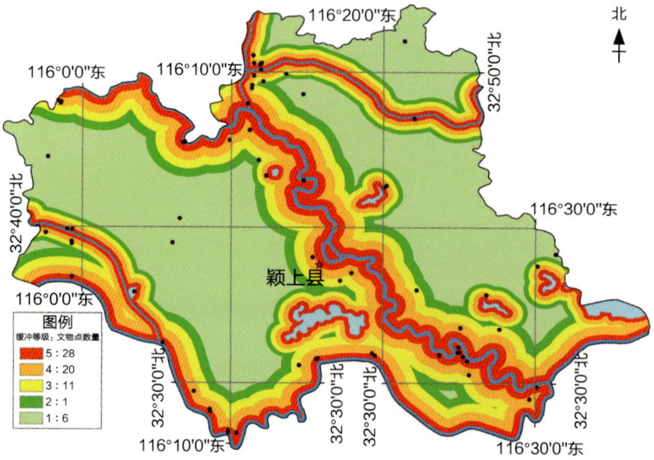

3. 颍上县滨水缓冲叠加文物点情况图

颍上县文物点GIS分析图

1. 三星庙墩

2. 玄武大墩

3. 青龙岗大墩

4. 松墩

5. 被村民用作建房的汉砖

6. 瓦当

彩版四

1. 铜镜（M26：2）

2. 铜镜（M26：3）

3. 铜矛（M26：4）

4. 铜饰件（M26：32）

5. 石璧（M26：29）

6. 铁锸（M26：25）

六安宝利嘉二期西汉墓M26出土器物

1. M26暴露椁盖板

2. M26揭去椁盖板

3. 陶扁壶（M26：5）

4. 陶蒜头壶（M26：9）

5. 陶猪圈（M26：21）

6. 陶灶（M26：22）

六安宝利嘉二期西汉墓M26出土器物

1. 10SQⅡY1全景（镜向东）

2. 10SQⅡY1东部烟室改建情况（镜向北）

3. 10SQⅡY1窑室南部改建情况（镜向东）

4. 10SQⅡY1火膛解剖（镜向北）

5. 10SQⅡY1火膛北半部多次改建（镜向北）

6. 10SQⅡY1火膛内填土剖面（镜向南）

7. 10SQⅡY1从火膛内视火门（镜向西）

濉溪戚家遗址清代窑址

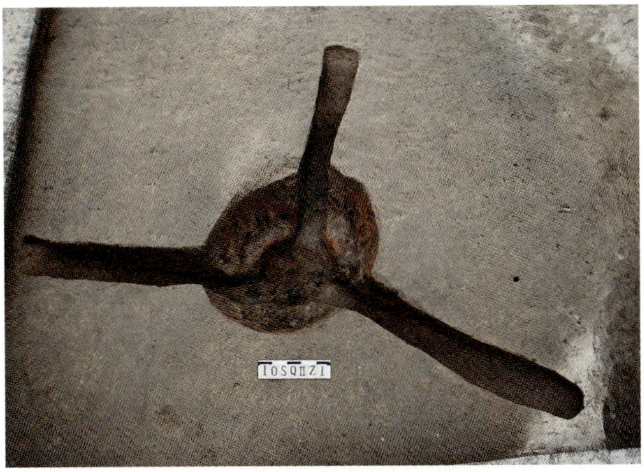

1. 10SQⅡZ1全景（镜向西，俯视）

2. 10SQⅡZ1解剖发掘（镜向北）

3. 10SQⅡZ1解剖发掘，内全为骨骼（镜向北）

4. 瓷执壶（10SQⅡM2：3）

5. 瓷瓶（10SQⅡM2：2）

6. 瓷碗（10SQⅡM2：1）

濉溪戚家遗址清代灶址及宋墓出土器物

1. 陶鼎（H6：3）

2. 陶鼎（H6：4）

3. 陶鼎（H6：5）

4. Y1

5. Y2

6. Y3

凤阳小南山墓地出土陶器及陈德墓地窑址

（1～3. 小南山墓地，4～6. 陈德墓地）

1. 烧结的碗与垫座

2. 烧结的钵

3. 烧结的盏

4. A型垫柱（Y1②：4）

5. A型垫柱（Y1①：1）

6. C型垫柱（T3⑤：15）

7. B型垫柱（T3⑤：28）

8. 垫饼（T3②：2）

9. 垫座（T2①：8）

10. 垫座（T5②：10）

11. 垫钵（T3⑤：40）

青阳窑嘴唐代龙窑出土窑具与烧结瓷

1. 碾槽（T5①：2）

2. Ⅳ型壶

3. Ⅰ型壶（T4②：6）

4. Ⅰ型罐（T4②：20）

5. Ⅱ型罐（T3⑤：16）

6. Ⅰ型罐（T8⑤：12）

7. Ⅲ型罐（T7②：3）

8. Ⅱ型壶（T3⑤：9）

9. Ⅲ型盆（T8⑤：25）

10. Ⅰ型盆（T8⑤：24）

11. Ⅱ型盆（T3⑤：55）

青阳窑嘴唐代龙窑出土碾槽和瓷器

1. Ⅳ型罐（T3⑤：51）

2. Ⅰ型钵（T8⑤：3）

3. Ⅰ型钵（T3⑤：14）

4. 盘（T3⑤：34）

5. Ⅰ型钵（T8⑤：7）

6. Ⅱ型钵（T3⑤：11）

7. Ⅱ型碗（T3⑤：8）

8. 盏（T6⑤：11）

9. Ⅱ型灯盏（T8③：10）

10. Ⅰ型灯盏（T3④：1）

11. 水盂（T2④：2）

青阳窑嘴唐代龙窑出土瓷器

彩版一二

1. 瓷水盂（M1：1）

2. 瓷粉盒（M1：2）

3. 瓷海棠杯（M1：5）

4. 瓷海棠杯内表（M1：5）

5. 新港宋墓全景

6. 金耳环和金梳背饰品（M1：5、M1：6）

7. 黑釉盏（M1：1）

8. 陶双系罐（M1：2）

繁昌蜈蚣山唐墓、新港宋墓

（1~4. 蜈蚣山唐墓，5~8. 新港宋墓）

1. M1墓顶全景（镜向西南）

2. M1墓室（镜向东北）

3. 后室装碎骨木箱

4. M1墓门及挡土墙（镜向东北）

5. M1前室侧壁斗拱及窗

6. M1前室砖饰斗拱

7. 后室木箱中的碎骨

彩版一四

1. 山冈3号窑址堆积层

2. 山冈9号窑址堆积层

3. 小河口1号窑址堆积层

4. 风头村窑址堆积

5. 黄釉双系执壶（XLXY6：7）

6. 酱釉双系瓶（XYXY5：1）

7. 瓷执壶（XLSY8：2）

1. 黑釉壶（XLXY6：3）

2. 窑具（XLSY8：9）

3. 瓷双系壶（XLSY8：1）

4. 瓷碗（XLSY8：11）

5. 青釉罐口沿

6. 瓷烛台（XLMY3：2）

7. 碗底标本

彩版一六

1. 青白釉盏

2. Ⅱ式青白釉碗

3. 青釉盏

4. 凤鸟纹盏

5. Ⅱ式花草纹盏

6. Ⅰ式花草纹盏

7. Ⅰ式青白釉碗

8. Ⅲ式青白釉碗

9. Ⅰ式青釉罐

宣城溪口镇宋墓出土瓷器

1. Y1塌顶情况（镜向东北）

2. Y1全景（镜向东北）

3. Y2出土陶拍

4. Y2出土陶拍

5. Y1（镜向东北）

6. Y2全景（镜向南）

7. Y2（镜向西）

8. Y2火门与工作间（镜向东）

新郑铁岭窑址和中牟宋庄窑址

（1～4. 铁岭窑址，5～8. 宋庄窑址）

1. 馒头窑Y2（镜向东南）

2. 马蹄窑Y8

3. Y3窑床

4. Y3烟囱

5. Y9窑床上的吸火孔印痕

6. Y2操作坑底部灰烬

7. Y3火门（镜向东）

8. Y2窑室（镜向东北）

彩版一九

1. 团龙纹瓦当（Y10）

2. 狮形兽面纹瓦当（Y5）

3. 花卉纹瓦当（Y2）

4. 瓦当印模（Y4）

5. 龙纹滴水（Y4）

6. 云纹滴水（Y8）

7. 云纹滴水（Y10）

8. 缠枝梅花纹雕花砖（Y12）

凤阳乔涧子明代琉璃窑素烧器物和印模

彩版二〇

1. 鼎腿部焊料

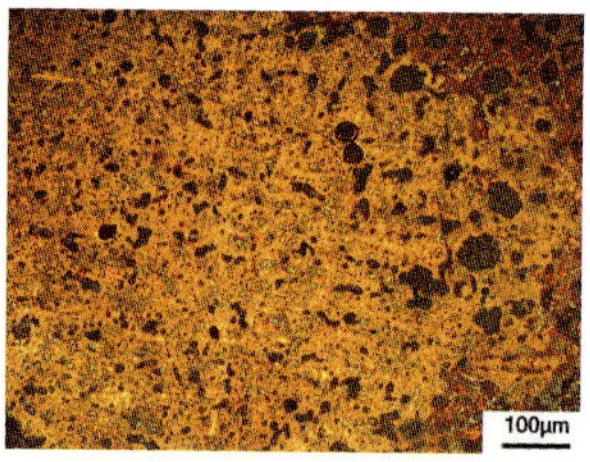

2. Akq－6金相照片

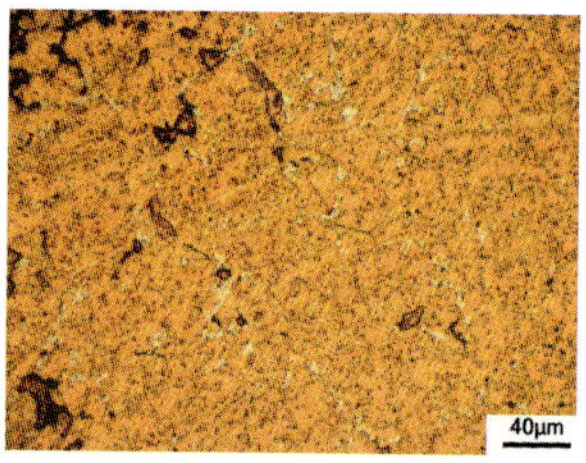

3. Akq－4金相照片

4. Akq－3金相照片

5. Akq－2金相照片

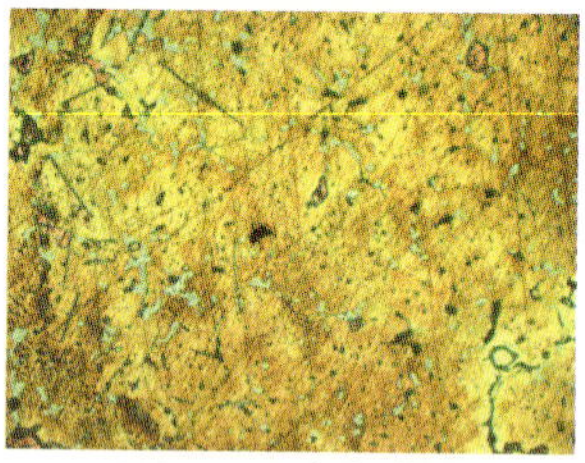

6. Akq－1金相照片

7. 修复前

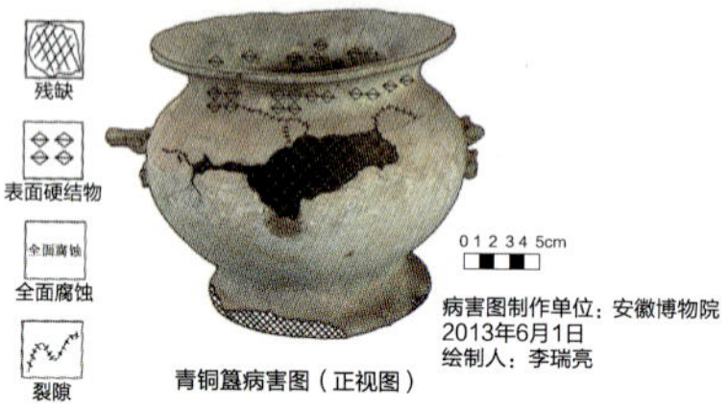

8. 病害分布

9. 制模

10. 锡焊补配

11. 打磨、做地子

12. 纹饰补配

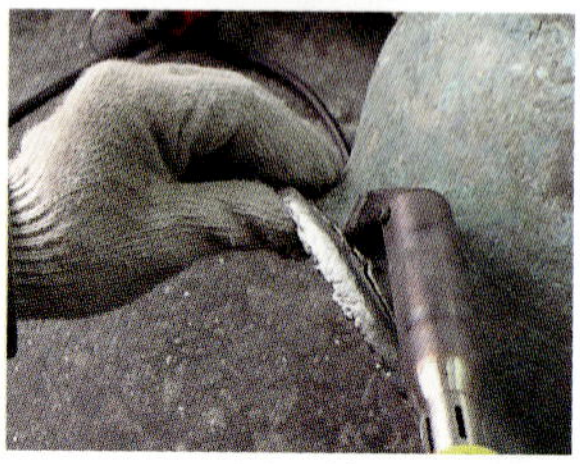

13. 圈足补配

14. 上色

15. 修复后

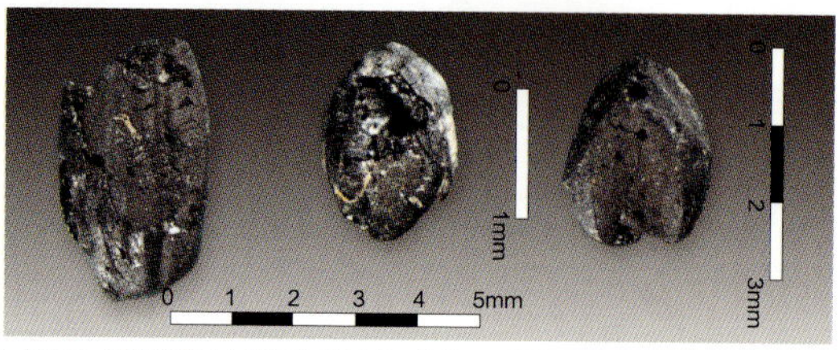

16. 泗县刘圩遗址植物种子（左：稻，中：粟，右：黍）

彭岭铜鼎焊接工艺、铜簋修复和刘圩遗址种子

（1～6. 彭岭铜鼎，7～15. 铜簋C－118修复，16. 刘圩遗址）

1. 石屋正面

2. 石屋榫卯结构

3. 檐口横梁与枋

4. 内部梁架

5. 元宝脊柱

6. 石柱及柱础

7. 石函盖顶

8. 石函中的佛经

9. 彩绘经书图案

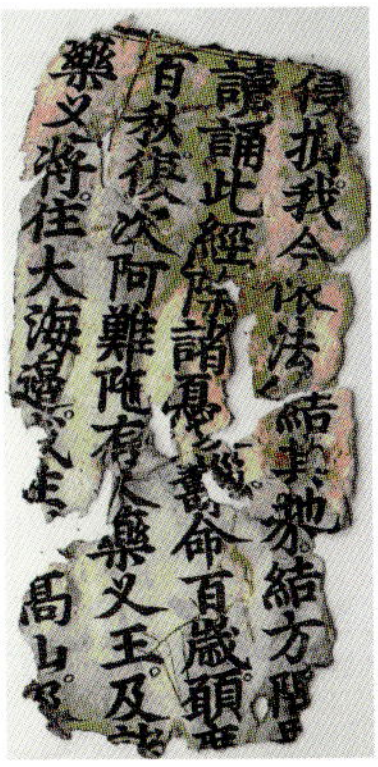

10. 经书文字

11. 修复后的黄山塔

12. 人形铜镇

13. 熊形铜镇

九华山石屋、彩绘佛经、黄山塔和铜镇

（1~6. 九华山石屋，7~10. 六安彩绘佛经，11. 当涂黄山塔，12、13. 铜陵铜镇）

彩版二二

1. 六螭石渠砚（背面）

2. 六螭石渠砚（正面）

3. 饮翰人物砚

4. 硃砚（正面）

5. 墨砚（背面）

6. 朱砂荷鱼砚

7. 龙珠砚（正面）

8. 龙珠砚（背面）

中国古代澄泥砚

（1、2. 唐代，3、7、8. 元代，4、5. 清代，6. 明代）

1. 莲池纹玉壶春瓶

2. 仰覆莲瓣纹玉壶春瓶

3. 束莲纹菱口青瓷盘

4. 束莲纹青花印泥盒

5. 仰式莲瓣纹

6. 孔雀纹大罐盖钮局部

元青花装饰中的莲花纹样

彩版二四

1. 罐肩部开光内束莲纹

2. 罐肩部缠枝莲纹

3. 瓶腹部折枝莲纹

4. 莲池纹大盘

5. 罐腹部鸳鸯莲池纹

6. 云肩凤纹大盘

元青花装饰中的莲花纹样